MSE
MATHEMATICS SCIENCE ENGINEERING

기본을 튼튼히 다질 수 있
한빛아카데미의 이공계 기본 교재 시리즈

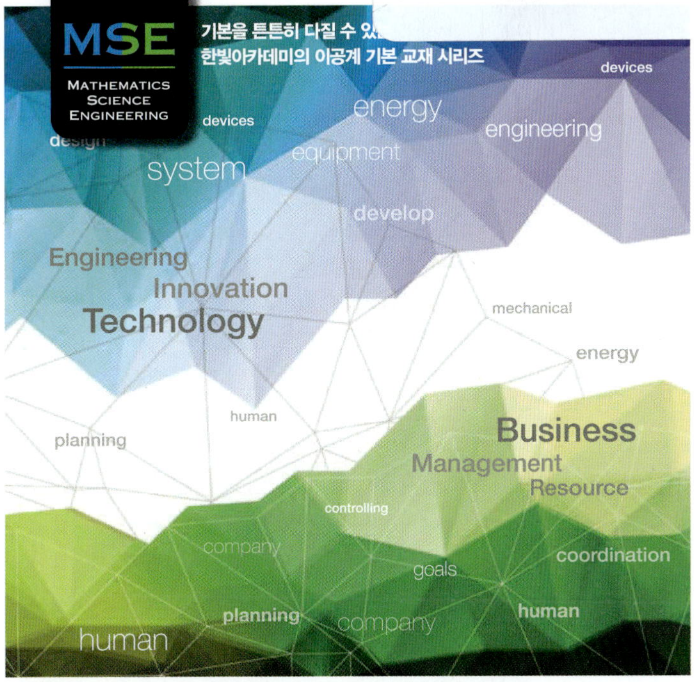

공학과 경영

기술혁신을 꿈꾸는 공학도를 위한 안내서

김상균 지음

HB 한빛아카데미
Hanbit Academy, Inc.

지은이 **김상균** saviour@kangwon.ac.kr

중앙대학교에서 제어계측공학을 공부하고, 연세대학교 대학원에서 산업공학으로 석사 학위를, 인지과학(세부 전공 : 컴퓨터·산업공학)으로 박사 학위를 받았다. 학부를 졸업하기 전에 MUD게임 개발을 이끌었고, 학부 졸업과 동시에 벤처기업을 창업하였으며, 몇몇 중견 IT 기업, 창업투자회사 등을 거쳐 2007년부터 강원대학교 교수로 재직 중이다. 강원대학교 최우수 수업상, 신소프트웨어상품대상, 장영실상, 컴퓨터정보학회 공로상, 한국산업기술평가관리원 원장상, 한국문학예술 단편소설 신인상 등을 수상한 바 있다. 다양한 학문의 융합에 많은 관심을 갖고 있으며, 주요 연구 분야는 창의적 혁신과 게이미피케이션이다.

저서 『Enjoy Learning Like Gaming - Gamification in Learning and Education』(Springer, 2017년 출간 예정)
『메이커 혁명, 교육을 통합하다』(홍릉과학출판사, 2015)
『교육, 게임처럼 즐겨라』(홍릉과학출판사, 2014)
『게이미피케이션 세상을 플레이하다』(홍릉과학출판사, 2014)
『Computational Intelligence in Information Assurance and Security』(Springer, 2007)

공학과 경영 : 기술혁신을 꿈꾸는 공학도를 위한 안내서

초판발행 2016년 7월 7일
3쇄발행 2020년 1월 29일

지은이 김상균 / **펴낸이** 전태호
펴낸곳 한빛아카데미(주) / **주소** 서울시 서대문구 연희로2길 62 한빛아카데미(주) 2층
전화 02-336-7112 / **팩스** 02-336-7199
등록 2013년 1월 14일 제2017-000063호 / **ISBN** 979-11-5664-262-6 93320

총괄 김현용 / **책임편집** 박현진 / **기획** 박현진 / **편집** 박현진, 박정수 / **진행** 강다인
디자인 표지 여동일, 일러스트 박미란 / **전산편집** 한진인쇄공사 / **제작** 박성우, 김정우
영업 이윤형, 길진철, 김태진, 김성삼, 이정훈, 임현기, 이성훈, 김주성 / **영업기획** 김호철, 주희

이 책에 대한 의견이나 오탈자 및 잘못된 내용에 대한 수정 정보는 아래 이메일로 알려주십시오.
잘못된 책은 구입하신 서점에서 교환해 드립니다. 책값은 뒤표지에 표시되어 있습니다.
홈페이지 www.hanbit.co.kr / 이메일 question@hanbit.co.kr

Published by HANBIT Academy, Inc. Printed in Korea

MSE
MATHEMATICS
SCIENCE
ENGINEERING

기본을 튼튼히 다질 수 있는
한빛아카데미의 이공계 기본 교재 시리즈

MSE 시리즈로 전공의 초석을 다지자!

기본을 튼튼히 다질 수 있는 학습 구성

명쾌한 해답이 있는 콘텐츠

무엇을 왜 배우는지, 어떻게 풀고, 어디에 쓰는지를 알려줍니다.

핵심이 보이는 원리와 개념

명확한 정의와 논리적 전개로 핵심을 짚어줍니다.

개념을 다지는 예제

친절하고 상세한 풀이 과정을 보여줍니다.

응용력을 길러주는 연습문제

수준별/유형별 연습문제를 담았습니다.

지은이 머리말

선을 넘는 도전자를 위하여

어린 시절 갖고 놀던 레고, 아직 기억하시죠? 레고 상자 안에 동봉된 조립 매뉴얼을 따라가다보면 건설 장비, 로봇, 세계의 유명 건축물 등이 완성됩니다. 저는 대학의 학과들이 학생들에게 가르치는 학문이 레고의 조립 매뉴얼과 비슷하다고 생각합니다. 각 전공별로 부품(학습 내용)을 설명하고, 그 부품들을 어떤 절차(학습 방법)로 조립하면 되는지 보여주고 있습니다. 이 과정을 거친 대부분의 학생들은 조립 매뉴얼에서 목표한 로봇이나 건축물(학습 목표)을 완성할 수 있습니다.

예술가 나단 사와야의 작품을 한번 봅시다. 사와야의 작품들을 두고, "예술이다", "아니다" 의견이 분분하지만, 한 가지 확실한 것은 앞서 언급한 레고 조립 매뉴얼의 결과물들과는 확연한 차이를 보입니다.

나단 사와야 / YELLOW (35"×13"×28")

부서진 건물 외벽을 레고로 보수한 아래 사진을 봅시다. 예술가 얀 포르만이 시작한 디스패치워크(Dispatch Work) 프로젝트의 결과물 중 하나입니다. 전쟁의 상흔이 남은 공간, 시간과 상술에 의해 무너져가는 오래된 건물 등을 레고 블록으로 보수하는 작업입니다. "죽어가는 문명의 상처를 20세기의 반짝이는 플라스틱으로 보수한다"는 게 작가의 설명입니다. 이 프로젝트는 이탈리아에서 시작되어 여러 나라로 확산되고 있습니다.

얀 포르만/디스패치워크(이탈리아 보치냐노)

레고 블록 조립을 열심히 배운 우리 공학도들은 나단 사와야나 얀 포르만보다 레고 조립을 잘합니다. 하지만, 우리는 YELLOW나 디스패치워크를 만들지는 못합니다. 이유는 간단합니다. 우리는 조립 매뉴얼은 익혔지만, 그것을 넘어서는 방법은 배우지 못했기 때문입니다. 근본적으로는 매뉴얼을 넘어서야 한다는 필요성을 인식하지 못하고 있기 때문입니다.

공학도가 각자의 학문을 기반으로 YELLOW나 디스패치워크를 넘어서는 성과를 만들어내기 위해서는 '○○공학'이라는 학문에 그어진 선을 넘어서야 합니다. 물론, 자신의 선을 넘어서 다른 분야에 젖어드는 것은 분명 쉽지 않은 일입니다. 때로는 선을 넘는다는 이유만으로 선 안의 그리고 선 밖의 사람들 모두에게 질타를 받기도 합니다. 질타의 두려움을 이겨내고 싶다면, 한 가지 사실을 기억해주기 바랍니다. 인류 역사의 점진적 변화는 선 안에 머무는 자들에 의해 이뤄졌지만, 단계를 올라가는 혁신은 선을 넘는 도전자들에 의해 만들어졌음을 말입니다.

공학도들에게 공학의 선을 넘어 사회과학을 바라보는 방향을 제시하기 위해 이 책을 집필했습니다. 모든 공학도들에게 도전자의 역할을 권하지는 않습니다. 이 책을 통해 도전자가 되기 위한 기본기를 다져도 좋고, 주변의 도전자들을 이해하고 협력하기 위한 마음가짐을 얻어도 좋습니다. 공학이라는 분야의 선을 넘는 도전자, 그리고 그들 곁에서 힘을 실어주는 협력자들에게 이 책을 바칩니다.

이 책의 학습법

각 장의 내용을 공부하기 전에 [먼저 생각해봅시다]를 통해 여러분의 기존 지식과 생각을 미리 정리해보기 바랍니다. 정해진 답은 없으니 '무엇이 정답일까?'를 생각하지 말고, 자신의 생각을 정리해보면 좋겠습니다. 본문을 공부한 뒤에는 [팀별과제]와 [개별과제]를 통해 학습한 내용을 복습하고 응용하는 연습을 반드시 해보기 바랍니다. [팀별과제]를 통해 동료들과 의견을 공유하고 확장하는 연습을 하게 되며, [개별과제]를 통해 각자의 사고를 심화하는 기회를 갖게 될 겁니다. 책을 읽으면 잘 정리된 지식이 머릿속에 차곡차곡 쌓이지만, 단순히 독서만으로 쌓아둔 지식을 밖으로 꺼내 활용할 수는 없습니다. [팀별과제]와 [개별과제]는 머릿속에 쌓아둔 지식을 꺼내 나만의 지혜로 바꾸어보는 중요한 과정입니다.

감사의 글

이 책이 세상에 나오도록 제안하고 이끌어주신 한빛아카데미의 박현진 차장님께 감사드립니다. 늘 곁에서 함께한 아내 현주와 두 딸 민지, 다은이가 있었기에 책을 준비하는 힘든 여정을 무사히 마칠 수 있었습니다. 그들의 사랑과 배려가 헛되지 않게, 하루하루 레벨업해가는 사람이 되겠습니다.

지은이 김상균

미리보기

누구를 위한 책인가

이 책은 다양한 분야의 공학도들이 공학의 한계를 넘어서서 사회과학도들과 협업하는 데 필요한 능력을 키워줍니다. 또한 이미 사회에 진출한 공학도에게 사업 기획, 제품 개발 계획 수립, 하이테크 제품의 상업화 등을 추진할 때 도움이 되는 각종 사회과학적 사례와 이론의 레퍼런스 역할을 합니다.

이 책을 시작하려면

이 책은 살아 있는 현장 지식에 초점을 두고 있습니다. 기초 이론을 연구하는 학자를 위한 책이 아닙니다. 따라서 현장에서 많이 쓰는 지식, 그 지식의 이해를 돕는 사례들 위주로 구성되어 있습니다. 그러나 책은 정적인 미디어입니다. 이 책이 나온 이후의 사례를 여러분에게 전달하지는 못합니다. 이 책으로 공부하는 동안 뉴스에서 새로운 기술혁신 기사를 접하면, 머릿속으로 책의 내용과 연결해보는 훈련을 해보기 바랍니다. 이 과정을 통해, 저자가 준비한 내용 이상의 지식과 지혜를 독자들 스스로 얻게 되리라 믿습니다.

이 책의 구성 요소

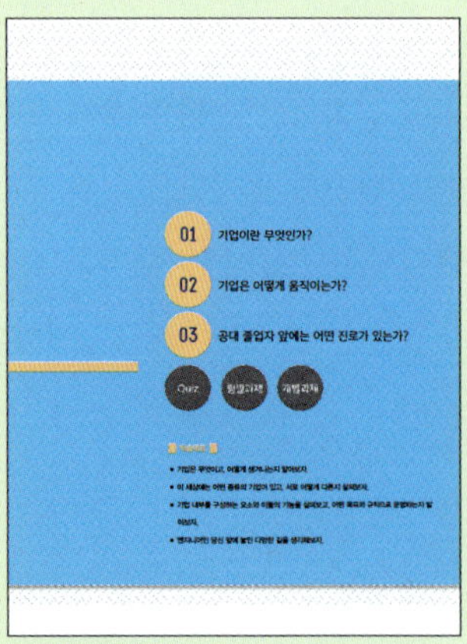

학습목표

각 장에서 학습할 주제와 목표를 제시하고, 해당 장에서 중점적으로 공부할 부분을 강조합니다.

먼저 생각해봅시다

학생들이 해당 장의 내용을 학습하기 전에 해당 장과 관련된 생각을 미리 해보도록 유도합니다.

각주와 참고문헌

책 뒷부분에 출처 목록이 포함되어 있으며, 해당 본문 옆에는 출처 번호를 달았습니다. 본문 내용 중 생소한 용어는 각주를 통해 부연합니다.

이 책의 주요 내용

❶ PART 1_공학과 사회과학의 만남 : 개요(1 ~ 2장)

기업이 왜 존재하고, 어떻게 움직이는가를 설명합니다. 단순히 돈을 많이 버는 기업을 넘어서 세상에 도움이 되는 위대한 기업이 되기 위해 기업은 어떻게 변해야 하고, 그 속에서 공학도는 어떤 역할을 해야 할지 생각해봅시다.

❷ PART 2_공학도가 그리는 미래 : 디자인(3 ~ 7장)

역사적으로 존재하는 수많은 사례를 통해 기술이 어떻게 혁신되어 왔는가를 살펴봅니다. 또한 그러한 혁신을 만들었던 사고 과정을 익혀봅니다. 소비자, 기업, 사회에 도움이 되는 혁신적 기술과 제품을 어떻게 설계하고 평가할지를 배웁니다. 기술과 제품의 혁신이 한순간에 머무르지 않고 지속되기 위해 장기적으로 어떤 전략이 필요한가를 생각해봅시다.

❸ PART 3_제품 & 서비스의 탄생 : 개발(8 ~ 10장)

하나의 새로운 기술이나 제품이 세상에 나오기까지의 과정을 알아봅니다. 기술 프로젝트 진행 과정을 어떻게 관리할 것인지 살펴봅니다. 기술 프로젝트의 성패를 가르는 가장 중요한 요소는 참여하는 사람들, 즉 기술 인력입니다. 기술 인력을 리드하고 동기를 부여하는 방법을 알아봅시다. 마지막으로 기업의 기술자산을 지켜내는 방법을 공부해봅시다.

❹ PART 4_세상 속으로 : 상업화(11 ~ 12장)

완성된 제품과 서비스의 가치를 더 빨리, 더 많은 소비자들에게 공유하기 위한 방법을 알아봅니다. 일반적인 마케팅 방법에 덧붙여 하이테크 제품이 가진 캐즘의 특성을 살펴봅니다. 마지막으로, 어떤 시기에 어떤 방법으로 시장에 진출해야 기업의 경쟁력 향상에 도움이 될 지 생각해봅시다.

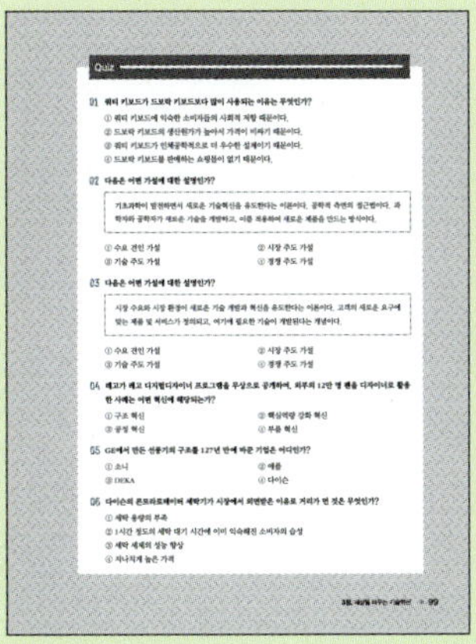

Quiz

해당 장에서 배운 내용을 토대로 10개의 객관식이나 단답형 문제를 제공합니다.

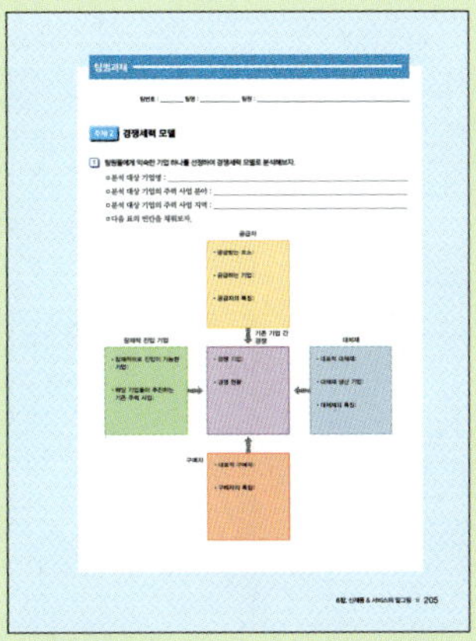

팀별과제

해당 장과 관련된 팀별 토론 또는 과제를 수행하여, 이론에 대한 이해도를 높이고, 실무 적용 능력을 기를 수 있습니다.

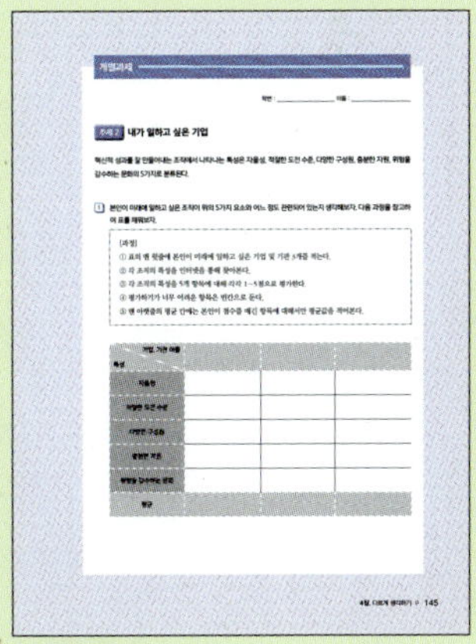

개별과제

학생 개인별로 해당 장을 복습해볼 수 있습니다.

학습 로드맵

이 책에서 다룬 주제를 제대로 이해하는 데 필요한 선수 내용이 무엇이고, 각 주제가 어떤 연관성을 가졌는지를 보여줍니다. 화살표는 전체 내용을 이해하는 데 가장 적합한 학습 순서를 제시하고 있습니다.

1장과 2장은 기업의 기본적 특성을 보여주고 있습니다. 경영학 개론을 수강한 학생이라면, 1장의 내용은 건너뛰어도 좋습니다. 3~7장의 내용은 새로운 기술과 제품을 디자인하는 방법을 설명하고 있습니다. 3~7장의 내용들 간에 명확한 선후 관계는 없습니다. 창의적 공학설계를 학습한 학생이라면 4장의 내용 중 일부는 이미 알고 있으리라 생각합니다. 8~10장의 내용은 디자인된 결과를 실제 구현하는 과정에 대한 내용을 담고 있습니다. 심리학에 대한 기본기가 있는 학생이라면 9장의 내용을 이해하기 쉬우리라 봅니다. 마지막 파트인 11장과 12장은 완성된 기술과 제품을 세상에 내보내는 방법을 다룹니다. 마케팅 개론을 학습한 학생이라면 11장의 앞부분이 익숙할 수 있으나, 하이테크 캐즘에 대한 내용은 꼭 숙지하기 바랍니다.

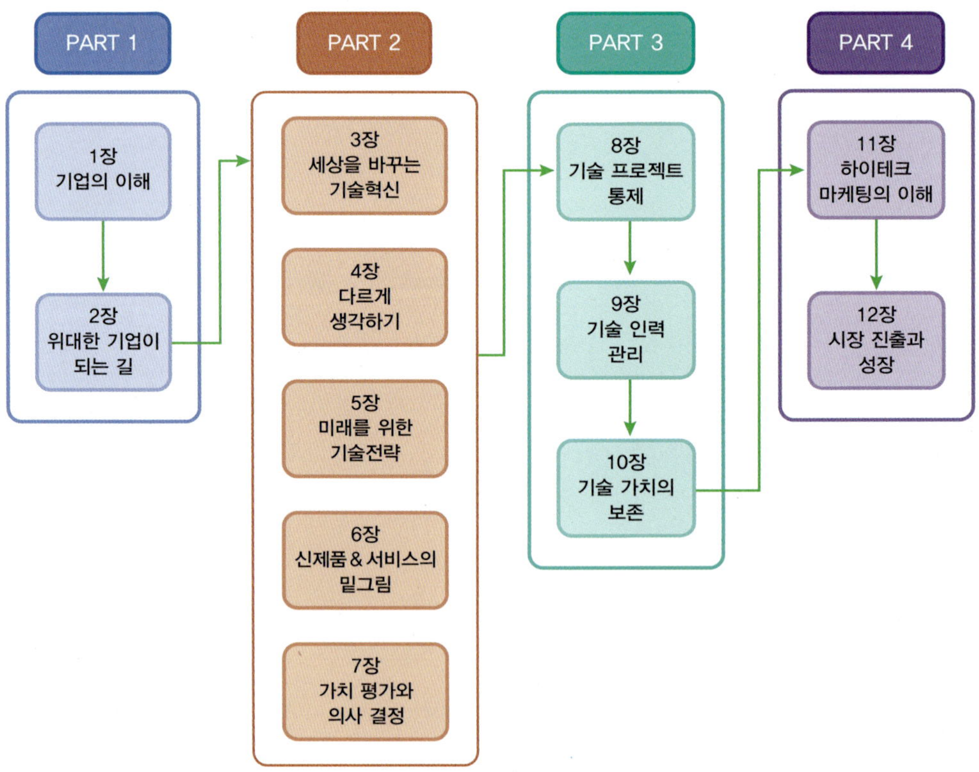

강의 보조 자료 및 강의 계획

PPT 자료와 연습문제 해답

- 한빛아카데미에서는 교수/강사님들의 효율적인 강의 준비를 위해 온라인과 오프라인으로 강의 보조 자료를 제공합니다.
- 다음 사이트에서 회원으로 가입하신 교수/강사님께는 교수용 PPT 자료를 제공합니다.
  http://www.hanbit.co.kr
- 온라인에서 자료를 다운받으시려면 교수/강사 회원으로 가입한 후 인증을 거쳐야 합니다.

표준 스케줄 표

주	해당 장	주제
1	1장	기업의 이해
2	2장	위대한 기업이 되는 길
3	3장	세상을 바꾸는 기술혁신
4	4장	다르게 생각하기
5	4장	다르게 생각하기
6	5장	미래를 위한 기술전략
7	6장	신제품 & 서비스의 밑그림
8		**중간고사**
9	7장	가치 평가와 의사 결정
10	7장	가치 평가와 의사 결정
11	8장	기술 프로젝트 통제
12	9장	기술 인력 관리
13	10장	기술 가치의 보존
14	11장	하이테크 마케팅의 이해
15	12장	시장 진출과 성장
16		**기말고사**

팀별/개별과제 운영 방법

팀별과제

해당 장과 관련된 팀별 토론 또는 과제를 수행하여 이론에 대한 이해도를 높이고, 실무 적용 능력을 키우는 부분입니다. 다음의 두 가지 방법 중 하나로 진행하세요.

① [방법 1]

- Step 1 : 토론을 함께할 팀을 먼저 구성해줍니다. 각 장별로 [팀별과제]가 있으므로, 학기 초에 구성한 팀을 학기말까지 유지하셔도 좋습니다.
- Step 2 : 수업 중 팀별로 20~30분 정도의 토론 시간을 줍니다.
- Step 3 : 작성이 완료되면, 팀별로 돌아가면서 2~3분 정도 간단히 발표합니다.
- Step 4 : 팀별로 발표한 내용에 대해 강의자가 의견을 제시하면서 마무리합니다.

② [방법 2] ★권장

- Step 1 : 토론을 함께할 팀을 먼저 구성해줍니다. 각 장별로 [팀별과제]가 있으므로, 학기 초에 구성한 팀을 학기말까지 유지하셔도 좋습니다.
- Step 2 : 수업이 종료된 후에 팀별과제로 작성하도록 합니다.
- Step 3 : 작성한 페이지를 절취해서 제출합니다.
- Step 4 : 강의자는 각 팀의 결과물을 미리 살펴본 후 공유할 만한 결과물을 소개하고, 강의자의 의견을 덧붙여 설명합니다.

개별과제

학생 개인별로 해당 장을 복습해볼 수 있는 부분입니다. 다음의 두 가지 방법 중 하나로 진행하세요.

① [방법 1]

- Step 1 : 이론 학습이 끝난 후 학생 개인별로 수업 시간 중에 10~15분 동안 작성합니다.
- Step 2 : 작성이 완료되면, 3~4명의 학생이 작성 내용을 발표합니다.
- Step 3 : 학생들이 발표한 내용에 대해 강의자의 의견을 제시하면서 마무리합니다.

② [방법 2] ★권장

- Step 1 : 이론 학습이 끝난 후에 학생 개인별 과제로 작성하도록 합니다.
- Step 2 : 작성한 페이지를 절취해서 제출합니다.
- Step 3 : 강의자는 학생들의 결과물을 미리 살펴본 후 공유할 만한 내용을 소개하고, 강의자의 의견을 덧붙여 설명합니다.

목차

PART 2 공학도가 그리는 미래 : 디자인

CHAPTER 03 세상을 바꾸는 기술혁신

CHAPTER 04 다르게 생각하기

CHAPTER 05 미래를 위한 기술전략

CHAPTER 06 신제품&서비스의 밑그림

CHAPTER 07 가치 평가와 의사 결정

PART 3 제품&서비스의 탄생 : 개발

CHAPTER 08 기술 프로젝트 통제

CHAPTER 09 기술 인력 관리

CHAPTER 10 기술 가치의 보존

PART 4 세상 속으로 : 상업화

CHAPTER 11 하이테크 마케팅의 이해

CHAPTER 12 시장 진출과 성장

PART 1

1장

기업의 이해

A Going Concern

"비행기는 전쟁을 위한 것도 돈을 벌기 위한 것도 아니다.

비행기는 꿈이다. 엔지니어는 꿈을 현실로 만든다."

- 미야자키 하야오 -

01 기업이란 무엇인가?

02 기업은 어떻게 움직이는가?

03 공대 졸업자 앞에는 어떤 진로가 있는가?

Quiz 팀별과제 개별과제

학습목표

- 기업은 무엇이고, 어떻게 생겨나는지 알아보자.
- 이 세상에는 어떤 종류의 기업이 있고, 서로 어떻게 다른지 살펴보자.
- 기업 내부를 구성하는 요소와 이들의 기능을 살펴보고, 어떤 목표와 규칙으로 운영되는지 알아보자.
- 엔지니어인 당신 앞에 놓인 다양한 길을 생각해보자.

먼저 생각해봅시다

이름 : ______________

◇ 마음대로 선택할 수 있다면, 당신은 어떤 기업에서 일해보고 싶은가? 그 회사의 이름은 무엇인가?

◇ 그 회사에서 일하고 싶은 이유는 무엇인가? (2개까지 선택)

□ 매력적인 경영자
□ 최고의 경영 전략
□ 멋진 제품 또는 서비스
□ 사회에서 인정받는 기업 이미지
□ 멋있는 기업 비전 & 미션
□ 해보고 싶은 업무
□ 경쟁력 있는 보상(급여) & 근무 환경

◇ 투자자 관점의 가치 : 당신이 그 회사에 투자를 한다면, 왜 투자할까?

◇ 소비자 관점의 가치 : 당신이 그 회사의 제품 또는 서비스를 사용한다면, 왜 사용할까?

◇ 공동체 관점의 가치 : 당신이 선택한 회사는 우리 사회에 어떤 긍정적 영향을 주는가?

◇ 공동체 관점의 가치 : 당신이 선택한 회사는 우리 사회에 어떤 부정적 영향을 주는가?

01

기업이란 무엇인가?

기업은 경제의 근간을 이루는 중요한 요소 중 하나이다. 이 절에서는 기업이 무엇이고, 어떤 종류가 있으며, 어떻게 만들어지는지를 살펴볼 것이다.

1.1 기업의 정의

기업은 [그림 1-1]과 같이 시장경제하에서 경제를 구성하는 기본 단위 중 하나이다.[164] 기업은 영리 추구나 사회적 기여를 목적으로 제품과 서비스를 생산하는 조직체를 뜻한다.

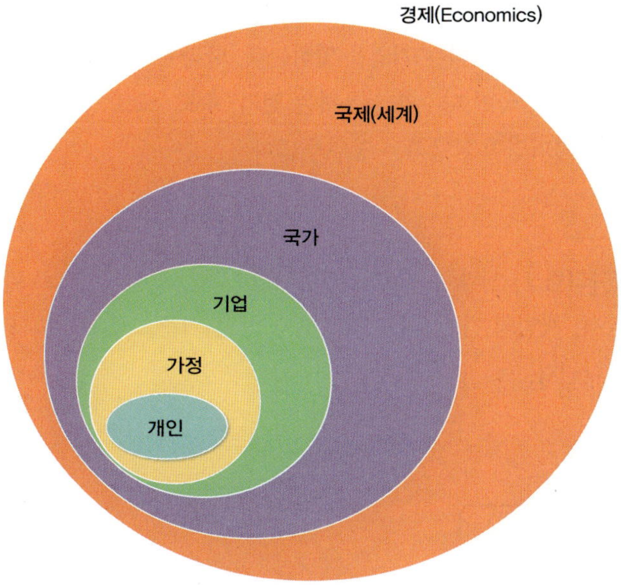

그림 1-1 경제를 구성하는 단위

기업은 제품이나 서비스를 생산하기 위해 노동력을 고용하며, 이 과정에서 가정(가계)의 구성원인 개인이 기업에 고용되어 경제활동을 하게 된다. 즉, 기업은 생산활동을 통해 다른 기업과 개인이 필요로 하는 새로운 제품과 서비스를 만들며, 고용 창출을 통해 개인의 경제활동에 필요한 경제력(임금 지불)을 제공한다. 이들의 관계를 그림으로 나타내면 [그림 1-2]와 같다.

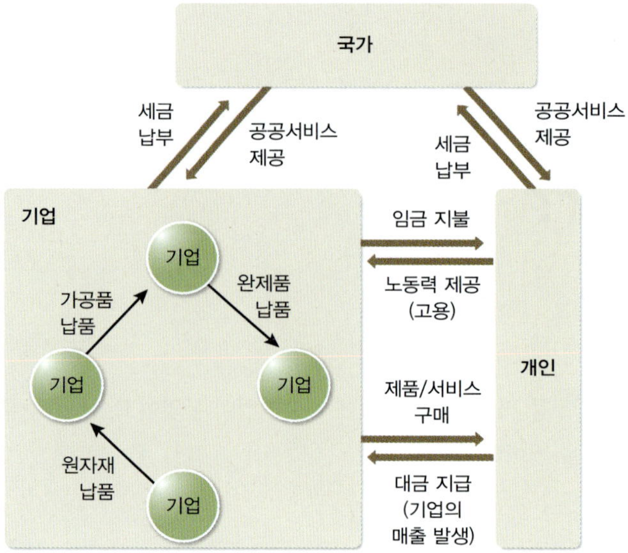

그림 1-2 경제 단위 간의 관계

1.2 기업의 종류

기업은 크게 공기업과 사기업으로 나뉜다. 공기업은 사회 공공의 복지 향상을 위해 정부가 직·간접적으로 투자하여 소유권을 갖거나 통제권을 행사하는 기업을 말하는데, 나라에서 직접 경영하는 국영기업, 공사, 공단 등이 이에 포함된다. 국민 다수가 사용하는 전기, 수도, 도로 등과 같은 국가 인프라 시설에 대한 운영 및 관리는 공기업이 담당하는 경우가 많다.

사기업의 분류

법률적 관점으로 사기업을 구분한다면 [그림 1–3]과 같이 크게 개인기업, 조합, 회사기업으로 나눌 수 있다.[164][191] 회사기업은 출자 방식, 책임의 범위, 지분 거래 방식 등을 기준으로 합명회사, 합자회사, 유한회사, 주식회사 등으로 나뉜다.

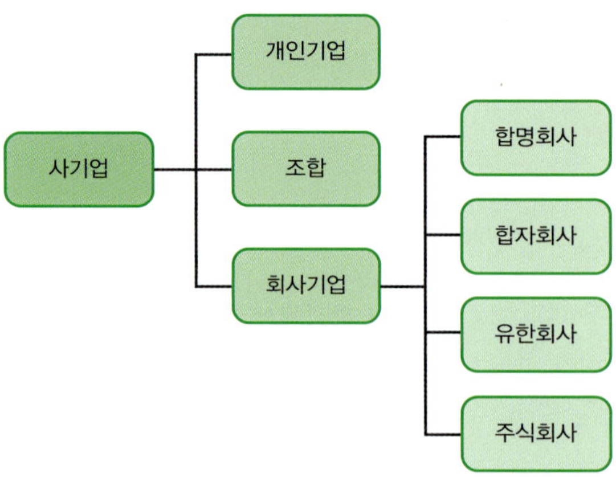

그림 1-3 사기업 분류

■ 개인기업

- 출자자(투자자)와 경영자가 동일인이다.
- 기업에서 발생하는 수익, 손실이 대부분 경영자 개인에게 돌아간다.
- 한 사람이 경영활동 전반을 통제할 수 있을 정도의 작은 기업들이 많다. 직원을 고용하지 않고 경영자 단독으로 운영하는 음식점, 숙박업소, 이미용 업소 등이 대표적인 예이다.
- 매출이 커지면 세금이 많아진다는 점, 금융기관에서 융자를 받거나 투자를 유치하는 데 제약이 따른다는 점, 우수 인력을 확보하기 어렵다는 점 등으로 인해 기업 규모가 커지면 회사기업으로 전환하는 경우가 많다.

■ 조합

- 2인 이상이 각각 출자하여, 공동으로 기업을 경영하며, 손익을 분배한다.
- 조합원 개개인이 법률상 사업 주체이며, 조합이 사업 주체는 아니다.
- 조합이 재산에 대한 소유권을 갖지 않고, 조합원이 소유권을 갖는다.

■ 합명회사

- 개인기업이 확대된 형태에 가깝다.
- 2인 이상이 출자자가 되며, 이들은 출자자인 동시에 경영자가 된다.
- 경영자 간 노력의 차이를 고려하지 않고 수익이 분배되는 방식이어서, 개인적 신뢰도가 높은 가족, 친구 등이 설립하는 경우가 많다.
- 변호사, 법무사 등이 설립한 법무법인 중에 합명회사가 많다.

■ 합자회사

- 1인 이상의 무한책임사원과 1인 이상의 유한책임사원으로 구성된다.
- 무한책임사원은 출자자 겸 경영자가 된다.
- 유한책임사원은 출자만 하며, 경영에 참여하지 않는다.
- 본인의 지분을 타인에게 양도할 경우, 무한책임사원 전원의 동의가 필요하므로 지분(본인이 투자한 자금에 대한 권리)의 교환성이 주식회사에 비해 낮다.

■ 유한회사

- 회사의 채무에 대해 출자액(본인이 투자한 자금)만큼만 책임을 지는 유한책임사원만으로 구성된다.
- 지분 양도 시 사원총회의 승인을 받아야 하므로 교환성이 주식회사에 비해 낮다.

- 합명회사, 합자회사에 비해 인적 결합보다 물적 결합의 특성이 강하다.
- 구글코리아, 애플코리아, 한국맥도날드 등 국내에 진출한 외국계 기업 중에서 유한회사가 많다.[1]

■ 주식회사

- 우리가 일반적으로 알고 있는 규모가 큰 대부분의 회사들이 해당된다.
- 출자자(투자자)와 경영자가 분리될 수 있다. 출자자가 직접 경영을 해도 되지만, 전문 경영인에게 경영을 맡기는 경우가 많다. 이때 회사의 경영을 누구에게 맡길지는 주식을 가진 주주들이 주주총회를 통해 결정하며, 주주들은 주주총회에서 자신이 가진 주식의 비율에 따라 의결권(투표권)을 행사할 수 있다.
- 출자자는 자신이 투자한 범위 내에서만 책임을 진다. 만약 기업에 문제가 생겨도 본인이 투자한 금액만 손해를 본다. 예를 들어, 주식시장에서 A 회사 주식에 1천만 원을 투자한 경우, 해당 회사의 가치가 0원이 되었을 때 투자자는 본인이 투자한 1천만 원만큼만 손해를 본다.
- 경영자 입장에서 볼 때 자금 동원이 가장 용이한 기업 형태로, 기존 주주들 또는 신규 주주들에게 주권(주식)을 판매하여 자본금을 늘린다.
- 개인이 투자한 지분(주식)을 자유롭게 거래할 수 있다.

다음은 2015년 12월 29일에 공시[2]된 내용이다. 사업에 필요한 자금을 주식 발행을 통해 확보하고 있다.

▶ 풀무원, 500억 규모 증자

풀무원은 운영 자금 마련을 위해 499억9천만 원 규모의 유상증자를 결정했다고 공시했다. 신주당 액면가액은 5천 원이고 발행되는 주식 수는 71만4천 주이다.

▶ 세종텔레콤, 1,100억 원 규모 증자

세종텔레콤은 시설 자금과 운영 자금 마련을 위해 1,100억 원 규모의 유상증자를 결정했다고 공시했다. 1억 주의 신주를 발행할 예정이며, 신주 발행가액은 주당 1,100원이다.

벤처기업 & 스타트업

신문이나 뉴스를 보다보면, 벤처기업, 스타트업Startup이란 용어가 자주 등장한다. 벤처기업은 신기술이나 혁신적 아이디어를 이용해 창업하는 기업을 말한다. 즉 새롭게 창업한 기업이 개인기업, 주식회사 등과 같은 기존 분류 체계에 속하지 않고, 사업 아이템이 단순 유통, 서비스업이 아

1 본사가 있는 지역에서 세제 혜택을 받으려는 목적으로 타국의 지사를 유한회사로 만드는 외국계 기업이 많다. 또한 유한회사는 외부감사를 받거나 공시를 해야 하는 의무가 없기 때문에 이런 점을 선호하는 기업들이 있다.

2 경영과 관련된 주요 내용을 신속하고 정확하게 투자자에게 공개하는 제도이다. 사업 계획, 재무 사항, 영업 실적, 경영진 교체, 자본 변동, 신기술 개발과 같은 중요 사항은 반드시 공시해야 한다.

닌 신기술, 혁신 아이디어와 연계된 경우 벤처기업이라 부른다. 따라서 통상 동네에 새로 생긴 음식점, 숙박업소 등은 벤처기업이라 부르지 않는다.

스타트업은 일부 벤처기업을 지칭하는 용어로, 일반적으로 다음의 특징을 갖는다.[12][199]

- 창업한 지 오래되지 않은 벤처기업
- 해당 기업의 현재 가치는 미약하지만, 잠재적으로 폭발적인 성장력을 갖고 있는 벤처기업
- 개인 또는 팀이 아닌, 법률적으로 기업의 형태를 갖춘 벤처기업

1.3 기업의 탄생

기업은 새로운 기업을 설립하거나 기존 기업을 인수하여 시작하게 된다. 이 절에서는 지역시장 중심의 중소기업과 세계시장 중심의 혁신기업의 특징, 국민소득에 따른 창업 패턴의 차이, 창업의 절차 등을 알아보자.

창업 방법

기업을 시작하는 방법에는 크게 기존 기업을 인수하는 방법과 새로운 기업을 설립하는 방법이 있다.[164] 이들의 장단점을 [표 1-1]에 정리했다.

표 1-1 창업 방법별 장단점

특징 / 방법	장점	단점
인수	· 기존 기업의 강점을 그대로 물려받음 · 창업 과정, 사업 내용의 불확실성 감소 · 창업에 필요한 노력 절감(사업자 등록, 사업장 마련, 채용, 업무 절차 수립 등의 노력이 필요 없음)	· 입지 선정, 채용 등의 전반적인 면에서 창의성을 발휘하기가 어려움(기존 기업의 사업장, 인력 등을 그대로 이어받음) · 인수자가 보유한 자본 규모에 맞는 기업의 수가 제한적임(예 5억 원으로 교육용 앱 개발 업체를 인수하고 싶지만, 5억 원에 기업을 팔겠다는 상대방이 없을 수도 있음)
설립	· 독자적 창의성 반영 · 창업자가 보유한 자본에 적합한 형태로 창업 가능(예 5억 원으로 교육용 앱 개발 업체를 만든다고 할 때, 자본 금액을 고려해 공간을 빌리고, 개발자를 채용할 수 있음)	· 설립 과정에 많은 노력이 필요함 · 미래의 불확실성을 감수해야 함(이미 일정 기간 동안 사업을 유지해온 기업을 인수하는 경우에 비해 불확실성이 높음)

창업 패턴

기업의 창업 패턴은 [표 1-2]와 같이 크게 중소기업 창업과 혁신기업 창업으로 나뉜다. 이는 법률적인 기준으로 분류한 것은 아니며, 기업이 목표로 하는 시장, 혁신 정도, 지배 및 자본 구조 등의 특성을 기준으로 분류한 것이다.[13]

중소기업

중소기업SME : Small and Medium Enterprise은 창업자가 단독으로 설립하는 경우가 많으며, 소규모 지역시장을 대상으로 한다. 가족이 가진 자본으로 창업하고, 가족이 함께 운영하는 경우가 많은데, 서비스업, 유통업에서 많이 보이는 패턴이다.

혁신기업

혁신기업IDE : Innovation-Driven Enterprise은 불확실한 시장을 대상으로, 상대적으로 높은 수익을 기대하는 기업이다. 지역사회를 넘어서, 해당 국가 전체 또는 세계시장을 대상으로 한다. 다른 기업을 모방해서 시장을 나누어 먹기보다는 기술, 업무 절차 또는 사업 모델에서 그 기업만의 독특한 가치를 바탕으로 경쟁 우위를 만든다. 소수의 창업가에 의해 창업이 되어도, 성장 과정에서 다양한 전문가를 끌어들인다. 초기 성장이 더디기 때문에 자본을 회수하기까지 꽤 긴 시간이 걸리는 경우가 많다. 우리에게 익숙한 글로벌 기업인 구글, 애플, 다이슨 등이 대표적인 혁신기업이다.

표 1-2 중소기업과 혁신기업의 비교

구분 항목	중소기업	혁신기업
시장	지역시장에 집중	세계시장에 집중
혁신	혁신이나 경쟁 우위가 필수 조건이 아님	혁신(기술, 업무 절차, 사업 모델)과 경쟁 우위가 필수 조건임
노동력	식당, 세탁소, 각종 서비스 업체 같은 지역 중심의 노동 시장	지역적 제한이 없는 일자리가 많음
지배 구조 & 자본 구조	가족 중심 기업이며, 외부 투자를 받더라도 소규모로만 받음(본인 자금을 중심으로 사업을 진행)	지배 구조가 다양하며, 외부 자본(금융기관, 투자기업 등) 유입이 많음
성장 패턴	기업의 성장률이 1차 함수에 가까움 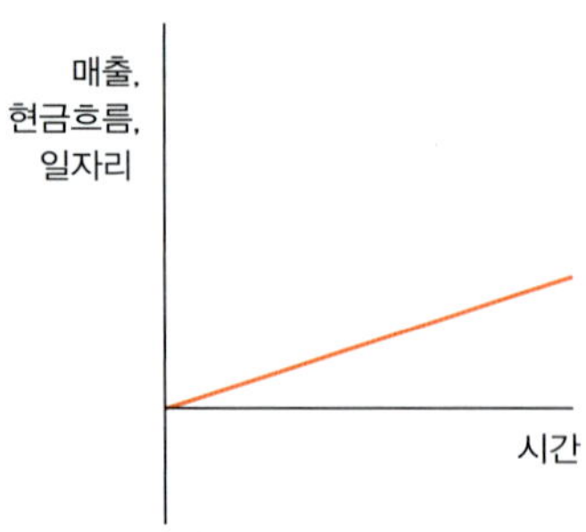	초기 성장은 더디지만, 점차 급속한 성장세를 보임 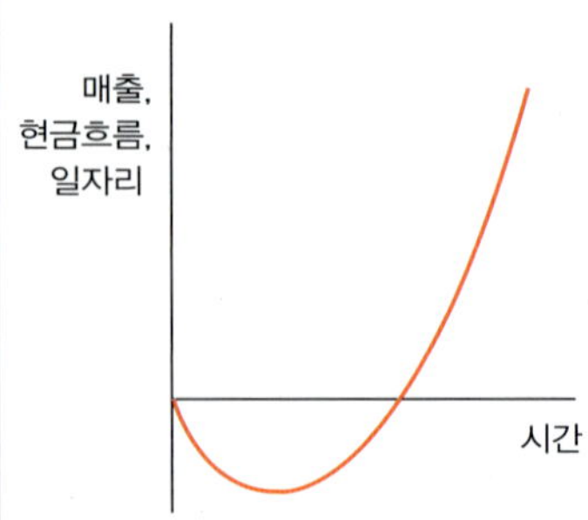

[그림 1-4]는 132개국을 대상으로, 고용 규모가 250명 미만인 소규모 기업이 인구 1천 명당 얼마나 분포하는가를 조사한 자료이다. 조사 결과를 보면 동남아, 남미 일부, 아프리카 등의 일부 저개발 국가에 소규모 기업이 많기는 하지만, 전반적으로는 1인당 국민소득과 소규모 고용 기업의 수는 정비례 관계를 보인다. 즉, 1인당 국민소득이 높은 국가일수록 소규모 기업의 창업이 활발하게 나타난다.

이는 두 가지 관점에서 해석할 수 있다. 첫째, 소득 수준이 높고 경제가 활성화되면서 창업에 도전하는 인구가 많다는 의미이다. 둘째, 새롭게 진입하는 기업들이 국민경제 전체를 활성화시키는 효과가 있다고 할 수 있다.

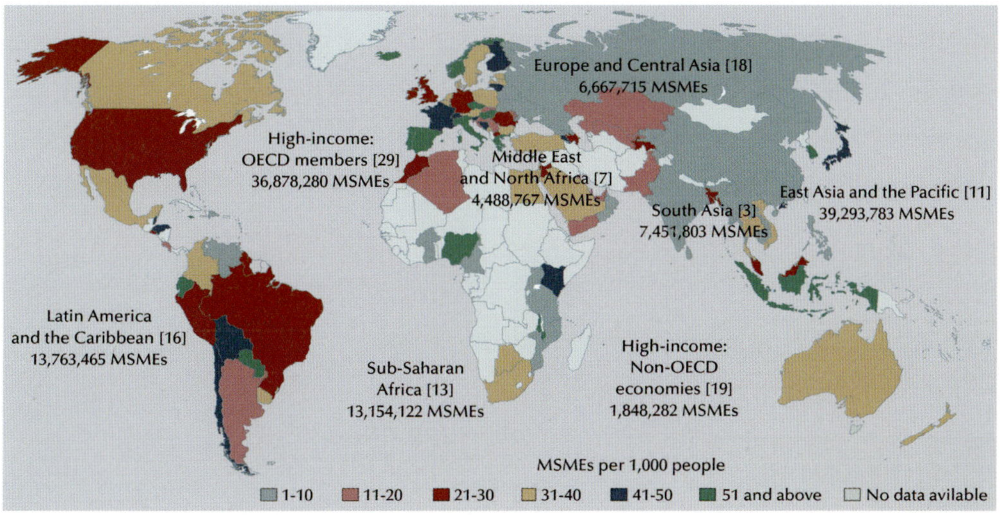

그림 1-4 인구 1천 명당 소규모 기업의 수[76]

창업 절차

개인기업을 창업할 때는 먼저 국세청이나 관할 지역 세무서를 통해 사업자 등록을 하고 사업자등록번호를 부여받아야 한다. 이는 개인이 갖고 있는 주민등록번호와 유사한 개념으로, 주민등록번호를 통해 개인의 신분을 확인하거나 금융 거래를 하는 것과 같은 이치가 기업에도 적용된다. 사업자등록번호를 기준으로 개인기업의 소득에 대해 부가세(국가에 납부하는 세금)가 발생한다. 간혹 사업자 등록을 하지 않고 사업을 하는 경우가 있는데, 이런 경우에는 정식 기업이 아니므로 신용카드 거래를 할 수 없고, 은행 거래 시에도 정식 기업으로 인정받지 못한다. 또한 사업자 등록을 하지 않은 상태에서 발생한 매출에 대해서는 세무서에서 추적하여 미등록가산세를 부과한다.

[그림 1-5]는 개인기업을 창업하는 과정에서 거쳐야 할 법률적 과정을 보여준다.

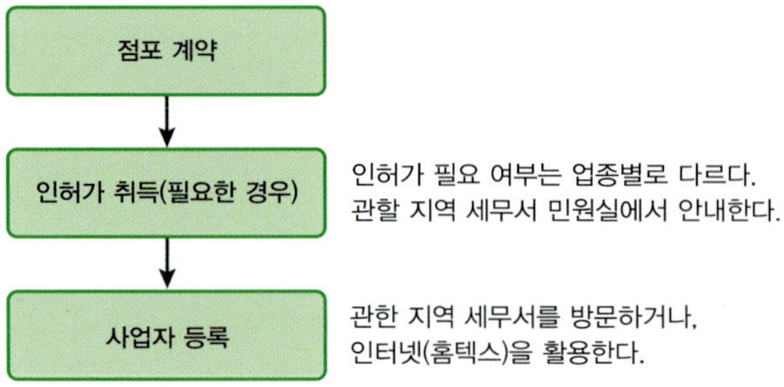

그림 1-5 개인기업 창업 절차[198][206]

주식회사를 창업할 때는 개인이 직접 관할 등기소, 세무서 등에 문의하면서 진행하는 방법과 다소 비용이 들어도 수수료를 지불하고 법무사나 세무사 등에 대행하는 방법이 있다. 업종에 따라 필요한 인허가 사항이 다르다. 예를 들어, 방송 프로그램 제작을 대행하는 주식회사를 설립할 경우에는 문화산업진흥법상 방송 프로그램 독립 제작 및 수출업과 관련된 인허가를 받아야 한다.

주식회사를 창업하는 과정에서 거쳐야 하는 법률적 과정은 [그림 1-6]과 같다.

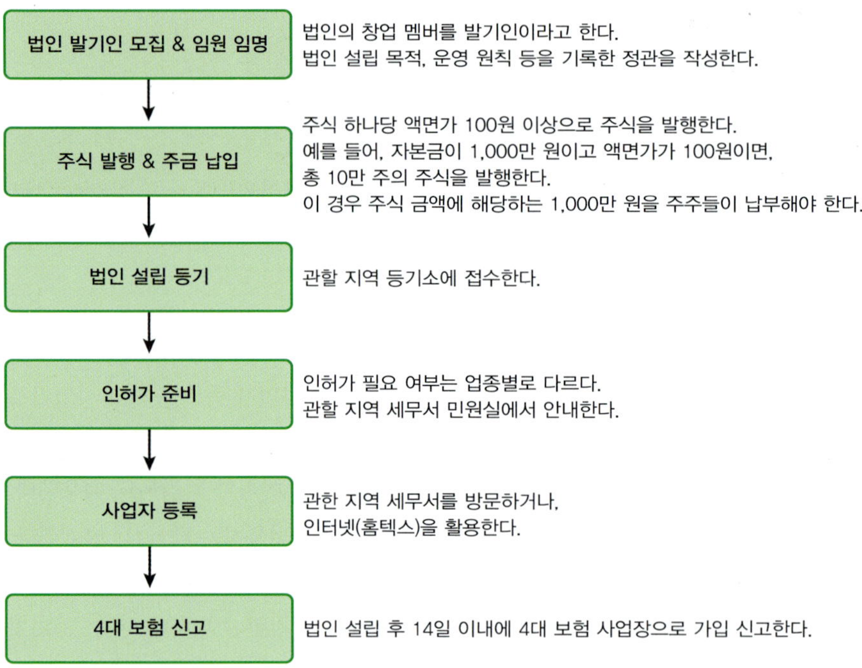

그림 1-6 주식회사 창업 절차[198][206]

02

기업은 어떻게 움직이는가?

기업을 구성하는 요소는 크게 경영전략, 경영자, 기업 조직, 자산의 4가지로 나뉜다. 이 4가지는 서로 유기적으로 연결되어 기업을 하나의 생명체처럼 움직이게 해준다. 기업을 구성하는 요소들은 군대의 구성 요소와 매우 흡사하다. 기업의 경영전략, 경영자, 기업 조직, 자산을 군대에 비유하면, [그림 1-7]과 같이 각각 전쟁 지도 및 작전 전략, 지휘관, 예하 분대, 무기 및 보급품에 해당된다. 이 절에서는 이 4가지 구성 요소에 대해 자세히 살펴보자.

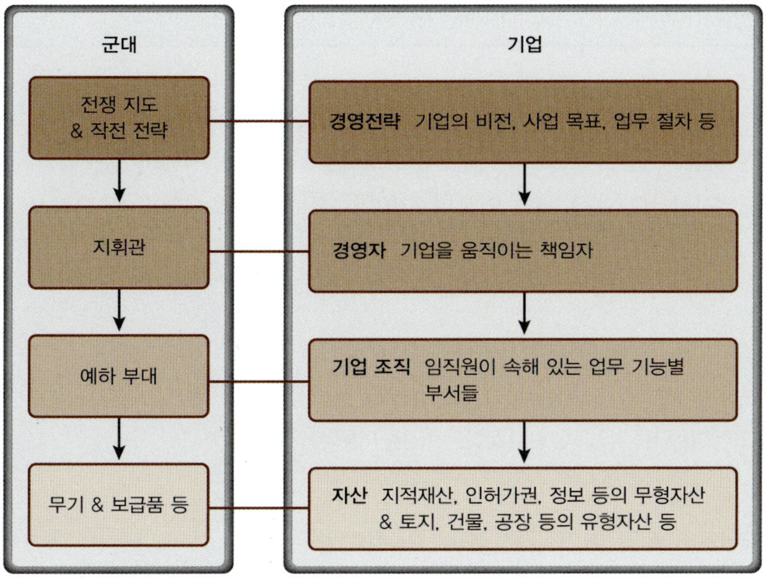

그림 1-7 기업의 구조를 군대에 비유한 예

2.1 경영전략

경영전략은 기업 내부의 모든 기능과 활동에 대한 종합적인 계획을 뜻한다.[164] 경영전략은 경영자, 임직원들에게 기업이 나아갈 장기적인 발전 방향을 보여주고, 무슨 일을 어떻게 할지 알려준다. 경영전략은 크게 기업비전Corporate Vision, 기업미션Corporate Mission, 기업전략Corporate Strategy, 기능전략Functional Strategy 등으로 구성된다.[97] [표 1-3]에 각 요소의 특징과 역할을 정리했다.

표 1-3 경영전략의 구성 요소

구성 요소	특징 & 역할
기업비전[119]	· 기업이 희망하는 미래상, 미래의 위치를 설명한다. · '우리가 어디를 향하는가?'를 의미한다. · 먼 미래 시점의 목표를 보여준다. · 가슴을 벅차게 하는 역할을 한다. · 직원들을 고무(Inspire)시키는 역할을 한다.
기업미션[119]	· 기업이 희망하는 미래상(기업비전)에 어떻게 도달할 것인가를 설명한다. · '우리가 무엇을 할 것인가?'를 의미한다. · 현재 할 일에 대한 목표를 보여준다. · 머리를 움직이게 하는 역할을 한다. · 직원들에게 정보를 제공하는 역할을 한다.
기업전략	· 기업 조직(여러 사업 부서들), 자산 등에 대한 종합적 계획을 의미한다. · 기업의 사업 분야, 사업 지역 등이 어떻게 형성, 변화(신규 진출, 확장, 유지, 철수 등)되어야 하는가를 계획한다. · 기업전략에 따라 기업 조직에 속하는 각 부서별 전략이 결정된다. · BCG Matrix, GE Matrix, Ansoff Matrix 등의 다양한 기법을 사용하여 전략을 수립한다.[167]
기능전략	· 상위 전략인 기업전략과 유기적으로 연결되어, 서로 상충되는 부분이 없어야 한다. · 기업 조직 내의 각 사업부(부서)의 구조, 역할, 자산 활용 계획을 수립한다. · 재무, 연구 개발(R&D : Research & Development), 생산, 영업 등 주요 기능별로 수립한다.

대부분의 기업은 홈페이지나 회사 소개 자료 등에서 기업비전과 미션을 공개하고 있다. 예를 들어, 애플의 비전과 미션은 다음과 같다.[132] [표 1-3]에서 설명했듯이 애플의 기업비전은 먼 시점의 목표이자 직원들을 고무시키는 내용을 담고 있으며, 기업미션은 구체적인 할 일을 제시하고 있다.

▶ 애플의 기업비전

- 우리는 변함없이 위대한 물건을 만든다. 우리는 끊임없이 혁신한다.
- 다양하고 깊이 있게 협력하여 다른 기업들이 하지 못하는 혁신을 이룬다.

▶ 애플의 기업미션

- 애플은 맥(Mac)을 다양한 소프트웨어를 가진 세계 최고의 컴퓨터로 만든다.
- 아이팟과 아이튠으로 디지털 음악의 혁명을 이룬다.
- 아이폰과 앱스토어로 휴대폰 시장을 재창조한다. 또한 아이패드로 모바일 미디어와 컴퓨팅 환경의 미래를 정의한다.

그러나 모든 기업이 비전과 미션을 명확하게 구분하는 것은 아니다. 때로는 비전과 미션을 묶어서 하나로 소개하거나, 둘 중 하나만 소개하기도 한다. 또는 비전과 미션을 서로 바꿔서 사용하는 기업들도 많다. 비전과 미션의 개념을 정확하게 모르고 사용하기 때문이다. 상황이 이렇다보니, 학생들뿐 아니라 기업 실무자들 중에서도 비전과 미션의 개념을 혼동하는 경우가 적지 않다. 기업비전과 기업미션의 개념이 혼동된다면 다음 예를 살펴보자. [표 1-4]와 같이 자선사업을 하는 3개의 사회적 기업 A, B, C가 있다고 가정하자.

표 1-4 비전 & 미션의 예

전략 기업	비전	미션
기업 A	빈곤 없는 세상	노숙자와 실업자에게 다양한 일을 제공한다.
기업 B	빈곤 없는 세상	푸드 뱅크로 저소득층에게 먹거리를 무상으로 제공한다.
기업 C	음식 쓰레기 없는 세상	푸드 뱅크로 저소득층에게 먹거리를 무상으로 제공한다.

A, B 두 기업의 경우, 비전은 같지만 미션이 서로 다르다. 외부적 환경이 같다는 가정하에서 보면, A, B 중 어떤 기업의 미션이 비전을 더 먼저, 멋지게 이뤄낼지는 기업전략, 기능전략 그리고 경영자, 기업 조직, 자산의 차이가 결정한다. B, C 두 기업의 경우, 비전은 다르지만 서로 같은 미션을 갖고 있다. 이처럼 하나의 비전을 실현하기 위해 여러 개의 서로 다른 미션이 존재하며, 반대로 하나의 미션이 여러 개의 비전에 관련되기도 한다.

좀 더 간단한 예를 들어보자. 당신이 올해 안에 이성 친구를 사귀려는 비전을 품고 있다면, 이를 위해 ① 운동을 열심히 해서 멋진 외모를 만든다 ② 주변 친구들을 잘 챙겨줘서 많은 소개팅 기회를 갖는다는 미션을 만들 수 있다. 이를 뒤집어서 생각해보자. 운동을 열심히 해서 멋진 외모를 만든다는 미션이 꼭 이성 친구를 사귀려는 비전에만 연결되지는 않는다. 자존감을 높이려는 비전과도 관련 있다. 즉, 비전과 미션은 1:1의 관계가 아닌, 1:n, n:1의 관계가 될 수도 있음을 기억하자.

2.2 경영자

경영자는 기업의 목표를 수립하고, 목표 달성을 위해 기업 조직을 움직이고, 기업이 보유한 자산을 활용할 수 있는 최고 책임자이다. 경영자의 핵심 역할은 의사 결정Decision Making이다. 무엇을 할지, 무엇을 하지 않을지, 누구에게 맡길지, 언제 할지, 얼마나 투자할지, 얼마나 위험을 감수할지 등의 수많은 사항을 결정하고, 결과에 대해 책임을 지는 것이 경영자의 역할이다. 내부적으로는 방향을 제시하고, 다양한 사업부들을 중재하는 역할을 하며, 외부적으로는 기업을 대표하는 외교관과 같은 상징적 역할을 한다.

[표 1-5]는 경영자에게 필요한 대표적 자질을 보여준다.

표 1-5 경영자의 자질[164]

자질	의미
추진력	· 열정, 인내 등으로 일을 주도해나가는 능력 · 본인 스스로 낙담하지 않고 일을 추진하는 능력 · 동료, 부서, 협력 업체들을 독려하고, 동기를 부여하는 능력
정신력	· IQ, 창조적 사고력, 분석적 사고력 등을 포함하는 능력 · 사업에서 직면하는 문제는 체계적으로 분석하고, 합리적으로 해결하는 능력
인간관계 능력	· 대인 관계 기술, 사교성, 타인에 대한 배려와 감정이입 · 종업원, 고객, 거래처 등의 입장을 올바르게 이해하는 능력
기술 지식	· 생산하는 제품, 서비스와 관련된 기술에 대한 이해 · 제조, 설비, 판매, 재무 등과 관련된 다양한 관점의 기술
커뮤니케이션 능력	· 고객, 종업원, 공급자, 채권자 등과의 원활한 의사소통 능력 · 경영자의 뜻을 이해 관계자에게 정확하게 전달하는 능력
의사 결정 능력	· 선택 가능한 다양한 대안 중에서 최적을 찾아내는 능력 · 의사 결정에 필요한 사람과 정보 등을 가려내고, 효율성 있게 결단하는 능력
개념화 능력	· 복잡한 현상을 명쾌하고 간결하게 이해하는 능력 · 복잡한 사업의 전체적인 흐름을 짚어내는 능력
혁신 능력	· 현재 상황, 기존 대안에 안주하지 않는 사고방식 · 혁신에 대한 조직적, 사회적 저항을 감수하는 능력

기업 규모가 작은 경우에는 한 명의 경영자가 전체 조직을 책임지지만, 기업 규모가 커지면 경영 전략, 기업 조직에 맞추어 여러 명의 경영자가 등장한다. 한 기업에 경영자가 여럿인 경우, 이들을 통틀어서 경영진이라고 칭한다. 경영진에 포함된 여러 경영자 중에서 기업을 대표하는 사람을 최고경영자라고 한다.

경영진의 직무를 영어로 표기할 때 CXO 형태를 많이 사용하는데, CEO, CSO, CTO와 같이 X 자리에 다양한 알파벳이 사용된다. [표 1-6]에 각 직무의 역할을 정리했다. 그러나 이는 표준 정의가 아닌 그저 관습일 뿐이어서 기업마다 다르게 쓰는 경우가 흔하다. 즉, 같은 약자여도 의미하는 바가 다르거나 어떤 기업에는 존재하는 CXO가 다른 기업에 없는 경우도 많다.

표 1-6 CXO의 의미

직무 표기		의미
CEO	Chief Executive Officer	최고경영자, 사장, 대표이사
COO	Chief Operating Officer	부사장
CSO	Chief Strategy Officer	전략 담당 최고 임원
	Chief Security Officer	보안 담당 최고 임원(영업 기밀, 개인 정보 등 관련)

CMO	Chief Marketing Officer	마케팅 담당 최고 임원
CDO	Chief Design Officer	디자인 담당 최고 임원
CRO	Chief Revenue Officer	수익/판매 담당 최고 임원
CTO	Chief Technology Officer	기술 담당 최고 임원
CPO	Chief People Officer	인사 담당 최고 임원
CFO	Chief Finance Officer	재무 담당 최고 임원
CIO	Chief Information Officer	정보 담당 최고 임원(정보시스템, 경영 정보 관련)

2.3 기업 조직

우리나라의 기업 조직은 기본적으로 라인 조직으로 구성되어 있다. 이를 바탕으로 별도 조직이 붙어 확장되는 형태인 라인 스탭 조직과 사업부제 조직 그리고 라인 조직에서 차출하여 별도 조직을 구성하는 프로젝트 형태로 나뉜다. 또한 기업 조직은 인사, 재무, 생산 등의 업무 기능(부서)으로 세분화되고, 각 부서는 자산을 활용하여 업무를 수행한다.

라인 조직

경영자를 중심으로 업무에 따라 기능이 나뉘어 운용되며, 가장 오래되었으면서도 가장 보편적으로 운용되는 조직 형태이다. 라인 조직은 사업 내용이 단순하고, 변화가 적으며, 규모가 작은 기업에 적합하다. 이후 설명하게 될 라인 스탭 조직, 사업부제 조직, 프로젝트 조직 등과 같은 다른 조직 형태도 라인 조직의 특성을 일부 갖고 있다.

- **장점** : 유사한 기능별로 묶어서 부서를 구성하여 업무 기능이 전문화되어 있다. 업무 기능에 적합한 인력과 자원으로 각 부서가 구성되어 있으며, 경영자의 명령에 따라 일사분란하게 움직인다.
- **단점** : 부서 간 이해관계가 맞물려 있으면 의사소통이나 업무 협조가 원활하지 못한 경우가 많다. 전체 부서에 대한 조정 권한이 경영자에게 집중되어 있기 때문에 조직 전체적으로 효율성이 낮아지거나 환경 변화에 유연하게 대응하기 어렵다.

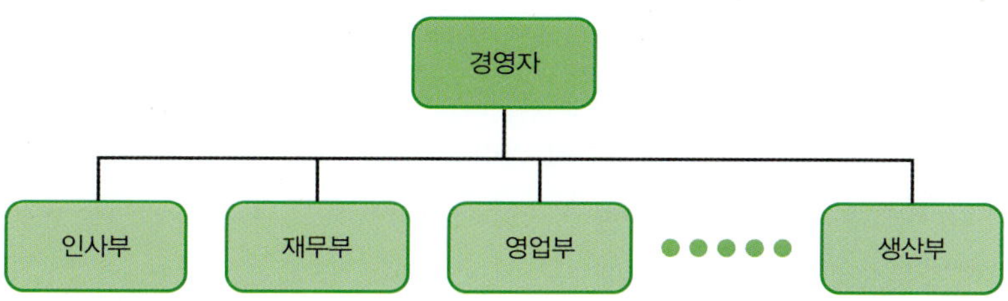

그림 1-8 라인 조직의 예

라인 스탭 조직

라인 조직 전반에 걸쳐 조정 역할을 하는 스탭 조직이 붙은 형태로, 기획실, 기획조정실, 기획조정본부 등으로 불린다. 스탭 조직은 일반적으로 경영자 직속으로 운영되는데, 경영자의 의사 결정에 필요한 기업 내·외부의 정보를 수집하고 분석한다. 라인 조직이 커지게 되면 부서별 업무 조정이나 부서 운용의 효율성을 높이기 위해 스탭 조직을 도입하는 경우가 많다.

- **장점** : 스탭 조직이 제 역할을 할 때, 여러 개별 부서 간의 업무 조정이 원활해지고, 의사소통이 개선된다. 개별 부서에서 부족한 인력, 자원, 정보를 스탭 조직을 통해 지원받을 수 있다.
- **단점** : 라인에 해당하는 개별 부서와 스탭 조직 간에 갈등이 발생할 여지가 있다. 스탭 조직은 경영자 직속이지만, 라인 조직에 대한 직접적인 통제보다는 조정과 지원에 특화된 조직이다. 그럼에도 불구하고 스탭 조직이 라인 조직에 강력한 영향력을 행사하려 할 경우, 불협화음이 생긴다.

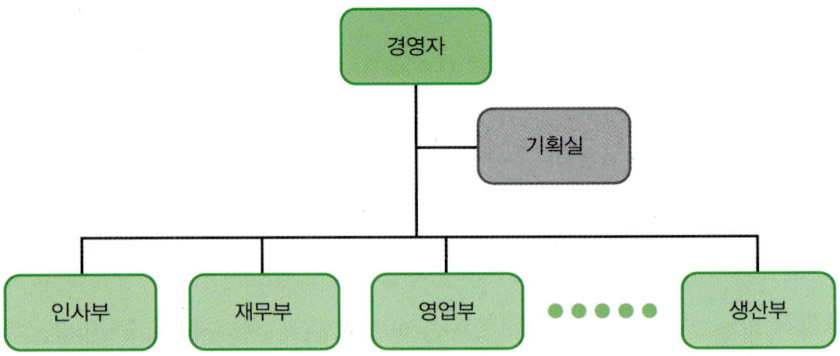

그림 1-9 라인 스탭 조직의 예

사업부제 조직

기존의 라인 조직에 여러 개의 사업부SBU : Strategic Business Unit가 결합된 조직 형태이다. 본사에 여러 개의 라인 조직이 존재하며, 개별 사업부 내부에도 필요한 라인 조직이 별도로 구성된다. 즉 사업부제 조직은 규모가 매우 크고, 세분화된 시장을 대상으로 다양한 사업을 하는 기업에서 주로 운용한다.

- **장점** : 사업부별로 권한과 책임을 위임했기 때문에 사업부장이 책임감을 갖고 시장의 변화에 신속하게 대처할 수 있다. 경영자 입장에서는 사업 분야별로 성패에 대한 책임 소재를 명확하게 밝힐 수 있고 관리하기가 쉽다.
- **단점** : 경영자가 개별 사업부를 세부적으로 파악하고 관리하기가 어려우며, 조직이 방대해져서 관리 비용이 커진다. 사업부 간에 과다 경쟁이 발생할 가능성이 있고, 유사한 기능을 하는 부서가 여러 사업부에 중복으로 존재하기 때문에 자산이 낭비된다.

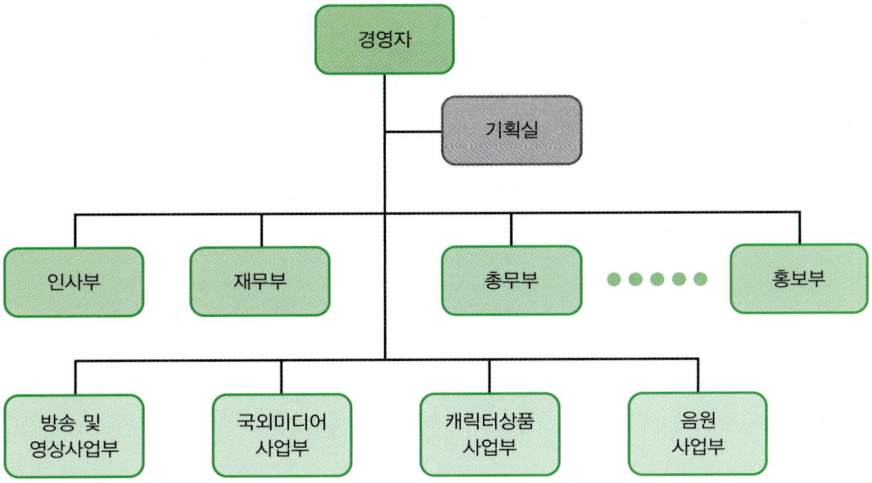

그림 1-10 사업부제 조직의 예

[그림 1-11]은 삼성전자(2012년 12월 기준)의 조직도이다. 스탭 조직과 사업부가 모두 존재하는 전형적인 사업부제 조직에 해당된다.

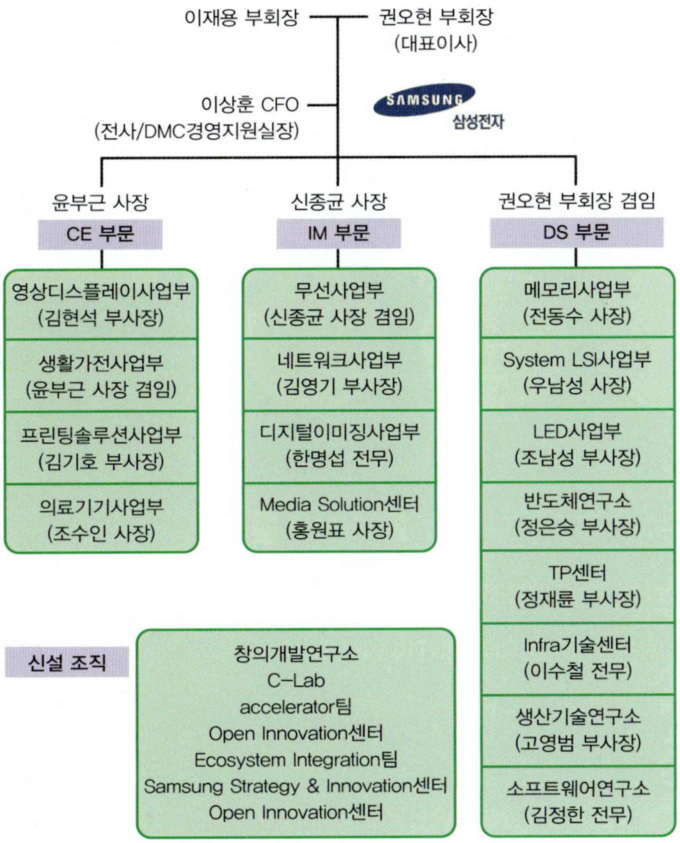

그림 1-11 삼성전자의 조직도(2012년 12월 기준)

프로젝트 조직

새로운 제품이나 시장을 기획, 개척하는 등의 비상시적인 업무를 수행하기 위해 일시적으로 팀을 구성하는 형태로, 태스크 포스 조직, 태스크 포스 팀TFT : Task Force Team이라고 부른다. 기존에 운용 중인 라인 조직에서 필요한 인력을 차출하여 일시적으로 팀을 구성하고, 해당 업무가 종료되면 팀을 해체하는 방식이다.

- **장점** : 기업 내의 기존 인력 중에서 적임자들을 차출하여 팀을 편성한다. 비상시적 업무를 위해 필요할 때만 팀을 구성하므로 인력과 자원의 효율성이 높다. 또한 업무 규모, 기간, 중요도 등에 따라 유동적으로 구성할 수 있다.
- **단점** : 일시적으로 구성되고 해체되는 팀이어서 팀 구성원 간의 의사소통이 원활하지 않고, 소속감이 낮다. 임명되는 TFT 책임자의 자질, TFT 책임자에게 부여된 권한, 차출된 인력 등에 따라 TFT의 업무 범위, 효율, 성과에 차이가 생긴다.

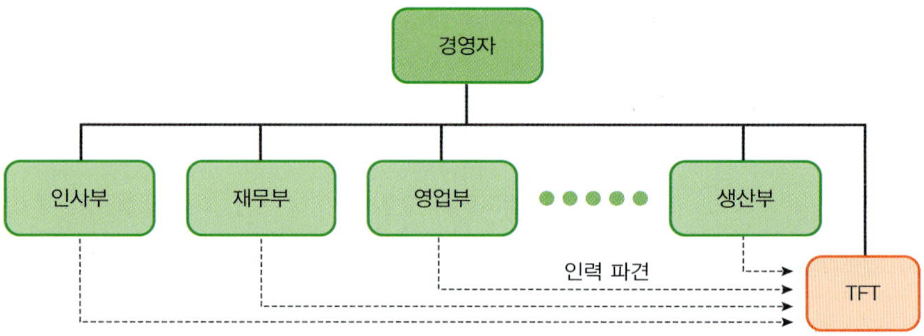

그림 1-12 프로젝트 조직의 예

03

공대 졸업자 앞에는 어떤 진로가 있는가?

공대를 졸업하는 학생들 중 상당수는 아직도 막연하게 기업에 취업해서 회사원이 된다는 생각을 갖고 있다. 그러나 실제로 진출하는 분야를 보면 일반 기업의 구성원인 회사원 말고도 연구 기관의 연구원, 창업자, 대학원 진학 등 다양한 경로가 공학도들 앞에 놓여 있다. 직급을 놓고 본다면, 과거에는 경영대 출신이 경영진의 자리를 주로 차지했으나, 최근 들어서는 이공계 출신의 경영진 진출 비율이 점점 높아지고 있다. 이 절에서는 각각의 진로에 대한 특징을 살펴보기로 하자.

3.1 엔지니어의 진로 선택

공대를 졸업한 후에 사회에 진출하는 경로는 생각보다 무척 다양하다. 또한 처음 선택한 진로를 끝까지 유지하기보다 중간에 바꾸는 경우도 많기 때문에 단순한 도식으로 표현하기는 어렵다.

큰 틀에서 볼 때 공대를 졸업한 엔지니어 앞에는 [그림 1-13]과 같은 경로가 펼쳐진다. 각 진로의 특징에 대해 자세히 살펴보자.

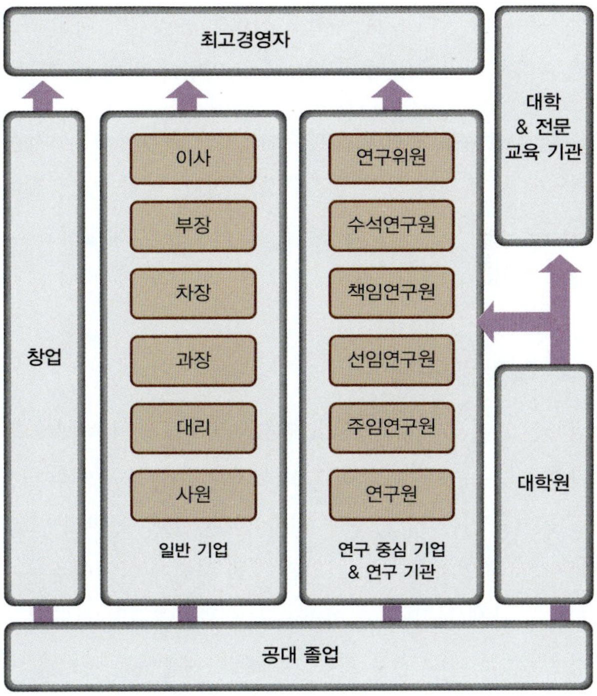

그림 1-13 공대 졸업 후의 경력 사다리

창업

중소기업, 혁신기업을 직접 창업하는 경우이다. 공대에서 배운 지식을 바탕으로 설계 대행, 가공 대행, 소규모 완제품 제조, 기술 지원 및 자문 등과 관련된 중소기업을 창업한다. 또는 공대에서 배운 지식에 경영·경제학적 지식을 더해 새로운 제품, 사업 모델을 디자인하여 혁신기업을 창업한다. 학부를 졸업한 후 바로 창업하는 경우, 기업에서 5~7년 정도 근무하며 실무 경험을 쌓아서 과장/선임연구원 단계에서 퇴직한 후 창업하는 경우, 또는 다양한 협력 업체와 네트워킹하는 경우, 자금력을 가진 이사/연구위원 단계에서 퇴직한 후 창업하는 경우 등이 있다.

일반 기업 취업

입사 초기에는 엔지니어링과 관련된 직무를 담당하지만, 직급이 올라갈수록 관리자 역할에 대한 비중이 커진다. 직급 체계는 기업마다 차이가 있지만, 일반적으로 사원부터 부장급까지는 직원(피고용인)에 해당되고, 이사(이사, 상무이사, 전무이사 등)는 임원(고용인)에 해당된다.

연구 중심 기업 & 연구 기관 취업

일반 기업과 직급 체계가 다소 다르다. 일반 기업의 대리가 연구 기관의 주임연구원, 과장이 선임연구원 정도에 해당된다. 그러나 연구 기관의 직급이 일반 기업의 직급과 반드시 1:1로 연결되는 것은 아니다. 연구 기관에서도 직급이 올라감에 따라 프로젝트 일정, 연구원, 연구 성과 등에 대한 관리적 책임이 증가하지만, 일반 기업에 비해 관리자로서의 권한과 책임은 약한 편이다.

[그림 1-13]을 보면 편의를 위해 일반 기업과 연구 기관을 분리했으나, 기업 규모가 커지면 한 기업에 두 조직이 동시에 존재하기도 한다. 예를 들어, 레이시언[3]은 공대를 졸업한 후 자사에 입사하려는 지원자들에게 레이시언 내부의 직급 체계에 관리자 트랙, 기술자 트랙이 있음을 명확히 밝히고 있다.

대학원 진학

대학원 과정은 석사, 박사 과정으로 나뉜다. 일부 대학의 경우 석사, 박사가 통합된 석박사 연계 과정을 제공한다. 공대 계통의 석사는 통상 2년의 수학 기간이 필요하며, 박사는 4~6년 정도가 소요된다. 일반 기업, 연구 기관에서는 고용 인력의 전문성을 중시해서 대학원 졸업자를 선호하며, 석사 졸업자의 수학 기간을 직급 산정에 반영해주는 기업도 있다. 박사 졸업자의 경우는 일반적으로 과장/차장 또는 선임연구원/책임연구원 정도의 직급을 인정받는다. 박사 졸업자의 다른 경로는 대학이나 전문 교육 기관으로 진출하는 것이다. 일부 전공을 제외한 국내외 대학의 대다수 전공에서 교수의 기본 요건으로 박사 학위를 요구하고 있다.

---

3 100여 년의 역사를 가진 미국 방위산업 기업

[그림 1-14]는 한국직업능력개발원(2013년)에서 조사한 공대 출신 직장인과 공대 재학생의 분야별 희망 진로이다. 재학생의 경우에는 창업보다 일반 기업과 연구 기관을 선호하며, 재직자의 경우에는 관리자 트랙보다는 기술자 트랙을 선호하는 것으로 나타난다.

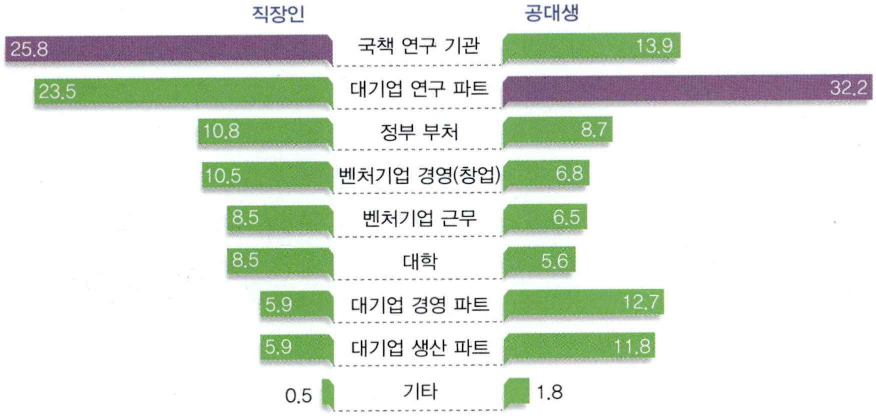

그림 1-14 공대 출신 직장인 & 공대 재학생의 희망 진로

3.2 엔지니어 출신의 경영 참여

공학도가 경영에 참여하는 경로는 크게 승진 발탁이나 외부 영입을 통해 전문 경영진이 되는 경우와 스스로 창업하여 경영진이 되는 경우로 나뉜다.

전문 경영진으로 참여

2013년 기준으로 국내 500대 기업 경영진 668명의 전공 계열 분포를 보면, 상경 계열(경영, 경제, 무역 등) 출신이 32.6%(218명), 공학 계열 출신이 26%(173명)로 집계되었고, 전체 668명 중에서 세부 전공별로 보면 경영학, 경제학, 화학공학 전공자 순으로 경영진이 많았다. 이 중에서 공학 계열 출신의 전공 분포를 보면 [그림 1-15]와 같다.

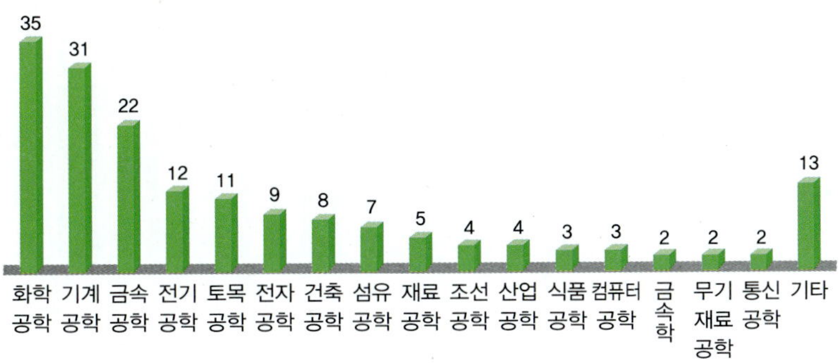

그림 1-15 국내 500대 기업, 공학 계열 출신 경영진 분포[172]

공학 분야별로 국내 산업 규모가 다르므로 어떤 계열에서 얼마나 많은 경영진이 배출되었는가는 크게 중요한 문제가 아니다. 공학 전공자에게 엔지니어와 관리자, 두 개의 길이 모두 가능하다는 것에 의미가 있다. 다음 두 명의 경영자 사례를 보자.

■ 사례 1 : 요하네스 타머

아우디폭스바겐코리아 최고경영자인 요하네스 타머는 독일 레겐스부르크기술대학 기계공학부, 쾰른대학교 자동차공학부를 졸업했다. 공대 출신 엔지니어로 아우디AG에 입사했지만, 중간관리자 이후부터는 마케팅 임원, 중국 영업 부문장을 맡는 등 전문 경영인의 면모를 과시하고 있다.[214]

그림 1-16 요하네스 타머

■ 사례 2 : 칼리 피오리나

전 휴렛팩커드[HP] 최고경영자인 칼리 피오리나는 스탠퍼드대에서 사학·철학을 전공하고, 메릴랜드대에서 경영학 석사[MBA], 매사추세츠공대[MIT]에서 공학 석사를 받았다. AT&T에 입사해 경력을 쌓아 임원으로 승진했으며, 휴렛팩커드 최초로 외부에서 영입한 최고경영자가 되었다.[197]

그림 1-17 칼리 피오리나

창업자로서의 참여

국내 벤처기업의 수는 [그림 1-18]과 같이 매년 지속적으로 증가하고 있다. 미국의 경우, 매사추세츠공대 졸업생이 창업하는 기업의 수만 매년 900여 개 정도이고, 지금까지 약 4만 개의 기업이 만들어졌다. 우리나라의 창업 열기가 미국에는 미치지 못하지만, 꾸준히 증가하는 추세를 보이면서 성공 사례도 속속 나오고 있다.

그림 1-18 연도별 국내 벤처기업 수(출처 : 벤처인)

창업자의 전공을 보면 [그림 1-19]와 같이 공학 계열이 69.9%(학사 기준)에 해당되며, 자연 계열을 포함하면 80%가 넘는다. 즉, 대부분의 국내 창업자는 이공계 출신이다.

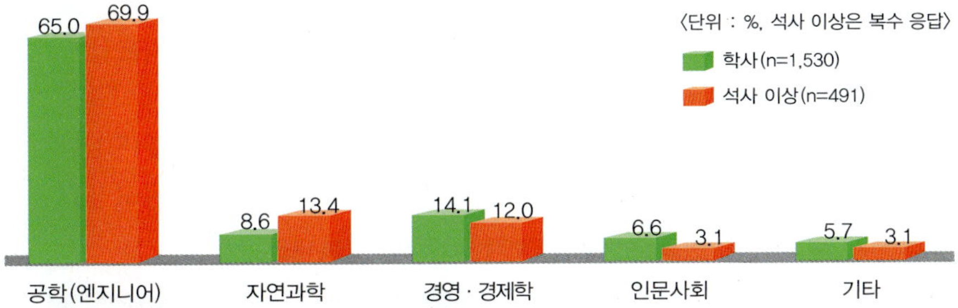

그림 1-19 국내 벤처기업 경영자의 창업 당시 전공[174]

창업자의 창업 당시 연령을 보면 [그림 1-20]과 같이 30~40대가 대부분이다. 아직까지는 29세 이하 창업자가 상대적으로 적은 편이다. 즉, 공대에서 학부 또는 석사를 마치고 바로 창업하는 경우가 드물며, 기업에서 어느 정도 경험을 쌓은 후 창업을 하는 경우가 많다.

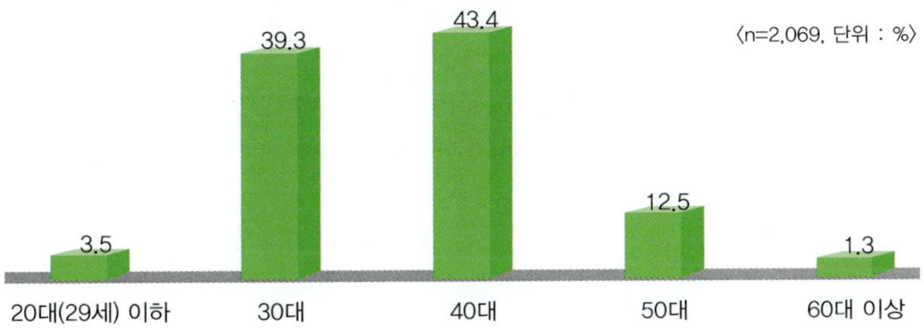

그림 1-20 국내 벤처기업 경영자의 창업 당시 연령[174]

[그림 1-21]은 국내 벤처기업의 창업 업종 분포도를 보여준다. IT 분야 벤처기업이 언론을 통해 주목을 받다보니 IT 분야 벤처 창업이 많을 것이라 생각하기 쉽지만, 일반제조 분야가 가장 많으며, 그 다음으로 첨단제조, 소프트웨어/정보통신 순이다.

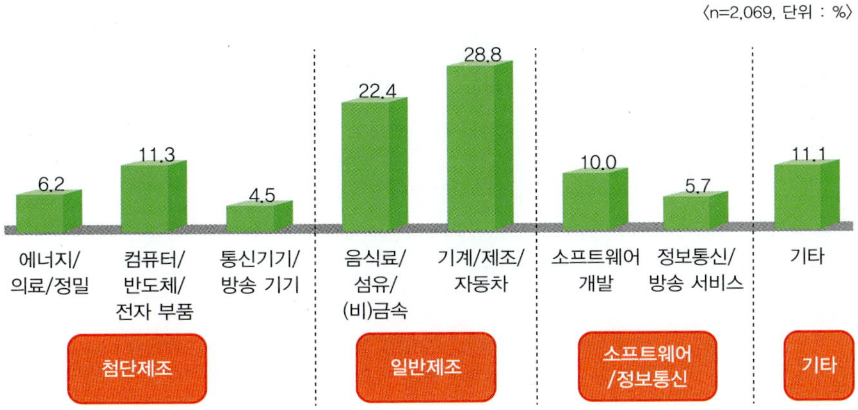

그림 1-21 국내 벤처기업의 업종 분포[174]

■ 공대 출신 창업자 인터뷰

국내에도 공대 출신의 엔지니어가 창업하여, 벤처기업의 단계를 넘어 중견기업 이상의 규모로 성장한 기업들이 적지 않다. 그러나 이런 기업들의 이야기는 여러 언론에서 많이 소개되었고 현재 모습은 벤처기업과 차이가 많으므로 여기서는 다루지 않는다. 이 책에서는 아직 스타트업 단계인 벤처기업 두 곳의 경영진 인터뷰를 소개한다.

인터뷰 1 '클래스123' 앱으로 신나는 교실을 만드는, 브레이브팝스 이충희 대표

Q : 간략하게 본인 소개를 부탁드립니다.

서울대학교 전기공학부에서 학사·석사를 마치고, 서울대학교 기술경영경제정책협동과정 박사를 2008년에 마쳤습니다. 네이버 온라인경제연구실, 상품기획실 과장으로 2008년부터 2011년까지 근무했고, 이후에는 티켓몬스터 신사업 팀장/TF장으로 2013년까지 일했습니다. 2013년 9월에 36세 나이로 창업했습니다.

그림 1-22 브레이브팝스 이충희 대표

Q : 사업 아이템/모델은 어떤 것인가요?

학교 선생님께서 재미있게 그리고 효과적으로 학급을 운영할 수 있도록 돕는 B2C 인터넷 웹/앱서비스 Class123(http://class123.ac)을 개발하여 초등학교 선생님들을 타깃 고객으로 서비스를 운영하고 있습니다.

Q : 창업을 하게 된 배경, 동기는 무엇인가요?

회사에서는 주어진 업무에 충실해야 하기 때문에 어떤 서비스를 만들지 결정할 수 있는 기회를 갖기가 쉽지 않습니다. 신규 인터넷 서비스 사업개발 부서의 업무를 주로 담당해오던 과정에서 서로를 인정할 수 있는 좋은 개발자, 기획자 친구들을 만날 수 있었고, 우리가 원하는 서비스를 함께 만들어보자는 데에 뜻이 맞아 창업을 결심하게 되었습니다.

Q : 벤처기업을 운영하면서 느꼈던, 공학 계열 전공자로서의 강점은 무엇인가요?

차별화된 좋은 상품 개발에 꼭 필요한 기술에 대한 이해가 높다는 점, 좋은 기술을 개발할 수 있는 사람들과 충분한 인맥이 형성되어 있다는 점이 가장 큰 강점입니다.

Q : 벤처기업을 운영하면서 느꼈던, 공학 계열 전공자로서의 어려움은 무엇인가요?

시장과 이용자에 대한 이해는 공학 계열 전공자들이 놓치지 말고 갖춰야 할 덕목입니다. 보편적인 이용자들의 니즈가 공학 계열 전공자들과는 다를 수 있다는 점을 꼭 기억하고 조심해야 합니다.

Q : 창업 후에 '내가 창업하기를 잘했구나'라고 느꼈던 적이 있다면, 언제였나요?

개발한 서비스가 실제 학급에 적용되어 선생님, 학생, 부모님께서 도움이 되었다는 피드백을 주실 때 가장 보람이 큽니다.

Q : 창업을 꿈꾸는 공학 계열 후배들을 위한 조언 한마디를 부탁드립니다.

스스로를 제한하지 말고 다양한 경험을 해보았으면 합니다. 충분한 탐색 기간을 통해 자신이 좋아하면서 잘할 수 있는 분야를 찾아서 창업을 해야 즐겁게 성공할 수 있다고 생각합니다.

인터뷰 2 빅데이터로 나를 위한 맛집만 쏙쏙, 망고플레이트 김대웅 대표

Q : 간략하게 본인 소개를 부탁드립니다.

KAIST에서 전산 석사를 전공했습니다. 각각 2년 동안, 미디어코러스에서 모바일 애플리케이션 프레임워크과 솔루션 개발, 팬택에서 안드로이드 초기 모델 개발, 네이버에서 동영상 플랫폼 개발을 담당했습니다. 망고플레이트는 33세에 창업했습니다.

Q : 사업 아이템/모델은 어떤 것인가요?

기존의 맛집 서비스를 보면, 내가 누구인지 상관없이 모두 동일한 검색 결과를 보여줍니다. 망고플레이트는 개인이 자주 가는 지역, 검색하는 단어 등 맛집 취향을 빅데이터로 분석한 후 개인에게 최적화된 맛집 추천 결과를 제공합니다.

Q : 창업을 하게 된 배경, 동기는 무엇인가요?

친구들과 맛집을 찾아다니는 걸 즐겼습니다. 그러다보니 서로의 맛집을 엑셀로 정리하여 공유하고 함께 찾아가곤 했습니다. 그러다가 앱을 만들었는데, 저나 친구들이 사용하려고 만든 앱을 주변 사람들이 보고 좋아해주는 것을 보고 창업을 결심했습니다. 가장 좋아하는 것을 일로 하고, 믿을 수 있는 사람들이 있어서 용기를 내어 창업했습니다.

Q : 벤처기업을 운영하면서 느꼈던, 공학 계열 전공자로서의 강점은 무엇인가요?

아이디어를 구현할 수 있다는 것입니다. 저희는 창업자 대부분이 공학 계열 전공자여서 아이디어를 구현하기가 쉬웠습니다. 일례로 친구가 서버 개발을 맡았고, 저는 앱 개발을 맡아서, 2개월 만에 전체 프로덕트를 만들었습니다.

Q : 벤처기업을 운영하면서 느꼈던, 공학 계열 전공자로서의 어려움은 무엇인가요?

회계, 인사, PR, 마케팅 등에 대한 경험이 없어서 모든 것이 어려웠는데, 특히 인사가 가장 어려웠습니다. 다른 생각을 가지고 있는 사람들이 모였는데, 어떻게 하면 모두가 행복하게 일할지를 늘 고민합니다. 시행착오를 겪으며 많이 배워가고 있습니다.

Q : 창업 후에 '내가 창업하기를 잘했구나'라고 느꼈던 적이 있다면, 언제였나요?

거의 항상 느낍니다. 새벽까지 일해도 좀 더 하고 싶다는 생각이 들면 내게 정말 의미 있는 일이라는 자부심과 희열을 느낍니다. 고객들이 맛집을 쉽게 찾고, 좋은 사람들과 즐거운 시간을 보냈다는 얘기를 해줄 때면 큰 보람을 느낍니다.

Q : 창업을 꿈꾸는 공학 계열 후배들을 위한 조언 한마디를 부탁드립니다.

단지 창업 자체를 경험해보겠다는 생각이라면 절대 말리고 싶습니다. 창업에는 많은 고민이 필요하고, 스킬셋이 모인 사람들이 최선을 다할 때 아이디어가 빛을 발합니다. 성공의 의미는 각자 다르겠지만, 그렇게 해도 극소수의 스타트업만이 성공합니다. 창업을 하겠다면 우선 자신만의 스킬셋을 만들고, 함께 창업할 동업자들을 찾아야 합니다.

Quiz

01 주식회사의 특징과 거리가 먼 것은 무엇인가?

① 출자자와 경영자의 분리가 가능함
② 경영자 입장에서는 다수의 출자자로부터 자금 동원이 가장 용이함
③ 사원 수, 자본금에 제한이 있어 중소기업 규모에 적합함
④ 개인이 투자한 지분(주식)을 자유롭게 거래할 수 있음

02 혁신기업의 특징과 거리가 먼 것은 무엇인가?

① 기업의 성장률이 1차 함수에 가까움
② 지역적 제한이 없는 일자리가 많음
③ 지배 구조가 다양하며, 외부 자본 유입이 많음
④ 초기 성장이 더디지만, 점차 급속한 성장세를 보임

03 기업미션에 대한 설명으로 옳은 것은 무엇인가?

① 기업이 희망하는 미래상, 미래의 위치를 설명
② '우리가 어디를 향하는가?'를 의미
③ 가슴을 벅차게 하는 역할
④ 현재 할 일에 대한 목표

04 애플의 기업비전에 해당되는 것은 무엇인가?

① 다양하고 깊이 있게 협력하여 다른 기업들이 하지 못하는 혁신을 이룬다.
② 애플은 맥(Mac)을 다양한 소프트웨어를 가진 세계 최고의 컴퓨터로 만든다.
③ 아이팟과 아이튠으로 디지털 음악의 혁명을 이룬다.
④ 아이폰과 앱스토어로 휴대폰 시장을 재창조한다. 또한 아이패드로 모바일 미디어와 컴퓨팅 환경의 미래를 정의한다.

05 임원 중에서 CFO는 어떤 임원을 지칭하는가?

① 디자인 담당 최고 임원 ② 수익/판매 담당 최고 임원
③ 인사 담당 최고 임원 ④ 재무 담당 최고 임원

06 전체 부서에 대한 조정 권한이 경영자에게 집중되어, 부서 간의 의사소통과 업무 협조가 원활하지 못한 경우가 많은 조직 구조는 다음 중 무엇인가?

① 라인 조직 ② 라인 스탭 조직
③ 사업부제 조직 ④ 프로젝트 조직

Quiz

07 회사의 채무에 대해 출자액만큼만 책임을 지는 유한책임사원만으로 구성된 회사로, 지분 양도 시 사원총회의 승인을 받아야 하므로 교환성이 주식회사에 비해 낮은 기업 형태는 무엇인가?

08 해당 기업의 현재 가치는 미약하지만, 잠재적으로 폭발적인 성장력을 갖고 있는 창업한 지 오래되지 않은 벤처기업을 무엇이라 칭하는가?

09 기술 담당 최고 임원의 직무는 영어 약자로 어떻게 표기하는가?

10 프로젝트 조직에서 비상시적으로 구성되는 팀은 영어 약자로 어떻게 표기하는가?

01 ③ **02** ① **03** ④ **04** ① **05** ④ **06** ① **07** 유한회사 **08** 스타트업 **09** CTO **10** TFT

자르는 선

팀별과제

팀번호 : ______ 팀명 : ____________ 팀원 : ________________________________

주제 1 우리 팀의 이력서

1 팀 로고 디자인

팀원들이 머리를 맞대고 구상해본 후, 갖고 있는 필기구로 나타내보자.

2 경력 : 팀원들이 해본 일들 중에 멋지다고 생각하는 일 몇 가지를 적어보자.

3 강점 : 팀원들이 가진 강점 중에 다른 팀에서 부러워할 몇 가지를 적어보자.

4 약점 : 우리 팀에 이런 능력을 가진 팀원이 있었으면 좋겠다 싶은 내용 몇 가지를 적어보자.

자르는 선

팀별과제

팀번호 : ______ 팀명 : __________ 팀원 : ______________________________

주제 2 좋은 경영자의 조건

1 팀원들 각자가 경영자의 자질인 '추진력, 정신력, 인간관계 능력, 기술 지식, 커뮤니케이션 능력, 의사 결정 능력, 개념화 능력, 혁신 능력' 중에서 무엇이 가장 중요하다고 여기는지 하나씩 뽑아서 적으시오.

__________이/가 생각하는 경영자의 가장 중요한 자질은 ____________이다.
__________이/가 생각하는 경영자의 가장 중요한 자질은 ____________이다.
__________이/가 생각하는 경영자의 가장 중요한 자질은 ____________이다.
__________이/가 생각하는 경영자의 가장 중요한 자질은 ____________이다.
__________이/가 생각하는 경영자의 가장 중요한 자질은 ____________이다.
__________이/가 생각하는 경영자의 가장 중요한 자질은 ____________이다.

2 팀원들 각자가 좋은 경영자, 우수한 경영자라고 생각하는 사람을 한 명씩 적으시오.

__________이/가 생각하는 좋은 경영자는 ________의 경영자인 __________이다.
__________이/가 생각하는 좋은 경영자는 ________의 경영자인 __________이다.
__________이/가 생각하는 좋은 경영자는 ________의 경영자인 __________이다.
__________이/가 생각하는 좋은 경영자는 ________의 경영자인 __________이다.
__________이/가 생각하는 좋은 경영자는 ________의 경영자인 __________이다.
__________이/가 생각하는 좋은 경영자는 ________의 경영자인 __________이다.

팀별과제

팀번호 : ________ 팀명 : ______________ 팀원 : ______________________________

3 다음 표에 팀원들이 얘기한 경영자들을 모두 적으시오. 팀원들이 상의해서 각 경영자별로 자질에 대해 상중하 3단계로 판단해서 적으시오. 판단하기 어려운 항목은 빈칸으로 두시오.

경영자 이름 / 경영자의 자질						
추진력						
정신력						
인간관계 능력						
기술 지식						
커뮤니케이션 능력						
의사 결정 능력						
개념화 능력						
혁신 능력						

4 팀원들이 뽑은 경영자들은 평균적으로 볼 때 어떤 자질이 가장 우수한 사람인가?

5 팀원들 각자가 경영자의 가장 중요한 자질로 뽑은 항목과 좋은 경영자라고 생각한 사람이 지닌 자질에 대한 평가 결과가 같은가? 다르다면 왜 이런 결과가 나왔는지 생각해보자.

자르는 선

자르는 선

팀별과제

팀번호 : ________ 팀명 : ______________ 팀원 : ______________________________

주제 3 우리에게 적합한 조직

1 팀원들이 모두 합심하여 다음과 같은 기업을 만든다고 가정해보자.

자본금	10억 원
종업원	50명
사업 분야	스마트폰 앱을 이용해 대학생 리포트, 팀별 과제를 도와주는 서비스
서비스 지역	한국, 일본, 중국
수익 모델	기본 서비스는 광고를 보는 조건으로 무료로 제공하고, 세부적인 도움은 서비스 건당 유료로 제공함

2 위 상황에 가장 적합한 기업 유형은 무엇인가?

□ 개인기업 □ 조합 □ 합명회사 □ 합자회사 □ 유한회사 □ 주식회사

3 위 상황에 가장 적합한 조직 형태는 무엇인가?

□ 라인 조직 □ 라인 스탭 조직 □ 사업부제 조직 □ 프로젝트 조직

4 위 상황에 필요한 부서를 생각해보고, 조직도를 그려보자.

5 위와 같은 기업 조직(조직도)을 선택했을 때 예상되는 문제점은 무엇이고, 어떻게 보완하겠는가?

ㅁ문제점 :

ㅁ보완책 :

자르는 선

개별과제

학번 : ____________________ 이름 : ____________________

주제 1 비전과 미션의 가치

1 마음대로 선택이 가능하다면 당신은 어떤 기업에서 일해보고 싶은가? 그 회사의 이름은 무엇인가?

2 당신이 정한 회사의 비전과 미션을 찾아서 적으시오.(둘 중에 하나만 있는 기업도 있음)

ㅁ비전 :

ㅁ미션 :

3 당신이 정한 회사와 같은 분야의 경쟁 업체 3곳을 찾아 각 기업의 비전과 미션을 적으시오. 예를 들어, 당신이 앞서 정한 회사가 KBS라면 MBC, SBS, CNN 등이 해당된다.

기업명	비전	미션

4 당신이 최초에 정한 회사와 추가로 조사한 3개 회사 중에서 어떤 회사의 비전과 미션이 가장 마음에 드는가? 그 이유는 무엇인가?

자르는 선

개별과제

학번 : ____________ 이름 : ____________

주제 2 나는 어떤 경영자인가?

1 공학을 공부하는 당신은 언젠가 취업 또는 창업을 하게 될 것이다. 그리고 경력이 쌓이면서 기업의 중간관리자 또는 경영진이 되어갈 것이다. 경영자가 지녀야 할 자질 중에서 본인이 현재 잘하는 것, 더 채우고 싶은 것을 정리해 보자.

자질	본인이 현재 잘하는 것	더 채우고 싶은 것
추진력	예 혼자 하는 일에 대해 인내심이 강하다.	예 동료들이 주저할 때, 강하게 드라이브하는 결단력을 갖고 싶다.
정신력		
인간관계 능력		
기술 지식		
커뮤니케이션 능력		
의사 결정 능력		
개념화 능력		
혁신 능력		

2 경영자의 8가지 자질을 완벽하게 갖춘 경영자는 드물다. 위의 8가지 자질 중에서 3가지 자질을 선택해서 키워야 한다면 당신은 어떤 자질을, 어떤 이유로 선택할 것인가?

ㅁ자질 1 : ____________, 중요한 이유 : ____________

ㅁ자질 2 : ____________, 중요한 이유 : ____________

ㅁ자질 3 : ____________, 중요한 이유 : ____________

PART 1

2장

위대한 기업이 되는 길

Good to Great

"위대함은 일반적인 일을 일반적이지 않은 방법으로 하는 것이다."

\- 부커 워싱턴 -

01 좋은 기업은 무엇이 다른가?

02 오래가는 기업은 어떻게 이루어지는가?

03 기업들은 어떤 노력을 하고 있을까?

Quiz 팀별과제 개별과제

학습목표

- 모든 면에서 앞서는 위대한 기업이 되기 위해 기업이 지켜야 할 책임이 무엇인지를 알아보자.
- 수익을 사회에 베푸는 기업, 사회 구성원과 상생하는 기업의 특징을 살펴보자.
- 사회적 책임, 상생과 관련된 여러 기업의 이야기를 살펴보고, 어떤 부분이 중요한지, 무엇이 부족한지 생각해보자.

먼저 생각해봅시다

이름 : ____________

◇ 국내외의 수많은 기업 중에서 당신이 생각하기에 가장 위대한 기업은 어디인가?

◇ 다음의 각 항목에 따라 해당 기업의 가치를 별점으로 평가해보시오.

평가 항목	별점 평가
돈을 잘 버는 회사인가? 수익을 많이 내고 있는 회사인지 생각해보시오.	☆ ☆ ☆ ☆ ☆
가격 대비 우수한 제품 또는 서비스를 제공해주는 회사인가? 소비자 입장에서 생각해보시오.	☆ ☆ ☆ ☆ ☆
법규를 잘 지키는 회사인가? 언론에 법규 위반으로 보도된 사례가 있었는지 생각해보시오.	☆ ☆ ☆ ☆ ☆
고용된 직원들의 복지, 교육에 힘쓰는 회사인가?	☆ ☆ ☆ ☆ ☆
납품 업체, 거래처, 중소기업, 소상공인들과의 상생에 힘쓰는 회사인가?	☆ ☆ ☆ ☆ ☆
환경오염 방지, 환경보호에 힘쓰는 회사인가? 환경 문제로 보도된 사례가 있었는지 생각해보시오.	☆ ☆ ☆ ☆ ☆
지역사회 발전에 기여하는 회사인가? 기부 활동, 공익사업 등에 참여하는 회사인지 생각해보시오.	☆ ☆ ☆ ☆ ☆

◇ 당신이 선택한 기업이 더 좋은 기업이 되기 위해 어떤 노력을 기울여야 할지 생각해보시오.

01

좋은 기업은 무엇이 다른가?

우리가 봐왔던 일반적인 기업의 가치와 책임은 법규를 준수하며 제품과 서비스를 만들어 수익을 창출하는 것이었다. 그러나 '좋은 기업'으로 진화하기 위해서는 [그림 2-1]과 같이 경제적, 법적 책임과 더불어 윤리적, 박애주의적 책임도 요구된다.

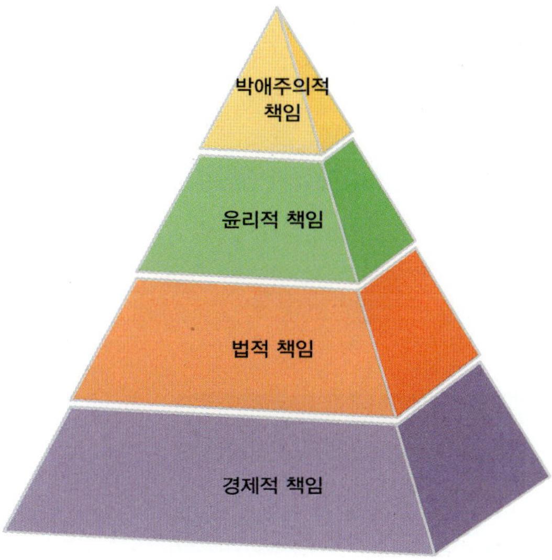

그림 2-1 기업의 책임[22]

가장 하위 단계의 특징부터 순서대로 살펴보자.

- **경제적 책임** : 경영에 필요한 자금을 투자한 투자자에게 적절한 수익을 제공한다. 또한 소비자에게 합리적인 가격으로 제품과 서비스를 공급하며, 경제 구성원들을 위한 일자리를 창출한다.
- **법적 책임** : 경영활동과 관련하여 국가, 지역, 사업 분야 등에 관련된 모든 법규를 준수한다.
- **윤리적 책임** : 공정하고, 바른 경영을 하며, 노동자와 소비자의 인권을 존중한다.
- **박애주의적 책임** : 경영활동이 이루어지는 지역사회의 공공 발전에 힘쓰고, 인류의 삶의 질 향상과 문화적 발달에 기여한다.

예를 들어, 당신이 운영하는 기업에서 새로운 제품에 쓰일 포장 케이스를 납품받는다고 가정하자. 다음과 같이 3개의 납품 업체 중에서 공급자를 결정해야 한다.

- **A 업체** : 가장 저렴한 단가를 제시하지만, 법으로 금지된 물질을 사용하고 있다.
- **B 업체** : 납품 단가가 적당하고 합법적인 물질을 사용하지만, 납품 업체에서 일하는 노동자들의 근무 환경이 극도로 열악하다.
- **C 업체** : 납품 단가가 적당하고 합법적인 물질을 사용하며 노동자에게 쾌적한 근무 환경을 제공한다. 그러나 공장이 위치한 지역에서 현지 고용을 전혀 하지 않으며, 공장 수익금을 국외에 위치한 본사에 모두 송금하고 있다.

A 업체의 경우 경제적으로 타당하지만 법적 책임에 위배된다. B 업체의 경우 경제적, 법적으로 타당하지만 윤리적 문제가 발생한다. C 업체의 경우 다른 부분에서는 문제가 없으나 박애주의적 책임의 관점에서는 문제가 된다. 소속된 지역사회의 공공 발전에 기여하고 있지 않기 때문이다. 기업에서 납품 업체를 선정할 때 이와 같은 요소들까지 고려하여 의사 결정을 한다면 기업의 책임을 다하는 좋은 기업이다. 반대로 경제적, 법적 요소만 고려하여 B 업체와 거래하는 기업은 윤리적, 박애주의적 책임을 다하지 못하는 기업이다.

법규를 준수하며 돈을 잘 버는 기업이 대접받던 시대가 지나가고 사회의 공익에 기여하는 기업이 인정받는 시대가 왔다. 이러한 흐름의 변화는 [그림 2-2]와 같이 정리된다. 기업의 수익을 사회에 환원하는 기업의 사회적 책임[CSR : Corporate Social Responsibility]을 넘어서 이제는 사회 구성원들과 상생하는 기업[CSV : Creating Shared Value]을 요구하기 시작했다.

경영 목표	핵심 키워드	등장 시기
돈 잘 버는 기업	투자수익률, ROR (Rate of Return)	1950년대까지의 핵심 가치
사회에 베푸는 기업	기업의 사회적 책임, CSR (Corporate Social Responsibility)	• 1948년에 처음 등장함 • 1960년대부터 주목받음
함께 살아가며 상생하는 기업	공유가치 창조, CSV (Creating Shared Value)	• 2006년에 처음 등장함 • 2011년부터 주목받음

그림 2-2 좋은 기업에 대한 시대의 요구

[그림 2-3]은 세계 23개국에서 조사한 자국 기업에 대한 신뢰도 그래프이다. 한국은 국내에 진출한 외국 기업에 대한 신뢰도가 46%, 자국 대기업에 대한 신뢰도가 36%로 나타났다. 녹색 점의 위치가 붉은색 사선에서 왼쪽 방향으로 멀어질수록 외국 기업보다 자국 기업을 더 믿지 못한다는 것을 의미한다. 한국은 자국 기업에 대한 신뢰도가 조사 대상 국가들 중에서 바닥이다. 이런 결과를 보건대, 한국 내 기업들은 국민의 신뢰를 얻기 위해 CSR, CSV에 좀 더 많은 관심을 기울여야 하는 상황이다.

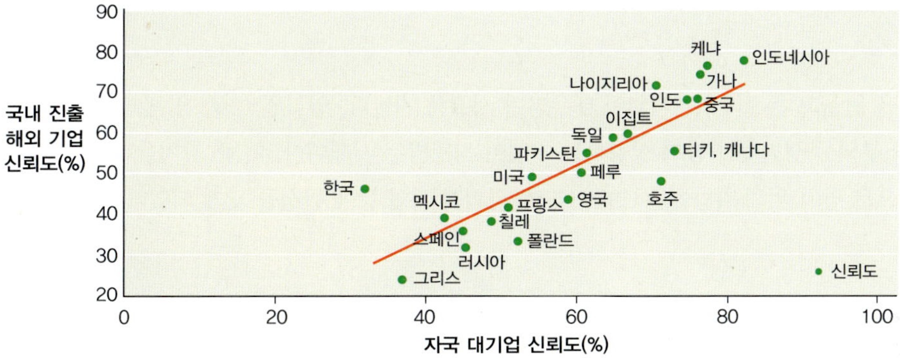

그림 2-3 자국 대기업에 대한 국가별 신뢰도[1]

---

1 출처 : 글로브스캔, 동아시아연구원, 사회적기업연구소의 조사 자료를 정한울(2015)이 인용한 것을 재인용함

02

오래가는 기업은 어떻게 이루어지는가?

좋은 제품을 만들고 돈 잘 버는 기업이 대우받던 시절은 지났다. 임직원, 거래 업체, 지역사회 등 기업 내·외부의 구성원들과 함께 성장하는 기업이 각광받는 시대이다. 더 큰 가치를 만들며 오래가는 기업으로 남기 위해 기업들은 CSR, CSV, 사회적 기업 등에 관심을 갖게 되었다.

2.1 CSR : 베푸는 기업

기업의 사회적 책임을 뜻하는 CSR의 정의는 다음과 같다.

기업이 경영활동에서 발생한 수익을 활용하여 자원 재활용, 사회적 문제 해결, 환경보호, 지역사회 발전 등에 기여하는 것을 뜻한다. [100]

CSR은 기업이 경영활동을 통해 얻은 수익을 투자자와 임직원이 독식하지 않고 사회에 환원하는 것을 의미한다. 기업의 사회적 책임 요소는 [그림 2-4]와 같이 6대 요소로 분류할 수 있다.[59]

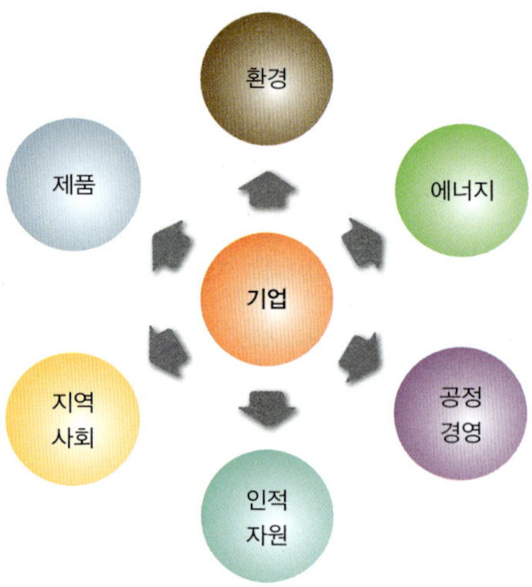

그림 2-4 CSR의 6대 요소

6대 요소의 세부적 특징은 [표 2-1]과 같다. 기업이 벌어들인 수익을 환경보호, 지역사회 등을 중심으로 베푸는 활동에 좀 더 초점을 두고 있다.

표 2-1 CSR의 6대 요소와 활동 영역

요소	활동 영역
환경	· 환경오염 방지 및 복원 · 천연자원 보존 · 재활용 촉진
에너지	· 제품 생산 및 판매 활동에서 에너지 사용 절감 · 제품 사용 단계에서 에너지 효율성 증가(예 기업이 후원하는 카풀 제도)
공정 경영	· 여성과 소수자에 대한 고용 확대 · 소상공인에 대한 지원 · 장애우, 교도소 출소자, 약물중독 경험자 등 사회적 소외 계층 고용 확대
인적자원	· 임직원의 건강 및 안전 향상 · 임직원 교육 및 훈련 · 알콜, 약물중독, 스트레스 등에 대한 상담 프로그램 · 직업 및 진로 상담 프로그램 · 임직원 자녀 보육 프로그램 · 임직원 건강관리 프로그램
지역사회	· 지역사회에 대한 현금, 제품/서비스 기부 또는 임직원의 봉사 활동 · 지역사회 공공 건강 개선을 위한 후원 활동 · 지역사회 교육 및 예술 분야에 대한 후원 활동 · 지역사회 구성원의 여가 개선을 위한 후원 활동 · 지역사회 커뮤니티 지원(예 재활용센터, 재해 대응, 지역 활성화)
제품	· 제품 안전성 향상 · 제품 안전 교육 프로그램 지원 · 제품의 기능, 성능, 영양적 가치, 포장 등 개선

2.2 CSV : 상생하는 기업

사회 구성원과 공유하는 가치를 창출하며 상생하는 기업을 뜻하는 CSV의 정의는 다음과 같다.

단순한 기부에서 벗어나 기업이 속해 있는 공동체의 사회적, 환경적, 경제적 가치를 함께 높이면서 기업 경쟁력을 높이는 것을 뜻한다. [116]

CSR은 기업의 수익을 사회에 환원하거나 기부하는 등의 활동을 통해 이익을 나누는 것에 초점을 둔다. 반면 CSV는 기업을 운영하는 과정, 경영활동에서 사회 구성원들이 함께 발전하고 성장하도록 사업 전략을 바꾸는 데 초점을 둔다. CSV의 주요 활동은 다음과 같다.[72][100][116]

- 사회적, 환경적인 문제를 야기하지 않으면서 수익을 올리는 제품 및 서비스 개발
- BOP[2] 시장에 필요한 제품 및 서비스 개발
- 납품 업체, 공급자의 제품 품질 및 업무 능력 향상에 기여
- 지역사회의 경제적, 사회적 가치 향상을 위한 산업 생태계 조성

---

2 Bottom of the Pyramid 또는 Base of the Pyramid(피라미드의 하층부, 바닥)의 약자로, 경제적으로 취약한 계층을 의미한다. Shah(2013)에 따르면, 하루 2.5달러 이하로 살아가는 이들을 지칭하는데, 이들은 전 세계적으로 약 30억 명에 이른다. BOP 계층의 대부분은 저개발 국가에 속해 있다.

CSR과 CSV의 차이점

CSV의 개념이 CSR과 다르다고 해서 앞서 제시한 [표 2-1]의 6대 요소가 바뀌는 것은 아니다. 6대 요소는 동일하다. 다만 CSR에서는 기업이 각 요소들을 지원할 때 '기부'라는 방식에 중점을 두는 반면, CSV에서는 이러한 요소들을 지원하기 위해 사업 전략을 바꾸는 것이다. 다음의 두 사례를 살펴보자.

■ 사례 1 : 농촌에 들어선 물류 창고

A 기업은 농촌 지역의 대규모 부지를 매입하여 물류 창고를 건설하려고 한다. 이 과정에서 농지를 잃게 된 상당수의 주민들은 일자리를 찾아 타 지역으로 떠난다. 또한 물류 창고에서 가동되는 기계장치 때문에 해당 지역의 대기가 오염될 가능성이 있다.

- **CSR 측면으로 접근하기** : 타 지역으로 이주하는 주민들을 위해 이주 지원비를 충분히 제공한다. 또한 물류 창고에서 발생하는 오염 물질을 정화하기 위한 설비를 추가로 구축한다.
- **CSV 측면으로 접근하기** : 지역 주민들에게 물류 창고에서 일할 기회와 일자리를 제공하고, 그에 따른 업무 지식 교육 프로그램을 구성한다. 물류 창고에서 사용하는 연료 중 일부는 지역에서 발생하는 농업 폐기물을 이용하도록 시스템을 구축한다. 또한 물류 창고에서 발생하는 오염 물질을 가공하여 생산 라인에 활용함으로써 장기적으로 원가를 낮춘다.

■ 사례 2 : 고달픈 커피 노동자의 삶

그림 2-5 아프리카 커피 농장 모습(출처 : Technoserve)[4]

커피 완제품을 생산하는 B 기업은 원료인 커피콩을 아프리카에서 수입하고 있다[3]. 커피콩은 여러 지역에서 생산되고 있어 가격경쟁이 심하다. 또한 아프리카 지역의 농업기술이 낙후되어 있어서 투입되는 노동력 대비 생산량이 적은 편이다. 상황이 이렇다보니 아프리카 농부들의 생활환경은 개선되지 못하고 있다.

---

3 아프리카에서는 1893년 이후부터 케냐를 중심으로 커피 농장이 확산되었다.

4 Technoserve에 따르면 커피 농장 근로자의 절반 이상이 빈곤층에 해당된다.

- **CSR 측면으로 접근하기** : 커피 농장에서 일하는 농부들의 삶을 개선하기 위해 커피콩의 구매 단가를 15% 정도 높게 책정하고, 2~3년 단위의 장기계약을 체결한다. B 기업과 계약된 기간 동안 농부들의 수입이 일시적으로 증가하는 효과가 있다.
- **CSV 측면으로 접근하기** : 재배하기 쉽고 품질이 좋은 커피 품종을 아프리카 커피 농장에 보급한다. 커피 농업기술 개선에 필요한 교육과 장비를 제공한다. 농부들이 농업교육을 받고 좋은 장비를 활용하도록 도와준다. 농부들의 수입이 장기적으로 증가하고, B 기업 입장에서는 양질의 커피콩을 공급받는 효과가 있다.

2.3 사회적 기업

사회적 기업은 영어로 소셜 엔터프라이즈Social Enterprise라 부른다. 사회적 약자, 취약 계층에게 일자리를 제공하거나 필요한 서비스, 제품을 저렴한 가격에 공급하는 역할을 하는 기업이다[5]. 자체적으로 제품 및 서비스를 생산하고 판매하는 영업 활동을 하지만, 본질적 목적은 영리 추구보다 사회적 약자를 지원하는 데 있다.

사회 구성원 모두가 함께 잘 살고 성장하는 것을 추구한다는 점에서 기업의 CSV 활동과 같다. 그러나 기업의 CSV는 수익 추구라는 본질적 목적에 상생을 더하는 구조이고, 사회적 기업은 상생이라는 본질적 목적에 최소한의 수익[6]을 더하는 구조이다. 즉 이 둘은 본질적인 차이가 존재한다.

CSR, CSV와 사회적 기업의 관계를 도식화하면 [그림 2-6]과 같다. 이들은 경제적, 사회적 가치의 균형을 이루며, 장기적으로 지속 가능한 모습으로 진화하고 있다.

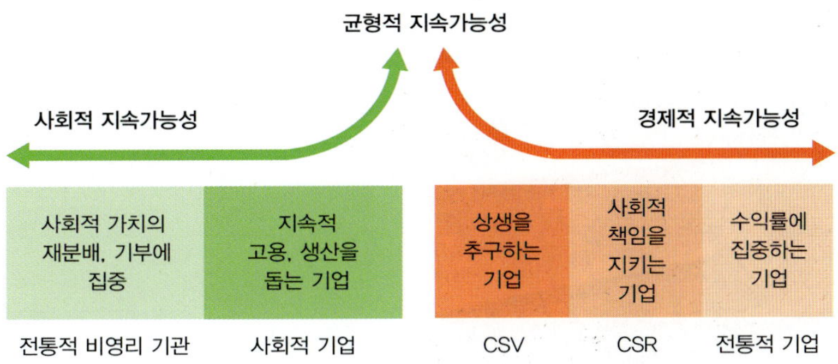

그림 2-6 CSR, CSV와 사회적 기업의 관계

5 우리나라에서는 사회적 기업 육성법에 따라 고용노동부 장관이 사회적 기업을 인증하는 제도가 있다.

6 사회적 약자를 고용하고 이들에게 양질의 물품을 저렴하게 공급하는 사업 모델을 지속시키기 위해 필요한 수익을 의미한다. 즉, 사회적 기업의 투자자에게 높은 사업 수익을 안겨주려는 의도와는 거리가 멀다.

03

기업들은 어떤 노력을 하고 있을까?

앞서 살펴본 CSR, CSV와 관련된 기업들의 실제 이야기를 살펴보자. 환경, 소비자, 지역사회 등의 다양한 영역에서 기업들이 취하고 있는 노력을 소개한다. 기업들이 보여주는 긍정적인 노력과 더불어 우리 모두가 관심을 가져야 할, 여전히 해소되지 않은 문제들에 대해서도 생각해보자.

■ 사례 1 : 존슨앤존슨의 타이레놀 전량 회수

1982년 미국 시카고 지역에서 타이레놀을 복용한 환자가 사망하는 사건이 발생했다. 타이레놀의 제조사인 존슨앤존슨은 소비자 경보를 자체적으로 발령하고, 원인이 규명될 때까지 타이레놀을 복용하지 말 것을 대대적으로 홍보했다. 조사 결과 누군가가 의도적으로 독극물을 주입한 정황이 드러났고, FDA[7]는 존슨앤존슨에 시카고 지역 내에 유통되고 있는 타이레놀의 회수를 권고했다. 이에 존슨앤존슨은 시카고뿐만 아니라 미국 전역에서 총 3천만 병, 1억 달러에 해당하는 타이레놀 제품 전량을 회수했다.

그림 2-7 1982년 9월 30일, 뉴욕에서 타이레놀을 수거하는 모습 (출처 : PBS Newshour)

타이레놀은 존슨앤존슨 총 매출의 7%, 순이익의 17%를 차지하던 주력 상품이었다. 그 당시 35%였던 테이레놀의 시장점유율은 제품 회수 조치 후 8%까지 떨어졌으나, 정확히 1년 뒤에 29%까

7 미국 내에서 생산되는 식품, 의약품, 화장품 및 수입품과 일부 수출품의 효능과 안전성을 관리하고 인증해주는 기관이다.

지 회복되었다. 존슨앤존슨의 대응은 일시적으로 재무적인 부담을 초래했지만, 소비자들의 신뢰도를 높이는 데 큰 기여를 했다고 평가받았다. 현재 타이레놀은 미국 시장에서 시장점유율이 가장 높은 약품이며, 세계적으로 연간 15억 달러 이상의 매출을 올리고 있다.

■ 사례 2 : 삼성전자의 지역사회 공헌 프로그램

삼성전자는 매출의 80% 이상이 해외에서 발생한다. 삼성전자는 벌어들인 수익을 지역사회에 특화된 방식으로 지원하고 있다. 문화·예술이 중심인 유럽에서는 루브르 박물관, 오르세 미술관, 로댕 미술관 등에 자사의 TV, MP3 등을 지원하고 있다. 교육 환경이 열악한 중국 농촌에서는 애니콜 희망소학교 프로그램으로 지역 어린이들에게 교육 기회를 제공하고 있다.[215] 아프리카 르완다, 말라위 등에서는 유네스코UNESCO, 한국국제협력단KOICA과 함께 현지 주민의 문맹 퇴치와 지역개발 사업을 진행하고 있다.

그림 2-8 애니콜 희망소학교 기공식(출처 : Aving Global Network)

■ 사례 3 : 아사히의 코제너레이션 시스템

일본의 맥주 회사 아사히는 코제너레이션 시스템을 도입했다. 맥주 발효 과정에서 생성되는 이산화탄소를 저장했다가 맥주병, 캔 포장 공정에 재활용하는 시스템이다. 또한 제조 과정에서 폐기물이 발생했을 때 이를 전량 재활용하는 시스템을 이바라키 공장에 도입·적용하기 시작하여 현재 전 제조 라인에 활용하고 있다.

아사히는 지역사회 중심의 환경 교육 및 행사에도 앞장서고 있다. 초등학생들을 초청하여 공장에서 키운 반딧불이 유충을 방류하고, 멸종 위기 생물인 송사리를 사육하며 생태 교육을 실시하고 있다.

■ 사례 4 : 셸의 석유 저장 시설

석유 기업인 셸은 여러 지역에 석유정제 및 저장 시설을 보유하고 있다. 셸은 석유 저장 시설을 처리하기 위해 친환경적이고 안전한 방법을 고안하였다.[211] 새로 고안한 방법이 안전하다고 생각한 셸은 외부에 별다른 홍보를 하지 않고 석유 저장 시설을 처리했다. 그러나 이 방법이 위험하다고 판단한 그린피스 측에서 불매운동을 벌였고, 셸의 매출과 주가는 치명타를 입었다. 이후 셸이 고안한 방법에 대해서 안전성이 입증되었고, 그린피스 측이 공개적으로 사과했지만 한번 떨어진 셸의 이미지와 주가는 좀처럼 회복되지 않았다. 사회 구성원과의 공감대 형성이 얼마나 중요한지를 보여주는 사례라고 할 수 있다.

그림 2-9 셸의 석유 저장 시설(출처 : "Anacortes Refinery 32017" by Walter Siegmun)

■ 사례 5 : 미시간대학병원의 자백 프로그램

미국 미시간대학병원에서는 의료사고 발생 시 운영되는 '자백Disclosure 프로그램'을 구축했다.[182] 의료사고가 생기면 즉시 환자 가족들에게 유감의 뜻을 전달하고, 모든 진료 기록을 공개한다. 그리고 의료사고가 병원의 실수임이 밝혀지면 담당 의사가 유족에게 사과하고 보상 방법을 함께 논의한다. 자백 프로그램을 운영한 결과 [그림 2-10]과 같이 연간 소송 비용, 분쟁 발생 건수 및 소요 시간 등이 대폭 감소했다.[26]

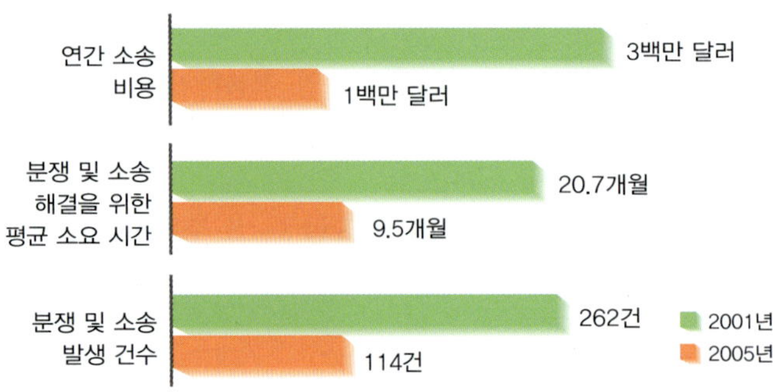

그림 2-10 미시간대학병원 자백 프로그램의 운영 효과

■ 사례 6 : 탐스슈즈의 내일을 위한 신발

탐스슈즈는 2006년에 설립된 회사로, 미국 캘리포니아에 소재한 신발 전문 기업이다. '내일을 위한 신발Tomorrow's Shoes'이라는 슬로건 아래, 소비자가 신발을 한 켤레 구매하면 다른 한 켤레를 자동으로 제3세계 어린이에게 기부하는 방식으로 운영된다. 이런 식으로 현재까지 100만 켤레 이상의 신발이 기부되었다.[181] 창업자인 블레이크 마이코스키는 아르헨티나 아이들이 맨발로 놀다가 다치고 병에 걸린 모습을 보고 사업을 시작했는데[8] 사업과 기부가 결합된 그의 아이디어는 많은 이들의 공감을 얻어 성공적인 사업 모델로 정착되었다.

그림 2-11 기부받은 탐스 신발을 들고 있는 아이들(출처 : Inhabitots)

■ 사례 7 : 밴앤드제리의 특별 경영지원금

미국의 유명 아이스크림 회사인 밴앤드제리의 이야기이다. 미국에서 원유 가격이 1/3로 폭락하여 원유 업체들의 경영 상태가 극도로 악화된 적이 있었다.[180] 밴앤드제리에 원유를 납품하던 27개 업체는 폭락 전 가격으로 원유를 구매해줄 것을 요청했다. 밴앤드제리 측은 원유 업체들의 경영 악화를 걱정하여 폭락 전 가격에 5%의 특별 경영지원금을 더해서 원유를 구매해주었다.

2년 후 시중의 여러 아이스크림에서 GMO[9]가 검출되어 사회적인 문제로 부각되었다. 당시 원유를 착유하는 젖소에게 GMO 곡물 사료를 먹이는 경우가 많았기 때문이다. 밴앤드제리는 원유 업체들에게 GMO 사료를 사용하지 말 것을 요청했고, 이후 진행된 검사 결과 밴앤드제리의 모든 제품에서는 GMO가 전혀 검출되지 않았다.

---

8 탐스 신발은 아르헨티나 전통 신발인 알파르카타와 유사한 형태이다.

9 GMO(Genetically Modified Organism)는 유전자 변형 농산물을 의미한다. 생산량을 높이거나 가공, 유통의 편의를 위해 유전공학 기술로 유전자를 개량한 농산물이다.

그림 2-12 미국인들의 사랑을 받는 밴앤드제리 아이스크림(출처 : 밴앤드제리)

■ 사례 8 : 세계 곳곳의 전자 쓰레기 마을

컴퓨터, 휴대폰, 가전제품 등이 폐기되면 엄청난 양의 쓰레기가 발생한다. 전자 쓰레기는 처리 규정도 까다롭고 비용이 많이 소모된다. 그래서 선진국에서 발생되는 전자 쓰레기의 상당량이 관리 감독이 허술한 다른 국가로 보내져 열악한 환경에서 처리되거나 방치되고 있다.

[그림 2-13]은 중국 꾸이위의 전자 쓰레기 마을이다. 15만 명의 소도시 인구 중 80%가 전자 쓰레기를 재활용하는 작업에 참여하고 있다. 제대로 된 안전 설비, 정화 시설도 없이 각종 유해 중금속과 환경호르몬에 그대로 노출된 채 작업하고 있다. 돈이 되는 부품들을 수작업으로 떼어낸 뒤에 남은 쓰레기들은 그대로 방치하거나 불에 태운다. 그로 인해 이 지역의 환경오염도는 대도시의 수백 배에 달한다.[30]

그림 2-13 중국 꾸이위, 전자 폐기물 더미에서 빨래하는 모습(출처 : 그린피스)

세계 전자 쓰레기의 70%가 중국으로 흘러들어가고 있으며, 가나, 나이지리아, 인도, 파키스탄 등에도 전자 쓰레기가 보내지고 있다. [그림 2-14]는 전자 쓰레기 주요 수출국(초록색)과 수입국(붉은색)의 이동 경로와 현황을 보여주고 있다.

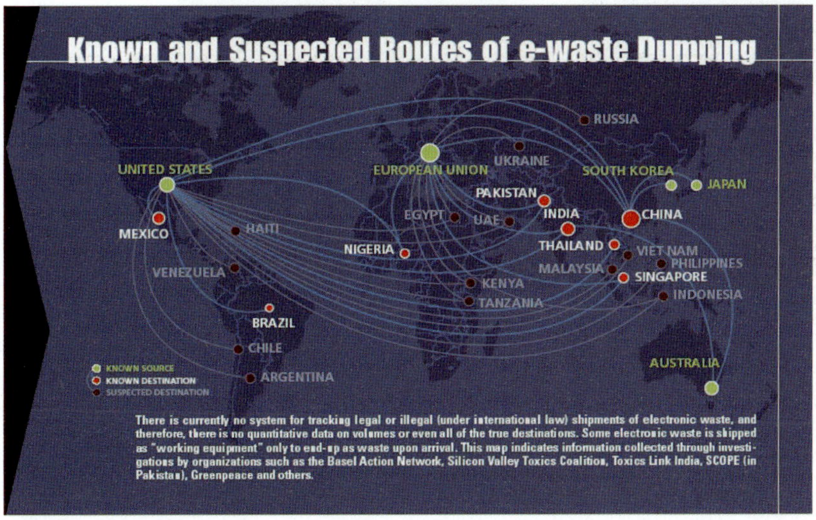

그림 2-14 전자 쓰레기의 이동 경로(출처 : UNEP)

전자 쓰레기 문제를 어느 한 기업이나 국가가 해결하기는 어렵다. 바젤협약[10]에 의해 전자 쓰레기의 국외 반출이 금지되고 있으나, 중고 제품 기부라는 편법을 이용해 국제적으로 거래되는 상황이다.[182] 소비자의 손이 닿지 않는 곳과 보이지 않는 곳까지 책임지려는 기업의 태도 변화, 국제적 규제 및 관리시스템 강화, 환경 문제에 대한 소비자의 의식 강화가 필요한 상황이다.

■ 사례 9 : 갭 이야기

패션 기업인 갭이 사업 추진 과정에서 어떤 문제들과 맞닥뜨렸고, 어떻게 해결하고자 했으며, 어떤 결과가 나왔는지를 살펴보자. 이 책에서는 갭의 선택을 긍정이나 부정 어느 한쪽으로 단정하지 않는다. 앞에서 학습한 CSR, CSV 등의 개념을 바탕으로 직접 갭의 선택을 평가해보기 바란다.

갭은 우리에게 익숙한 패스트패션[11] 브랜드이다. 패스트패션은 SPA[12] 브랜드로 불리기도 하는데, 갭이 SPA의 개념을 처음으로 도입했다. 갭은 미국 샌프란시스코에 본사를 두고 있는 기업으로, 1969년에 설립되었다. 전 세계적으로 14만 명의 종업원을 고용하고, 3,300여 개의 매장을 운영하고 있다.

---

10 유엔환경계획(UNEP)의 후원으로 스위스 바젤(Basel)에서 채택된 협약이다. 국가 간에 유해 폐기물의 거래와 이동을 금지하고 있다.

11 패스트패션(Fast Fashion)은 상대적으로 저렴한 가격으로 최신 유행을 반영한 패션 아이템들을 빠르게 공급하고 상품 회전율을 높이는 패션 브랜드를 의미한다.

12 GAP이 1986년에 도입한 개념으로 전문점(Specialty retailer), 자사 상표(Private label), 의류(Apparel)의 앞 글자를 따서 SPA로 칭한다.

그림 2-15 SPA 브랜드 갭의 매장

갭은 원가절감을 위해 해외에서 의류를 가공·생산하는 과정에서 환경, 안전, 노동 등과 관련한 다양한 문제에 직면해왔다. 갭이 어떤 문제와 마주치고, 어떻게 대응해왔는지 살펴보자.[136]

- **1992년 : 갭에서 의류 업체 윤리규정 제정**

  갭은 의류 분야의 공급 업체 및 하청 업체 선정의 기준이 되는 윤리규정을 만들고, 이를 거래처들에게 공개했다. 이 기준에는 노동, 환경, 건강, 안전 등의 기준이 포함되었다.

- **1995년 : 미국노동위원회에서 만다린인터내셔널 문제 제기**

  갭이 윤리규정에 근거하여 거래 업체를 관리하고자 했으나, 미국노동위원회의 조사 결과 엘살바도르에 위치한 갭의 거래처인 만다린인터내셔널에서 저임금, 초과근무, 노조 강제 해체 등의 비윤리적인 문제가 제기되었다. 갭은 이 사건을 계기로 거래 업체가 윤리규정을 준수하는지를 감시할 내부 감사 조직이 필요함을 인식했다.

- **1996년 : 갭에서 윤리규정 준수를 감사(Audit)하는 조직 구성**

  100명 이상의 전직 언론인, 사회복지 전문가, 공장 관리자, 비정부기구 직원, 노조원 등으로 감사 팀을 구성했다. 그러나 100여 명의 감사 팀으로도 전 세계에 위치한 갭의 거래 업체 모두를 조사하기에는 역부족임을 인식했다.

- **1999년 : 미국 26개 의류 업체, 대규모 소송에 직면**

  미국의 갭, 리바이스, 노드스트롬 등 26개의 의류 업체와 거래하는 미국령 사이판 소재의 여러 하청 업체들에서 강제노동, 최저임금 위반 등이 적발되었다. 업체들은 2천만 달러를 지불하는 조건으로 합의를 봤고, 업체에서 지불한 자금은 노동환경을 감시하는 시스템을 만들고 운영하는 비용에 쓰였다.

- **2000년 : BBC에서 갭 하청 업체의 아동노동 실태 폭로**

BBC[13]에서 캄보디아 프놈펜 소재의 의류 하청 업체들에 만연한 불법적인 아동노동 문제를 폭로했고, 갭과 나이키가 고소를 당했다. 캄보디아 정부에서는 공식적으로 문제될 사항이 없다고 밝혔다. BBC에서 제기한 문제는 공장 근로자의 나이가 어리다는 점이었으나, 캄보디아에는 오랜 기간의 전쟁과 분쟁으로 인해 공문서가 소멸되어 공장 근로자의 나이를 공식적으로 확인할 문서가 없었다. 또한 의학적으로 노동자의 나이를 밝히기도 어려운 상황이었다. 즉, 법률적으로는 문제 회피가 가능한 상황이었다.

그러자 프놈펜 하청 업체와 거래하는 기업들에 항의 편지가 쇄도하였다. 뿐만 아니라 학생 시위, 불매운동 등으로 확산되었다. 기업 이미지 실추를 우려한 대부분의 서구권 의류 업체들은 캄보디아에서 제품 생산을 중단했다.

그러나 갭은 캄보디아에서 사업을 철수하면 오히려 캄보디아 근로자들의 삶이 더욱 악화될 것을 우려하였고, 다음의 사례를 들어 철수하지 않기로 결정했다. 1993년 NBC[14]에서 월마트에 납품하는 방글라데시 공장의 아동노동을 폭로한 적이 있었다. 이후 방글라데시에서는 아동노동이 강력하게 금지되었는데, 공장에서 근무하던 수천 명의 아동들은 일자리를 잃고 용접공, 매춘부 등으로 전락했다.

갭은 캄보디아에서 철수하지 않는다는 이유 때문에 여러 단체와 고객들로부터 많은 비난을 들어야 했다. 갭은 이와 같은 문제를 기업의 자체 노력만으로 단기간에 해결하기 어렵다고 판단했다. 그래서 현지 공장 관리자, 노동자, 사회단체 등 다양한 이해 당사자와 지속적으로 대화하며 문제의 본질적인 원인을 파악하고자 했다.

- **2009년 : 선데이타임즈에서 갭 하청 업체의 환경오염 문제 폭로**

영국의 선데이타임즈는 아프리카 남부에 위치한 국가인 레소토에서 발생하는 환경오염 문제를 폭로했다. 레소토에는 갭을 포함한 의류 업체 하청 공장이 설립되어 있었다. 선데이타임즈는 하청 공장이 독성 폐기물, 면도칼 등을 별도 처리 과정 없이 그대로 땅에 매립하고, 가난한 아이들이 쓰레기를 뒤지다가 각종 질병에 시달리는 모습을 공개했다.

갭과 리바이스는 레소토의 하청 업체 및 관련 기관 등과 대화를 시도하며 문제의 본질적 원인 해결에 집중했다. 지역의 폐수 처리 시설을 정비하고, 현지 경영진을 대상으로 환경 문제의 중요성과 해결 방법을 교육했다. 갭과 리바이스의 이러한 노력은 많은 이들의 공감을 얻었다.

---

13 영국 공영 방송

14 미국 방송사

그림 2-16 레소토의 수도 마세루에 있는 봉제 쓰레기 더미(출처 : "The Dark Side of Denim" by Robin Hammond)

• 2014년 : 캄보디아의 대규모 노동자 시위

갭을 비롯한 여러 의류 업체들이 하청 공장의 부당한 노동 조건과 환경오염 문제 등을 해결하고자 노력하고 있지만, 문제는 아직까지 진행형이다. 2014년 초 캄보디아에서는 최저임금을 월 160달러[15]로 인상해줄 것을 요구하는 봉제 노동자들의 대규모 시위가 발생했다. 시위에 참여한 노동자의 대부분은 서구권 의류 업체의 하청 공장 소속이었다. 시위가 격화되자 캄보디아 정부는 시위대를 향해 발포를 허가했고, 시위에 참여한 여러 노동자가 목숨을 잃었다. 2015년 초 노동자들의 월 최저임금은 123달러[16]로 최종 결정되었다.

그림 2-17 캄보디아 봉제 노동자들의 월급 인상 시위(출처 : TIN News)

---

15 2013년까지 캄보디아의 최저임금은 월 80달러였다.

16 캄보디아의 최저생계비는 1인당 120달러 정도이다.

Quiz

01 오늘날 기업에 요구되는 4대 책임으로 경제적, 법적, 윤리적 책임 외에 무엇이 있는가?

① 고용 창출의 책임 ② 박애주의적 책임
③ 사회적 책임 ④ 지속 성장의 책임

02 기업의 책임 중에서 박애주의적 책임의 정의는 무엇인가?

① 공정하고, 바른 경영을 하며, 노동자와 소비자의 인권을 존중함
② 경영활동과 관련하여 국가, 지역, 사업 분야 등과 관련된 모든 법규를 준수함
③ 경영에 필요한 자금을 투자한 투자자에게 적절한 수익을 제공하고, 소비자에게 합리적인 가격으로 제품과 서비스를 공급하며, 경제 구성원들을 위한 일자리를 창출함
④ 경영활동과 관련된 지역사회의 공공 발전에 힘쓰고, 인류의 삶의 질 향상과 문화적 발달에 기여함

03 기업이 경영활동에서 발생한 수익을 활용하여 자원 재활용, 사회적 문제 해결, 환경보호, 지역사회 발전 등에 기여하는 것, 특히 기부 형태로 지원하는 것을 무엇이라 하는가?

① CSV ② CSR
③ BOP ④ 비영리 기관

04 단순한 기부에서 벗어나 기업이 속해 있는 공동체의 사회적, 환경적, 경제적 가치를 함께 높이면서 기업의 경쟁력을 높이는 개념은 무엇의 정의에 가장 가까운가?

① CSV ② CSR
③ BOP ④ 비영리 기관

05 농촌 지역에 대규모 물류 창고를 건립한 기업이 지역 주민들을 위한 일자리를 제공하고, 필요한 업무 지식을 교육하는 프로그램을 구성했다면, 어떤 개념에 가장 가까운가?

① CSV ② CSR
③ BOP ④ 비영리 기관

06 커피 원료를 구매하는 기업이 커피 농장에서 일하는 농부들의 삶을 개선하기 위해, 커피콩의 구매 단가를 15% 높게 책정하고 커피콩의 구매 계약을 2~3년 단위의 장기로 체결했다면, 어떤 개념에 가장 가까운가?

① CSV ② CSR
③ BOP ④ 비영리 기관

Quiz

07 '내일을 위한 신발'이라는 슬로건 아래 소비자가 신발을 한 켤레 구매하면 다른 한 켤레를 자동으로 제3세계 어린이에게 기부하는 방식은 어느 기업의 사업 모델인가?

① 컨버스 ② 나이키
③ 탐스슈즈 ④ 토즈

08 전자 쓰레기 마을에 대한 설명으로 잘못된 것은 무엇인가?

① 세계 전자 쓰레기의 70%가 중국으로 흘러들어가고 있다.
② 중고 제품 기부라는 편법을 이용해 국제적으로 거래되는 상황이다.
③ 가나, 나이지리아, 인도, 파키스탄 등에도 전자 쓰레기가 보내지고 있다.
④ 바젤협약에서 유해 폐기물 거래를 금지하지 않는 것이 문제이다.

09 사회적 약자, 취약 계층에게 일자리를 제공하거나 필요한 서비스, 제품을 저렴한 가격에 공급하는 역할을 하는 기업으로, 영리 추구보다는 사회적 약자에 대한 지원이 본질적 목적인 기업을 무엇이라 칭하는가?

10 미시간대학병원에서 의료사고가 발생했을 때 환자 가족들에게 즉시 유감의 뜻을 전달하고, 모든 진료 기록을 공개하여 보상 방법을 함께 논의하는 프로그램의 명칭은 무엇인가?

01 ② **02** ④ **03** ② **04** ① **05** ① **06** ② **07** ③ **08** ④ **09** 사회적 기업 **10** 자백 프로그램

자르는 선

팀별과제

팀번호 : ________ 팀명 : ____________ 팀원 : ______________________________

주제 1 갭은 어떤 단계의 기업인가?

1 본문에서 제시한 갭의 이야기에 근거해서 갭이 잘한 점, 미흡한 점을 정리해보자.

ㅁ잘한 점

1번 : ______________________________

2번 : ______________________________

3번 : ______________________________

ㅁ미흡한 점

1번 : ______________________________

2번 : ______________________________

3번 : ______________________________

2 갭은 CSR, CSV, 사회적 기업 중 어느 개념에 가장 가까운가? 그렇게 판단한 근거를 정리해보자.

ㅁ갭은 어떤 개념에 가까운가?

ㅁ그렇게 생각하는 이유는 무엇인가?

자르는 선

팀별과제

팀번호 : ______ 팀명 : __________ 팀원 : ______________________________

주제 2 라이프스트로 이야기

1 덴마크의 베스터가르드 프랑센그룹은 10년의 연구 끝에 라이프스트로(Lifestraw)를 세상에 선보였다. 지문을 읽고 인터넷으로 추가 정보를 찾아본 후 질문에 답해보자.

라이프스트로를 사용하고 있는 모습

ㅁ개발 배경 : 매일 6,000명이 넘는 사람들이 각종 병균에 오염된 물을 마시고 죽어가는 상황을 개선하기 위함

ㅁ주요 특징[146]

- 전원이나 추가 장비 없이 700ℓ 이상의 물을 정수할 수 있음(1일 약 2ℓ, 1년 기준)
- 콜레라, 이질, 장티푸스 등을 안전하게 정화
- 생산원가는 약 3달러

2 베스터가르드 프랑센그룹은 라이프스트로를 어떻게 생산하고, 어떻게 판매하고 있는가?

3 베스터가르드 프랑센그룹은 CSR, CSV, 사회적 기업 중 어느 개념에 가장 가까운가? 그렇게 판단한 근거를 정리해보자.

ㅁ베스터가르드 프랑센그룹은 어떤 개념에 가까운가?

ㅁ그렇게 생각하는 이유는 무엇인가?

자르는 선

개별과제

학번 : ______________ 이름 : ______________

주제 90%를 위한 디자인

1 '세상의 90%를 위한 디자인'[17]이라는 사이트(http://www.designother90.org)에는 전 세계 지역별로 개발 비용이 저렴하면서도 혁신적인 아이디어들이 올라와 있다. 이 사이트를 살펴본 후 질문에 답해보자.

전기가 필요 없는 냉장고(위), 초저가 재활용 라디오(아래)

□ 가장 관심이 가는 아이템 하나를 고른다면, 무엇인가?

□ 그 아이템의 특징은 무엇인가?

□ 그 아이템을 확산시키기 위해 다른 기업의 참여를 유도한다면, 어떤 기업이 적당할까?

□ 그 기업이 어떤 형태로 참여하면 확산에 도움이 될까? (단, 단순한 형태의 기부금 지원보다는 CSV 형태의 개념으로 아이디어를 만들어보자.)

---

17 대기업들이 생산하는 값비싸고 좋은 제품들을 전 세계 인구의 10%만 사용하고 있다. 혜택을 받지 못하는 나머지 90%의 인류를 위해 저렴하고 혁신적인 솔루션을 확산하겠다는 취지의 명칭이다.

PART 2

3장

세상을 바꾸는 기술혁신

Technological Innovation

"상식으로 생각해서 해결책이 나오지 않을 때는 절호의 찬스라고 생각하라.

상식으로 가능한 범위라면 결국 그것은 평범한 것이다."

- 손정의 -

01 혁신이란 무엇인가?

02 혁신을 나누는 기준은 무엇인가?

03 혁신의 성패 요소는 무엇인가?

Quiz 팀별과제 개별과제

학습목표

- 우리가 늘 사용하는 혁신이란 단어의 숨은 의미와 가치를 생각해보고, 혁신이 어떻게 발생하는지 알아보자.
- 혁신을 나누는 기준을 살펴보자. 혁신을 분류하는 방법을 이해하면 다른 회사의 혁신 사례를 분석하고, 여러분 회사의 혁신 전략을 수립하는 데 도움이 된다.
- 혁신의 성공과 실패를 좌우하는 요소를 알아보자. 소비자는 어떤 경우에 혁신을 받아들이는지, 공급자는 혁신을 위해 무엇을 준비해야 하는지를 생각해보자.

먼저 생각해봅시다

이름 : ____________________

미국의 기업가 엘론 머스크는 영화 '아이언맨'의 실제 모델로 유명하다. 1971년생인 그는 이미 여러 개의 기업을 만들고, 큰 성공을 이뤄냈음에도 대부분의 사람들이 시도조차 하지 않는 어마어마한 도전을 계속하고 있다. 다음에 제시된 엘론 머스크의 약력을 읽고[185] 인터넷에서 추가 정보를 찾아본 후 주어진 질문에 답해보자.

- 1983년(13세) : 게임 소프트웨어인 '블라스터'를 개발하여 500달러에 판매
- 1992년(22세) : 미국 펜실베이나대학교 편입, 경영학 & 물리학 공부
- 1995년(25세) : 박사 과정 진학, 이틀 만에 자퇴, 소프트웨어 회사 Zip2 창업
- 1999년(29세) : Zip2를 컴팩에 3억7천만 달러에 매각
- 2000년(30세) : 페이팔[1] 창업
- 2002년(32세) : 페이팔을 이베이에 15억 달러에 매각, 스페이스엑스[2] 창업
- 2004년(34세) : 전기 자동차 회사 테슬라모터스 출자([그림 3-1], [그림 3-2])

그림 3-1 테슬라의 전기차

그림 3-2 테슬라 전기차의 충전 시스템

- 2006년(36세) : 태양광 발전 회사 솔라시티 출자 & 회장 취임([그림 3-3])
- 2008년(38세) : 테슬라에서 전기 스포츠카 발매, 민간 로켓 첫 지구궤도 비행 성공
- 2012년(42세) : 스페이스엑스, 민간 기업 최초로 우주선 국제우주정거장 도킹 성공
- 2013년(43세) : 하이퍼루프[3] 계획 발표([그림 3-4])

---

1 온라인 쇼핑몰에서 전자 결제를 대행해주는 서비스이다.

2 항공우주 분야에 뛰어든 기업으로, 화성 탐사를 대표 프로젝트로 추진 중이다.

3 뉴욕과 서울을 2시간 안에 주파할 수 있는 진공 열차이다.

먼저 생각해봅시다

그림 3-3 솔라시티의 발전소(출처 : Forbes)

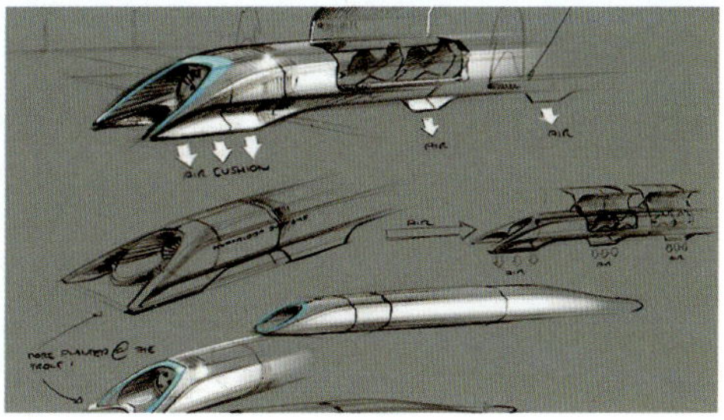

그림 3-4 하이퍼루프(출처 : Gizmag)

◇ 엘론 머스크는 운영하는 기업을 성공시켜 매각한 후, 거둬들인 천문학적인 자금을 매번 다른 기업, 특히 성공 가능성이 낮아 보이는 벤처기업에 과감히 투자하고 있다. 그의 대담함의 원천은 무엇일까?

◇ 엘론 머스크는 자신의 마지막 꿈은 화성에 정착하여 그곳에서 생을 마치는 것이라고 밝혔다. 그의 마지막 꿈이 가지는 가치, 의미는 무엇일까?

01

혁신이란 무엇인가?

요즘 '혁신'이라는 단어는 사회 전역에서 폭넓게 쓰일 만큼 범용적인 표현으로 자리 잡았다.

"경영을 혁신해야 한다."
"기술혁신을 통해서 새로운 제품을 만들자."
"우리 교육을 혁신시킬 묘책이 필요하다."
"스티브 잡스는 영원한 혁신가로 기억될 것이다."

이처럼 많은 이들이 '혁신'이라는 단어를 자주 접하다보니, 그 의미를 충분히 알고 있다고 생각하겠지만, 막상 '혁신'이 무엇인지 설명하기란 쉽지 않다. 지금부터 혁신이라는 단어에 숨은 의미와 가치, 혁신을 견인하는 요소에 대해 살펴보기로 하자.

1.1 혁신의 기본 개념

다음 네 가지 질문을 통해 '혁신'의 정확한 개념을 짚어보자.

질문 1 : 혁신을 어떻게 정의할까?

MIT의 로버츠 교수는 혁신을 다음과 같이 정의했다.[120]

$$\text{혁신}(Innovation) = \text{발명}(Invent) + \text{상업화}(Commercialization)$$

혁신은 기존에 없던 것을 새롭게 창조하거나 기존에 있던 것을 개선하여, 이를 고객들이 사용할 수 있도록 세상에 내놓는 작업이다. 창조하거나 개선했지만 현실적으로 사용할 수 없다면 혁신이 아니다. 한편 기존에 있던 것을 포장만 바꿔서 더 많은 수익을 내는 쪽으로 접근하는 것도 혁신이 아니다. 기업 입장에서는 추가 수익을 얻겠지만, 고객 입장에서는 얻을 수 있는 가치가 없기 때문이다.

질문 2 : 혁신은 무엇을 추구하는가?

간단히 정리하면, 혁신이 추구하는 가치는 '더 좋게, 더 빨리, 더 싸게'이다.[42] 원가는 더욱 낮추면서 더 좋은 기능, 더 향상된 성능을 구현하여 훨씬 저렴한 가격에 소비자에게 공급하는 것이 혁신의 가치이다.

질문 3 : 혁신과 변화의 차이점은 무엇인가?

변화는 혁신에 비해 사회적 저항이 훨씬 덜하다. 대부분의 조직 및 구성원들은 현재의 절차나 상황이 크게 달라지지 않는 변화에 대해서는 쉽게 수용한다. 그러나 현재의 절차나 상황에 큰 변화가 발생하는 '혁신'에 대해서는 조직 및 구성원들이 불편함이나 두려움을 느끼면서 저항하기도 한다.

몇 가지 사례를 통해 혁신과 변화의 차이를 살펴보기로 하자.

■ 혁신에 대한 저항 사례 1 : 쿼티(Qwerty) 키보드에 중독된 사람들

우리가 쓰고 있는 컴퓨터 키보드는 1868년에 크리스토퍼 숄스가 발명한 타자기용 쿼티Qwerty 키보드이다([그림 3-5(a)]. 키보드의 왼쪽 상단에 배열된 영문자를 순서대로 치면 QWERTY라고 입력되어 쿼티 키보드라 칭한다. 이와 같이 자판을 배열한 이유는 인간의 편의성을 고려한 것이 아니라, 타자기를 사용하던 시절 영문자에 연결한 쇠막대가 서로 부딪히지 않게 하기 위함이었다.[151]

컴퓨터 키보드가 만들어질 당시 제조사는 타자기를 사용하던 사람들에게 익숙한 쿼티 자판 배열을 적용했다. 이후 사람들이 좀 더 편하게 타이핑할 수 있는 배열의 드보락Dvorak 키보드가 출시되었지만, 시장에서는 외면당했다([그림 3-5(b)]). 인체공학적으로 우수한 드보락 키보드가 오랫동안 습관을 지배하던 쿼티 키보드에 밀린 셈이다. 드보락 키보드를 판매하는 쇼핑몰이 있긴 하나, 실 판매량은 쿼티 키보드에 비해 현저하게 낮은 편이다.

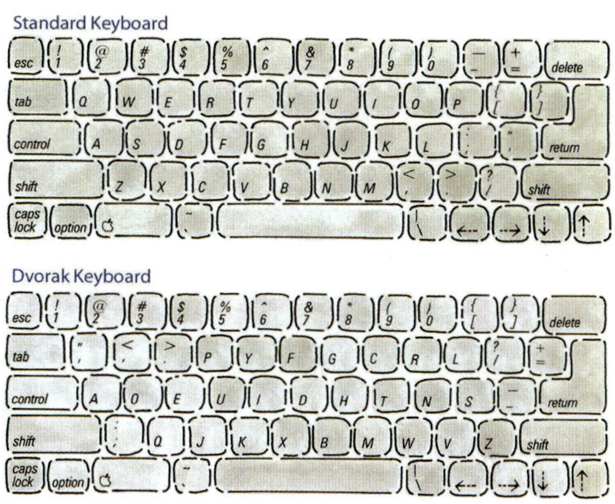

(a) 쿼티 키보드

(b) 드보락 키보드

그림 3-5 컴퓨터 키보드의 혁신(출처 : 애플)

■ 혁신에 대한 저항 사례 2 : 참으로 낯설었던 순번 대기표

[그림 3-6]은 은행, 관공서, 병원 등에서 쉽게 볼 수 있는 순번 대기표 발행기이다. 순번 대기표가 등장하기 전에는 줄을 길게 서야 했고, 새치기 문제가 빈번했다. 순번 대기표가 처음 등장했을 때, 사람들은 새로운 시스템에 적잖이 당황했다. 번호표를 뽑는 행위와 줄을 서지 않는 방식을 매우 낯설어했다. 이것은 혁신에 가깝다.

[그림 3-7]은 기존의 순번 대기표를 무선으로 바꾼 무선 순번 알람기이다. 사용자들이 자신의 번호가 뜨는지 확인하려고 전광판을 계속 확인해야 하는 불편을 없앴다. 기존 사용 패턴에서 큰 변화가 없으며, 번호표 대신 무선 알람기를 받고, 진동이 오면 자신의 순번임을 알게 된다. 사용자 입장에서는 기존 행동과 큰 차이점이 없는 작은 변화라고 할 수 있다.

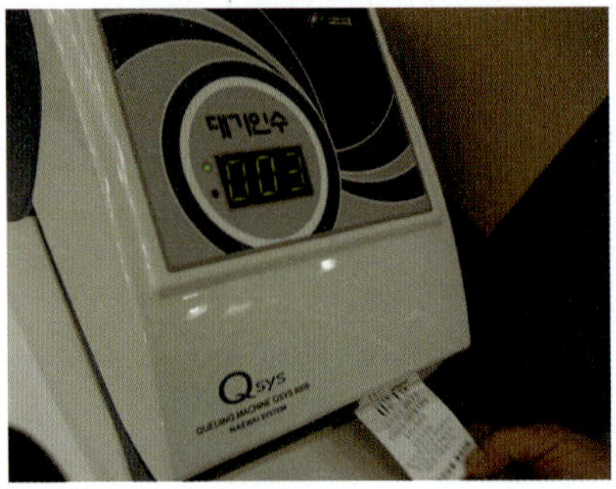

그림 3-6 순번 대기표 발행기

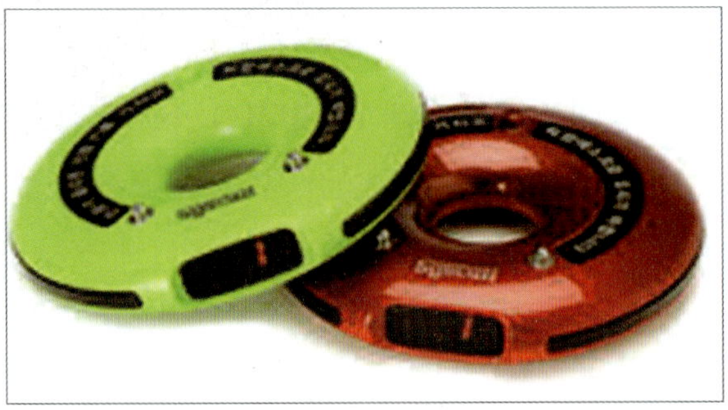

그림 3-7 무선 순번 알람기

질문 4 : 누가 혁신을 이끄는가?

혁신의 주체는 크게 기업과 시장으로 나눌 수 있다. 기업이 주도한 신기술로 인해 혁신이 발생하면 기술 주도 가설, 시장(소비자)의 요구에 의해 혁신이 발생하면 수요 견인 가설이라 한다.

■ 기술 주도(Technology Push) 가설

기술 주도 가설이란 기초과학이 발전하면서 새로운 기술혁신을 유도한다는 이론이다. 공학적 측면의 접근법으로, 과학자와 공학자가 새로운 기술을 개발하고, 이를 적용하여 새로운 제품을 만드는 방식이다. 그러나 고객이 새로운 제품을 필요로 하지 않는 경우에는 시장에서 외면당할 수 있다.

■ 말보다 느린 자동차

최초의 자동차는 기술 주도에 의해 탄생했다. 1886년 칼 벤츠[4]는 가솔린엔진을 장착한 최초의 자동차를 만들었다. 칼은 니콜라스 오토가 만든 가솔린엔진을 이용해 [그림 3-8]과 같은 형태의 자

4 독일의 기계 기술자이자 발명가이며, 자동차 회사 벤츠의 설립자이다. 벤츠는 다임러와 합병되어 다임러벤츠가 되었고, 이것이 우리가 익히 알고 있는 벤츠 자동차의 시초이다.

동차를 제작했는데, 최고 속도가 16km/h 정도로 말이 달리는 속도의 1/3~1/4 수준에 불과했다. 그래서 100km를 달리기 위해서는 중간에 멈춰서 부품을 청소하고 교체하는 작업을 해야 했다. 당시 사람들은 자동차를 신기하게 여기기는 했지만, 기능과 편리성 면에서는 현재 사용하는 마차를 대체할 정도로 뛰어난 점은 없다고 생각했다.

그림 3-8 독일인 칼 벤츠가 만든 가솔린 자동차

■ 수요 견인(Demand Pull 또는 Market Pull) 가설

시장 수요와 시장 환경이 새로운 기술 개발과 혁신을 유도한다는 이론이다. 고객의 새로운 요구에 맞는 제품 및 서비스가 정의되고, 여기에 필요한 기술이 개발된다는 개념이다.

■ 생존을 갈망하는 인류

14세기 중반 아테네 인구는 홍역으로 인해 1/3로 줄었다. 콜럼버스에 의해 신대륙에 전파된 천연두는 원주민의 95%에 해당하는 5억 명의 생명을 빼앗았다. 이처럼 인류의 생존을 위협하는 무시무시한 질병에서 벗어나려는 인간의 욕구는 백신을 지속적으로 연구하게 하는 동력이 되었다. 에드워드 제너가 18세기 말에 천연두 백신인 종두를 만든 이후, 인간은 새로운 바이러스가 등장할 때마다 백신을 연구하고 있다([그림 3-9]). 인간의 기본적인 생존 욕구가 절대적인 시장 수요를 만들어 지속적인 기술혁신을 유도하는 셈이다.

그림 3-9 제너가 종두 백신을 시술하는 장면

■ 새우깡, 신기술을 이끌어내다

새우깡은 1971년에 농심에서 처음으로 출시된 대표적인 상품이다. 간식거리가 부족하던 시절, 저렴한 밀가루에 우리나라 사람들이 좋아하는 새우를 첨가하여 고급스런 맛을 내는 과자를 만들자는 아이디어로 탄생한 제품이다.

문제는 제조 기술이었다. 느끼하지 않으면서도 바삭한 식감을 살리기 위해 새우깡은 기름이 아닌 소금의 열로 튀기는 방식[5]을 사용한다. 새우깡을 만들기 위해 농심은 소금의 열로 튀기는 기술을 독자적으로 개발했다. 새우깡은 출시되자마자 선풍적인 인기를 끌었다. 당시 생산 공장 앞에는 선금을 갖고 새벽부터 지방에서 몰려온 트럭들로 가득했다.[217]

---

5 이를 파칭(Parching) 기술이라고 한다.

1.2 혁신의 중요성

혁신이 기업, 경제, 사회적으로 가지는 가치는 다음과 같이 정리할 수 있다.[130]

■ 기업 경쟁력 향상

대부분의 기업은 매출의 1/3 이상을 최근 5년 이내에 출시한 제품들로부터 벌어들이고 있다. 의료 기기 업체 백스터는 매출의 37%를, 3M은 매출의 45%를 5년 이내에 출시한 제품들로부터 얻고 있다.

■ 제품 수명 주기 단축

기업이 혁신적인 신제품을 시장에 내놓으면 소비자는 기존 제품을 버리고 신제품을 사용하고자 한다. 기업 입장에서는 혁신적인 신제품을 시장에 빨리 내놓을수록 기존 제품의 수명은 단축되지만, 신제품이 더 많이 팔리게 되어 수익 증대에 효과적이다. 하이테크 기업들은 태블릿, 스마트폰의 신제품을 매우 빠른 속도로 출시하고 있다. 이 경우 새로 출시한 신제품은 경쟁사의 제품을 시장에서 밀어내는 효과도 있지만, 자사의 기존 제품을 사용하고 있는 고객들에게 자사의 신제품으로 빠르게 교체하도록 유도하는 역할을 한다. 자사의 제품을 3년 사용하고 교체하는 게 아니라, 1년만 사용하고 다시 구매하도록 하는 전략이다. 이를 다른 말로 '제품의 진부화Obsolescence, 陳腐化를 가속화한다'라고 한다.

■ 시장의 세분화

다양한 기능, 성능, 가격대의 제품을 선보임으로써 세분화된 시장의 다양한 수요자를 만족시킬 수 있다.

■ 국내총생산(GDP : Gross Domestic Product) 증가

기업들의 기술이 혁신되면 투입되는 노동력 및 자본 대비 산출물이 더 많이 발생한다. 이는 국내총생산을 높이는 효과를 가져온다. 예를 들어, A, B 두 개의 국가가 동일한 노동자와 자본을 투입하여 생산활동을 한다고 가정하자. 이때 B 국가에 비해 A 국가의 기업들이 공정 혁신을 통해 평균적으로 원가를 10% 줄이고 생산 속도를 20% 단축시켰다면, A 국가가 B 국가에 비해 더 많은 GDP를 얻게 된다.

이와 같이 혁신은 장점 요소가 많지만, 항상 긍정적인 효과를 가져오는 것은 아니다. 공해, 항생제가 듣지 않는 세균, 자연 서식지 침해 등 자연환경에 부정적인 영향을 주고 있으며, 유전자 변형 생물, 생체 복제 등은 여전히 심각한 윤리적 논쟁을 야기하고 있다.

02

혁신을 나누는 기준은 무엇인가?

지금까지 혁신의 정의에 대해 살펴보았는데, 이 절에서는 혁신을 나누는 기준에 대해 살펴볼 것이다. 혁신을 나누는 기준을 살펴보는 이유는 크게 다음과 같다.

❶ 타사의 혁신 사례를 분석하기 위해서이다.

여러분이 농기계를 제작하는 회사에서 근무한다고 가정해보자. 경쟁사 A, B에서 각각 신제품이 나와서 여러분 회사의 매출이 급감하고 있다. A, B가 어떤 유형의 혁신으로 경쟁력을 높였는지 분석해야 한다. 이때 사용하는 관점이 혁신 분류 기준이다. 예를 들어, A, B 모두 부품 혁신을 통해 소비자 만족도를 높이고 원가를 낮췄다면, 여러분 회사도 그러한 접근법을 고민해볼 만하다.

❷ 자사의 혁신 전략을 분석하기 위해서이다.

예를 들어, 여러분이 농기계 기술 개발을 위한 5개년 기술전략을 수립한다고 가정해보자. 이때 과거에 여러분 회사에서 투자했던 기술 연구, 제품 개발이 어떤 혁신 유형에 해당하는지 분류해 본다. 이제까지의 투자가 제품 혁신 90%, 공정 혁신 10%였다고 가정하면, 공정 혁신에 대한 투자 확대를 고려해볼 필요가 있다. 구조 혁신은 전혀 하지 않고 부품 혁신만 집중해왔다면, 이제부터라도 구조 혁신을 고려해볼 단계이다.

경쟁력 있는 기업이 되려면 이처럼 타사의 전략을 면밀히 분석할 수 있어야 하며, 이를 자사의 전략에 반영할 수 있어야 한다. 그만큼 혁신이 어느 지점에서 이루어졌는지 이해하고 있어야 한다.

2.1 제품 혁신 vs. 공정 혁신

첫 번째 기준은 ① 제품 자체가 바뀐 것인지(제품 혁신) ② 제품을 만들고 소비하는 공정이 바뀐 것인지(공정 혁신)로 나뉜다.

제품 혁신

기업이 기술 혁신을 통해 기존 제품을 개선하거나 신제품을 시장에 공급하는 혁신을 의미한다. 단, 한 가지 혁신적인 제품이 나왔다고 해서 그 제품의 성공이 영원히 유지되는 것은 아니다.

■ 사례 1 : 이동통신의 끝없는 혁신

최초의 이동식 전화기는 1946년에 미국 통신 회사인 AT&T에서 개발되었다.[11] 1960년대에는 AT&T에 대항하기 위해 RCC라는 이동식 전화기가 등장했다([그림 3-10]). 1973년 모토롤라에 의해 그나마 손으로 들 수 있는 크기의 이동식 전화기가 개발되었다. [그림 3-11]은 당시 개발된 전화기를 들고 있는 개발 책임자 마틴 쿠퍼의 모습이다.

그림 3-10 1960년대의 이동식 전화기 RCC

그림 3-11 손에 들 수 있는 크기의 모토롤라 이동식 전화기

1992년에는 IBM에서 이동식 전화기에 PDA[6] 기능을 추가하여 사이몬을 최초로 선보였다([그림 3-12]).[137] 이후 오늘날과 같은 형태의 스마트폰은 1999년에 일본의 NTT도코모에서 출시하였으며, 이후 마이크로소프트, 블랙베리 등에서 연이어 출시하였다.

2007년에 애플은 아이폰을 최초로 발표하며 현재의 스마트폰 전성기를 불러왔다([그림 3-13]). 애플은 독자적인 OS, 한 번에 여러 곳의 터치를 인식하는 멀티터치, 자체적인 앱마켓 등을 제시했다. 특히 기존 스마트폰의 키보드와 스타일러스펜 중심의 사용자 인터페이스가 아닌, 넓은 화면을 멀티터치로 제어하는 방식을 선보여 큰 호응을 얻었다.

그림 3-12 IBM의 사이몬

그림 3-13 1세대 아이폰

---

6 Personal Digital Assistant의 약자이다. 애플이 처음으로 제안한 방식이다. 개인 휴대용 정보 단말기를 뜻하며, 오늘날 스마트폰에 있는 일정 관리, 타이머, 계산기, 메모장 등의 기능이 포함되어 있다.

1946년에 최초의 이동식 전화기가 등장했을 때, 1973년에 손에 들 수 있을 정도로 전화기의 크기가 작아졌을 때, 1992년에 전화기에 PDA 기능이 포함되었을 때, 2007년에 아이폰이 등장했을 때 사람들은 매번 혁신적인 제품에 감탄했다. 2016년의 스마트폰은 웨어러블 디바이스로 또 다시 변모하고 있다.

공정 혁신

제품을 기획, 연구, 생산, 판매, 유통하는 과정의 혁신을 뜻한다. 제품 자체는 바뀌지 않고 제품을 만드는 과정만 바뀌기 때문에 소비자가 인식하지 못할 수도 있다. 때로는 공정이 바뀌면서 제품의 성능, 기능이 크게 개선되어 소비자 입장에서는 제품 혁신으로 인식되기도 한다. 즉 공정 혁신이 제품 혁신이 되기도 한다.

■ 공정 혁신 사례 1 : 도요타의 JIT(Just In Time) 생산

일본의 도요타자동차가 생산성을 높이기 위해 고안한 생산방식이다. 자동차 제작에 필요한 각종 부품을 창고에 충분히 보관하고 생산하던 방식을 버리고, 필요한 시기에 필요한 만큼만 공급받아 재고를 최소화하는 전략이다.[70] 이런 전략은 미국 자동차 회사들에 대해 원가 경쟁력을 갖기 위해 고안되었다. 도요타는 자동차 생산공정의 단계별로 앞뒤 단계에서 문제가 발생하지 않도록 작업 현황을 상황판에 적어 공유했다. 여러 나라의 다양한 산업 분야에서 이 방식을 도입하고 있다.

■ 공정 혁신 사례 2 : 구글의 1천만 달러 콘테스트

구글은 2007년 애플의 아이폰에 대항하기 위해 안드로이드 플랫폼을 개발했다. 새롭게 개발된 안드로이드 플랫폼에 대한 아이디어를 얻고 활성화하기 위해 총 1천만 달러를 걸고 공개적으로 대회를 개최했다.[60] 1차로 50개의 아이디어를 선정하여 각각 25,000달러의 개발비를 지급했고, 2차로 20개의 아이디어를 선정하여 추가 개발비를 지원했다. 구글이 이 대회를 통해 얻은 가치는 수억 달러 이상으로 평가된다. 안드로이드 플랫폼을 위한 연구에 외부에 있는 수많은 개발자들을 동참시킨 셈이다.

■ 공정 혁신 사례 3 : 레고의 레고 디지털디자이너

레고는 2003년에 고객 스스로 캐드 프로그램을 통해 레고 모델을 설계하고 공유하는 레고 디지털디자이너 소프트웨어를 무료로 공개했다. 컴퓨터에 프로그램을 설치하면, 다양한 레고 블록이 무한대로 나타난다. 공간과 블록 개수의 한계에서 벗어나 다양한 창작물을 만들 수 있는 환경을 제공한다([그림 3-14]). 이 프로그램은 초등학생도 어려움 없이 사용할 수 있는 수준이다.

당시 레고에 소속된 사내 제품 디자이너는 120명이었는데, 레고 디지털디자이너를 활용하는 자발적 디자이너는 12만 명이 넘었다.[175] 레고는 이들이 디자인한 창작물 중에서 우수한 사례를 선정하여 실제 제품 개발에 반영하고, 포상 차원에서 본사로 초청하여 정식 디자이너들과 의견을 교류하도록 주선하고 있다. 레고는 전문가의 영역이면서 내부에서 은밀하게 진행되는 신제품 개발 과정에 외부의 열성 팬들을 끌어들임으로써 12만 명의 디자이너를 얻게 된 셈이다.

그림 3-14 레고 디지털디자이너 프로그램

2.2 부품 혁신 vs. 구조 혁신

두 번째 기준은 ① 제품을 구성하는 개별 부속품의 혁신인지(부품 혁신) ② 부속품 간의 연결 관계인 구조의 혁신인지(구조 혁신)로 나뉜다.

부품 혁신

제품 및 서비스를 구성하는 단일 부품이나 요소를 바꾸는 혁신이다. 주요 부품이 하나 바뀌거나 다수의 보조 부품이 바뀌는 식이다. 때에 따라서는 부품이 바뀌면서 부품의 외형, 성능에 차이가 생겨서 디자인이 바뀌기도 하지만, 핵심은 부품에 있다.

■ 부품 혁신 사례 1 : 타타자동차의 초저가 자동차

타타자동차는 인도를 대표하는 기업 중 하나이다. 빈부 격차가 심하고 교통안전에 대한 규제가 심하지 않다보니, 인도에서는 작은 스쿠터 한 대를 여러 명이 함께 타는 경우가 흔하다([그림 3-15]). 이렇다보니 대형 교통사고가 자주 발생하고, 스쿠터의 결함으로 인해 대기오염 문제가 심각해지고 있다.

타타자동차는 이러한 상황을 해결하기 위해, 초저가 자동차인 나노를 만들었다.[165] 나노는 인도 도시 서민층 근로자의 1년 연봉인 240만 원 정도의 판매 가격을 목표로 개발되었다. 이를 위해 나노에는 15ℓ 연료통, 얇은 와이퍼, 두께를 줄인 범퍼, 624cc 2기통 엔진 등의 부품들이 사용되었다([그림 3-16]). 또한, 일부 금속 부품을 플라스틱으로 대체하여 접착제로 조립하는 방식을 사용하는 등 원가절감을 위해 여러 부품을 바꿨다.

그러나 나노에 대한 시장 반응은 좋지 않았다. 그 결과, 인도의 자동차 산업 규모가 전체적으로 커지는 상황에서 나노를 출시한 타타자동차의 매출은 감소했다[7]. 초기 목표 가격은 240만 원이었지만 실제 판매가는 50~100% 가까이 상승했다. 또한 소비자들은 나노의 지나친 저가 이미지를 좋아하지 않았다. 타타자동차의 도전은 혁신적이었으나, 상업적 성과는 좀 더 지켜봐야 한다.

그림 3-15 인도의 4인 가족이 스쿠터를 타는 모습
(출처 : The New Indian Express)

그림 3-16 타타자동차의 나노

■ 부품 혁신 사례 2 : 애플의 알루미늄 케이스

2007년, 애플의 CEO 스티브 잡스는 환경보호를 위한 애플의 계획을 담은 '더 푸른 애플A Greener Apple' 계획을 발표했다. 특히 애플에서 생산하는 여러 제품 케이스에 알루미늄을 사용하여 자원 재활용율을 높이는 전략이 중심이었다.[9] 결과는 놀라웠다. [그림 3-17]과 같이 자원 재활용율이 급격히 높아진 것이다.[107] 알루미늄은 재활용 시 첫 가공에 사용된 에너지의 5%만 사용하면 되고, 온실가스 배출량은 95%까지 줄어든다.[8]

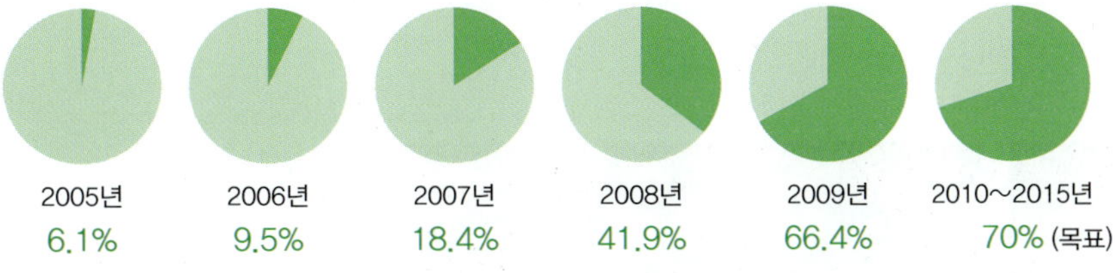

그림 3-17 애플의 자원 재활용율 변화

아이폰에서 시작된 알루미늄 케이스는 이후 애플에서 생산하는 태블릿, PC 등의 다른 제품군으로 확대되었다.

---

7 2013년 기준으로 타타자동차의 매출은 전년보다 15% 줄었다. 같은 기간 인도 자동차 시장은 2.2% 성장했다.

8 1888년 이후 생산된 알루미늄의 75%가 현재까지 꾸준히 재활용되어 사용될 정도로 알루미늄은 재활용성이 높다.

그림 3-18 애플의 여러 제품에 사용되는 알루미늄

구조 혁신

제품 및 서비스를 구성하는 각 부품과 요소들이 연결되는 방식이나 상호작용하는 방식을 바꾸는 혁신이다. 이로 인해 제품의 전체적인 디자인이 바뀌게 된다. 때로는 디자인이 바뀌면서 부품이 바뀌기도 한다.

■ 구조 혁신 사례 1 : DEKA의 세그웨이

DEKA의 창업자 딘 카멘은 세그웨이를 발명했다. 세그웨이는 기존의 바이크와 달리 바퀴가 앞뒤에 있지 않고, [그림 3-19]와 같이 두 개의 바퀴가 수평으로 달린 이동 수단이다. 고성능 센서로 기울기를 감지하여 몸을 앞으로 숙이면 달리고, 몸을 뒤로 젖히면 정지하는 방식이다. 기존의 두 바퀴 이동 수단과는 완전히 다른 구조이다. 고성능 모터와 배터리를 사용하여 1회 충전으로 40km 정도를 운행할 수 있고, 성인이 무거운 짐을 가지고 탈 수도 있다.

세그웨이는 여러 분야에서 대중의 관심을 끌었지만 상업적으로는 성과가 좋지 못했다. 1회 충전으로 이동 가능한 거리와 최고속도(20km/h)가 어중간하여 용도가 불확실했다. 600만 원이 넘는 가격대는 레저용으로만 사용하기에는 부담스러운 수준이었으며, 50kg에 이르는 무게와 거대한 크기는 승용차에 싣고 다니기도 불편했다([그림 3-20]).[93]

그림 3-19 DEKA의 세그웨이

그림 3-20 세그웨이를 승용차에 싣는 모습(출처 : Youtube)

고전하던 세그웨이는 2015년 봄에 중국의 샤오미가 투자한 기업인 나인봇에 인수되었다. 나인봇은 세그웨이를 인수하면서 세그웨이의 고질적인 단점들을 개선하여 나인봇9를 시장에 선보였다. 무게를 12.8kg으로 줄이고, 가격을 35만 원가량으로 대폭 낮추었다([그림 3-21]).

그림 3-21 세그웨이의 단점을 개선한 나인봇9

■ 구조 혁신 사례 2 : 다이슨의 날개 없는 선풍기

세계 최초의 선풍기는 에디슨이 만든 미국 가전 기업 GE에서 1882년에 출시되었다([그림 3-22]). GE에서 선풍기를 출시한 이후로 127년간 선풍기의 구조는 별다른 변화가 없었다. 디자인이 조금씩 바뀌고, 모터의 성능이 개선되거나 타이머를 다는 등의 작은 변화만 진행되어 왔다.

영국의 가전 기업 다이슨은 2009년 혁신적인 모습의 선풍기를 세상에 선보였다. 이른바 날개 없는 선풍기Bladeless Fan이다([그림 3-23]). 회전 날개로 바람을 밀어내는 방식이 아니라, 비행기의 양력을 이용해 주변 공기를 끌어오는 방식이 적용되었다. 다이슨의 선풍기는 미려한 디자인, 적은 소음, 안전성 등에서 호평을 받고 있다. 여러 중소 가전 기업들이 다이슨 선풍기의 복제품을 쏟아내고 있으며, 다이슨은 특허 소송으로 이에 맞서고 있다.

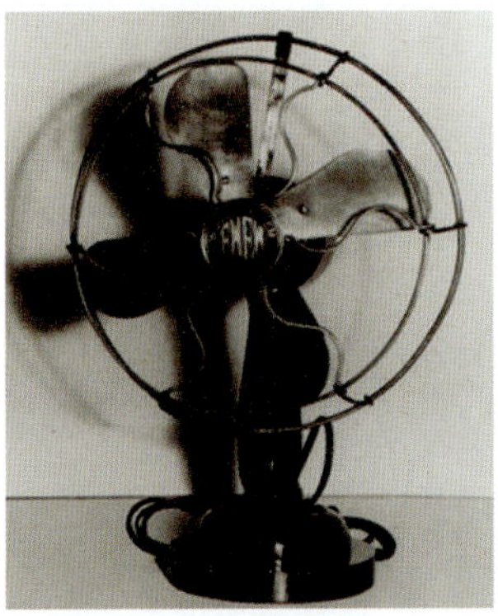

그림 3-22 GE에서 만든 최초의 선풍기

그림 3-23 다이슨의 날개 없는 선풍기

■ 구조 혁신 사례 3 : 다이슨의 반대로 도는 세탁기

다이슨은 2000년에 콘트라로테이터 세탁기를 출시했다([그림 3-24]). 겉모습은 일반 드럼세탁기와 유사하지만, 내부 구조에는 큰 차이가 있다. 세탁물을 회전시키는 드럼이 하나가 아니라 두 개가 사용되었고, 두 개의 드럼이 서로 반대 방향으로 회전하기 때문에 사람이 손으로 비틀어 빨래하는 방식과 유사하다. 기존 세탁기보다 빠르고 깨끗하게 세탁할 수 있게 되었다.[102]

그림 3-24 다이슨의 콘트라로테이터 세탁기

이 세탁기는 2001년 영국에서 약 180만 원 정도의 가격에 출시되었다. 당시 일반 드럼세탁기의 2배에 달하는 가격이었다. 2005년에 다이슨은 이 세탁기를 시장에서 철수시켰다.[155] 소비자들의 호응을 얻지 못했기 때문이다. 강력한 두 개의 드럼은 세탁물을 2배 더 넣을 수 있으면서도 세탁 시간을 절반 가까이 줄였지만, 소비자들은 애벌빨래 방식, 1시간 정도의 세탁 대기 시간에 이미 익숙해진 상태였다. 그리고 세탁 세제의 성능이 점점 좋아지는 점도 다이슨이 고전한 이유가 되었다.

2.3 핵심역량 약화 혁신 vs. 핵심역량 강화 혁신

세 번째 기준은 ① 기존 사업 방식의 핵심역량이 아닌 다른 부분에서 돌파구를 찾는 혁신인지(핵심역량 약화 혁신) ② 기존 사업 방식의 핵심역량을 더 많이 활용하는 혁신인지(핵심역량 강화 혁신)로 나뉜다.

핵심역량 약화 혁신

기업이 특정 제품 및 서비스를 생산하고 운영하는 데 있어 핵심적으로 갖고 있는 역량을 약화시키면서 이뤄내는 혁신이다. 일반적으로 기업은 가지고 있는 핵심역량을 더 강하게 하고 독점하면서 경쟁력을 높이려고 한다. 그러나 때로는 역발상으로 핵심역량에 대한 집착을 버리면서 새로운 돌파구를 찾기도 한다.

■ 핵심역량 약화 혁신 사례 1 : 우버의 자동차도 없고 운송업 면허도 없는 택시 회사

우버는 2010년 미국 샌프란시스코에서 시작된 차량 예약 서비스로, 서비스 개시 4년 만에 140개 도시로 사업을 확장했다. 우버는 스마트폰 앱을 통해 택시가 아닌 개인 소유의 차량을 승객과 연결해주는데, 개인 차량 소유자가 운전자 역할을 한다. 사용자가 앱으로 차를 예약하면 앱에서 승객에게 차량 위치를 실시간으로 보여준다([그림 3-25]). 사용자는 소형차부터 고급 세단까지 다양한 차량을 이용할 수 있으며, 우버는 승객이 지불하는 요금에서 일정액을 수수료로 받는다.

우리나라에는 2013년 8월에 도입되었는데, 기존 택시 사업자의 영업권을 침해한다는 의견 때문에 여전히 논란 중이다. 우버는 기존 택시 사업자의 핵심역량에 해당되는 넓은 차고지, 많은 차량, 훈련된 운전기사, 허가받은 택시 사업 면허 등을 모두 배제한 서비스이다. 우버가 원래부터 운송 사업자는 아니었지만, 기존 운송업계 입장에서 보면 핵심역량 약화의 사례에 해당된다.

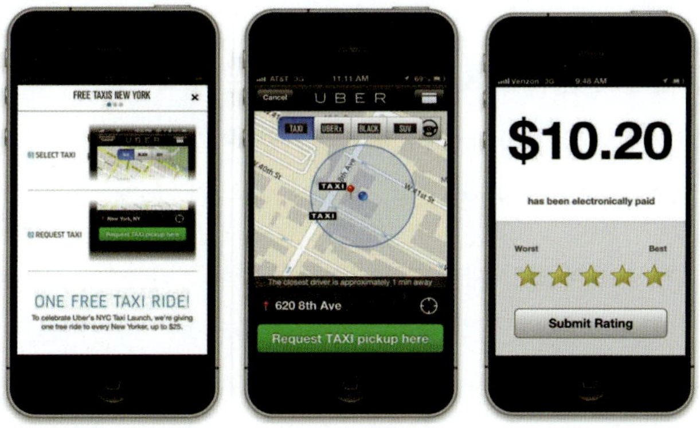

그림 3-25 우버의 서비스

■ 핵심역량 약화 혁신 사례 2 : 에어비엔비의 건물이 없는 지상 최대의 숙박업소

2008년, 미국 샌프란시스코에서 시작된 숙박 중개 서비스이다. 세계 190개국, 34,000개의 도시에 1백만 개의 숙소가 등록되어 있다.[110][157] 개인이 보유한 아파트, 오피스텔, 주택 등을 에어비엔비에 등록하고, 본인이 사용하지 않는 기간에 다른 사람에게 임대해주는 방식이다([그림 3-26]).

에어비엔비는 집을 빌려주는 사람, 빌리는 사람 모두에게 일정 비율의 수수료를 받고 있다. 매우 저렴한 숙소부터 고급 저택까지 다양한 숙소가 등록되어 있는데, 실제로 영국의 오래된 성까지 숙소로 등록되어 있다([그림 3-27]).

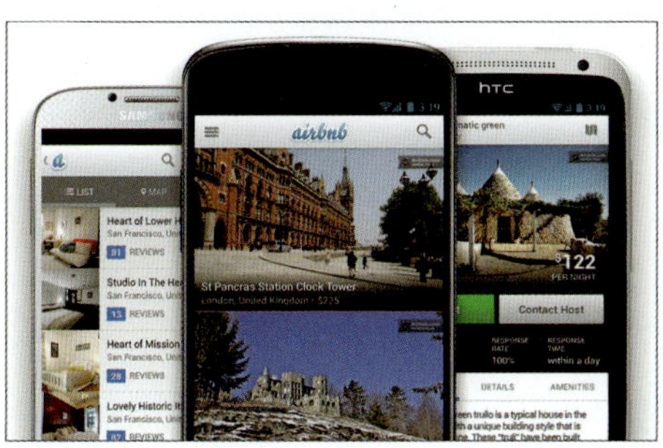

그림 3-26 에어비엔비의 서비스

그림 3-27 에어비엔비에 올라온 영국의 오래된 성

그러나 에어비엔비가 숙소를 직접 관리하는 방식이 아니다보니 여러 문제가 야기되었다. 등록된 내용과 실제 숙소 상태가 너무 다르다든지 고객이 숙소의 물건을 훼손하거나 훔쳐가는 등의 사고

가 발생하고 있다. 또한 숙박업소 임대 사업자로 정식 등록되지 않은 상태에서 개인의 주택을 빌려주다보니 많은 국가에서 법률 위반 문제가 지적되고 있다. 임대 소득에 대해 세금을 납부하지 않는 것도 문제가 된다. 전통적인 숙박 사업자의 핵심역량이 자체 보유한 대규모 호텔이나 아파트 등에 있었다면, 에어비엔비는 이 부분을 아예 포기하고 개인과 개인을 연결해주는 부분에만 집중한 핵심역량 약화 사례이다.

■ 핵심역량 약화 혁신 사례 3 : 코세라의 캠퍼스 & 전임 교수가 없는 대학

코세라는 2012년, 미국 스탠퍼드대학교 교수들이 만든 MOOC^Massive Open Online Course 서비스로, 온라인상에서 자격 제한 없이 여러 사람이 공부할 수 있는 교육 사이트이다.

스탠퍼드대, 예일대, 카이스트대 등 세계 100개 이상 대학교의 교과목들이 등록되어 있으며, 사용자는 400만 명을 넘는다([그림 3-28]). 국가에서 인정해주는 정규 학위 과정은 아니지만, 자체적으로 수료 여부를 확인해주는 절차가 있다. 구글, 페이스북 등의 기업에서 입사 지원 시 코세라 수료를 정식 학위와 별 차이 없이 받아주는 사례가 늘고 있다.

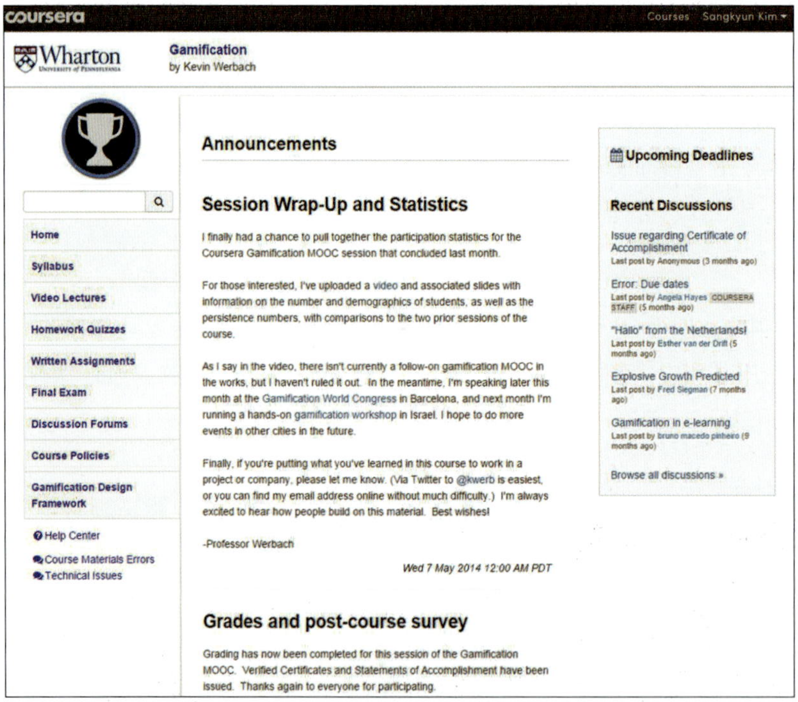

그림 3-28 코세라의 서비스

코세라는 기존 대학의 핵심역량인 넓은 부지와 건물, 자체적으로 고용한 교수, 오프라인 강의 콘텐츠 등을 모두 배제한 서비스이다. 프리랜서 형태로 참여하는 교수들의 콘텐츠를 온라인으로만 제공하고 있다. 코세라와 유사한 서비스인 에드엑스, 유다시티 등도 급성장하고 있다.[133]

■ 핵심역량 약화 혁신 사례 4 : 손안에 들어오는 스틱PC

인텔, 구글 등의 기업은 손안에 들어오는 크기의 초소형 PC인 스틱PC[Stick PC] 사업에 열을 올리고 있다. TV, 프로젝터에 꽂으면 바로 윈도우즈나 크롬 등의 운영체제가 작동되는 컴퓨터가 되는 셈이다([그림 3-29]).

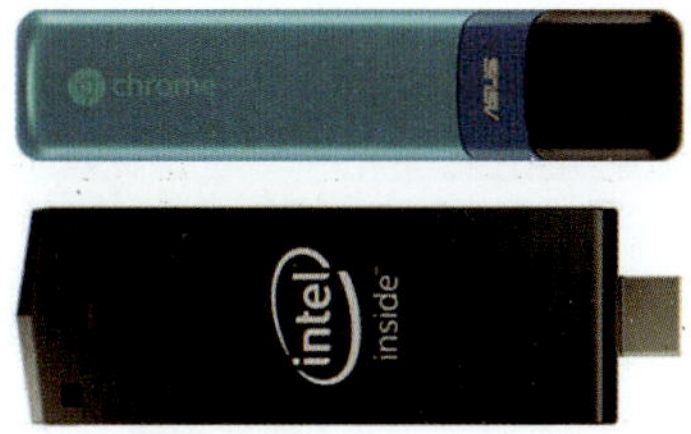

그림 3-29 구글의 크롬비트(위)와 인텔의 컴퓨트 스틱(아래)

인텔의 스틱PC인 컴퓨트 스틱[Compute Stick]은 아톰 프로세서, 2GB 메모리, 32GB 저장 장치, 마이크로SD 슬롯, 와이파이 연결 등을 제공하며, 윈도우즈 8.1이 설치되어 있다.[117] 구글의 스틱PC인 크롬비트[Chromebit]는 록칩 프로세서, 2GB 메모리, 16GB 저장 장치, 블루투스, 와이파이 연결 등을 제공한다.[65] 이들 스틱PC의 가격은 10만 원대에 형성되어 있다. 인터넷 서핑, 동영상 스트리밍 서비스, 온라인 게임, 간단한 문서 작업 등이 가능하다. 무선 마우스와 키보드만 구비하면 가정에서 사용하는 PC로도 손색이 없을 정도이다.

전통적으로 PC 업체들은 PC에 들어가는 프로세서, 메모리 성능 등을 높이는 쪽에 집중해왔는데, 스틱PC는 이와는 반대의 움직임이다. 사양을 최소한으로 낮추면서 크기와 가격 부담을 최소화하는 전략이다.

핵심역량 강화 혁신

제품 및 서비스의 공급자나 소비자 입장에서 가장 강력하게 느끼는 요소나 중요한 역량을 더 강하게 만들어서 이뤄내는 혁신이다. 기업이 보편적으로 많이 사용하는 방식이다. 때로는 이 과정에서 핵심역량이 아닌 요소들이 약화되기도 한다.

■ 핵심역량 강화 혁신 사례 1 : 배달의민족, 배달 안 되는 음식까지 배달

푸드테크 기업 우아한형제들은 피자, 치킨, 족발 등 동네마다 있는 수많은 배달 음식점들을 연결해주는 배달의민족 앱을 개발했다. 또한 배달이 되지 않는 음식, 밖에서 사 먹어야 했던 음식까지 배달해주는 배민라이더스 서비스를 개시했다([그림 3-30]).[189] 다양한 음식을 집에서 편히 먹고 싶어 하는 소비자들의 욕구에 초점을 맞춘 것이다. 음식 리뷰를 보고, 결제 시 포인트를 적립하는 방식은 기존 배달의민족 서비스와 동일하다. 배민라이더스는 서울 일부 지역을 시작으로 서비스를 확대할 방침이다.

그림 3-30 배달의민족의 배민라이더스

수많은 고객들의 정보, 앱을 통한 채널 연결, 음식 배달 노하우가 우아한형제들의 주요 핵심역량이다. 이러한 핵심역량을 강화하여 배달이 되지 않던 음식까지 사업을 확장했다.

■ 핵심역량 강화 혁신 사례 2 : 마이크로소프트, 30년 역사의 윈도우즈

1985년 윈도우즈가 처음 등장했을 때, 윈도우즈 1.0의 화면은 [그림 3-31]과 같았다.

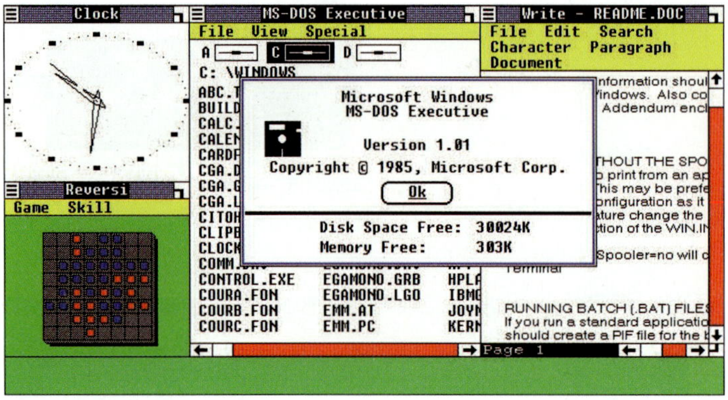

그림 3-31 마이크로소프트 윈도우즈 1.0

윈도우즈 1.0은 MS-DOS[9]의 기능을 그래픽으로 바꿔놓은 방식이었다. 계산기, 달력, 클립보드, 시계 등 기본 요소가 제공되었는데, 윈도우 창을 겹친 상태로 띄워놓고 사용하지는 못했다. 1987년 윈도우즈 2.0이 발표되었고, 1990년에는 여러 프로그램이 동시에 작동되는 프로세스, 즉 진정한 멀티프로세싱을 지원하는 윈도우즈 3.0이 발표되었다([그림 3-32]).

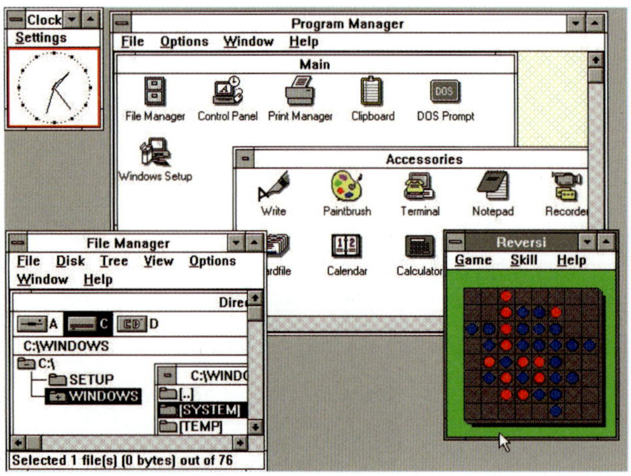

그림 3-32 마이크로소프트 윈도우즈 3.0

---

9 윈도우즈와 같이 마우스를 이용해 제어하는 그래픽 기반 메뉴가 아닌 텍스트 기반으로, 폴더를 조회하고 명령어를 입력하는 운영체제를 의미한다.

1995년에는 윈도우즈 95가 발표되었다. 윈도우즈 95는 32비트 컴퓨터를 지원하고, 설치된 하드웨어를 자동으로 인식하는 기능을 제공했다. 2001년에는 윈도우즈 XP, 2006년에는 윈도우즈 비스타가 출시되었다. 이후 윈도우즈는 다시 버전 숫자가 붙는 형태로 이름이 바뀌어 윈도우즈 7, 윈도우즈 8이 각각 2009년, 2012년에 발표되었다. 특히 윈도우즈 8에서 컴퓨터 화면 터치를 이용하는 메트로 UI를 처음으로 선보였다. 30년 정도의 역사를 가진 윈도우즈는 이렇게 지속적으로 기능과 성능을 강화시키면서 전 세계 컴퓨터 운영체제 시장의 90% 정도를 점유하고 있다.

윈도우즈는 컴퓨터 운영체제에 대한 역량을 다른 분야로 확장하기도 했다. 1996년에는 태블릿, 스마트폰 등에 사용되는 윈도우즈 CE를 출시했고, 엑스박스 게임기의 운영체제에도 윈도우즈를 사용했다. [그림 3-33]에서 윈도우즈의 제품 역사를 한눈에 볼 수 있다.

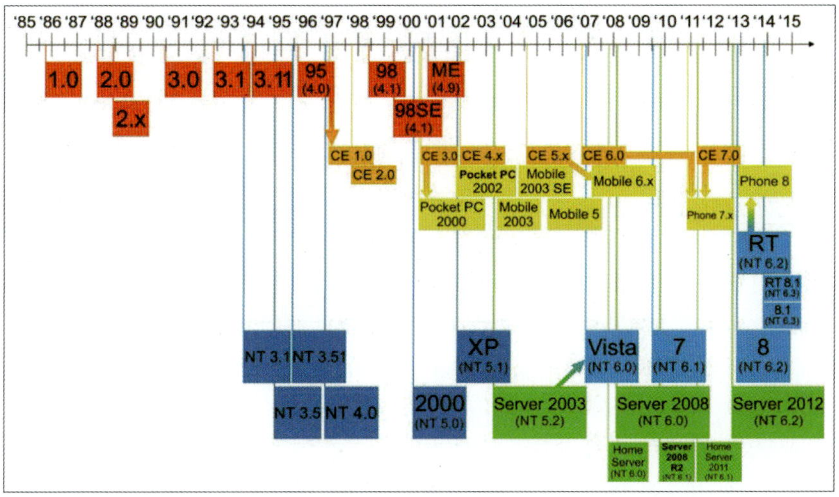

그림 3-33 마이크로소프트, 윈도우즈의 역사(출처 : Kristiyan Bogdanov)

03

혁신의 성패 요소는 무엇인가?

앞서 여러 혁신 사례를 소개했다. 이 중에는 성공한 혁신, 실패한 혁신, 그리고 아직 결과를 알기 어려운 혁신들이 섞여 있다. 혁신을 적용하기 위해서는 혁신에서 성패를 좌우하는 요소를 먼저 이해해야 한다. 이 절에서는 소비자의 입장과 공급자의 입장으로 나눠서 혁신의 결과를 살펴보기로 하자.

3.1 소비자 입장의 관점

'모든 소비자는 혁신적인 제품을 좋아한다'는 막연한 가정만으로 제품 및 서비스를 개발하는 기업들이 적지 않다. 그러나 혁신적이라는 이유만으로 제품을 선택하는 소비자는 극히 일부이다.[10] 소비자는 다음의 두 관점으로 새롭게 등장한 제품 및 서비스를 선택한다.

- 기존 제품과 비교할 때, 새로운 혁신 제품이 내게 얼마나 많은 혜택을 주는가?
- 기존 제품과 비교할 때, 새로운 혁신 제품을 쓰기 위해 내가 얼마나 변해야 하는가?

위의 두 관점을 기준으로 혁신의 결과는 크게 4개로 나뉜다.

그림 3-34 혁신의 혜택 & 소비자 행동 변화에 따른 차이[169]

10 이 부분에 대해서는 '5장. 미래를 위한 기술전략'에서 자세히 다룰 것이다.

각각의 결과가 의미하는 바는 다음과 같다.

❶ **쪽박 상품** : 기존 제품과 비교해 기능, 성능에 큰 개선점이 없으면서 소비자가 이 제품을 사용하기 위해 새로운 사용 방법을 익혀야 하는 상황이다. 시장에서 외면당할 뿐이다.

❷ **잘나가는 상품** : 기존의 사용 패턴에 큰 변화가 없는 약간 개선된 제품으로, 소비자가 자연스럽게 수용할 수 있다. 이런 부류의 제품은 경쟁자도 쉽게 만들 수 있기 때문에 브랜드, 유통 채널 등 제품의 본질적 가치 이외의 요소들이 시장 확대에 영향을 미친다.

❸ **장기전** : 기존 제품과 비교했을 때 혁신적으로 개선된 제품이지만, 소비자 입장에서는 새로운 제품의 사용 패턴을 익혀야 하는 부담감도 존재하기 때문에 시장에 빠르게 침투하기는 어렵다. 새로운 제품의 가치를 소비자에게 지속적으로 알리고, 고객이 새로운 제품을 편하게 수용하도록 교육, 홍보 프로그램 등을 제공해야 한다.

❹ **대박 상품** : 기존 제품에 비해 기능 및 성능이 놀라울 정도로 개선되었음에도 사용 패턴이 기존과 크게 달라지지 않아 시장에서 빠르게 확산된다.

3.2 공급자 입장의 관점

혁신 과정에서 공급자가 생각해볼 만한 3가지 관점은 다음과 같다.

■ 관점 1 : 발명에서 상용화 성공까지 꽤 오랜 시간이 걸린다

혁신적 아이디어, 발명이 세상에 매우 급진적인 변화를 주리라 기대하는 게 일반적이다. 그러나 때로는 사회가 이를 수용하기까지 꽤 오랜 시간이 걸린다. 아무리 좋은 아이디어나 기술을 갖고 있다고 해도 공급자 입장에서는 오랜 시간을 견딜 수 있는 준비를 해야 한다.

■ 관점 2 : 자금 조달, 사업 노하우가 상업화에서 매우 중요하다

혁신적 아이디어를 제품이나 서비스로 구현하고 세상에 전파하는 과정에서 기술적 전문성 이외의 다양한 노하우와 지원이 필요하다. 시제품 테스트, 생산 라인 건설, 유통 시스템 개발, 마케팅, 영업 관리 등이 그것이다. 오직 혁신적 아이디어만으로 시장을 지배할 수 있으리라 생각하면 큰 오산이다.

■ 관점 3 : 혁신 과정에서 많은 모방자, 특허 분쟁이 발생한다

혁신적 아이디어를 최초로 제안한 사람이나 구현한 기업이 혁신으로 인한 수익을 배당받지 못하는 경우가 많다. 지식재산권 관련 법률이 모든 것을 지켜주지는 않는다. 공급자는 자본력, 신속한 추진력, 다른 업체들과의 제휴 등을 통해 모방자와 특허 분쟁에 대비해야 한다.

우리가 입고 있는 옷을 만드는 재봉틀은 언제, 어떻게 세상에 나오게 되었을까? '재봉틀'이라는 제품이 시장에 나오기까지 얼마나 많은 이야기가 숨어 있었는지 살펴보자.[14]

- 1755년 : 영국인 발명가 바이젠탈이 재봉틀의 바늘에 대한 첫 번째 특허 등록
- 1790년 : 영국인 발명가이자 캐비넷 제조자인 세인트가 재봉틀의 전체적 구조에 대한 특허를 등록했으나, 상용화하지는 못함
- 1810년 : 독일인 크렘스가 모자를 바느질하는 재봉틀을 만들었으나, 특허 등록은 하지 않았으며, 성능이 좋지 않았음
- 1814년 : 오스트리아인 마더스퍼거가 다양한 특허를 등록하고 재봉틀을 고안했으나, 좋은 평가를 받지 못함
- 1818년 : 미국인 아담스와 놀스가 재봉틀을 만들었으나, 성능이 좋지 않았음
- 1830년 : 프랑스인 재단사 티모니에가 제대로 된 성능의 재봉틀을 발명했으나, 실직을 우려한 재단사 단체에서 티모니에의 공장에 불을 지르며 생산이 중단됨
- 1846년 : 미국인 발명가 하우가 두 개의 바늘을 사용하는 방법을 특허 등록하였으나, 자금 부족으로 상업화하지 못함
- 1851년 : 미국인 발명가 싱어가 기존 제품 및 특허들을 보완한 재봉틀을 출시하여, 상업적인 성공을 거둠
- 1854년 : 미국 법원은 다른 회사의 제품들이 하우의 특허를 침해했다고 판결하여, 하우는 미국에서 제조되는 재봉틀들에 대한 막대한 로열티를 받게 됨
- 1885년 이후 : 현재까지 재봉틀에 대한 수천 개의 특허가 추가로 등록되었음

Quiz

01 쿼티 키보드가 드보락 키보드보다 많이 사용되는 이유는 무엇인가?

① 쿼티 키보드에 익숙한 소비자들의 사회적 저항 때문이다.
② 드보락 키보드의 생산원가가 높아서 가격이 비싸기 때문이다.
③ 쿼티 키보드가 인체공학적으로 더 우수한 설계이기 때문이다.
④ 드보락 키보드를 판매하는 쇼핑몰이 없기 때문이다.

02 다음은 어떤 가설에 대한 설명인가?

> 기초과학이 발전하면서 새로운 기술혁신을 유도한다는 이론이다. 공학적 측면의 접근법이다. 과학자와 공학자가 새로운 기술을 개발하고, 이를 적용하여 새로운 제품을 만드는 방식이다.

① 수요 견인 가설　② 시장 주도 가설
③ 기술 주도 가설　④ 경쟁 주도 가설

03 다음은 어떤 가설에 대한 설명인가?

> 시장 수요와 시장 환경이 새로운 기술 개발과 혁신을 유도한다는 이론이다. 고객의 새로운 요구에 맞는 제품 및 서비스가 정의되고, 여기에 필요한 기술이 개발된다는 개념이다.

① 수요 견인 가설　② 시장 주도 가설
③ 기술 주도 가설　④ 경쟁 주도 가설

04 레고가 레고 디지털디자이너 프로그램을 무상으로 공개하여, 외부의 12만 명 팬을 디자이너로 활용한 사례는 어떤 혁신에 해당되는가?

① 구조 혁신　② 핵심역량 강화 혁신
③ 공정 혁신　④ 부품 혁신

05 GE에서 만든 선풍기의 구조를 127년 만에 바꾼 기업은 어디인가?

① 소니　② 애플
③ DEKA　④ 다이슨

06 다이슨의 콘트라로테이터 세탁기가 시장에서 외면받은 이유로 거리가 먼 것은 무엇인가?

① 세탁 용량의 부족
② 1시간 정도의 세탁 대기 시간에 이미 익숙해진 소비자의 습성
③ 세탁 세제의 성능 향상
④ 지나치게 높은 가격

Quiz

07 윈도우즈가 PC용 윈도우즈의 기능을 강화한 버전을 지속적으로 발표하며, 이를 태블릿과 게임기 등의 운영체제로 확장하는 전략은 어떤 혁신에 가까운가?

① 구조 혁신　② 공정 혁신
③ 핵심역량 강화 혁신　④ 부품 혁신

08 혁신의 결과를 혁신의 혜택과 소비자 행동 변화에 따라 4개의 영역으로 나눌 경우, 혁신의 혜택은 낮으나 소비자 행동 변화를 크게 요구하는 제품은 어디에 해당되는가?

① 쪽박 상품　② 잘나가는 상품
③ 장기전　④ 대박 상품

09 샌프란시스코에서 시작되어, 개인이 보유한 아파트·오피스텔·주택 등을 등록하면 본인이 사용하지 않는 기간에 다른 사람에게 임대해주는 서비스를 제공하는 기업은 어디인가?

10 캠퍼스와 교수 없는 대학을 추구하는 서비스로 에드엑스, 유다시티와 함께 대표적인 MOOC는 무엇인가?

01 ① **02** ③ **03** ① **04** ③ **05** ④ **06** ① **07** ③ **08** ① **09** 에어비앤비 **10** 코세라

자르는 선

팀별과제

팀번호 : ________ 팀명 : ____________ 팀원 : ______________________________

주제 1 ○○○○ 혁신 계획

1 여러분이 소속된 대학이나 기업에서 혁신하고 싶은 현재 모습, 문제점은 무엇인가?

(예 맛없는 식사를 제공하는 학교 식당을 혁신하고 싶다.)

2 어떤 방법으로 혁신하고 싶은가?

(예 교내의 기존 식당을 한 곳만 유지하고, 나머지를 맥도날드, 한솥도시락 등 외부 프랜차이즈 식당으로 바꾼다.)

3 추진하려는 방법은 혁신의 유형 중 어느 분류에 해당되는가?

(예 음식을 제공하는 과정이 바뀌므로 공정 혁신이다. 교내 기존 식당 운영에 대한 핵심역량 약화에 해당된다.)

4 반대 세력의 의견을 청취하여 혁신의 기회로 만드는 활동을 해보자.[11]

[진행 방법]

① 우리 팀 멤버 두 명을 다른 팀에 보내고, 다른 팀 멤버 두 명을 우리 팀으로 받아온다.

② 다른 팀에서 온 두 멤버는 우리 팀의 혁신 아이디어에 대해 반대자 입장으로 의견을 제시한다. 반대로 우리 팀에서 다른 팀으로 간 두 멤버는 다른 팀에서 반대자 입장으로 의견을 제시한다. 반대자 입장의 멤버는 상대 팀의 계획에 있는 문제점을 최대한 다양하게 찾아서 솔직하게 제시해야 한다. 이는 상대 팀을 공격하려는 목적이 아니라, 상대 팀 멤버들이 스스로 보지 못한 부분을 비판적인 시각에서 찾도록 도와주기 위함이다.

③ 우리 팀의 기존 멤버들은 반대자 의견에 대해 즉각 반론하지 않고, 의견을 경청하여 기록한다. 반대 측 토론자를 공격자로 인식하면 안 된다. 반대 측 토론자는 우리 팀이 스스로 찾지 못한 문제점을 찾도록 도와주는 사람이다.

④ 반대자 의견을 모두 기록한 후 다른 팀에 보낸 우리 팀 멤버를 다시 불러온다.

⑤ 우리 팀 멤버가 다시 모여 반대자가 제시한 의견에 대해 대안을 적어본다.

---

11 이러한 토론 방식을 '악마의 대변인(Devil's Advocate)'이라 칭한다. 이는 의사 결정 과정에서 일부 참가자에게 비판적인 시각으로 일부러 반대 의견만 제시하도록 하여, 비판적 의견 제시가 어려운 상황의 문제를 해결하기 위한 방법이다. 이에 대해서는 '7장. 가치 평가와 의사 결정'에서 다시 다룰 것이다.

자르는 선

팀별과제

팀번호 : ______ 팀명 : ____________ 팀원 : ______________________________

ㅁ반대자의 의견(다른 팀에서 온 두 명의 멤버가 제시한 반대 의견)

1 : ______________________________

2 : ______________________________

3 : ______________________________

ㅁ반대자 의견에 대한 우리 팀의 대안

1 : ______________________________

____

2 : ______________________________

____

3 : ______________________________

____

자르는 선

팀별과제

팀번호 : ________ 팀명 : ______________ 팀원 : ____

주제 2 우리는 혁신 컨설턴트

1 혁신 제품 및 서비스를 많이 내놓은 기업 한 군데를 선정하고 이 기업이 만든 혁신적인 제품/서비스를 나열하시오.

ㅁ기업명 : ____________________

ㅁ이 기업이 만든 혁신적인 제품/서비스(최대한 모두)

1 : ____

2 : ____

3 : ____

4 : ____

2 앞서 선정한 기업의 혁신적인 제품 및 서비스에서 나타나는 혁신 유형의 비율을 정리하시오.

> [분석 방법]
> 각 제품 및 서비스에 대한 팀원들의 의견을 종합하여 혁신 분류 기준별로 비율을 나눠본다.
> 예를 들어, 앞서 3개의 제품을 나열했다면 이 제품들의 제품 혁신, 공정 혁신의 비율은 각각 70%, 30%이며, 부품 혁신, 구조 혁신의 비율은 각각 50%이고, 핵심역량 강화 혁신, 핵심역량 약화 혁신의 비율은 각각 100%, 0%라는 식으로 분석해본다.

분류	분류 기준 1		분류 기준 2		분류 기준 3	
	제품 혁신	공정 혁신	부품 혁신	구조 혁신	핵심역량 약화 혁신	핵심역량 강화 혁신
비율(%)						
합계	100%		100%		100%	

3 이 기업이 추진해온 혁신 유형 중에서 가장 비율이 낮은 유형은 무엇인가? 그 유형에서 혁신을 추진한다면 어떤 아이디어를 제안하겠는가?

ㅁ가장 낮은 비율의 혁신 유형 : ____

ㅁ우리 팀이 제안하는 혁신 아이디어 : ____

자르는 선

개별과제

학번 : ____________ 이름 : ____________

주제 1 내가 경험한 혁신

1 당신이 이제껏 경험한 제품 및 서비스들 중에서 가장 혁신적인 것 3가지를 뽑아보자.

- 1번 : ____________
- 2번 : ____________
- 3번 : ____________

2 1 에서 선정한 3가지 혁신은 당신에게 어떤 가치를 주었는가?

(예 스마트폰 : 세상의 다양한 뉴스, 소식을 편리하게 접할 수 있다.)

- 1번의 가치 : ____________
- 2번의 가치 : ____________
- 3번의 가치 : ____________

3 2 에서 적은 3가지 가치를 각각 다른 수단, 방법으로 대체해야 한다면 어떤 방법들이 있을까?

(예 친구 5명이 뉴스 스터디 그룹을 만들어서 매일 한 명씩 돌아가며 그날의 주요 TV 뉴스, 신문 등을 30분씩 정리해서 알려준다.)

- 1번의 가치에 대한 대체 수단

____

____

- 2번의 가치에 대한 대체 수단

____

____

- 3번의 가치에 대한 대체 수단

____

____

자르는 선

개별과제

학번 : ______________ 이름 : ______________

주제 2 내가 만드는 혁신 스토리

1 당신이 이제껏 이뤄낸 성과들 중에서 가장 혁신적인 것 3가지를 뽑아보자.

- 1번 : ______________
- 2번 : ______________
- 3번 : ______________

2 당신이 위와 같은 혁신을 추진할 때 주변의 반응은 어떠했는가?

- 1번에 대한 반응 : ______________
- 2번에 대한 반응 : ______________
- 3번에 대한 반응 : ______________

3 당신이 추진한 3가지 혁신은 각각 어떤 가치가 있다고 생각하는가?

(본인, 가족, 친구, 학교, 직장, 사회 등과 관련된 가치)

- 1번의 가치 : ______________
- 2번의 가치 : ______________
- 3번의 가치 : ______________

4 당신이 앞으로 무언가를 혁신한다면 어떤 혁신을 하고 싶은가?

ㅁ 혁신하고 싶은 것(예 가난한 이들에게 균등한 교육 기회 제공)

____

ㅁ 내가 꿈꾸는 혁신의 가치(예 이를 통해 부의 세습, 사회적 양극화가 해소된다.)

____

PART 2

4장

다르게 생각하기

Think Differernt*

"상상력은 지식보다 중요하다.

지식은 경계가 있지만 상상력은 세상 전체를 둘러쌀 수 있다."

- 알버트 아인슈타인 -

* 이 문구는 애플이 1990년대 후반에 사용한 홍보 카피이다.

01 누가 혁신을 주도하는가?

02 생각의 기술(ver2.0)에는 어떤 것이 있는가?

03 생각의 기술(ver3.0)에는 어떤 것이 있는가?

Quiz 팀별과제 개별과제

학습목표

- 혁신을 주도하는 사람의 특징과 혁신을 만드는 문화 및 환경에 대해 생각해보자.
- 혁신적 아이디어를 이끌어내는 데 도움이 되는 생각의 기술을 알아보자.

먼저 생각해봅시다

이름 : ____________________

◇ 1~10번 문항을 읽고, 각 문항별로 평상시의 본인에 가까운 항목을 둘 중에서 하나씩 고르시오.(응답에 대한 해석은 본문에서 다룸)

1. [ ] 나는 원칙을 벗어난 방법, 다양한 아이디어를 탐색하며 생각하는 편이다.
   [ ] 나는 생각을 할 때 원칙, 신뢰도, 정확성, 효율성 등을 많이 따진다.
2. [ ] 나는 해결할 문제를 새롭게 찾아내는 것을 좋아한다.
   [ ] 나는 정의된 문제를 절차에 맞게 해결하는 것을 좋아한다.
3. [ ] 나는 규칙이 내게 잘 맞지 않으면 조금 바꿔보는 편이다.
   [ ] 나는 규칙이 다소 맞지 않으면 나를 규칙에 맞추는 편이다.
4. [ ] 나는 새로운 문제 해결 방법을 찾는 것을 좋아한다.
   [ ] 나는 검증된 공식, 익숙한 방법으로 문제를 해결하는 편이다.
5. [ ] 나는 짧은 시간 동안 고도의 집중력으로 일을 몰아서 하는 편이다.
   [ ] 나는 오랫동안 틈틈이 꾸준하게 일을 처리하는 편이다.
6. [ ] 나는 '비실용적, 예측 불가능, 지속적 변화'가 좋다.
   [ ] 나는 '실용적, 예측 가능, 현상 유지'가 좋다.
7. [ ] 나는 얕지만 여러 분야를 공부하고 싶다.
   [ ] 나는 한 분야를 깊게 공부하고 싶다.
8. [ ] 나는 회의를 할 때 내 의견을 많이 내는 편이다.
   [ ] 나는 회의를 할 때 주로 이야기를 듣는 편이다.
9. [ ] 나는 남들과 다른 나만의 진로를 개척하고 싶다.
   [ ] 나는 다른 사람들이 많이 선택하는 진로가 끌린다.
10. [ ] 나는 다른 사람들로부터 '무모하다. 이상주의적이다'라는 말을 자주 듣는다.
    [ ] 나는 다른 사람들로부터 '현실적이다. 한결같다'라는 말을 자주 듣는다.

01

누가 혁신을 주도하는가?

전 세계 기업들이 제시하는 인재의 조건에서 빠지지 않는 것이 창의적, 혁신적 인재이다. 혁신적 인재들의 아이디어와 도전 정신은 새로운 제품과 서비스의 씨앗이 된다. 3장에서 설명했듯이 대부분의 기업들은 매출의 1/3 이상을 최근 5년 이내에 출시한 제품들로부터 벌어들이고 있다. 따라서 지속적으로 시장에 새로운 제품과 서비스를 내놓기 위해 혁신적 인재들을 찾게 된다. 이 절에서는 기업이 원하는 혁신적 인재의 특징은 무엇이고, 어떤 기업 문화가 혁신적 인재를 성장하게 이끄는지 알아보자.

1.1 혁신적 인재의 특징

개인이 지닌 혁신적 성향을 가늠하는 KAI[Kirton's Adaption-Innovation] 이론을 통해 혁신적 성과를 만들어내는 인재들의 특징에 대해 살펴보자.

KAI 이론

KAI 이론은 사람의 성향을 혁신가[Innovator], 수용자[Adaptor] 및 연결자[Bridger]로 나누는 모델이다.[76] 혁신가와 수용자의 특징은 [표 4-1]과 같다.[141]

표 4-1 KAI 이론으로 나눈 혁신가 & 수용자의 특징

혁신가의 특징	수용자의 특징
· 기존과 다른 방식으로 문제를 해결하는 것을 선호한다. · 부분보다는 전체를 바꾸고 싶어 한다. · 기존 구조를 덜 살피는 편이다. · 일반 사람들과 다른 관점으로 접근한다. · 세부적이고 꼼꼼한 업무 처리에는 약하다. · 급진적 변화에 반감이 적다. · 새로운 아이디어를 낼 때 덜 부정적으로 생각한다.	· 기존의 방식, 규칙 내에서 일하기를 선호한다. · 문제에 직면하면 기존의 규칙, 구조를 먼저 살펴본다. · 문제를 찾고 정의하기보다 정의된 문제를 해결하려는 성향이 강하다. · 구체적인 작업, 시간이 오래 걸리는 일을 꼼꼼하게 챙긴다. · 기존 규칙을 바꾸지 않으려는 경향이 있다. · 팀원들 간의 조화를 중시한다. · 혁신가가 진행하는 도전의 위험에 대한 안전장치 역할을 해준다.

KAI 이론의 특징과 용도는 다음과 같다.

- 총 32개의 측정 항목을 제시하여 개인의 혁신적, 수용적 성향을 측정한다.
- 점수는 최저 32점, 최고 160점으로 나타나며, 그 분포는 [그림 4-1]과 같다.
- 90점 이하를 수용자, 110점 이상을 혁신가로 분류하는데, 일반적으로 조직 내 평균값은 95점 정도이다.[27]
- 평균 점수 근처의 사람들은 연결자로 분류된다. 연결자는 혁신가와 수용자를 연결하고 조율하는 역할을 한다.
- 조직 내 구성원 간에 서로의 성향을 이해하는 데 사용된다.
- 조직 내에서 혁신가, 수용자, 연결자의 비율이 적절한지를 판단하는 데 사용된다.

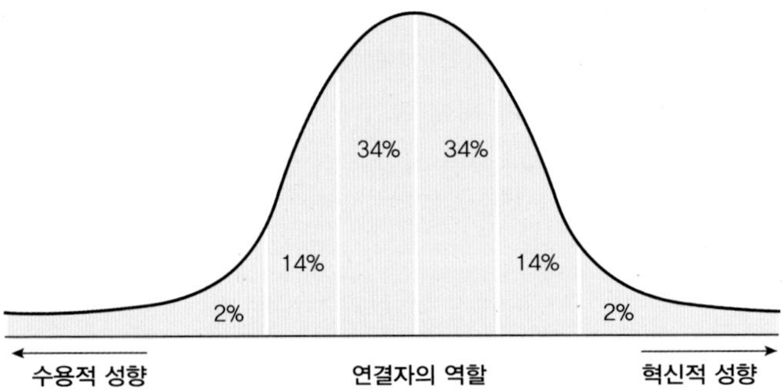

그림 4-1 KAI 이론, 혁신가 & 수용자의 분포

KAI 이론을 적용할 때 오해하기 쉬운 부분은 다음과 같다.

- 혁신가를 긍정적, 수용자를 부정적으로 보는 경우가 많은데, 이는 매우 잘못된 판단이다. 성향이 다를 뿐 어느 한쪽이 더 우세하거나 열세한 것은 아니다.
- 조직 내에는 혁신가, 수용자, 연결자 모두가 골고루 필요하다. 어느 한쪽이 너무 많거나 적으면 혁신적 성과를 내기 어렵다.
- 새로운 아이디어를 만들고 도전하는 데 능한 혁신가는 발명에서 큰 역할을 한다.
- 기존의 시스템, 규칙을 잘 이용하고 꼼꼼하게 일을 챙기는 수용자는 상업화에서 큰 역할을 한다.
- 연결자가 없으면 혁신가와 수용자 사이에 발생하는 갈등을 조정하기가 어렵다. 양쪽의 성향을 적당히 갖고 있는 연결자는 양쪽을 이해하고 조율하는 역할을 한다.
- KAI 점수는 상대적 개념이다. 60점인 A와 80점인 B가 있다면, 두 사람 모두 KAI의 평균값인 90점보다 수치가 적어서 일반적으로는 수용자의 성향이 강하지만, B는 A에 비해서 상대적으로 혁신적이다.

■ 사례 1 : 나는 어떤 사람일까?

이 장의 시작에서 해본 '먼저 생각해봅시다'는 KAI 이론에 대한 간이 테스트이다. 여러분이 고른 10개의 항목에서 위쪽 문장을 고른 개수를 합산해보자. 0~10 사이의 점수가 나온다. 예를 들어, 1번과 2번의 항목에서는 위에 체크하고, 나머지 8개의 항목에서는 모두 아래에 체크했다면, 점수는 2점이 된다. 테스트를 함께 해본 사람들의 평균 점수를 내보고, 평균 점수를 기준으로 각자 어느 위치에 있는지 살펴보자. 평균이 6점인데 당신이 8점이라면 현 조직 내에서 혁신적인 성향을 갖고 있는 것이고, 만약 4점이라면 수용적인 성향을 갖고 있는 것이다.

■ 사례 2 : 다빈치, 에디슨은 어떤 사람일까?

세상을 변화시키는 놀라운 성과는 모두 혁신자의 작품일까? 레오나르도 다빈치와 토마스 에디슨의 경우를 살펴보자.

■ 다빈치

다빈치는 르네상스 시대를 대표하는 예술가이자 기술자이다([그림 4-2]). 공학 분야에서 헬리콥터, 탱크, 태양열 집열 시스템 등의 다양한 아이디어를 내놓았다([그림 4-3], [그림 4-4]). 그는 미술가로도 유명한데, 특이한 점은 오늘날 그의 작품이 15개 정도만 전해지고 있다는 점이다. 다빈치는 새로운 아이디어를 내고 다양한 시도를 했지만, 꾸준하게 한 가지 일에 매달리는 스타일은 아니었던 것으로 알려져 있다.[121] 대표적인 혁신가 스타일이다.

그림 4-2 혁신가의 대표, 다빈치

그림 4-3 다빈치의 헬리콥터 스케치

그림 4-4 다빈치의 탱크 스케치

■ 에디슨

에디슨은 미국을 대표하는 발명가이자 사업가이다([그림 4-5]). 축음기, 전구, 캠코더 등을 발명했고, 1,093개의 특허를 등록했다. 이런 점에서 에디슨을 혁신가로 보기 쉽지만, 그는 오히려 수용자에 가깝다.[21] 에디슨의 발명품 중 상당수에서 에디슨은 최초 발명자가 아니다. 그의 발명품은 기존에 존재하던 개념을 상업적으로 강화한 경우가 많다. 바로 전구의 경우가 그렇다([그림 4-6]). 기존 전구는 수명이 짧고 값이 비쌌는데 에디슨이 이러한 단점을 개선한 것이다. 에디슨은 상업화에 필요한 거대한 팀을 꾸린 후 이들이 지치지 않게 끝없이 독려하고 꼼꼼하게 실험을 챙기는 역할을 했는데, 이는 수용자의 주요 특징이다.

그림 4-5 수용자의 대표, 에디슨

그림 4-6 에디슨의 초창기 전구

혁신가의 3가지 조건

우리는 앞서 2장에서 혁신을 다음과 같이 정의했다.

혁신(*Innovation*) = 발명(*Invent*) + 상업화(*Commercialization*)

이중 앞부분인 발명은 창의력과 깊게 연관된다. 기존과 다른 새로운 발상, 아이디어를 만드는 단계인 발명에는 창의력이 필요하다. 그러나 창의력을 발휘해 발명했다고 해서 그 자체가 세상에 도움이 되는 현실적 결과물이 되는 것은 아니다. 발명에 담긴 새로운 아이디어를 사람들이 쉽게 접할 수 있는 제품 및 서비스로 만드는 상업화 과정이 필요하다. 즉, 창의력을 발휘해 발명한 아이디어가 상업화를 통해 사람들에게 도움이 될 때, 이를 혁신이라 칭한다.[87] 이분법으로 보자면, 혁신가가 창의력을 발휘해 발명을 하고, 수용자는 이를 상업화하는 것이다.

혁신에 대한 정의를 바탕으로, 혁신가의 조건을 기술적 전문성(전문적 지식), 창의적 사고력, 동기부여의 3가지로 정리할 수 있다. [그림 4-7]은 혁신가의 3가지 조건과 그 유기적 관계를 보여 준다.

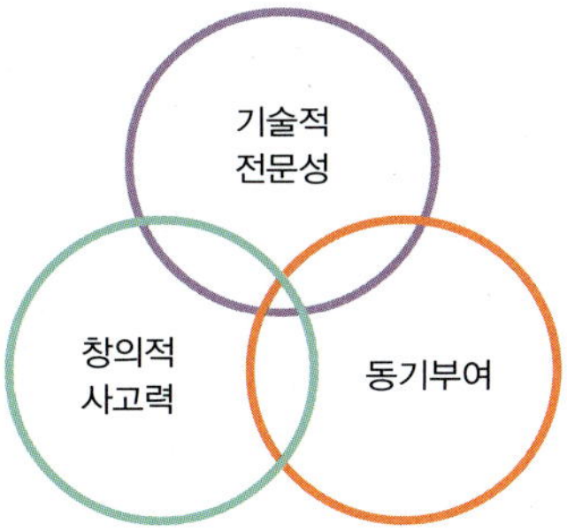

그림 4-7 혁신가의 3가지 조건

■ 기술적 전문성(전문적 지식)

기술적 전문성은 T자형 지식 구조[1]를 의미한다. 혁신을 이루려는 분야와 직접적으로 연관된 면에서 깊이 있는 지식을 갖고 있으며, 주변 분야에 대해 얕지만 폭넓은 지식을 갖고 있는 구조이다. T자형 지식 구조를 갖기 위해서는 본인의 전문 분야뿐만 아니라, 인접한 다른 분야 및 전혀 무관한 분야까지 관심을 갖고 두루 살펴봐야 한다. 자신의 전문 분야에 대해서는 T자의 수직선을 만들고, 다른 분야에 대해서는 T자의 수평선을 만들어야 한다.

T자형 지식을 이용해 혁신적인 작업에 오래 몰두한 사람일수록 본인이 가진 지식을 혁신적 성과에 연결하는 능력이 높다. 즉, 지식을 쌓는 것과 함께 지식을 혁신에 적용해보는 경험이 중요하다.

■ 창의적 사고력

문제에 접근하는 개인적 자세와 관련된 것으로, 개인의 사고방식, 업무 처리 방식에 따라 좌우된다. 창의적 사고를 위한 핵심 요소는 다음과 같다.

- 다른 사람의 주장에 반대할 수 있는 힘
- 기존의 문제 해결 방법과 다른 해결책을 시도하는 능력
- 겉으로 연관성이 없어 보이는 분야의 지식을 결합하는 능력
- 어려운 문제를 오래 물고 늘어지는 지구력

---

1 컨설팅 회사 매킨지에서는 지식 구조를 T자형과 우물형(또는 I자형)으로 나누었다. 우물형은 다양한 주변 분야에 대한 지식은 거의 없지만 한 분야에 대해서만 집중적으로 깊이 있게 공부한 경우에 형성된다.

■ 동기부여[2]

새로운 방법으로 문제를 해결하고자 하는 욕구를 지속시키는 힘이다. 동기는 내재적 동기Intrinsic Motivation와 외재적 동기Extrinsic Motivation로 나뉜다.

❶ **내재적 동기** : 외부 환경이나 요인에 상관없이 자신의 내부에 지닌 개인적이고 내재적인 요인에서 기인하는 동기를 말한다. 일례로 개인의 취향, 흥미, 관심사에 따라 본인이 원하는 것을 찾아서 능력을 발휘하고, 새로운 것에 도전하는 경우를 들 수 있다.[127] 내재적 동기에 영향을 받는 사람은 해결할 문제 자체의 내용이나 성취감을 중요하게 생각한다.

❷ **외재적 동기** : 자신의 내재적 의지와 관련 없이 환경적, 외부적인 요인에 의해 영향을 받는 동기를 말한다. 일례로 목표한 성과 달성, 타인으로부터의 보상 획득 또는 처벌의 회피를 위해 무언가를 행하는 경우를 들 수 있다.[156] 외재적 동기에 영향을 받는 사람은 해결할 문제 자체에는 별 관심을 갖지 않고, 그로 인한 보상이나 처벌에만 관심을 둔다.

이중에서 혁신가에게 중요한 동기는 내재적 동기이다. 하나의 미로를 탐사한다고 가정하자. 외재적 동기에 의존하는 경우에는 가장 쉬운 하나의 탈출구를 찾게 된다. 그러나 내재적 동기가 작용하면 다양한 경로와 방법을 찾게 된다.[4] 가장 쉬운 하나의 탈출구보다 다양한 경로와 방법에서 혁신적인 결과가 나온다.

1.2 혁신적 조직의 5가지 조건

혁신적 성과를 잘 만들어내는 조직의 특성은 자율성, 적절한 도전 수준, 다양한 구성원, 충분한 자원, 위험을 감수하는 문화의 5가지로 정리된다.[3][3] 이들의 관계는 [그림 4-8]과 같다. 이 5가지 요소가 혁신의 시작을 이끌고, 혁신 과정을 지원하며, 실패해도 다시 도전하는 구조를 만든다.

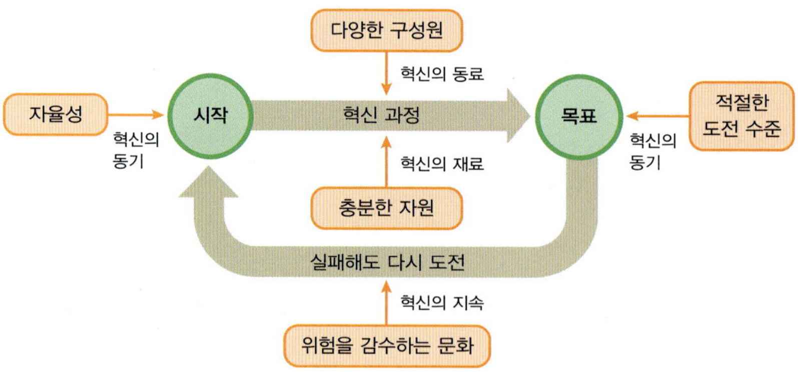

그림 4-8 혁신적 조직의 5가지 조건

---

2 동기부여에 대한 상세한 내용은 '9장. 기술 인력 관리'에서 다루기로 한다.

3 Amabile(1989)의 연구에서는 6가지로 이를 제시했으나, 이 책에서는 유사 분야를 묶어서 5가지로 설명한다.

자율성

직원들에게 업무 목표를 어떻게 설정할지, 어떤 식으로 업무를 처리할지에 대해 일정 부분 자율성을 주어야 한다. 업무 목표가 명확하고 구체적인 경우에는 업무 처리를 각자의 방법에 따라 하도록 풀어주고, 때로는 업무 목표 자체를 일정 틀 내에서 각자가 정하도록 권한을 준다.

3M은 근무 시간의 15%, 구글에서는 1주일 중 하루(업무 시간의 20% 정도에 해당)를 직원 각자가 자유롭게 보내도록 하고 있다. 마음대로 놀라는 취지가 아니다. 회사에서 정해준 업무 이외에 각자 관심 있는 일을 찾아서 마음껏 해보라는 의미이다.[39][150] 3M은 22,800개의 특허를 보유하고 있는데, 이중 상당수가 15% 자유시간 제도의 결과이다.[46] 구글은 20% 자유시간 제도를 통해 지메일Gmail, 구글어스Google Earth[4] 등의 서비스를 탄생시켰다([그림 4-9]).

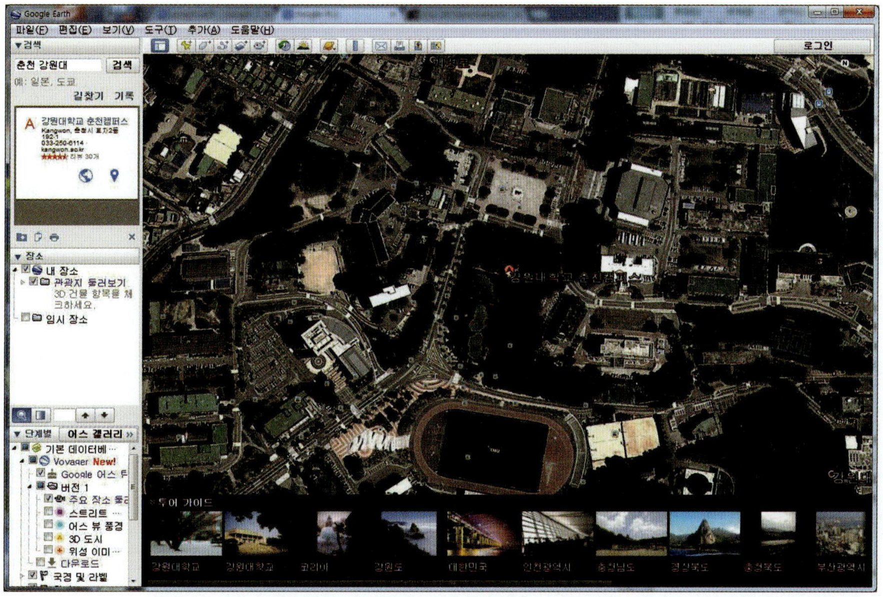

그림 4-9 구글어스 서비스

4 전 세계 지도를 무료로 제공하는 서비스이다. 달, 화성, 건물 내부 등으로 서비스를 확대할 계획이다.

적절한 도전 수준

팀이나 개인에게 부여된 업무가 적절하게 도전적이어야 업무에 몰입하여 혁신적인 성과를 만들 수 있다.

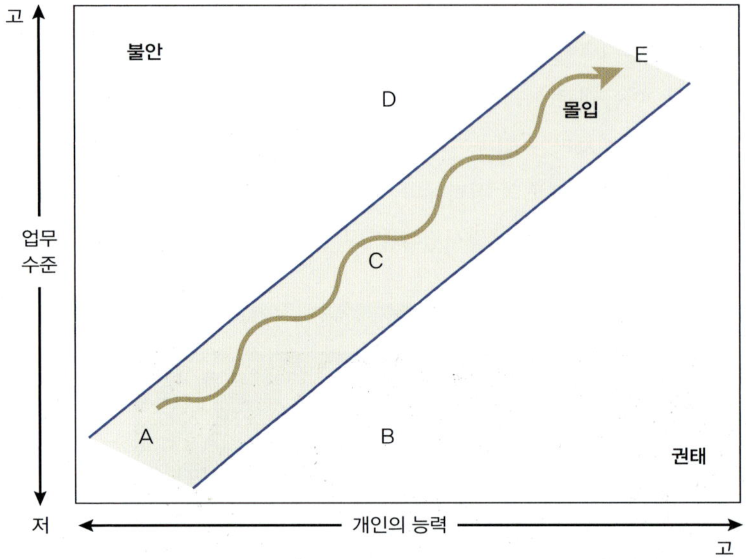

그림 4-10 몰입 모델

개인의 능력과 부여된 업무의 수준이 모두 대등하게 높은 경우 [그림 4-10]과 같이 몰입에 빠진다.[29] 시작점은 A로, 개인의 능력과 업무 수준이 모두 낮은 상태이다. 이 상태에서 업무 수준과 개인의 능력을 비례해서 키우게 되면 몰입 터널(▨)을 벗어나지 않고 A, C, E의 몰입 상태를 유지하며 성장하게 된다. E와 같이 개인의 능력과 업무 수준이 모두 높은 경우에만 몰입이 되는 것은 아니다. C의 경우 E에 비해 개인의 능력은 낮지만, 그와 비례하여 적절한 업무 수준이 제시되기에 몰입이 유지된다. 중요한 것은 개인의 능력과 업무 수준이 대등해야 한다는 점이다.

몰입 터널을 벗어나게 되면 권태나 불안이 발생한다. B는 권태 상태이다. 개인의 능력에 비해 업무 수준이 낮은 경우로, 주어진 일에 도전할 만한 가치를 느끼지 못해 흥미를 잃게 되면서 권태감에 빠지게 된다. D는 불안 상태이다. 불안은 개인의 능력에 비해 업무 수준이 지나치게 높은 경우에 발생하는데, 혁신적인 생각을 하지 못하고 기존 대안과 유사한 방법으로 업무를 빨리 마무리하려고만 한다.

충분한 자원

충분한 자금과 시간이 지원되어야 한다. 약간의 시간적 압박은 도전 의식을 불러일으키기도 하므로 혁신적 사고에 도움이 된다. 그러나 지나친 시간적 압박은 개인에게 좌절감을 주며, 직무 탈진Job Burnout[5]의 원인이 되므로 압박의 정도는 적정선을 유지해야 한다. 또한 자신과 팀이 하고 있는 일을 스스로 돌아보는 기회나 여가를 누릴 만한 환경이 필요하다. 혁신과 창의성을 중시하는 기업들은 고정된 사고에서 벗어나 자유롭게 사고하도록 돕기 위해 [그림 4-11]과 같이 사무실을 놀이 공간처럼 꾸미고 있다.

그림 4-11 구글의 사무실 모습

국내 기업인 제니퍼소프트는 창립된 지 10년이 된, 직원 26명의 작은 회사이다. 이 회사는 직원들에게 수영장을 비롯한 각종 편의 시설을 제공하고 있다([그림 4-12]). 특히 직원에 대한 복지가 상당히 파격적이다. 일례로 자산 소수자 우선으로 월세 주거비 50%를 지원하고, 자녀 출산 시 한 아이당 출산 지원금 1,000만 원을 지원한다. 5년차 이상 직원들에게는 가족 해외여행 혜택 등을 준다. 이런 파격적인 복지 제도에 대해 주변에서는 우려의 시선을 보내기도 하지만, 제니퍼소프트는 해당 사업 분야에서 국내시장의 70%를 점유하고 있어 안정적으로 재원을 확보할 수 있다. 확보된 재원으로 직원들을 지원하고, 직원들은 더 많은 혁신적 성과를 내고, 다시 이 성과가 매출로 연결되어 직원에게 돌아가는 선순환 구조가 형성된 사례이다.[213]

그림 4-12 제니퍼소프트의 사무실(출처 : 경북대 웹진)

---

5 업무를 대하는 태도가 무기력하고 불쾌한 상태를 뜻한다. 내재적 동기부여를 못하고, 우울감에 빠진 상태이다.

다양한 구성원

혁신적인 아이디어는 서로 다른 학문, 경험, 시각을 가진 사람들이 모여서 일하는 경우에 쉽게 만들어진다. 이렇게 다양한 구성원이 모였을 때는 서로를 존중하고, 개인이 내놓은 아이디어의 가치를 인정해주는 문화가 필요하다. 서로 다른 배경, 생각을 가진 구성원들과 활발하게 의견을 공유하고 협력하면서 내재적 동기를 활성화할 수 있다. 이런 문화를 만들기 위해서는 팀을 이끄는 리더의 역할이 매우 중요하게 작용한다.

구글, 애플, 페이스북, 트위터, 링크드인 등과 같은 기업들은 다양성 보고서Diversity Report[6]를 발표하고 있다. 이 보고서는 기업 내 구성원의 인종, 민족, 성별 등이 얼마나 다양하게 분포되어 있는지를 보여주는 자료이다.[40] [그림 4-13]은 애플의 다양성 보고서에 포함된 그래프이다.

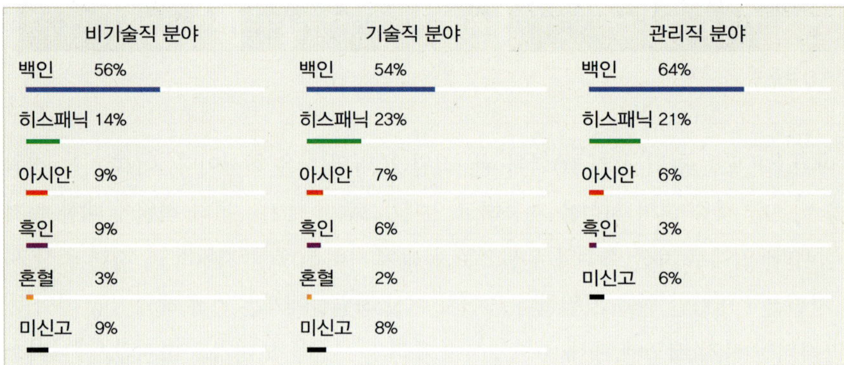

그림 4-13 애플의 분야별 인종 분포

위험을 감수하는 문화

새로운 아이디어가 나오면 '그 아이디어가 왜 실패할 것인가?'보다 '그 아이디어를 어떻게 구현할 것인가?'를 먼저 논의하는 문화가 필요하다. 또한 아이디어를 구현하는 것이 실패했을 경우에 관련 구성원이 심리적, 물질적 압박이나 불이익을 당하지 않도록 해야 한다. '새로운 아이디어의 실패=조직의 응징'이라는 문화가 일반화되면 위험을 감수하고 혁신에 도전하는 분위기가 형성되기 어렵다.

세계적 게임 기업 닌텐도에는 '밥상 뒤집기'라는 문화가 있다. 개발 중인 게임에 문제가 있다고 판단되면, 출시가 얼마 안 남은 상황일지라도 처음으로 돌아가 다시 만드는 시스템이다. 밥상 뒤집기 시스템을 구성원 모두가 기꺼이 받아들이는 이유 중 하나는 밥상 뒤집기를 통해 출시된 게임이 모두 히트를 쳤기 때문이다.

---

6 다양성 보고서는 특정 인종, 민족 등에 대해 기업이 차별적 정책을 펴고 있지 않는다는 것을 나타내는 중요한 자료로 사용된다.

1998년에 발매한 '젤다의 전설 시간의 오카리나'는 밥상 뒤집기로 인해 2년여 동안 출시가 지연되었다([그림 4-14]). 그러나 출시 후 각종 상을 휩쓸며 일본 내에서 백만 장 이상, 해외에서 7백 6십만 장의 판매를 달성했다. 이와 같은 성공은 실패에 대한 관용, 새로운 도전의 위험을 감수하는 문화가 밑바탕에 깔려 있었기 때문이다.

그림 4-14 젤다의 전설 시간의 오카리나

02

생각의 기술(ver2.0)에는 어떤 것이 있는가?

좋은 아이디어를 이끌어내는 생각 방법에도 정형화된 기법이 있다. 각자 마음대로 공상하는 방식을 '생각의 기술 1.0'이라고 보고, 정형화된 기법을 '생각의 기술 2.0'으로 정의하여 설명한다. 기존 틀에서 벗어난 생각을 하는 데 도움이 되는 생각의 기술 2.0의 기법을 몇 가지 소개한다. 혁신가의 3가지 조건 중 창의적 사고력과 관련된 내용이다.

2.1 브레인스토밍

브레인스토밍은 많은 조직에서 일반적으로 사용하는 방법이다. 그러나 실제 브레인스토밍 Brainstorming의 목적과 규칙을 정확하게 준수하는 경우는 드문 편이다.

목적

브레인스토밍은 토의 참가자 전원이 자유롭게 많은 아이디어를 내놓도록 유도하는 것이 목적이다.

4가지 규칙

브레인스토밍에서는 참가자들이 아이디어를 자유롭게 많이 낼 수 있도록 4가지 규칙을 바탕으로 토론이 진행된다.

❶ 질보다 양이 우선이다.

브레인스토밍의 아이디어 제시 원칙은 좋은 아이디어보다는 많은 아이디어를 제시하는 것이다. 충분히 좋은 아이디어가 아닐 거라는 생각으로 아이디어 제시를 머뭇거리면 안 된다. 많은 양의 아이디어를 모으다보면, 그중에서 좋은 아이디어가 섞여 나올 확률이 높다. 예를 들어, 20분이라는 짧은 시간을 주고 아이디어를 제출하게 할 때는, 아이디어 개수를 3개가 아닌 10개를 제출하라고 주문해야 한다. 제출해야 할 아이디어 개수가 적으면 머릿속에서 아이디어의 질을 먼저 판단하고 최종 제출을 꺼리게 된다.

❷ 비판은 금지한다.

토론장에서 누군가 새로운 아이디어를 내놓으면 즉시 그 아이디어의 문제점을 지적하는 경우가 많다. 이런 상황은 다른 이들이 자유롭게 의견을 제시하기 어렵게 만든다. 브레인스토밍은 아이디어 수집이 우선이고, 판단은 그다음이다. 따라서 다른 이가 제시한 아이디어가 본인 생각과 달라도 구두로 비판해서는 안 된다.

❸ 허황된 아이디어도 환영한다.

현재 기술로 구현할 수 없는 것, 한 번도 시도해보지 않은 것 등 모든 아이디어를 받아들여야 한다. 아이디어 제시에 어떠한 제약이나 가정을 전제하지 말아야 한다.

❹ 아이디어를 결합하고 개선한다.

브레인스토밍의 기본 표어는 '1+1=3'이다. 누군가 제시한 불완전한 아이디어가 다른 사람의 아이디어를 만나 빛날 수 있다. 아이디어의 개수가 충분히 쌓이면 제출된 아이디어를 의식적으로 결합해보면서 개선 방법을 생각해본다.

진행 절차

[표 4-2]는 브레인스토밍의 진행 절차를 보여준다.[7][81] 기본적인 절차에 추가하여 다음 방법들을 사용해볼 만하다.

- 비판 금지 원칙을 어긴 참가자가 발생하면 진행자가 일정 시간 동안 발언권을 제한한다.
- 아이디어 수집이 완료된 후 제안된 아이디어들에 대한 구성원 개인별 찬반 여부를 진행한다.
- 제안된 아이디어 중 지지를 많이 받은 일부 아이디어를 선택해서 해당 아이디어를 개선하기 위한 추가적인 브레인스토밍을 진행한다.

표 4-2 브레인스토밍 진행 절차

순서	활동명	내용
1	준비	· 진행자, 기록자를 선정하고, 토론에 참가할 구성원을 뽑는다. · 토론 진행에 필요한 화이트보드, 펜, 빔 프로젝터 등을 준비한다.
2	문제 설명	· 이번 토론의 주제를 제시한다. · 다양한 아이디어를 수집하는 방법이어서 때로는 해결할 문제와 벗어난 아이디어가 제시되고 논의되기도 한다. 이를 방지하기 위해 해결할 문제를 명확하게 제시한다.
3	규칙 설명	· 브레인스토밍의 4가지 규칙을 설명한다. · 브레인스토밍에 참가해보지 않은 구성원을 위해 브레인스토밍의 진행 절차와 과거 사례를 소개한다.

7 브레인스토밍 기법은 매우 다양한 변형된 버전들이 존재한다. 여기서는 기본적인 절차만 소개한다.

<table>
<tr><td>4</td><td>아이디어
수집</td><td>· 구성원들이 제시하는 아이디어를 수집하는 단계이다.
· 화이트보드나 빔 프로젝터를 이용해 모든 구성원이 아이디어 현황판을 보면서 순서대로 또는 자유롭게 아이디어를 제시하게 한다.
· 먼저 제시된 아이디어들을 합치거나 보완하는 형태의 제시도 가능하다.
<table>
<tr><td>날짜</td><td colspan="3"></td></tr>
<tr><td>참가자</td><td colspan="3"></td></tr>
<tr><td>진행자</td><td></td><td>기록자</td><td></td></tr>
<tr><td>해결할 문제</td><td colspan="3"></td></tr>
<tr><td colspan="4">제안된 아이디어</td></tr>
<tr><td colspan="4">1 :
2 :
~
50 :</td></tr>
</table>
</td></tr>
<tr><td>5</td><td>종료</td><td>· 아이디어 수집 과정이 끝나기 전에, 미리 종료가 임박했음을 알린다. 주저하면서 제출하지 못하고 있는 아이디어를 수집하기 위함이다.
· 토론이 끝난 후에 아이디어가 생기면 어떻게 제출할지를 알려준다.</td></tr>
</table>

2.2 브레인라이팅

브레인라이팅Brain Writing은 브레인스토밍이 갖고 있는 단점을 일부 보완한 방법이다. 앞서 브레인스토밍에서 발생할 수 있는 문제들은 다음과 같다. 첫째, 직급이 높거나 외향적인 사람들이 발언권을 주도할 여지가 있다. 둘째, 정신없이 입으로 떠들면서 아이디어를 쏟아내는 방식이어서 차분하게 생각하기가 어렵다. 셋째, 진행자나 기록자에 의해 아이디어가 수집되고 기록되는 과정에서 제안자의 의도와 다르게 기록될 수 있다.

목적

브레인라이팅은 참가자 개인이 좀 더 차분하게 생각하면서 아이디어를 제출할 수 있는 기회를 고르게 갖고, 왜곡 없이 기록하는 것을 목적으로 한다.

진행 절차

참가자 수, 할당된 시간 등을 고려하여 변형할 수 있지만, 일반적으로 6–3–5 규칙을 따른다. 한 팀을 6명으로 구성한 후 각자 턴마다 3개의 아이디어를 적고, 한 턴을 5분으로 구성한다는 의미이다. [표 4–3]은 브레인라이팅의 진행 절차를 보여준다.[138]

표 4-3 브레인라이팅 진행 절차

<table>
<tr><th>순서</th><th>활동명</th><th>내용</th></tr>
<tr><td>1</td><td>준비</td><td>· 진행자를 선정하고, 토론에 참가할 구성원을 뽑는다.
· 토론 진행에 필요한 토론 용지, 스톱워치, 필기도구 등을 준비한다. 토론 용지를 참가자 수만큼 준비한다.
<브레인라이팅 양식>
<table>
<tr><th>해결할 문제</th><td colspan="2"></td></tr>
<tr><th>날짜</th><td colspan="2"></td></tr>
<tr><th>참가자</th><td colspan="2"></td></tr>
<tr><th colspan="3">제안된 아이디어</th></tr>
<tr><td>아이디어 1번</td><td>아이디어 2번</td><td>아이디어 3번</td></tr>
<tr><td></td><td></td><td></td></tr>
<tr><td></td><td></td><td></td></tr>
<tr><td></td><td></td><td></td></tr>
</table>
· 한 팀을 6명으로 구성하고, 서로 둘러앉도록 한다.
· 각자에게 토론 용지를 한 장씩 나눠준다.</td></tr>
<tr><td>2</td><td>문제 설명</td><td>· 이번 토론의 주제를 제시한다.</td></tr>
<tr><td>3</td><td>규칙 설명</td><td>· 6-3-5 규칙을 설명한다.</td></tr>
<tr><td>4</td><td>아이디어 수집</td><td>· 구성원들이 제시하는 아이디어를 수집하는 단계이다.
· 턴이 시작되면 자신의 토론 용지에 본인이 제안할 아이디어 3개를 적는다. (양식에서 아이디어 1, 2, 3번의 맨 윗줄)
· 한 턴은 5분이다.
· 턴이 종료되면 본인의 용지를 왼편에 앉은 멤버에게 넘기고, 오른편에 앉은 멤버가 작성한 용지를 받는다.
· 오른편 멤버가 적은 아이디어 3개를 보완하거나 확장할 아이디어 3개를 각각 두 번째 줄에 적는다. 보완하거나 확장할 아이디어가 없으면 새로운 아이디어 3개를 적는다.
· 이런 방식으로 5분씩 총 6턴으로 진행한다. 6명이 참여하고, 모든 칸이 채워질 경우 총 108개의 아이디어가 수집된다.</td></tr>
</table>

사례

[표 4-4]는 브레인라이팅의 작성 사례를 보여준다. 아이디어 1, 2, 3번을 보면 앞 사람이 제시한 윗줄의 아이디어를 다음 사람이 아래 줄에서 변형, 확장한 경우가 있고, 아예 새로운 아이디어를 제시하기도 했다.

표 4-4 브레인라이팅 작성 사례

해결할 문제	학교 공부, 새로운 동기부여 방법이 없을까?	
날짜	2016년 3월 20일	
제안자	고영민, 박성진, 박세진, 이경진, 임병철, 차유현	
제안된 아이디어		
아이디어 1번	아이디어 2번	아이디어 3번
시험 형태를 고르도록 한다.	게임처럼 꾸민다.	각 개인의 꿈에 맞는 공부를 더 많이 하게 한다.
시험 형태와 함께 학생마다 자신이 있는 범위를 고르도록 한다.	공부하면, 게임처럼 아이템을 받아서 학교나 집에서 쓴다.	꿈을 탐구하는 과정을 강화한다.
교실 분위기를 놀이공원, 카페처럼 바꾼다.	게임에서 재도전하듯이 시험을 못 보면 다시 도전할 기회를 주면 어떨까?	스마트 기기를 더 많이 써서 호기심을 자극하면 좋겠다.
구글, 페이스북 등의 사무실을 참고하면 어떨까?	100점이 아니더라도 학생마다 잘하는 면을 부각하기 위해 게임의 뱃지 같은 것을 도입하면 어떨까?	같은 학교가 아니더라도 스마트 기기를 이용해서 학생들이 학습 정보, 고민 등을 공유하면 좋겠다.
공간을 재구성하려면 돈이 많이 드는데, 학교에 만들 시설을 지역사회 구성원들이 함께 사용하면서 비용을 충당하면 어떨까?	게임 회사와 제휴하여 수업 달성도에 따라서 온라인 게임 속에서 희귀 아이템을 얻도록 하자.	비슷한 꿈을 가지고 있거나 학습 수준이 비슷한 친구와 함께 공부하도록 한다.
반대로 지역사회에 이미 있는 시설들을 학교에서 공유해서 쓰는 방법도 필요하다.	시험 성적 인증샷을 올리고 점수에 따라 게임 캐시를 나눠주는 이벤트는 어떨까?	외국의 메이커 운동처럼 만들기가 중심이 된 학습 방법을 도입한다.

2.3 마인드맵

마인드맵Mind Map은 인간의 두뇌가 주요 개념의 연관성, 연결에 의해 작동되는 원리를 바탕으로 만들어진 기법이다. 자료 조사, 복잡한 개념의 정리, 새로운 일의 기획 등에 사용된다.

목적

마인드맵은 이미지, 핵심 단어 등을 지도를 그리듯이 시각화하고 연결하여 쉽게 이해하고, 일목요연하게 정리하며, 오래 기억하도록 돕는 것을 목적으로 한다.[175]

진행 절차

개인별 또는 팀별로 작성할 수 있다. 정해진 시간은 없으며, 작성 주제의 난이도, 포괄성 등을 고려하여 시간을 배분하면 된다. [표 4-5]는 마인드맵의 작성 절차를 보여준다.[20]

표 4-5 마인드맵 작성 절차

순서	활동명	내용
1	준비	· 마인드맵을 그릴 큰 종이, 화이트보드, 필기구 등을 준비한다. · 개인별로 한다면 A4 또는 A3 정도의 크기가 적당하다. · 팀별로 한다면 A3 이상 크기의 용지 또는 화이트보드를 이용한다.
2	주제 정의	· 마인드맵으로 해결하거나 정리할 문제를 정한다.
3	몸통 선정	· 주제나 문제를 상징하는 핵심 단어와 이미지를 뽑아내서 용지 또는 화이트보드의 중앙에 적고 그린다. · 가능하면 이미지만 가지고도 주제를 파악할 수 있게 그린다.
4	주가지 뽑기	· 주제와 관련된 큰 아이디어들을 뽑아내서 몸통에서 연결되는 큰 가지로 그린다. · 주가지마다 의미하는 아이디어를 각 주가지 위에 적고, 가능하면 작은 이미지를 그린다.
5	부가지 뽑기	· 각 주가지를 몇 개의 아이디어로 쪼개서 주가지 끝에서 뻗어나가는 형태로 부가지를 그린다. · 부가지마다 의미하는 아이디어를 각 부가지 위에 적고, 가능하면 작은 이미지를 그린다.
6	세부가지 뽑기	· 각 부가지에 포함된 세부 아이디어들을 부가지 끝에 연결해서 그린다. · 세부가지마다 의미하는 아이디어를 각 세부가지 위에 적고, 가능하면 작은 이미지를 그린다.
7	연관성 표현	· 연결선과 테두리 등으로 연관성이 있는 아이디어들을 묶는다. · 시각적 식별성을 높이기 위해 다양한 선과 색을 사용한다.

사례

[표 4-5]의 마인드맵 작성 절차에서 설명한 가지들을 반드시 세부가지까지 모두 그려야 하는 것은 아니다. 때로는 주가지, 부가지에서 더 이상 분할할 아이디어가 없으면 그 단계에서 해당 가지를 마무리하면 된다. [그림 4-15]는 '새로운 게임을 개발할 때 무엇을 준비해야 하는가'를 마인드맵으로 정리한 예이다.

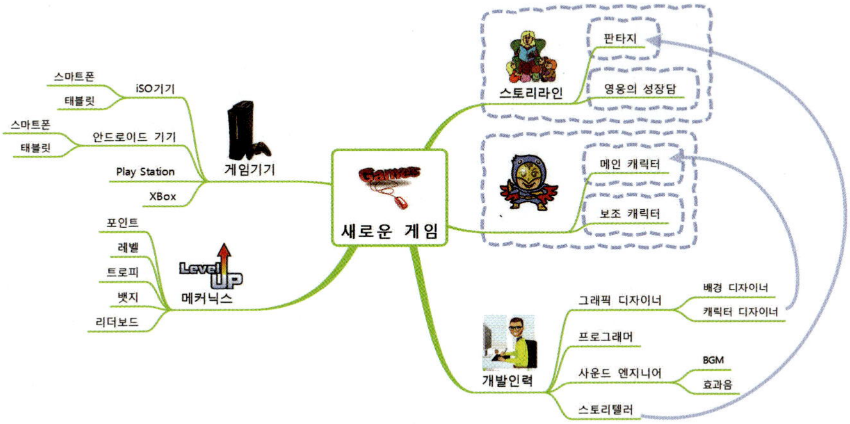

그림 4-15 마인드맵 작성 사례

2.4 스캠퍼

스캠퍼SCAMPER란 세상에 존재하는 모든 것들은 기존에 있던 것들을 일부 변형하거나 조금 추가해서 만들어진다는 개념이다.

목적

스캠퍼는 7개의 표준적 생각 방법을 이용해서 제품, 서비스, 절차 등에 대한 새로운 아이디어를 만드는 것을 목적으로 한다. SCAMPER는 각각 S(대체, Substitute), C(결합, Combine), A(응용, Adapt), M(변경, Modify), P(용도 변경, Purpose/Put to other use), E(제거, Eliminate), R(재배치, Rearrange)를 의미한다.[28]

진행 절차

개인별 또는 팀별로 진행할 수 있다. 단계별 소요 시간에 특별한 제약은 없다. [표 4-6]은 스캠퍼의 진행 절차를 보여준다.[134]

표 4-6 스캠퍼 진행 절차

<table>
<tr><th>순서</th><th>활동명</th><th>내용</th></tr>
<tr><td>1</td><td>준비</td><td>· 진행자를 선정하고 토론에 참가할 구성원을 뽑는다.
· 토론 진행에 필요한 토론 용지, 필기도구 등을 준비한다.
< 스캠퍼 양식 >
<table>
<tr><td>해결할 문제</td><td></td></tr>
<tr><td>날짜</td><td></td></tr>
<tr><td>참가자</td><td></td></tr>
<tr><td colspan="2">제안된 아이디어</td></tr>
<tr><td>S(대체)</td><td></td></tr>
<tr><td>C(결합)</td><td></td></tr>
<tr><td>A(응용)</td><td></td></tr>
<tr><td>M(변경)</td><td></td></tr>
<tr><td>P(용도 변경)</td><td></td></tr>
<tr><td>E(제거)</td><td></td></tr>
<tr><td>R(재배치)</td><td></td></tr>
</table>
· 개인 또는 팀별로 토론 용지를 한 장씩 나눠준다.</td></tr>
<tr><td>2</td><td>문제 설명</td><td>· 이번 토론의 주제를 제시한다.</td></tr>
<tr><td>3</td><td>규칙 설명</td><td>· 스캠퍼의 각 글자가 의미하는 바를 설명한다.
· 특히, E는 전체 제거뿐 아니라 축소, 최소화도 포함한다는 것과 R은 순서, 위치의 재배치 및 뒤집기를 포함한다는 것을 강조한다.</td></tr>
<tr><td>4</td><td>아이디어 수집</td><td>· 구성원들이 제시하는 아이디어를 수집하는 단계이다.
· 주제에 대해 스캠퍼의 7개 항목별로 아이디어를 적는다.</td></tr>
</table>

사례

[표 4-7]은 스캠퍼의 작성 사례이다. 7개 항목 모두에 대해 아이디어를 내기 어려우면 해당 칸은 비워두면 된다. 반대로 한 칸에 여러 개의 아이디어를 적어도 된다.

표 4-7 스캠퍼 작성 사례

해결할 문제	시각 장애우가 쓰는 지팡이를 더 좋게 만드는 방법
날짜	2016년 6월 5일
참가자	김민지, 김다은, 오유림, 오유빈
제안된 아이디어	
S(대체)	금속 지팡이를 가벼운 플라스틱 소재로 대체한다.
C(결합)	지팡이 손잡이에 전열 장치를 결합해서 겨울에 따뜻하게 사용하도록 한다. 지팡이에 랜턴을 달아서 야간에 다른 사람들에게 잘 보이도록 한다.
A(응용)	호신용으로 사용한다.
M(변경)	지팡이 끝을 넓적하게 만들어서 몸을 지지하는 용도로도 사용한다.
P(용도 변경)	지팡이에 우산 천을 달아서 비가 오면 우산으로 사용한다.
E(제거)	?[8]
R(재배치)	손잡이 부분과 지팡이 몸통의 각도를 본인 체형에 따라 조절되도록 해서 오래 잡고 있어도 편하게 만든다.

2.5 가정뒤집기

우리는 어떤 제품이나 서비스 또는 절차 등을 개선할 아이디어를 낼 때 이미 그 제품에 대해 알고 있는 정보와 경험을 바탕으로 제약 조건을 만든 상태로 고민한다. 예를 들어, [표 4-4]의 브레인라이팅 작성 사례를 보면, 학교라는 물리적 공간이 필요하고, 그 공간에 학생들이 존재해야 한다는 가정을 유지하면서 개선책을 고민하고 있다. 때로는 이러한 가정이 사고를 확장하는 데 큰 걸림돌이 된다. 가정뒤집기False Face는 근본적인 가정에 의문을 던지는 방법이다.

목적

가정뒤집기는 마음 속 깊은 곳에 스스로 만들어 놓은 제약 조건, 가정 사항 등을 깨트려서 기존과는 전혀 다른 방법으로 가능성을 찾는 것을 목적으로 한다.

8 스캠퍼에서 7개 칸을 모두 채울 필요는 없다. 아이디어를 내기 어려운 부부은 예시와 같이 비워두면 된다.

진행 절차

개인별로도 진행할 수 있지만, 가능하면 팀별로 진행하는 것이 좋다. 단계별 소요 시간에 특별한 제약은 없다. 전체 토론 시간을 고려해서 진행자가 적절히 시간을 배분하면 된다. [표 4-8]은 가정뒤집기의 진행 절차를 보여준다.[95]

표 4-8 가정뒤집기 진행 절차

<table>
<tr><th>순서</th><th>활동명</th><th>내용</th></tr>
<tr><td>1</td><td>준비</td><td>· 진행자를 선정하고 토론에 참가할 구성원을 뽑는다.
· 토론 진행에 필요한 토론 용지, 필기도구 등을 준비한다.
< 가정뒤집기 양식 >
<table>
<tr><th>토론 주제</th><td colspan="2"></td></tr>
<tr><th>날짜</th><td colspan="2"></td></tr>
<tr><th>참가자</th><td colspan="2"></td></tr>
<tr><th>가정 사항</th><th>뒤집은 가정</th><th>뒤집은 가정에 대한 아이디어</th></tr>
<tr><td>1.
2.
3.
~</td><td>1.
2.
3.
~</td><td>1.
2.
3.
~</td></tr>
<tr><th colspan="3">아이디어 확장</th></tr>
<tr><td colspan="3"></td></tr>
</table>
· 팀별로 토론 용지를 한 장씩 나눠준다.</td></tr>
<tr><td>2</td><td>문제 설명</td><td>· 이번 토론의 주제를 제시한다.</td></tr>
<tr><td>3</td><td>규칙 설명</td><td>· 가정뒤집기의 진행 절차를 설명한다. 특히, 가정 사항을 열거하는 단계의 중요성을 강조한다.</td></tr>
<tr><td>4</td><td>가정 사항 열거</td><td>· 토론 주제가 되는 제품이나 서비스, 절차 등에 포함된 기본 가정을 최대한 많이 열거한다.
· '그것은 너무 당연한 것이어서 가정이라고 하기도 애매하다'라는 식으로 생각하면 안 된다.</td></tr>
<tr><td>5</td><td>가정 사항 뒤집기</td><td>· 열거한 가정 하나하나를 반대로 뒤집어서 적는다.
· 가정이 부정형이면 긍정형으로, 긍정형이면 부정형으로 뒤집는 방식이다.</td></tr>
<tr><td>6</td><td>뒤집은 가정에 대한 아이디어 수집</td><td>· 뒤집은 가정 사항 각각에 대해 뒤집은 가정을 유지하면서 해당 주제를 개선할 아이디어를 적는다.
· 하나의 뒤집은 가정에 대해 여러 개의 개선 아이디어를 적어도 된다.</td></tr>
<tr><td>7</td><td>아이디어 확대</td><td>· 뒤집어진 가정 사항들 중에 토론 참가자들의 관심을 많이 받은 요소를 일부 뽑아서 해당 항목들만을 놓고 추가 토론을 진행한다.</td></tr>
</table>

사례

[표 4-9]는 가정뒤집기의 작성 사례이다. 사례는 음식점에 대한 기본 가정을 깨트리는 아이디어를 보여주고 있다.

표 4-9 가정뒤집기 작성 사례

토론 주제	새로운 음식점은 없을까?	
날짜	2016년 3월 3일	
참가자	박세혁, 양승은, 박영욱, 양영섭	
가정 사항	**뒤집은 가정**	**뒤집은 가정에 대한 아이디어**
[음식점에는/음식점에서는] · 메뉴판이 있다. · 테이블이 있다. · 음식을 판다. · 외부 음식을 먹으면 안 된다. · 돈을 낸다. · 물을 공짜로 준다.	[음식점인데] · 메뉴판이 없다. · 테이블이 없다. · 음식을 안 판다. · 외부 음식을 먹어도 된다. · 돈을 안 낸다. · 물이 공짜가 아니다.	· 고객이 원하는 음식을 얘기하면 가진 재료로 최대한 비슷하게 만들어준다. · 테이블, 의자 없이 서서 먹는다. 바닥에 둘러앉아서 먹는다. · 테이블, 식기 등을 제공하고, 고객이 직접 가져온 재료로 조리해서 먹는다. · 공간만 제공하고, 공간에 대해 사용료를 받는다. 음식은 외부에서 배달시켜 먹는다. · 기부금이나 협찬으로 운영하며, 어려운 분들이 와서 편하게 무료로 드시도록 한다. · 각 지역의 다양한 물을 구비하여 유료로 판매한다.
아이디어 확장		
· 기부금이나 협찬으로 운영하며, 형편이 어려운 분들이 와서 편하게 무료로 드시도록 한다. · 오는 사람들이 불편해하지 않도록 1~2천 원의 소액을 받는다. · 받은 금액은 다시 형편이 어려운 분들을 위해 쓰도록 한다. · 많은 사람이 동참할 수 있도록 현금이 아닌 식재료 기부나 봉사 활동 등을 유도한다.		

03

생각의 기술(ver3.0)에는 어떤 것이 있는가?

우리는 앞 절에서 각자 마음대로 공상하는 방식을 '생각의 기술 1.0', 정형화된 기법을 활용하는 방식을 '생각의 기술 2.0'이라고 정의했다. 여기에서 한발 더 나아간 '생각의 기술 3.0'은 2.0에 다음과 같은 두 가지 특징이 추가된다.

❶ **더 다양한 시각** : 문제 해결을 위한 고민에 참가하는 사람들이 늘어난다. 문제 해결책을 만들어내는 공급자, 옆에서 돕는 납품 업체, 문제 해결의 수혜자인 소비자 등이 함께 참여하는 기법이다.

❷ **강화된 동기** : 경쟁, 놀이, 시각화 등을 이용한 다양한 재미 요소로 생각에 참여하는 사람들의 동기를 높여준다.

이 절에서는 해카톤, 레고시리어스플레이, 디자인씽킹이라는 창의적 문제 해결 기법에 대해 소개할 것이다.

3.1 해카톤

해카톤Hackaton은 해크Hack와 마라톤Marathon의 합성어이다.[9] 해크는 해커에게서 연상되는 창의적인 도전과 탐색을 의미한다. 마라톤은 인내와 지구력을 나타낸다. 즉, 인내심을 가지고 창의적인 도전과 탐색을 통해 새로운 결과를 만들어내는 기법이다. 페이스북[10], 구글, 마이크로소프트, HP 등과 같은 굴지의 기업들이 많이 사용하고 있으며, 최근에는 기업뿐 아니라 민간 단체, 동호회 등으로 폭넓게 전파되고 있다.

목적

제한된 공간과 시간 내에 다양한 분야의 참가자들이 서로 자유롭게 소통하며, 하나의 주제에 집중하여 새로운 해결책을 찾는 것이다. 다음과 같은 제약 사항에서 벗어나도록 돕는다.

---

9 컴퓨터 기업인 썬과 오픈BSD 개발자들이 1990년대 후반부터 사용한 개념이다.

10 페이스북의 '좋아요(Like)' 버튼은 페이스북 내부의 해카톤 행사를 통해 만들어진 기능이다.

- 내 아이디어를 보완해줄 다양한 전문가를 만나기 어렵다.
- 근무 시간 중에는 원래 하던 일에 쫓겨서 다른 주제에 집중하기 어렵다.
- 회사에서 하는 업무는 일정 시간 내에 성과가 나오지 않으면 불이익이 있으므로 창의적 접근보다는 좀 더 안전한 접근을 선호하게 된다.
- 회사의 업무 공간, 규칙은 경직된 면이 많아서 창의적인 발상이 어렵다.
- 풀어보고 싶은 문제나 관심이 가는 주제가 있지만, 회사에서 맡은 업무와 거리가 멀다.

진행 절차

해카톤의 진행 방식은 행사마다 차이가 많다. 행사 주제, 참가자 분포, 소요 기간, 예산 등에 따라 다양한 방식으로 구성된다. [표 4-10]은 해카톤의 진행 절차를 보여준다.[94]

표 4-10 해카톤 진행 절차

<table>
<tr><th>순서</th><th>활동명</th><th>내용</th></tr>
<tr><td>1</td><td>행사 시작 전
준비</td><td>· 진행 날짜를 정한다. 해카톤 주제와 관련된 참가자들이 편한 시간대를 잡는다.
· 참가자들을 수용할 만한 공간, 토론용 회의 테이블, IT 기기 등을 확보한다.
· 행사 진행에 필요한 비용(예 공간 임대, 간식, 경품)을 지원해줄 부서, 기업 등을 찾는다.
· 해카톤 진행 일정을 수립하고, 최종 평가자(해카톤 결과물로 내부 경진 대회를 할 경우)를 선정한다. 진행 일정의 기본 예시는 다음과 같다. 24~48시간 행사가 많은 편이다.
<table><tr><th>활동</th></tr><tr><td>등록 & 간식 제공</td></tr><tr><td>주제, 참가자 소개 & 규칙 설명</td></tr><tr><td>해카톤 진행</td></tr><tr><td>최종 발표 팀 등록</td></tr><tr><td>팀별 최종 발표 & 평가</td></tr><tr><td>평가 결과 발표 & 행사 마무리</td></tr></table>· 오랜 시간 동안 참가자들이 지치지 않고 재미있게 참여하도록 소소한 이벤트, 보상 체계를 마련하면 더욱 효과적이다.
· SNS, 웹 사이트 등을 통해 행사 정보를 공개한다. 특히, 행사의 목적과 대상자를 명확히 한다.</td></tr>
<tr><td>2</td><td>등록 &
간식 제공</td><td>· 해카톤 참가자들을 확인하고, 등록한다.
· 전체 참가자가 모이고, 행사가 시작되기 전까지 미리 온 참가자들이 가볍게 간식을 먹으며 서로 인사를 나누도록 유도한다.</td></tr>
<tr><td>3</td><td>주제, 참가자 소개
& 규칙 설명</td><td>· 해카톤 행사의 주제를 제시한다.
· 참가하는 개인 또는 팀을 소개한다.
· 진행 일정, 평가 규칙, 시상 내역 등을 설명한다.</td></tr>
<tr><td>4</td><td>해카톤 진행</td><td>· 팀이 이미 구성된 경우 팀별로 토론, 설계, 개발 등을 진행한다.
· 팀 구분이 없는 경우 참가자들이 자유롭게 이동하며, 관심이 가는 분야, 사람을 찾아서 팀을 만들도록 유도한다.</td></tr>
<tr><td>5</td><td>최종 발표 팀 등록</td><td>· 완성된 결과물을 발표할 팀을 모집한다.
· 참가자가 많을 경우 발표 팀 등록에 일정한 기준을 제시한다.(예 설계한 내용을 바탕으로 2개 이상의 기능 구현을 완료한 경우)</td></tr>
</table>

6	팀별 최종 발표 & 평가	· 팀별로 3~5분 정도 짧게 결과물을 발표한다. · 전체 참가자가 많은 경우 질의응답은 하지 않는다.
7	평가 결과 발표 & 행사 마무리	· 평가자들이 평가한 내용을 발표한다. · 발표자 또는 참가자들을 대상으로 시상을 진행한다. · 행사 성과를 정리해서 발표하고, 행사를 끝낸다.

사례

해카톤 행사를 통해 새로운 게임의 프로토타입을 개발한 게임잼Game Jam 행사를 소개하겠다.[187] 이 해카톤은 GGG 동아리 구성원들이 2011년 8월에 개최했던 행사였다.[11] 행사의 특징은 다음과 같다.

- 한정된 공간에서 제한 시간 내에 게임을 제작
- 행사 도중에 구성된 팀이 즉석에서 주어진 주제를 갖고 즉흥적으로 게임을 제작
- 주어진 시간 내에 게임을 완성하여 공개해야 하므로 참가자들이 짧은 시간 내에 게임 제작의 전 과정을 경험하게 되는 기회를 가짐

참가자들의 행사 참여도를 높이고 더욱 재밌는 경험을 주기 위해 행사에 게임의 능력치 명찰, 가상 화폐, 상점, 미니 게임, 퀘스트 등의 게임 요소를 도입했다. 게임 요소들은 다음과 같다.

- **능력치 명찰** : 행사 참가자들은 행사 오프닝 때 자신의 능력치 명찰을 작성하고 이를 전체 행사 기간 동안 착용했다. 명찰에는 소속 동아리, 이름, 게임 개발에서 자신의 역할과 능력치 등을 적었다. 명찰을 크게 제작하여 식별성을 높였고, 직군별로 명찰의 색상을 다르게 했다.
  명찰을 항상 차고 다니도록 함으로써 다음의 효과를 보았다. 첫째, 행사 참가자들이 서로의 이름을 외우고 친해졌다. 둘째, 팀을 구성할 때 서로의 역할을 쉽게 확인하여 균형 잡힌 팀을 만들었다. 셋째, 프로젝트 진행 중 팀 외부의 도움이 필요할 때 요구하는 역량을 갖고 있는 사람을 쉽게 찾을 수 있었다.

그림 4-16 게임잼 해카톤의 참가자 능력치 명찰

11 GGG에서 개최한 GJ(게임잼)이어서, 약자로 GGGGJ로 칭한다.

• **가상 화폐 페리카** : 페리카는 GGGGJ 내에서 사용된 가상 화폐이다. 페리카는 GGGGJ 게임에서 점수 역할과 동시에 실재하는 물건을 구매하는 수단으로서 참가자들이 GGGGJ에 적극적으로 임하는 동기로 작용했다. 페리카는 도전 과제나 퀘스트의 보상으로 주어졌다.

그림 4-17 게임잼 해카톤에서 사용된 가상 화폐 페리카

• **페리카 상점** : 참가자가 벌어들인 페리카로 간식, 간단한 기념품류 등을 구매할 수 있는 상점을 행사장 내에 운영했다.

그림 4-18 페리카 상점

이 게임잼 해카톤 행사에는 총 4명의 운영자가 행사를 주관하고, 여러 학교에서 온 22명의 회원이 참가하여 2박3일간 진행되었다([그림 4-19]). 총 7개 팀이 현장에서 구성되었고, 모든 팀에서 성공적으로 게임을 완성시켰다.

그림 4-19 게임잼 해카톤 현장 모습

3.2 레고시리어스플레이

레고시리어스플레이LSP : Lego Serious Play는 레고 브릭을 이용해 특정 상황과 관련된 창작물을 만들고, 팀원들과 공유하면서 즐기는 창조적 문제 해결 기법이다. 장난감 브릭 제조 회사인 레고에서 만들었으며, 전 세계 교육 현장, 기업 등에서 활용도가 높아지고 있는 사고 기법이다.

목적

LSP는 개인, 팀 또는 기업의 프로젝트, 업무, 전략 등에 대한 질문을 던져놓고, 그 질문에 대한 답을 레고 브릭으로 만들고 공유하며 개선하는 기법이다. 글, 말, 그림, 다이어그램 등을 사용해 의사소통하는 기법과 LSP의 차이점은 다음과 같다.[80]

- 레고 브릭을 이용해 놀이와 같은 환경을 조성해서 참가자의 창의성을 높여준다.
- 눈에 보이는 만들기 과정을 통해 추상적인 생각을 구체적으로 정리하고, 뒤죽박죽으로 얽힌 생각을 체계적으로 정리하게 해준다.[12]
- 만들어진 레고 브릭을 놓고 이야기하게 하여 참가자들이 균등한 발언권을 갖도록 한다.

진행 절차

[표 4-11]은 LSP의 진행 절차를 보여준다.[43] 팀 구성 규모, 단계별 소요 시간은 참가하는 인원, 해결할 문제의 난이도 등을 고려하여 조절한다.

표 4-11 LSP의 진행 절차

순서	활동명	내용
1	문제 공개하기	· 참가자들에게 생각해볼 주제를 던져준다. · 유일한 답이 존재하는 문제가 아니라 참가자들마다 각자의 생각을 표현할 수 있는 문제여야 한다.
2	만들기	· 개인 또는 소규모 팀으로 나눠서 만들기를 진행한다. · 공개된 문제에 대한 해결책, 문제를 표현하는 상황 등을 레고 브릭으로 만드는 과정이다. 시중에서 흔히 접하는 레고 브릭을 활용하거나 LSP용으로 별도 판매되는 제품을 사용한다.[13] · 레고 브릭을 멋지게 꾸미는 게 목적이 아니다. 자신의 생각을 잘 표현하는 게 우선임을 진행자가 강조해야 한다.
3	공유하기	· 개인 또는 팀이 만들기 단계에서 만들어진 레고 브릭을 서로에게 공개하고 소개하는 단계이다. · 물리적인 모습을 설명하고, 그 안에 숨겨진 의미를 이야기해준다. · 서로의 레고 브릭을 평가하거나 비판하지 않는다.

12 삐아제(Piaget)의 구성주의 이론에 근거를 둔다. 구성주의 이론은 전통적 학습 이론과 대칭을 이룬다. 구성주의 이론은 학습자의 생각과 질문을 중시하고, 학습자 스스로 새로운 것을 만들며 익힌다고 본다. 또한 교사가 일방적으로 학습자에게 지식을 전달하지 않고, 학습자가 지식을 습득하고 응용할 수 있는 환경을 제공하는 데 중점을 둔다.

13 LSP용으로 별도 판매되는 제품의 경우, 기본 브릭 외에도 다양한 종류의 브릭을 제공하고 있다.

4	반영하기	· 상대방이 보여준 레고 브릭과 그 안에 담긴 이야기를 반영해서 자신의 레고 브릭을 다시 개선해보는 과정이다. · 예를 들어, A, B, C 세 팀으로 나눠서 진행했으면, A는 B, C의 레고 브릭과 이야기를 반영해서 자신의 레고 브릭을 바꿔본다. · 또는 각자의 이야기를 모두 듣고, 이를 혼합해서 하나의 완성품을 만든다. 예를 들어, A, B, C 세 팀이 각자의 레고 브릭과 이야기를 혼합해서 하나의 완성품을 만든다.

사례

소프트웨어 개발 과정에서 사용자의 요구 사항을 분석하기 위해 LSP가 사용된 예를 소개하겠다. [그림 4-20]은 소프트웨어 개발 시 사용되는 UML[14]을 LSP로 바꿔서 표현하고 공유한 사례이다. [그림 4-21]은 소프트웨어의 품질 요구 사항[15] 4가지(가용성, 신뢰성, 안전성, 보안성)를 LSP로 표현하고 있다.

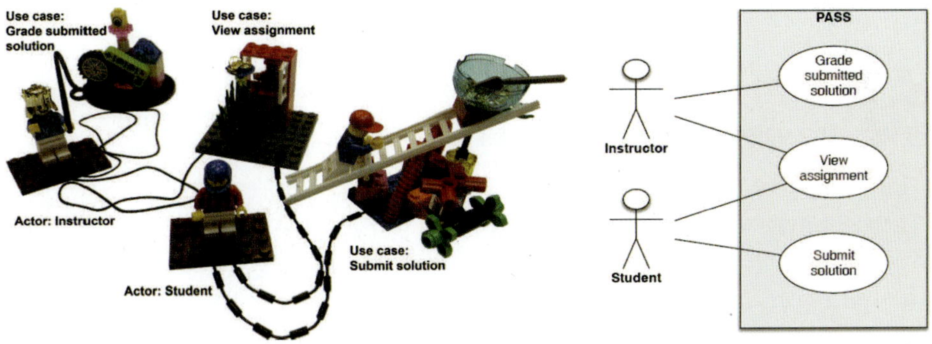

그림 4-20 LSP로 표현한 UML[75]

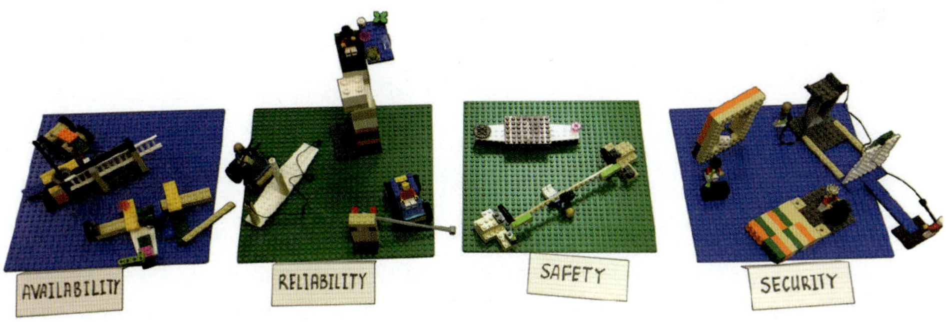

그림 4-21 LSP로 표현한 소프트웨어 품질 요구 사항[75]

---

14 UML은 Unified Modeling Language의 약자이다. 소프트웨어 개발에 대한 내용을 다이어그램으로 표현하여 개발자, 사용자 등의 의사소통을 돕는 도구이다.

15 소프트웨어의 품질 요구 사항을 소프트웨어공학에서는 Dependability로 칭한다.

[그림 4-22]는 LSP를 이용해 시각적으로 전략을 표현하고 공유하는 장면이다. 이외에도 공장 부지 선정, 전시실 테마 개발, 소유권 이전, 정부의 정책 개발, 마케팅 전략 수립, 제약회사 인재 훈련 등 매우 다양한 분야에 적용되고 있다.[73]

그림 4-22 LSP를 이용해 전략을 시각적으로 표현하는 과정(출처 : 하이브아레나)

인터뷰 1 레고시리어스플레이 전문가 황혜경 대표

Q : 황혜경 대표님의 역할을 간단하게 소개해주세요.

레고시리어스플레이 퍼실리테이터[16]로 활동하고 있습니다. 머리가 아닌 손으로 소통하고 생각하는 문제해결 과정을 돕고 있습니다. 기업을 위한 시각화된 비즈니스 전략 교육, 청장년층을 위한 자기발견 프로그램, 예비 창업자를 위한 워크숍을 진행합니다.

Q : 레고시리어스플레이의 핵심 가치 또는 다른 방법론과 대비된 차별성은 무엇인가요?

손으로 생각하고, 생각한 것을 100% 모두 공유합니다. 서로의 생각을 연결하여 더 발전된 아이디어를 만듭니다. 한 사람이 모든 해결책을 가지고 있기는 어렵습니다. 여러 사람의 의견과 생각을 엮어서 최선책을 찾는 게 특징입니다.

Q : 공학 계열 전공자가 레고시리어스플레이를 어떻게 사용하면 도움이 될까요?

말, 글, 2차원의 그림이 아닌, 3D 모델로 아이디어와 생각을 공유합니다. 프로토타이핑을 만들기도 매우 편리합니다. 참여하는 모든 멤버의 관계를 수평적으로 만들어서 다양한 아이디어가 나오도록 해줍니다.

Q : 레고시리어스플레이를 적용할 때 발생하기 쉬운 오해나 실수가 있다면 무엇일까요?

브릭을 잘 만들 필요는 없습니다. 생각을 전달하는 게 중요합니다. 정답도 없습니다. 상대의 생각을 비판하지 않고 받아들입니다. 말하는 사람에 집중하지 말고, 생각과 아이디어 자체에 집중해야 합니다. 생각은 손으로 합니다.

---

16 개인, 집단이 지닌 문제를 해결하는 방법에 대한 교육·훈련 프로그램을 진행하고 그 과정을 중재하는 전문가

3.3 디자인씽킹

디자인씽킹Design Thinking을 가장 잘 실천한 위인 중 한 명은 에디슨이다. 에디슨의 전구가 고객들에게 사랑받은 이유는 전구 그 자체 때문이 아니다. 에디슨은 전구를 일반 가정에서 사용할 수 있으려면 편리하고 저렴한 발전과 송전 시설이 우선임을 이해했고, 기반 시설을 확충하는 데 많은 힘을 쏟았다. 고객이 처한 진짜 문제를 이해하고, 그 해결책을 제시한 것이다.

목적

디자인씽킹은 인간을 관찰하고 공감하여 소비자를 이해한 뒤 다양한 대안을 찾는 확산적 사고와 주어진 상황에서 최선의 방법을 찾는 수렴적 사고의 반복을 통해 혁신적 결과를 만드는 것이다.[202] 디자인씽킹의 특징은 다음과 같다.[19]

❶ **사용자(고객) 중심의 사고 방법** : 최종 제품 및 서비스를 사용할 고객이 활동하는 현장을 직접 방문하고, 고객의 행동과 일정을 관찰하며, 다양한 방법으로 고객과 대화한다.

❷ **신속한 프로토타이핑[17] 방법론** : 전통적 방법보다 더 빠르게, 간단한 형태로 많은 프로토타입을 만든다.

❸ **반복적Iteration 사고 방법론** : 프로토타입을 이용하여 고객, 동료들에게 의견을 듣고 평가를 받아 반복해서 프로토타입을 개선한다.

진행 절차

[표 4-12]는 디자인씽킹의 진행 절차를 보여준다.[113] 각 활동 단계를 수행하는 방법은 적용하는 대상, 진행하는 주체에 따라 달라진다. [표 4-12]에서 설명하는 진행 절차는 각 단계를 수행하는 구체적인 방법이라기보다 각 단계에서 주의해야 할 사항들이다.

표 4-12 디자인씽킹의 진행 절차

순서	활동명	내용
1	공감 (Empathize)	· 설계할 제품 및 서비스의 실제 사용자인 고객을 이해하는 단계이다. · 고객이 어떻게 행동하고, 무엇을 사용하며, 어떻게 주변 환경과 어우러져 살아가는지 이해한다. · 서류를 보고 추측하기보다 직접 현장에 나가 고객을 관찰하고 인터뷰해야 한다.
2	문제 정의 (Define)	· 공감 단계를 통해 이해한 고객의 상황을 바탕으로 해결해야 할 고객의 문제를 정의하는 단계이다. · 설계자가 해결하고 싶은 문제가 아니라 고객이 갖고 있는 진짜 문제를 찾아야 한다. · 다음 단계에서 제시할 아이디어들을 평가하기 위한 기준을 미리 수립한다.

17 개발자, 사용자들의 원활한 의사소통을 위해 제품 개발 단계에서 제품의 외형과 기능을 간단하게 구현해놓은 것을 의미한다.

3	아이디어 구상	· 고객의 문제를 해결할 다양한 아이디어를 만드는 단계이다. 다양한 유형의 많은 아이디어를 만들어야 한다. · 팀 단위의 활동이 중요하다. 개인이 혼자 아이디어를 구상하지 않고, 동료와 의견을 교류하며 아이디어를 구체화한다. · 이 단계에서 앞서 설명한 브레인스토밍, 브레인라이팅 등의 사고 기법을 사용해도 된다. · 참여하는 구성원들이 상하 관계가 아닌 수평적 관계에서 의견을 제시하고 평가하게 한다. · 여러 아이디어가 제시되면 각각의 아이디어를 앞 단계에서 만든 평가 기준으로 평가하고 우선순위를 나눈다.
4	프로토타이핑	· 저렴한 비용으로 빠르게 프로토입을 만드는 단계이다. · 추상적 아이디어에 존재하는 다양한 문제점을 신속하게 발견하는 단계이다. · 프로토타입을 만들면서 추상적이었던 아이디어를 구체화하고 보완한다. · 프로토타입을 가지고 동료나 다른 팀과 의견을 나눈다.
5	테스트	· 제작된 프로토타입에 대해 고객의 의견을 듣는 단계이다. · 구상한 아이디어가 고객의 문제를 실제로 해결할 수 있는지 판단한다. · 고객에게 아이디어를 설명하지 말고 준비된 프로토타입을 직접 사용해보게 한다. · 고객으로 하여금 준비된 프로토타입을 다른 대안과 비교해보게 한다.

사례

디자인씽킹은 학교의 환경 및 교육 프로그램 개선, 기업의 제품 및 서비스 개선, 창업자의 아이디어 발굴 및 구체화 등에 폭넓게 사용되고 있다.

먼저 창의학교 씨스쿨C-School의 사례를 소개한다. 이 프로그램은 2013년 12월~2014년 5월의 총 6개월간 문화체육관광부와 한국콘텐츠진흥원 주관으로 진행된 사업이다. 직장인, 대학생, 프리랜서 등이 참가하여 협업 기반의 창의사고를 통해 다양한 사회적 문제에 대한 해결책을 찾는 과정이었다. 이 과정을 통해 스트레스 해소를 위한 스토리메이킹 카드게임, 기술 유출 방지를 위한 캠페인 프로그램, 물 절약 수도꼭지 등의 아이디어가 개발되었다. [그림 4-23]은 각도 조절 센서를 이용해 만들어진 물 절약 수도꼭지의 프로토타입이다.

그림 4-23 디자인씽킹으로 디자인된 물 절약 수도꼭지(출처 : 루미나)

다음으로 구글이 후원한 2008년 혁신경진대회Innovate or Die에서 우승한 아쿠아덕트Aquaduct를 소개한다.[140] 아쿠아덕트는 아프리카 지역의 식수 문제를 해결하기 위한 자전거이다. 개발자들은 공감 과정을 통해 물의 이동과 정수를 핵심 문제로 정의했다. 또한 전기를 활용하기 어렵고, 경제적으로 낙후된 고객의 환경도 함께 고려했다. [그림 4-24]와 같이 기본 형태는 자전거이다. 자전거 몸통이 거대한 물통 역할을 한다. 물을 싣고 집으로 돌아오면서 페달을 돌리면, 발전기가 작동되어 자전거에 내장된 정수기로 물을 정화하는 방식이다. 물의 이동, 정수, 전기 문제 등을 모두 해결한 디자인이다.

그림 4-24 디자인씽킹으로 디자인된 아쿠아덕트

인터뷰 2 디자인씽킹 전문가 박다임 대표

Q : 박다임 대표님의 역할을 간단하게 소개해주세요.

링크파트너즈를 공동경영하고 있습니다. 교육사업부를 총괄하고 있으며, 기업과 대학에서 창의융합사고의 성장을 돕는 워크숍을 주로 진행하고 있습니다.

Q : 디자인씽킹의 핵심 가치 또는 다른 방법론과 대비된 차별성은 무엇인가요?

핫하게 떠오른 창의사고 방법론이며, 다양하게 적용되는 경영 패러다임입니다. 공감을 강조합니다. 문제를 다른 각도로 바라보기 위해 현장 사용자를 섬세하게 관찰하고 인터뷰합니다. 재빨리 시제품(프로토타입)을 제작하고 바로 피드백을 받아서, 다시 아이디어를 내고 수정하여 프로토타입을 보완합니다. 아이디어를 견고하게 만드는 이런 반복 과정이 디자인씽킹의 매력입니다.

Q : 공학 계열 전공자가 디자인씽킹을 어떻게 사용하면 도움이 될까요?

만드는 사람의 입장에서 사용하는 사람의 입장으로 생각을 전환하게 해줍니다. 즉, 디자인씽킹은 공학적 결과물이 아닌 사용자의 편의를 중심으로 생각하게끔 해줍니다. 바뀐 생각은 새로운 결과, 새로운 공학적 결과물을 만들어내는 원동력이 됩니다.

Q : 디자인씽킹을 적용할 때 발생하기 쉬운 오해나 실수가 있다면 무엇일까요?

사고의 유연함이 필요합니다. 디자인씽킹의 단계나 순서에 얽매이지 않아도 됩니다. 사용자의 진짜 문제와 수요에 집중해야 합니다. 속단하거나 자신의 기준으로 문제를 정의하지 않아야 합니다. 열린 마음과 생각으로 진짜 문제를 발견해야 합니다.

Quiz

01 KAI 모델의 혁신가에게서 나타나는 일반적 특징이 아닌 것은 무엇인가?

① 문제를 찾고 정의하기보다는 정의된 문제를 해결하고자 하는 성향이 강하다.
② 부분보다는 전체를 바꾸고 싶어 한다.
③ 세부적이고 꼼꼼한 업무 처리에 약하다.
④ 급진적 변화에 반감이 적다.

02 혁신가의 3가지 조건에 대한 설명으로 잘못된 것은 무엇인가?

① 외재적 동기보다 내재적 동기가 더 중요하게 작용된다.
② 지식 구조가 T자형보다는 우물형에 가깝다.
③ 어려운 문제를 오래 물고 늘어지는 지구력이 중요하다.
④ 타인의 보상 또는 처벌의 회피보다는 개인의 취향, 흥미가 더 크게 작용한다.

03 브레인스토밍의 진행 규칙이 아닌 것은 무엇인가?

① 질보다 양이 우선이다.
② 비판은 금지한다.
③ 아이디어를 결합하고 개선한다.
④ 허황된 아이디어는 제한한다.

04 스캠퍼의 생각 방법에 해당되지 않는 것은 무엇인가?

① 모방
② 대체
③ 응용
④ 변경

05 가정뒤집기의 진행 절차를 바르게 나열한 것은 무엇인가?

A. 가정 사항 뒤집기	B. 뒤집은 가정에 대한 아이디어 수집
C. 가정 사항 열거	D. 아이디어 확대

① A → C → B → D
② A → B → C → D
③ C → A → B → D
④ D → C → A → B

06 레고시리어스플레이에 대한 설명으로 잘못된 것은 무엇인가?

① 놀이와 같은 환경을 조성해서 참가자의 창의성을 높여준다.
② 만들기 과정을 통해 생각을 정리하고 지식화하는 과정을 돕는다.
③ 참가자들에게 균등한 발언권을 보장해주지 못한다는 한계가 있다.
④ 장난감 회사 레고에서 만든 기법이다.

Quiz

07 브레인스토밍의 단점을 보완한 사고 기법으로, 일반적으로 6-3-5 규칙을 따르는 기법의 명칭은 무엇인가?

08 구글, 애플, 페이스북, 트위터, 링크드인 등의 기업들이 사내 구성원들의 인종, 민족, 성별 등이 다양하다는 것을 알리기 위해 내는 보고서를 무엇이라 칭하는가?

09 개발 중인 게임에 문제가 있다고 판단될 때, 출시가 얼마 남지 않은 상황일지라도 처음으로 돌아가 다시 만드는 게임 기업 닌텐도의 문화는 무엇인가?

10 다양한 분야의 참가자들이 제한된 공간과 시간 내에 서로 자유롭게 소통하며, 하나의 주제에 집중하여 새로운 해결책을 찾는 이 기법의 명칭은 무엇인가? 페이스북은 이 기법을 통해 '좋아요' 기능을 만들었다고 한다.

01 ① **02** ② **03** ④ **04** ① **05** ③ **06** ③ **07** 브레인라이팅 **08** 다양성 보고서 **09** 밥상 뒤집기 **10** 해카톤

자르는 선

팀별과제

팀번호 : ________ 팀명 : ____________ 팀원 : ______________________________

주제 1 스마트폰을 혁신할 새로운 아이디어

1 본문에서 공부한 브레인라이팅 기법으로 스마트폰을 혁신할 새로운 아이디어를 모아보자. 본문에서 제시한 브레인라이팅 진행 절차에 따라 작성하자. 아이디어가 잘 떠오르지 않으면 다음의 힌트를 참고하자.

[힌트]
- 스캠퍼, 가정뒤집기 등의 기법을 적용해서 생각을 확장해본다.
- 3장의 '혁신을 나누는 기준은 무엇인가?'에서 학습했던 분류 방법을 떠올려보고 이를 스마트폰에 적용해보자.
- 상대방이 윗줄에 적은 아이디어를 보완해도 되고, 본인이 새로운 아이디어를 더해도 된다.

해결할 문제	스마트폰을 혁신할 새로운 아이디어는 없을까?	
제안된 아이디어		
아이디어 1번	아이디어 2번	아이디어 3번

자르는 선

팀별과제

팀번호 : ______ 팀명 : __________ 팀원 : ______________________________

주제 2 우리의 해카톤 행사

1 여러분이 직접 해카톤 행사를 기획한다면 어떤 주제로 어떻게 진행해볼지 생각해보자.

ㅁ행사 주제 : ______________________________

(어떤 주제에 대해 고민할지, 어떤 문제를 해결할지 생각해서 적는다.)

ㅁ참가하면 도움이 될 사람들 : ______________________________

(행사와 관련된 주변인의 이름을 적거나 사람의 유형을 적는다.)

ㅁ진행 장소 : ______________________________

2 예상 소요 비용은 얼마나 될까?

ㅁ총액 : ____________________원

ㅁ지출 항목 : ______________________________

(지출 항목에는 크게 어떤 요소에 비용이 지출될지를 간략하게 적는다.)

ㅁ비용 조달 방법 : ______________________________

(예를 들어 참가자들이 참가비를 낼지, 외부 협찬을 받을지 등을 결정한다.)

ㅁ프로그램 일정

시간	프로그램 내용

자르는 선

개별과제

학번 : ________________ 이름 : ________________

주제 1 내 능력의 마인드맵

1 당신이 지닌 능력을 마인드맵으로 그려보자. 마인드맵을 처음 해본다면 다음의 힌트를 참고하자.

[힌트]

- 아래 빈칸의 가운데에 몸통을 그린다. 몸통은 당신을 상징하는 가장 중심이 되는 키워드를 적는다. 예를 들어, 정말 성실한 사람, 가장 즐거운 사람, 열정이 넘치는 사람, 모두가 신뢰하는 사람 등이다.
- 주가지는 당신이 지닌 능력을 최소 3개 이상으로 대분류해서 그린다. 예를 들어, 전공 지식, 인간관계, 운동 등이다.
- 하나의 주가지에 부가지도 최소 3개 이상 그린다.
- 세부가지로 세분화하기 어려우면 부가지에서 마무리해도 된다.

자르는 선

개별과제

학번 : ______________ 이름 : ______________

주제 2 내가 일하고 싶은 기업

혁신적 성과를 잘 만들어내는 조직에서 나타나는 특성은 자율성, 적절한 도전 수준, 다양한 구성원, 충분한 자원, 위험을 감수하는 문화의 5가지로 분류된다.

1 본인이 미래에 일하고 싶은 조직이 위의 5가지 요소와 어느 정도 관련되어 있는지 생각해보자. 다음 과정을 참고하여 표를 채워보자.

[과정]
① 표의 맨 윗줄에 본인이 미래에 일하고 싶은 기업 및 기관 3개를 적는다.
② 각 조직의 특성을 인터넷을 통해 찾아본다.
③ 각 조직의 특성을 5개 항목에 대해 각각 1~5점으로 평가한다.
④ 평가하기가 너무 어려운 항목은 빈칸으로 둔다.
⑤ 맨 아랫줄의 평균 칸에는 본인이 점수를 매긴 항목에 대해서만 평균값을 적어본다.

기업, 기관 이름 / 특성			
자율성			
적절한 도전 수준			
다양한 구성원			
충분한 자원			
위험을 감수하는 문화			
평균			

PART 2

5장

미래를 위한 기술전략

Technology Strategy

"미래를 정의하고 싶다면 과거에 대해 공부하라."

- 공자 -

01 미래 기술을 예측할 수 있을까?

02 기술 발전에 어떤 패턴이 있을까?

03 기술로드맵이란 무엇인가?

Quiz 팀별과제 개별과제

학습목표

- 미래에 필요한 기술은 무엇일지, 미래 기술을 예측하는 방법에 대해 알아보자.
- 지금까지 기술이 어떤 형태로 발전해왔는지, 역사 속에서 찾아낸 패턴을 알아보자.
- 미래 기술을 디자인하기 위한 기술로드맵에 대해 살펴보자.

먼저 생각해봅시다

이름 : ____________________

◇ 다음 그림은 우리나라에서 1960년대에 예상한 2000년대의 모습이다. 이를 보고 10년 뒤에 등장할 것으로 예측되는 기술 3가지를 적고, 기술의 용도 및 나와의 관련성을 생각해보시오.

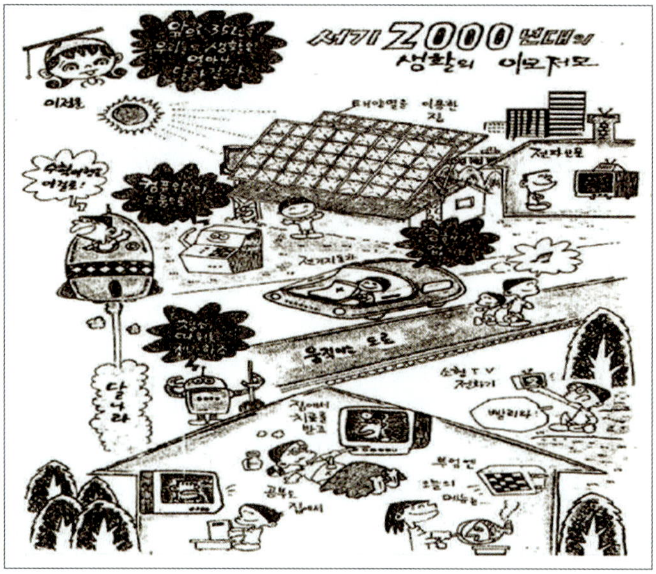

그림 5-1 40년 후의 세상(출처 : 지식경제부)

기술의 종류	기술의 용도	나와의 관계
예 먼지보다 더 작은 로봇(나노 로봇)이 활성화될 것 같다.	예 과학 연구, 군사, 환경 문제, 의료용으로 다양하게 쓰일 것이다.	예 10년 뒤면 부모님께서 나이가 드셔서 여기저기 편찮으실 것이다. 의료용 나노 로봇이 몸속에 들어가 막힌 혈관을 뚫거나 암세포를 찾아 제거할 수 있을 것이다.

01

미래 기술을 예측할 수 있을까?

새로운 기술의 등장은 인류의 삶에 크고 작은 변화를 만들어왔다. 1769년에 제임스 와트가 발명한 증기기관은 산업혁명의 주요 시발점으로 인식된다. 증기기관에 힘입어 시작된 산업혁명은 1800년경을 기점으로 유럽 전역, 북미 지역 등으로 전파되며 인류의 삶을 크게 바꿔놓았는데, 대표적인 요소로 소득의 변화를 꼽을 수 있다([그림 5-2]).

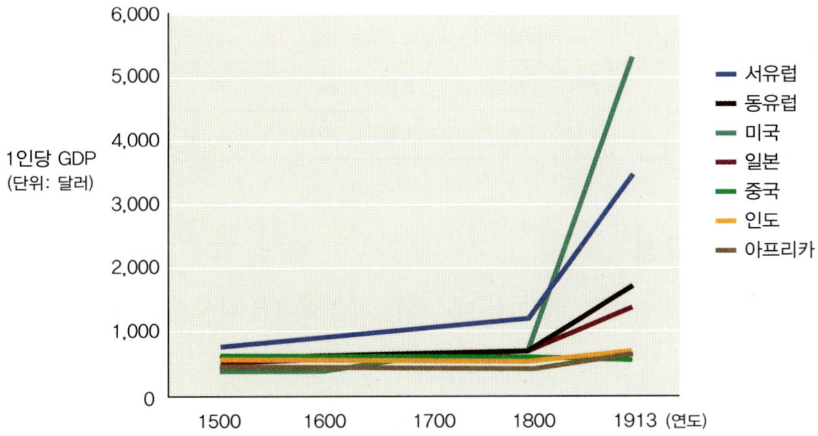

그림 5-2 산업혁명 전후의 1인당 소득 변화(출처 : DigitalTonto)

산업혁명의 예에서 알 수 있듯이 혁신적 기술은 기업이나 국가를 넘어서, 인류 전체의 삶에 큰 영향을 미쳐왔다. 따라서 미래에 어떤 기술이 필요할지, 어떤 기술이 등장할지는 모든 국가와 기업의 주요 관심사이다. 미래 기술 예측은 이런 관심사와 관련된다. 이 절에서는 미래 기술 예측이 갖는 의미와 예측 방법에 대해 알아보자.

1.1 미래 기술 예측의 의미와 예측 방법

기술은 [표 5-1]과 같이 분류되는데,[45] 각 분류가 배타적인 것은 아니다. 예를 들어, 한 기술이 최첨단 기술이면서 독점 소유 기술이 될 수 있다.

표 5-1 기술의 분류

종류	설명
최첨단 기술(State-of-the-art Technology)	경쟁자와 비교하여 동등하거나 우월한 기술
독점 소유 기술(Proprietary Technology)	지식재산권이나 다른 법률에 의해 보호되는 기술
알려진 기술(Known Technology)	많은 기업들에 알려진 일반적 기술
핵심 기술(Core Technology)	시장에서 경쟁력을 유지하는 데 필수적인 기술
레버리징 기술(Leveraging Technology)	여러 제품군에 동시에 적용되는 기술
지원 기술(Supporting Technology)	다른 기술을 지원하는 부가적인 기술
보측 기술(Pacing Technology)	제품이나 서비스 개발을 통제하는 기술
도래하는 기술(Emerging Technology)	미래 제품에 적용을 고려하고 있는 기술
관찰 대상 기술(Scouting Technology)	잠재적 활용성을 놓고 관찰 중인 기술
미지의 기술(Unknown Technology)	현재는 파악하지 못했지만, 잠재적 가치가 있는 기술

미래 기술 예측의 필요성

미래의 어느 시점에 어떤 기술이 필요할 것인가를 예측하는 기술 예측은 다음과 같은 의미가 있다.[192]

❶ 앞으로 어떤 기술이 등장하고, 기술 발전에 따라 어떤 사회적·경제적 영향이 발생할지를 예측한다. 즉 언제, 어떤 기술이 등장하거나 필요할지를 내다보고, 그 기술이 개인의 삶, 사람 간의 소통, 기업의 업무, 산업 구조, 경제활동, 국가 간 관계 등에 어떤 영향을 줄지 예측한다.

❷ 기업은 앞서 예측한 기술 추세에 맞춰 제품 개선 및 신제품 개발 계획을 수립한다. 사회적·경제적 영향을 고려하여, 기업의 생존과 발전에 유리한 전략을 만드는 식이다.

❸ 제품 개선 및 신제품 개발에 필요한 기술을 언제, 어떤 방법으로 획득할지를 계획한다. 어느 시기에 어떤 기술이 필요하고, 그 기술을 직접 개발할지 외부에서 가져올지 등을 결정한다.

❹ 산업과 경제 전체를 관장하는 정부 입장에서는 기술 추세를 바탕으로 중장기 기술전략을 수립한다. 어떤 기술과 산업에 정부의 지원을 더 집중할지, 이와 관련하여 언제, 어떤 제도를 바꾸거나 신설할지 등을 결정하게 된다.

기술 예측을 위해서는 예측 시기, 예측 대상 기술, 기술의 특성, 실현 가능성이라는 요소들을 고려해야 한다.[210]

- **예측 시기** : 먼 미래 또는 수십 년 후와 같이 모호한 시기가 아닌 2년 후, 5년 후 등과 같은 정확한 시기여야 한다.
- **예측 대상 기술** : 대상 기술이 '미래 IT 기술'과 같이 추상적인 것이 아닌 '휴대용 게임기의 방향 조정 기술'과 같이 구체적이며 통용되는 것이어야 한다.
- **기술의 특성** : 예측하는 기술의 용도, 기능, 성능 등이 제시되어야 한다.
- **실현 가능성** : '확률이 높다, 낮다' 등의 정성적 표현보다는 정량적인 수치로 실현 가능성을 제시해야 한다.

미래 기술 예측 방법

미래 기술을 예측하는 작업은 결코 단순하거나 쉬운 일이 아니다. 몇몇 기법들이 사용되고 있으나 어떤 기법도 미래 기술을 아주 정확하게 예측한다고 보기는 어렵다. 미래 기술을 예측하는 방법은 크게 다음과 같이 나뉜다.

- **정성적 예측** : 전문가 인터뷰 및 설문 등을 통해 개인이 가진 미래 기술에 대한 주관적 견해를 종합하여 예측하는 방법이다. 인터뷰 및 설문에 응해줄 수 있는 해당 기술 전문가를 확보하는 것이 중요하다.
- **정량적 예측** : 과거부터 현재까지 기술이 발전해온 흐름을 수치화하고, 이 수치를 분석하여 미래의 흐름을 수리적으로 예측하는 방법이다. 분석 대상 기술에 대한 과거 데이터가 충분하고, 해당 기술이 적용되는 사회·경제적 상황이 과거와 미래에 큰 차이가 없어야 한다.

[표 5-2]는 이 두 기법을 언제 어떻게 사용하는지 비교한 것이다.

표 5-2 정성적/정량적 예측 기법 비교

기법 / 비교 항목	정성적 기법	정량적 기법
활용 시기	· 분석에 필요한 데이터 수집이 어렵거나 수집 비용이 과다한 경우 · 사회, 경제적 환경 변화가 극심해서 과거의 데이터가 무의미해진 경우 · 정치적, 윤리적 요인으로 기술 정책에 변화가 필요한 경우	· 분석에 필요한 과거 데이터가 충분히 누적된 경우 · 해당 기술이 적용되는 사회, 경제적 상황이 과거와 현재에 큰 변화가 없는 경우 · 해당 기술에 대한 정치적, 윤리적 요구 사항이나 정책에 변화가 없는 경우
활용 방법	· 개별 인터뷰 방법 · 설문 조사 방법 · 명목집단법(NGT : Nominal Group Technique)	· S커브에 대응 · 대체곡선에 대응 · 추세 외삽법(Trend Extrapolation)

02

기술 발전에 어떤 패턴이 있을까?

지구에 인류가 등장한 것이 지금으로부터 약 200만 년 전이고, 현재의 모습을 한 신인류[1]가 등장한 것이 대략 3만 년 전의 일이다. 인류의 역사를 길이 1m 정도의 끈으로 놓고 본다면, 전체 인류의 역사 중에서 0.1mm 정도, 신인류의 역사 중에서 1cm 정도의 기간 동안 우리가 누리는 대부분의 기술이 완성된 셈이다.

기원전 3000년부터 현재까지 기술의 발전 양상을 보면 대략적으로 [그림 5-3]과 같다. 우리에게 익숙한 현대 문명의 대부분이 최근 100~200년 이내에 만들어진 셈이다.

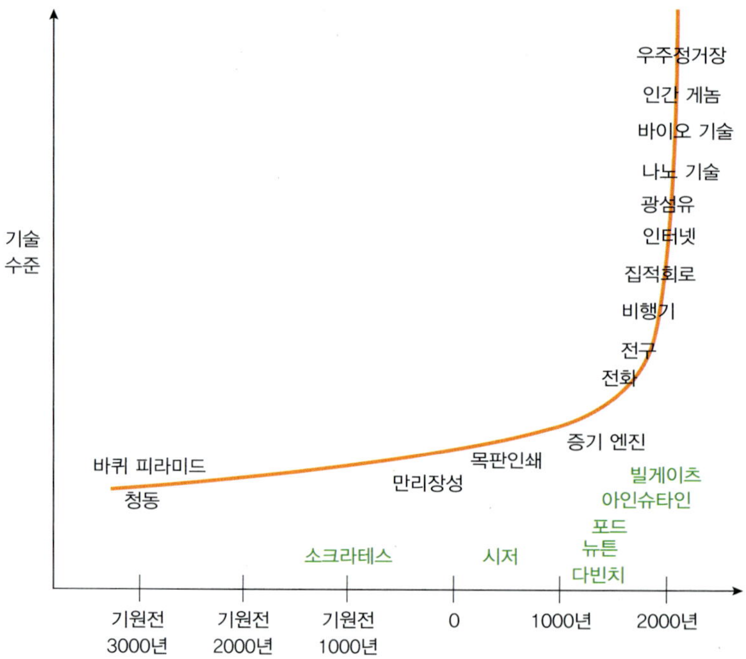

그림 5-3 기술 발전사(기원전 3000년~현재)

1 호모 사피엔스 사피엔스

과거부터 현재까지 기술이 발전해온 역사를 놓고 보면, 몇 가지 정형화된 패턴이 보인다. 그 패턴이 언제까지 지속될지는 누구도 장담하기 어렵지만, 미래를 대비하는 데 큰 도움이 되는 것만은 확실하다. 이 절에서는 기술이 발전하는 몇 가지 패턴을 알아보자.

2.1 기술혁신의 S커브 이론

S커브는 새로운 기술이 등장하여 성장하고, 성숙되는 단계를 설명하는 모델이다. [그림 5-4]와 같이 S자 형태의 커브 모양과 유사하여 S커브 이론Technology S-Curve Theory이라 부른다.[41] S커브 이론의 특징과 적용 사례를 살펴보자.

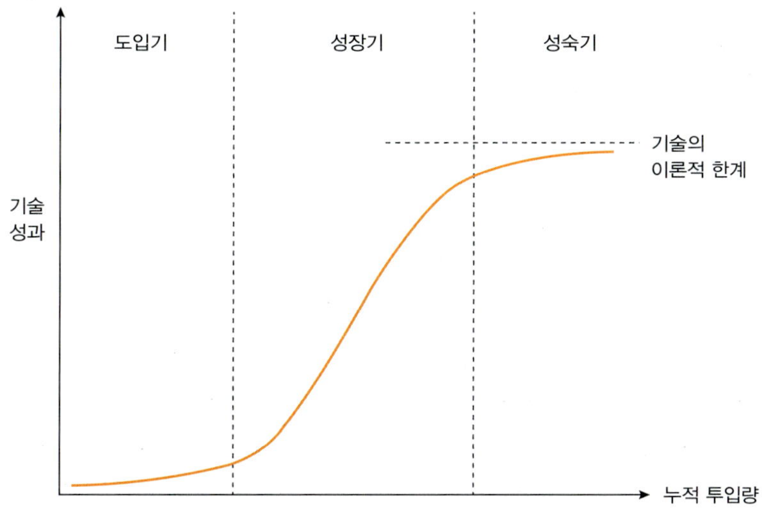

그림 5-4 기술혁신의 S커브

S커브 이론의 특징

새로 등장한 기술은 시간의 흐름에 따라 도입기, 성장기, 성숙기의 3단계를 거친다. 각 단계의 특징은 다음과 같다.[106]

❶ **도입기** : 기술에 대한 이해가 부족하고 연구 기반이 취약해서 투입되는 자원에 비해 발전 속도가 느린 단계이다. 다양한 시도가 이루어지고, 이 과정에서 혁신적인 아이디어가 쏟아진다.

❷ **성장기** : 기초 기술이 완성되고, 참여하는 연구자 및 파트너가 늘면서 기술 발전에 가속도가 붙어서 급진적인 개선이 이루어지는 단계이다. 시장의 수요가 증가하는 단계여서 효율적인 생산을 위한 공정 혁신이 발생하는 단계이다.

❸ **성숙기** : 지속적으로 투자를 해도 기술이 한계에 부딪혀 일정 수준 이상으로 성장하지 못하는 단계이다. 기술적으로는 한계에 다다른 상태여서 비용 절감, 틈새시장 공략과 같이 부분적 혁신이 시도된다.

S커브 이론의 사례

여러 기술의 발전 사례를 분석해보면, S커브 모습으로 정리된다. [그림 5-5]는 디지털신호 처리 기술의 발전 추세를 보여준다.[103] [그림 5-6]은 컴퓨터 통신용 모뎀의 발전 추세를 나타낸다.[56] 두 경우 모두 S커브에 가까운 형태로 기술이 발전했다.

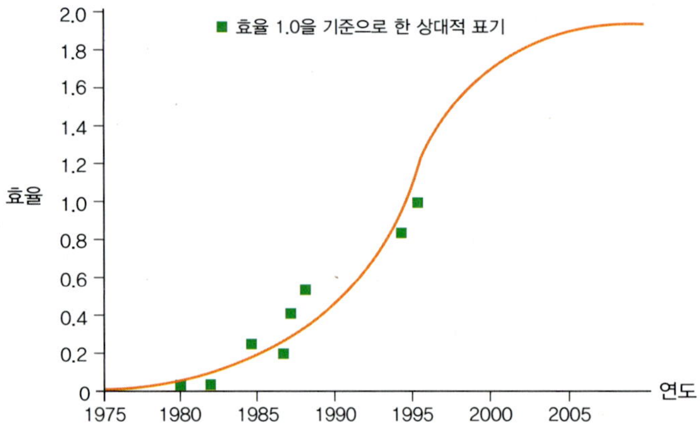

그림 5-5 디지털신호 처리 기술의 발전 추세

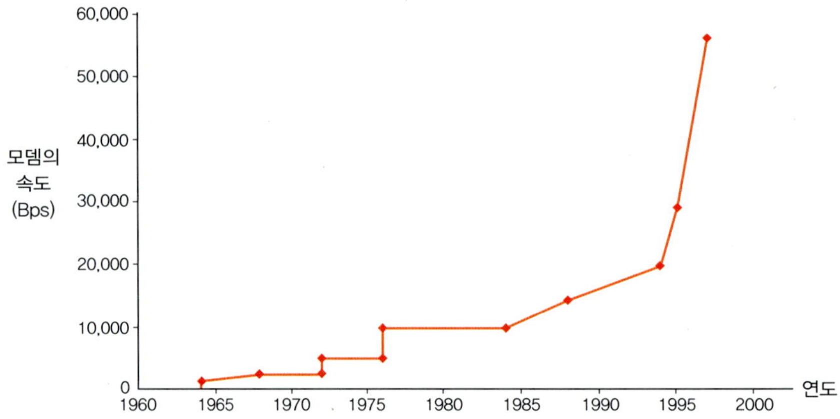

그림 5-6 컴퓨터 통신용 모뎀의 발전 추세

[그림 5-7]은 미국에서 인구 1천 명당 특허 등록 건수를 나타낸 그래프이다. S커브와 완전히 일치하지는 않지만, 일부 유사한 모습이 있음을 이해할 수 있다.

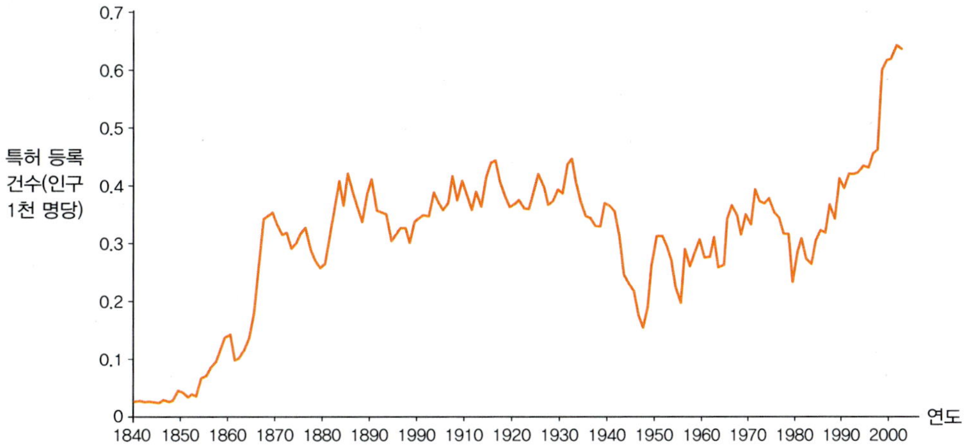

그림 5-7 인구 1천 명당 특허 등록 건수 추이(미국)[56]

같은 종류의 기술, 제품을 가지고 경쟁하는 시장 내에서 개별 기업의 기술 성과를 비교해도 S커브의 패턴이 나타난다. [그림 5-8]은 컴퓨터용 디스크드라이브 시장에서 경쟁 관계에 있는 미국 콘트롤데이터와 일본 후지쯔의 집적도[2] 발전 추세를 보여준다. 성장 속도와 기술적 한계에서 두 회사가 조금 다른 면을 보이고 있지만, 전체 패턴은 S커브를 나타낸다.

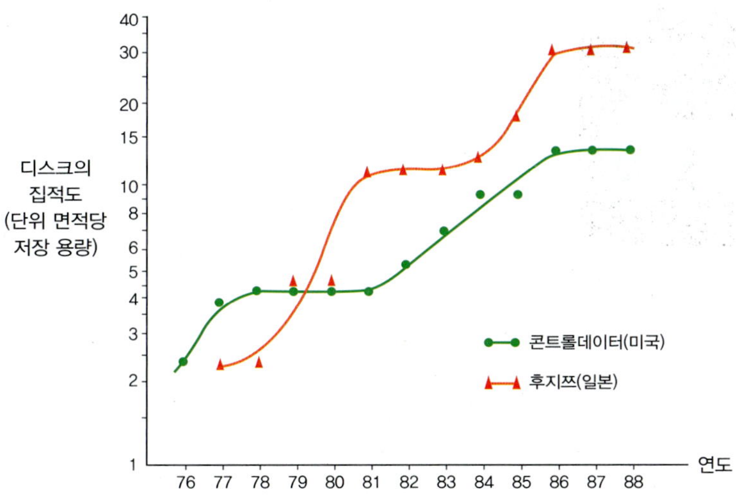

그림 5-8 디스크드라이브의 집적도 발전 추세[23]

---

2 디스크드라이브의 집적도는 일정한 물리적 공간 내에 얼마나 더 많은 데이터를 저장할 수 있는가를 의미한다.

[그림 5-9]는 비디오테이프 시장에서 VHS 방식과 베타(Beta)방식[3] 테이프의 연도별 생산 추세를 보여준다. VHS는 시장을 주도하는 제품으로 자리를 잡으면서 S커브 형태로 증가했고, 베타는 시장에서 밀려나면서 성장 단계로 접어들지 못한 채 사라지는 것을 볼 수 있다.

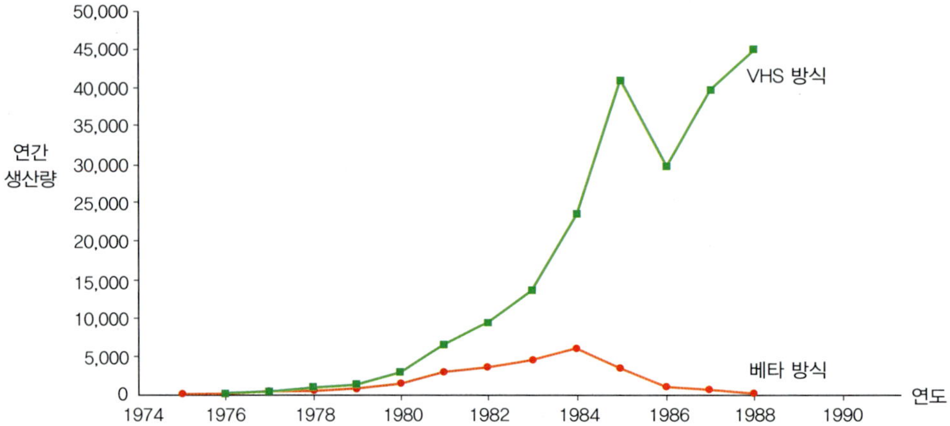

그림 5-9 비디오테이프의 생산 추세[56]

그림 5-10 베타(위)와 VHS(아래) 방식의 비디오테이프

앞서 제시한 예처럼 모든 기술의 발전 추세가 정확하게 S커브와 일치하지는 않는다. 정량적으로 S커브를 그리기 위한 기법들이 아직은 많이 부족하다. 그러나 다음과 같은 면에서 S커브를 의사결정에 활용해볼 만하다.

---

3 CD, DVD 등장 이전에 비디오플레이어에 사용되던 비디오테이프이다([그림 5-10]). VHS와 베타는 각각 일본의 마쓰시타, 소니가 만든 규약이다. 기술적으로는 소니의 베타가 더 우세하다고 평가받았으나, 개방적인 정책을 펼친 마쓰시타의 VHS가 시장에 더 빠르게 보급되었다.

- **후속 기술에 대한 의사 결정** : 현재 기술이 한계에 다다른 상태에서 후속 기술 개발을 시작하는 기업은 시장에서 살아남지 못한다. 현재 기술이 퇴출되고, 후속 기술이 안정화되기까지의 공백기를 버티기가 어렵다. 현재 기술이 S커브의 성장기에 있지만, 조금씩 성장세가 누그러지는 것이 관찰되면 곧 다가올 성숙기에 대비하기 위해 후속 기술을 준비해야 한다.
- **자사의 기술 평가** : 자사 기술의 발전 추세를 놓고, 현재 자사 기술이 도입, 성장, 성숙 중 어느 단계에 이른 것인지 알 수 있다. 이를 경쟁 기업들과 비교해보면 더욱 좋다.
- **기술의 확산 속도 예측** : 기술을 시장에서 소비자가 수용하는 패턴도 S커브와 유사하다.[4] 도입기에는 천천히 수용하고, 성장기에 수요가 폭발하며, 성숙기에는 성장률이 급감한다. 이 패턴을 근거로 생산, 판매 계획을 세우면 된다.

2.2 S커브와 대체곡선

하나의 S커브가 다른 S커브로 대체되는 지점을 기술의 불연속점이라고 부른다. 예를 들어, 가솔린 자동차가 전기 자동차로 대체되거나 비디오테이프가 DVD로 대체되는 식이다. 이때 뒤에 따라오는 기술을 불연속 기술Discontinuous Technology이라고 부르며, 그 곡선을 대체곡선Substitution Curve이라 한다. 대체곡선의 특징과 적용 사례를 살펴보자.

대체곡선의 특징

S커브와 대체곡선의 관계는 [그림 5-11]과 같다.[25]

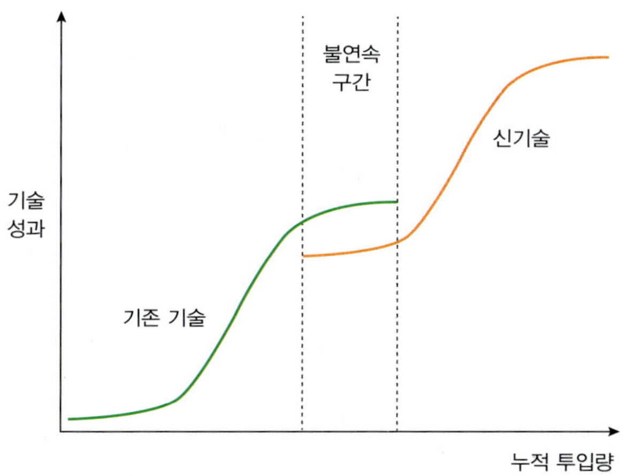

그림 5-11 대체곡선

4 기술 수용자에 대한 내용은 '11장. 하이테크 마케팅의 이해'에서 다시 설명하기로 한다.

기존 기술이 신기술로 대체되는 상황에서는 몇 가지 유의해야 할 점이 있다.

❶ 신기술이 도입되는 시기인 불연속 구간에서는 신기술의 성능이 기존 기술의 성능보다 오히려 낮은 경우가 많다. [그림 5-11]을 보면 기존 기술 성과의 마지막 부분이 신기술 성과의 시작 부분보다 우위에 있다. 극단적인 예로 초창기의 자동차는 마차보다도 속도가 느렸다.

❷ 기존 기술이 반드시 기술적 한계에 도달했을 때 신기술이 등장하여 대체되는 것은 아니다. 때로는 기존 기술에 여전히 발전 가능성이 있어도 혁신적 신기술이 등장하여 기존 기술을 진부화[5]시키기도 한다.

❸ 하나의 기존 기술을 대체하기 위해 여러 개의 신기술이 등장하는 경우가 많다. 자동차의 경우 가솔린 자동차를 대체하기 위해 태양광 자동차, 수소차, 전기차 등의 다양한 신기술이 제시되는 상황이다. [그림 5-11]과 달리 여러 개의 신기술 곡선이 하나의 기존 기술을 대체하기 위해 경쟁을 벌인다. 이 중에서 시장에서 지배적으로 받아들이는 기술이 살아남는다.

대체곡선의 사례

[그림 5-12]는 휴대전화에 적용된 통신 기술의 대체곡선이다. 1G부터 시작해서 4G까지 통신 속도kbps를 기준으로 S커브가 지속적으로 대체되고 있는 패턴이 보인다.

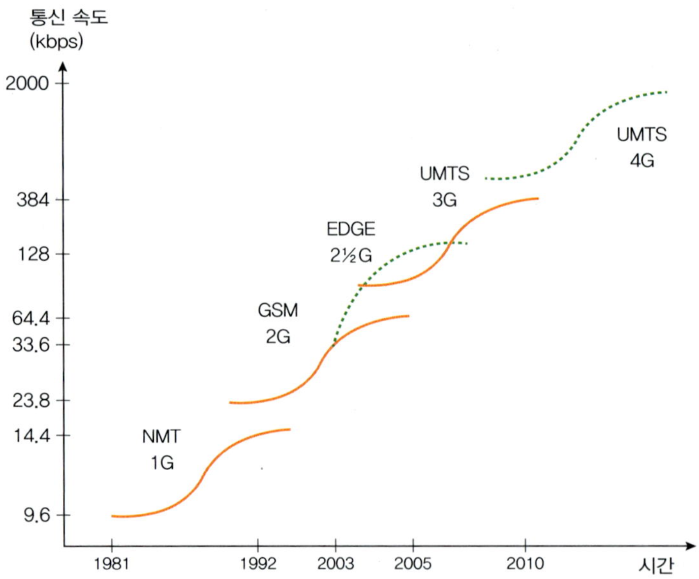

그림 5-12 휴대전화 통신 기술의 대체곡선(출처 : Qualcomm – Strategy on Lines of Technology S-Curves)

5 경제 환경 변화, 신기술의 등장, 요구 사항 변화 등으로 인해 기계나 설비의 수명이 단축되는 현상을 뜻한다. 예를 들어, 새로운 스마트폰이 빠르게 많이 출시되면 기존 스마트폰의 진부화가 가속화된다.

2.3 신기술 열풍 주기

IT 전문 조사 기관인 가트너에서 만든 신기술 열풍 주기Hype Cycle for Emerging Technologies는 새로운 기술이 등장했을 때 시장이 어떻게 반응하고, 이 기술이 어떻게 성숙하며 퍼져나가는가를 보여주는 모델이다. 지금부터 신기술 열풍 주기의 특징과 적용 사례에 대해 살펴보자.

신기술 열풍 주기의 특징

신기술 열풍 주기의 전체적인 모습은 5단계로 구성되며([그림 5-13]), 각 단계별 특징은 다음과 같다.[37]

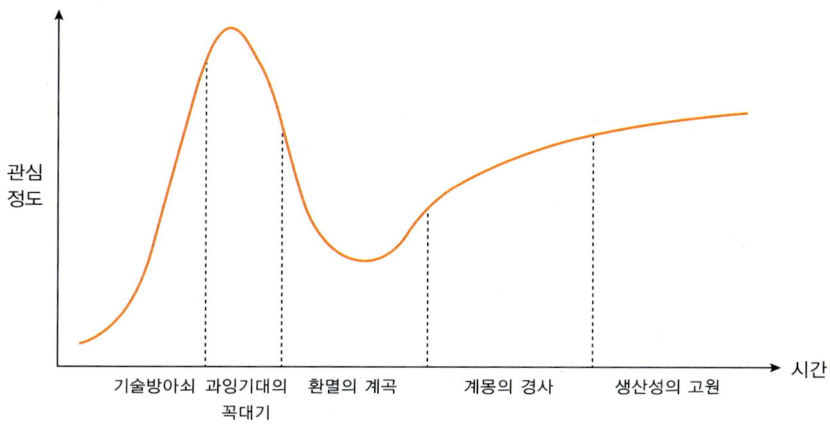

그림 5-13 신기술 열풍 주기의 전체 모습

❶ **기술방아쇠** : 새로운 기술이 시장에 등장한다. 언론에서 관심을 보이며, 기술이 갖고 있는 미래 가치가 언급된다. 실제 제품이나 상업적 검증 없이 소개되기도 한다.

❷ **과잉기대의 꼭대기** : 신기술의 가치를 폭발적으로 크게 보는 단계이다. 혁신가들에 의해 신기술이 적용되기 시작하고, 언론에서 신기술의 가치를 매우 낙관적으로 평가한다.

❸ **환멸의 계곡** : 시장의 관심이 낮아지는 단계이다. 실패 사례에 관심이 쏠리며, 실제로 기술적·상업적으로 성공한 사례들에 대해서만 투자가 이루어진다.

❹ **계몽의 경사** : 혁신가들이 만들어낸 성공 사례가 갖는 진정한 의미가 전파되는 단계이다. 환멸의 계곡에서 주류를 이뤘던 비관적 시선이 개선된다. 더 많은 기업들이 해당 기술을 수용하기 시작한다.

❺ **생산성의 고원** : 해당 기술이 시장을 선도하는 기술로 자리 잡는 단계이다. 해당 기술의 상업적 가치가 검증되고, 많은 기업들이 안정적으로 해당 기술을 적용한다.

신기술 열풍 주기의 사례

가트너는 매년 한 차례씩 열풍 주기의 단계별로 어떤 기술이 존재하는지를 업데이트하여 공개하고 있다. [그림 5-14]는 2015년 7월 기준으로 공개된 기술들이다.

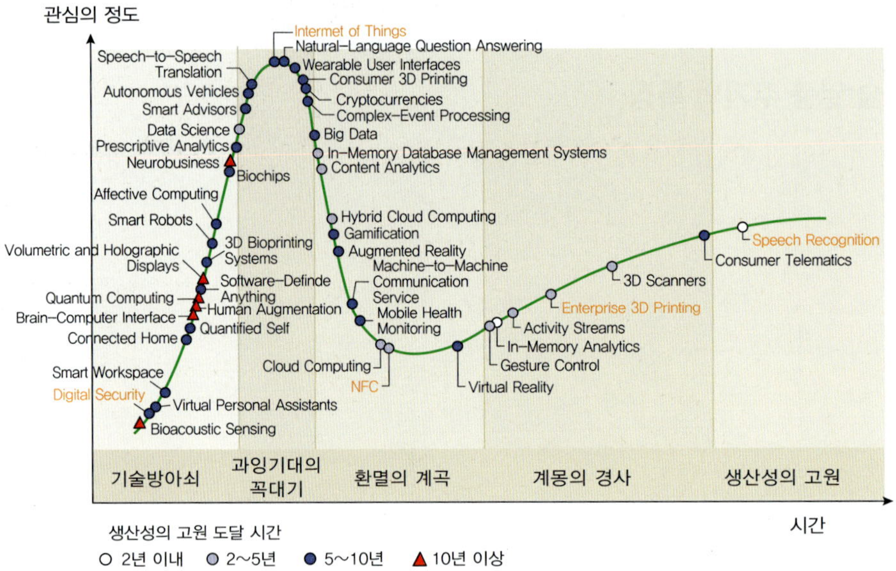

그림 5-14 2015년 7월 기준 신기술 열풍 주기(출처 : 가트너)

[그림 5-14]를 보면 2015년 7월을 기준으로 디지털 시큐리티Digital security, 사물인터넷IoT : Internet of Things, NFC, 3D 프린팅, 음성 인식Speech Recognition 기술이 5단계에 순서대로 포진되어 있다. 각 단계의 기술이 생산성의 고원까지 도달하는 데 소요되는 시간은 각각 다르다. 예를 들어, 2015년 7월을 기준으로 보면, 같은 기술방아쇠 단계에 있는 디지털 시큐리티, 양자 컴퓨팅Quantum Computing이 생산성의 고원에 도달하는 시간이 각각 5~10년, 10년 이상으로 예측되고 있다.

가트너의 예측이 절대적으로 맞는다고 보기는 어렵지만, 이 모델을 기반으로 기업은 어떤 기술이 미래의 어느 시점에서 의미가 있을지를 대략적으로 가늠해볼 수 있다. [그림 5-15]는 1998~2005년의 아마존Amazon.com 주가 변동 패턴으로, 신기술 열풍 주기와 매우 닮아 있다. 온라인을 통한 상품 거래 시스템이 시장에 처음 등장하여 안정적인 기업으로 자리를 잡기까지 격동을 겪은 기업의 모습이 신기술 열풍 주기와 묘하게 일치한다.

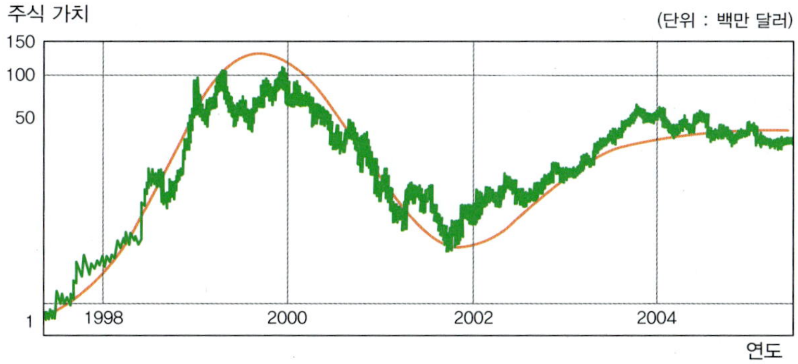

그림 5-15 아마존의 주가(출처 : 야후)

2.4 와해성 기술혁신

전통적으로 기업들은 첨단 기술을 토대로 고성능의 고가 시장을 주로 공략해왔다. 선도 기업들이 기술을 지속적으로 발전시켜 고성능의 제품을 더 비싸게 판매하는 방식이다. 이를 존속적 기술혁신Sustaining Technological Innovation이라고 한다. 이와 대비되는 개념이 와해성 기술혁신이다Disruptive Technological Innovation [18][25]. 와해성 기술혁신의 특징과 적용 사례를 살펴보자.

와해성 기술혁신의 특징

와해성 기술혁신은 기존 제품과 확연히 다른 가치를 제공하는 기술 및 제품을 통해 새로운 시장을 창조하는 방식이다.[6] 와해성 기술혁신에서 많이 사용되는 전략 중 하나가 저성능, 저기능의 제품으로 저가 시장을 공략하는 것이다. 오래된 기술을 사용하거나, 첨단 기술에서 원가가 높아지는 부분을 과감히 빼버리고 제품을 생산하는 방식이다. 존속적 기술혁신과 와해성 기술혁신의 관계는 [그림 5-16]과 같이 표현된다.

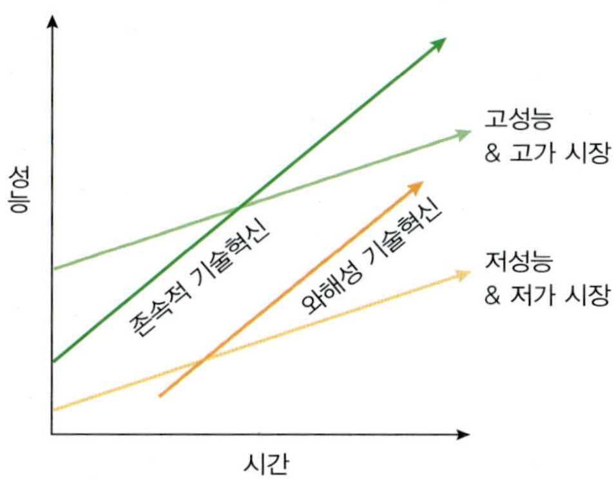

그림 5-16 와해성 기술혁신

6 파괴적 기술혁신이라고 부르기도 한다.

와해성 기술혁신은 인텔에서 정의한 세그먼트 제로Segment Zero 개념과 관련된다. 인텔은 1990년대 후반까지 컴퓨터 시장을 [그림 5-17(a)]의 구조로 바라보고 제품 개발과 영업을 추진해왔다. 판매량은 적지만, 단위별 수익이 높은 세그먼트 3, 4가 인텔의 주력 시장이었다. 이후 인텔은 기존의 4단계 시장 분류로 접근하지 못하는 시장이 있다는 판단에 따라, 1999년에 [그림 5-17(b)]와 같이 세그먼트 1 아래에 더 넓은 시장인 세그먼트 0이 있다고 정의했다.[7][50] 세그먼트 0은 성능이나 기능이 다소 부족해도 더 낮은 가격으로 많은 사용자들을 공략하는 시장을 뜻한다. 쉽게 말해서, 컴퓨터 분야에서 박리다매의 시장을 정의한 것이다.

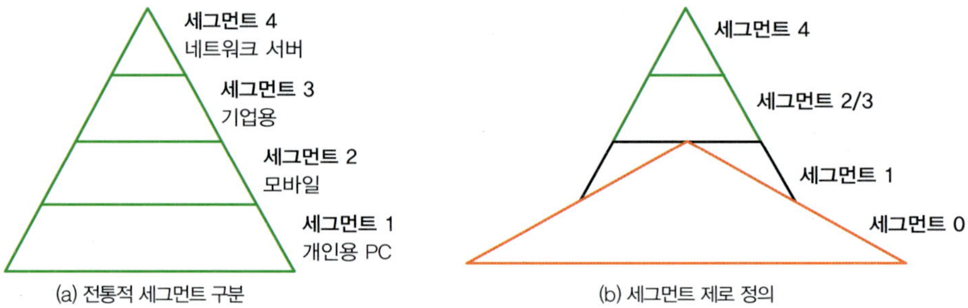

그림 5-17 세그먼트 개념의 변화

또한 와해성 기술혁신은 오버슈팅 현상과도 관련 있다. 기업이 제공하는 제품, 서비스의 기술 수준이 고객의 요구 수준을 넘는 순간을 오버슈팅Overshooting이라고 한다.[207] 오버슈팅이 발생하면 기업은 소비자의 수요와 무관한 기술 개발에 자산을 투자하여 성장성을 잠식하게 된다. 게다가 고객 입장에서는 기능 피로감으로 인해 제품 및 서비스에 대한 만족도가 오히려 떨어진다([그림 5-18]의 오른쪽). 결과적으로 기능이 단순한 저가 제품에 시장을 뺏길 가능성이 생긴다. 오버슈팅은 기업이 최고 기술, 일등 기술이라는 목표에 집착할 때 발생한다.

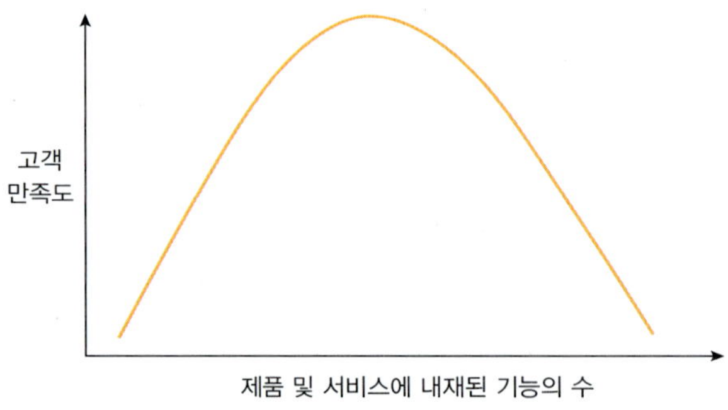

그림 5-18 기능 피로감과 만족도

---

7 세그먼트 제로 이론을 발표하기 전까지 인텔은 1,000달러 이하 PC 시장에는 관심을 두지 않았다. 판매가와 수익 모두 너무 낮다고 판단했다. 그러나 2000년대에 들어오면서 1,000달러 이하의 세그먼트 제로 시장이 PC 산업에서 가장 큰 규모로 성장하고 있다.

와해성 기술혁신의 사례

1970년대 초반까지 복사기 시장을 지배한 제록스는 다른 IT 기업과 경쟁하기 위해 지속적으로 고성능의 첨단 복사기를 시장에 내놓았다. 1973년에는 모델명 6500이라는 컬러복사기를 출시했다([그림 5-19]).

그림 5-19 제록스의 컬러복사기 6500

그러나 1980년대 들어 제록스의 시장점유율은 절반으로 떨어졌다. 제록스의 발목을 잡은 기업은 복사기 전문 기업이 아닌 '캐논'이었다. 제록스는 캐논이 출시한 저렴한 소형 복사기에 시장을 내주었다. 사실상 캐논의 복사기는 제록스의 제품에 비해 기능이나 성능 면에서 비교가 되지 못했다. A4 용지 1장을 복사하는 데 2분이 걸렸고, 확대나 축소 기능 등이 전혀 없었다. 그러나 급하게 몇 장의 서류를 복사하려는 소규모 기업, 일반 가정의 고객에게 많은 인기를 얻었다. 저기능의 저가 제품으로 시장 공략에 성공한 셈이다.

한편, 스마트폰의 등장은 PC의 필요성을 와해시키고 있다. PC에서 해오던 단순한 작업들은 스마트폰이 충분히 대체하고 있다. 전화기에서 발전된 스마트폰이 전화기와 전혀 무관하게 인식되었던 PC 시장을 잠식하는 상황이다. 또한 스마트폰 내에서도 와해성 기술혁신이 이루어지고 있다. LG전자는 보급형 스마트폰인 LG 벨로 모델을 출시하여 중남미 3G 시장을 공략하고 있다([그림 5-20]).

그림 5-20 LG전자의 벨로2(출처 : LG전자)

2.5 기술 사이클 이론

기술 사이클 이론Technology Cycle Theory이란 미국의 컴퓨터, 시멘트 산업 등을 분석하여 완성된 기술 주기 이론으로, 기술의 변화와 발전이 순환적으로 발생한다는 모델이다. 기술 사이클 이론의 특징과 적용 사례를 살펴보자.

기술 사이클 이론의 특징

기술은 [그림 5-21]과 같이 4단계를 거치며 변화하고 발전하는데, 각 단계별 특징은 다음과 같다.[7]

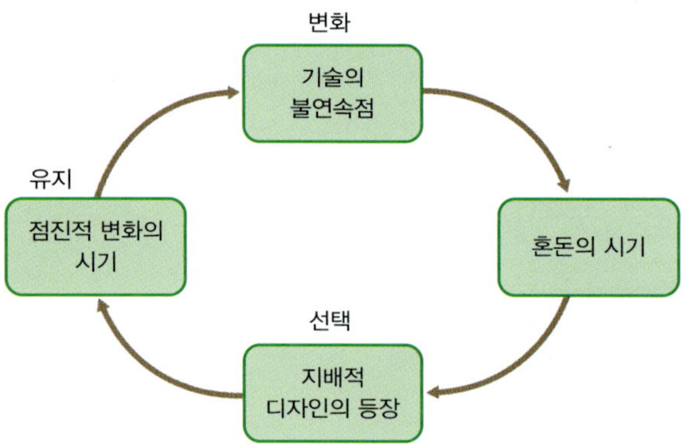

그림 5-21 기술 사이클 이론[148]

❶ **혼돈의 시기**Era of Ferment : 다양한 접근과 디자인이 시도되는 단계이다. 검증된 방식이 없어서 여러 접근이 시도되고, 서로 경쟁하는 단계이다.

❷ **지배적 디자인의 등장**Dominant Design : 시장을 지배하는 디자인이 등장하는 단계이다. 최고의 기술, 첨단의 기술이 시장을 지배하는 것이 아니라 시장 구성원들의 수요를 가장 잘 만족시키는 디자인이 지배적 디자인으로 자리를 잡는다.

❸ **점진적 변화의 시기**Era of Incremental Change : 지배적 디자인을 바탕으로 개선된 제품을 선보이고, 시장을 세분화해서 공략하는 단계이다. 완전히 다른 디자인으로 위험을 감수하기보다 지배적 디자인의 테두리 내에서 안정적인 확장을 꾀한다.

❹ **기술의 불연속점**Technological Discontinuity : 드물게 발생하는 혁신적 발전의 단계이다. 불연속점은 제품이나 공정에 막대한 변화를 일으킨다.

기술 사이클 이론의 사례

우리에게 친숙한 태블릿, SNSSocial Networking Service, 게임기 컨트롤러의 역사적 사례를 통해 기술 사이클 이론을 생각해보자.

■ 태블릿

태블릿의 등장부터 현재까지를 살펴보자. 1985년에 발표된 펜셉트의 펜패드([그림 5-22]), 1989년에 발표된 그리드시스템의 그리드패드([그림 5-23]) 등이 초창기 태블릿 모델에 해당된다.

그림 5-22 펜패드

그림 5-23 그리드패드

이후 1991년에 에이티엔티, 1992년에 아타리에서 태블릿을 발표했으며, 애플은 1993년에 애플 뉴튼이라는 태블릿을 발표했다([그림 5-24]). 이후에도 팜, 마이크로소프트, 노키아 등이 태블릿을 지속적으로 발표했으나, 한정된 사용자들만 선택할 뿐 폭발적인 반응까지 이끌어내지는 못했다. 시장의 전환점은 2010년에 찾아왔다. 애플, 삼성이 각각 2010년 4월, 9월에 아이패드, 갤럭시탭을 발표했다([그림 5-25], [그림 5-26]). 두 제품은 기존 제품들과 달리 펜이 아닌 손가락 기반의 터치를 지향하고, 방대한 앱마켓을 통해 다양한 프로그램을 사용하도록 지원했다.

그림 5-24 애플 뉴튼

그림 5-25 2010년에 발표된 애플 아이패드

그림 5-26 2010년에 발표된 삼성 갤럭시탭

최초의 태블릿이 시장에 등장한 이후, 펜 기반 터치 디자인이 시장을 주도해오면서 많은 기업들이 조금씩 변화를 주며 태블릿을 시장에 선보여왔다. 그러나 이제 사람들은 손가락 기반 터치 디자인을 사용하는 아이패드 또는 갤럭시탭을 태블릿을 상징하는 제품으로 꼽는다. 두 제품이 그렇게 각인된 이유는 기술의 불연속점을 만들었기 때문이다. 손가락 기반 터치, 사용자 인터페이스, 앱마켓 등의 혁신적 변화를 통해 기술의 불연속점을 만들었다.

■ SNS

SNS의 태동은 지오시티[Geocities, 1994년], 더글로브[Theglobe, 1995년], 트라이포드[Tripod, 1995년]로 볼 수 있다. 이후에 식스디그리[SixDegrees, 1997년], 메이크아웃클럽[Makeoutclub, 2000년], 허브컬쳐[Hub Culture, 2002] 등 다양한 SNS가 오픈되었다. 국내에서는 아이러브스쿨이 1999년에 초등학교 동창들을 연결하는 서비스를 시작했다.

그림 5-27 초창기 SNS, 더글로브

그림 5-28 초창기 SNS, 트라이포드

오늘날에는 페이스북[Facebook]과 트위터[Twitter]가 대중적인 SNS로 자리 잡았다. 개인의 일상을 올리고, 서로 피드백하는 방식은 기존 서비스들과 유사하다. 기존 서비스가 일상 공유와 피드백이라는 틀 안에서 약간의 변화를 주는 수준으로 발전했다면, 페이스북과 트위터는 웹 사이트 또는 앱과 연동되는 API[Application Program Interface, 8]를 공개함으로써 새로운 혁신의 물꼬를 터주었다.

몇 가지 예를 살펴보자. 슈퍼셀[Supercell]의 게임 앱인 클래시오브클랜은 페이스북 계정을 연결할 경우, 페이스북에 등록된 친구들과 함께 게임을 즐기는 기능을 제공한다([그림 5-29]). 즉 앱이나 웹 사이트에서 별도의 계정을 만들지 않아도 페이스북 계정으로 로그인할 수 있다. 맛집을 추천하는 망고플레이트 앱도 페이스북 계정으로 로그인할 수 있다[(그림 5-30)]. 페이스북에서 공개한 API로 개발된 기능이다.

8 프로그램을 만들 때 불러서 사용하는 기능, 함수의 집합이다. API를 이용하면 복잡한 기능을 매우 빠르고 단순하게 구현하게 된다.

그림 5-29 페이스북과 연동되는 클래시오브클랜 앱

그림 5-30 페이스북 계정으로 로그인되는 망고플레이트 앱

■ 게임기 컨트롤러

최초의 조이스틱은 1926년에 미국 해군연구소에서 만들어졌는데,[105] 두 개의 축을 가지고 상하 좌우로 조정하는 형태였다([그림 5-31]). 1944년에는 독일이 군용기에서 발사한 미사일을 조정할 수 있는 조이스틱을 개발했다. 미국 해군연구소와 독일의 사례에서 공통된 점은 컴퓨터 게임을 위해서가 아닌 군사적인 목적으로 조이스틱을 개발했다는 것이다.

그림 5-31 미국 해군연구소가 발명한 최초의 조이스틱(1926년) (출처 : 미국 해군연구소)

1962년에 발표된, 스페이스워에 사용된 콘트롤러가 컴퓨터 게임용 컨트롤러의 첫 사례이다. 4개의 스위치로 게임 속 함선을 왼쪽, 오른쪽으로 회전시킬 수 있고, 로켓과 어뢰를 발사할 수 있었다([그림 5-32]). 스페이스워는 메인프레임 컴퓨터인 DEC의 PDP-1 기종에서 작동되었다. 1967년 비디오게임기를 최초로 발명한 랠프베어는 비디오게임기용 조이스틱을 출시했다([그림 5-33]).

그림 5-32 스페이스워의 컨트롤러(1962년)

그림 5-33 랠프베어의 컨트롤러(1967년)

1977년에는 아타리에서 가정용 게임기인 아타리2600과 함께 조이스틱을 선보였는데([그림 5-34]), 아타리2600에 포함된 조이스틱을 가정용 조이스틱의 원형으로 보는 견해가 많다. 다음 해인 1978년에는 마그나복스 오딧세이2 게임기가 조이스틱과 함께 출시되었다([그림 5-35]). 그림에서 보듯이 아타리2600과 매우 유사한 모습이다.

그림 5-34 아타리2600의 컨트롤러(1977년)

그림 5-35 마그나복스 오딧세이2의 컨트롤러(1978년)

1979년에는 마텔에서 여러 개의 숫자버튼과 컨트롤 디스크를 조합한 컨트롤러를 선보였다([그림 5-36]). 이때까지 조이스틱 방식의 컨트롤러는 8방향의 조정이 가능했지만, 마텔의 컨트롤러는 16방향 조정을 지원했다. 1982년에는 콜레코비전ColecoVision에서 마텔의 컨트롤러와 유사한 제품을 출시했다([그림 5-37]).

그림 5-36 마텔의 컨트롤러(1979년)

그림 5-37 콜레코비전의 컨트롤러(1982년)

1926년에 조이스틱이 군사용으로 처음 개발되고, 1967년에 랠프베어가 비디오게임기용 조이스틱을 선보인 후부터 조이스틱의 형태는 아타리가 1977년에 발표한 모습까지 큰 변화가 없었다. 마텔, 콜레코비전 등에서 다른 형태로도 출시해봤지만 주류로 인식되지는 못했다. 그러다가 1983년에 큰 변화가 일어났다. 닌텐도에서 발표한 게임기인 NES에서 조이패드 방식이 등장한 것이다([그림 5-38]).[9]

그림 5-38 닌텐도 NES의 컨트롤러(1983년)

NES에 적용된 조이패드 방식은 가정용 비디오게임기 컨트롤러의 새로운 원형이 되었다. 이후 파나소닉, 세가, 소니 등에서 출시한 가정용 비디오게임기에는 모두 조이패드 방식이 적용되었다([그림 5-39, 5-40, 5-41]).

그림 5-39 파나소닉의 컨트롤러

그림 5-40 세가의 컨트롤러

그림 5-41 소니의 컨트롤러

9 조이스틱은 아타리2600에 적용된 방식으로, 막대기를 손으로 잡은 상태에서 움직이는 방향을 조정한다. 조이패드는 NES에 적용된 방식으로, 십자버튼을 엄지손가락으로 누르며 움직이는 방향을 조정한다.

조이패드 방식은 20년 넘게 시장을 주도하다 닌텐도의 게임기 위Wii에서 새로운 변화가 시작되었다([그림 5-42]). 기존 조이패드가 십자버튼으로 4~8방향을 인식하고, 몇 개의 명령 버튼을 추가한 형태인 반면, 위 컨트롤러는 플레이어의 몸통과 팔의 움직임을 인식했다. 기본적으로는 위리모트라는 컨트롤러를 이용해 동작을 인식하며, 눈처크라는 컨트롤러를 이용해 방향을 인식했다. 위리모트를 가로로 놓으면 NES에서 사용하던 조이패드와 유사한 형태로 작동되었다. 또한 닌텐도는 무게의 변화를 정밀하게 감지해서 다양한 몸동작을 인식하는 위핏Wii Fit이라는 추가 컨트롤러를 발매했다.[10]

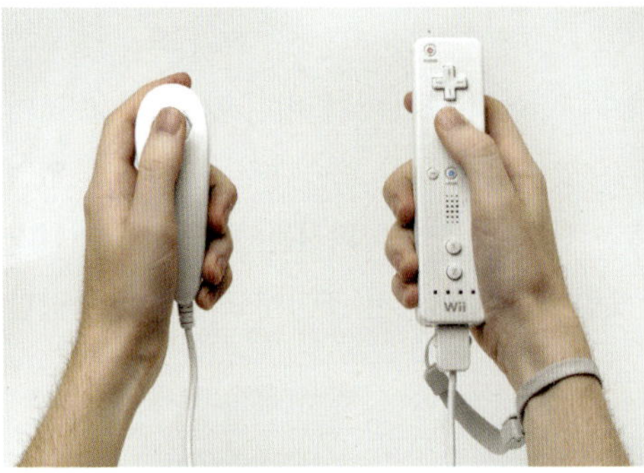

그림 5-42 닌텐도 눈처크(좌) & 위리모트(우) 컨트롤러(2006년)

그림 5-43 닌텐도 위핏 컨트롤러

닌텐도는 위에 다양한 컨트롤러 를 적용했다. 위리모트와 눈처크가 사용 방식에 따라 조이패드처럼 쓰이거나 사람의 팔 움직임을 인식했고, 위핏을 이용해 몸의 움직임을 정밀하게 인식했다. 닌텐도 위가 선보인 새로운 컨트롤러는 새로운 게임의 탄생을 촉진시켰다. 골프, 스키, 권투 등의 게임을 직접 몸을 움직이며 즐기도록 했다([그림 5-44]).

그림 5-44 닌텐도 위로 권투를 플레이하는 모습

---

10 위핏은 체중계와 유사한 모습이다. 체중이 많이 나가는 일본 스모 선수들이 두 개의 체중계에 각각 왼발, 오른발을 올려놓고, 두 체중계로 측정한 무게를 합산하여 몸무게를 측정하는 방식에서 고안된 제품이다.

소니는 2010년 9월에 몸동작을 인식하는 컨트롤러인 PS무브[PS Move]를 발표했다([그림 5-45]). PS무브는 소니의 비디오게임기인 플레이스테이션3용 추가 컨트롤러로 출시된 것인데, 닌텐도 위와 유사하게 컨트롤러를 잡고 공중에 휘두르면 몸동작을 인식하는 방식이었다.

한 달 후인 2010년 10월에는 마이크로소프트가 엑스박스360 게임기의 확장 컨트롤러인 키넥트를 발표했다([그림 5-46]). 키넥트 역시 몸동작을 인식한다는 접근 자체는 닌텐도 위, 소니 PS무브와 유사했다. 그러나 [그림 5-47]에서 볼 수 있듯이 플레이어가 컨트롤러를 손으로 잡거나 발로 밟지 않아도 된다는 점에서는 큰 차이를 보였다.

그림 5-45 소니 PS무브 컨트롤러

그림 5-46 마이크로소프트 키넥트 컨트롤러

그림 5-47 키넥트 컨트롤러 사용 모습

게임기 컨트롤러 분야에서 조이스틱과 조이패드는 각각 20여 년 동안 시장을 주류하는 지배적 디자인으로 인식되어 왔다. 현재는 몸동작 인식 방식이 기술의 불연속점을 새롭게 만드는 단계이다. 앞으로 어떤 형태의 지배적 디자인이 생기고, 점진적 변화가 발생할지는 지켜봐야 한다.

03

기술로드맵이란 무엇인가?

기술로드맵[TRM : Technology Roadmap]이란 미래의 시장 흐름, 소비자의 수요 변화를 예측하여 그에 대응할 수 있는 제품과 기술을 계획하는 기법이다.[210] 1970년대 모토롤라에서 개발되어 가전업계를 중심으로 확산되었고, 현재는 여러 업종에서 사용하고 있다.[154] 이 절에서는 기술로드맵의 종류와 특징을 이해하고, 실제 사례를 살펴본다.

3.1 기술로드맵의 분류 및 특징

기술로드맵의 종류와 특징을 [표 5-2]에 정리했다. 기술로드맵은 특정 기업에서 자체적으로 만들거나 기업들이 모인 산업 협의체에서 만들기도 한다. 또는 정부가 주도해서 만드는 경우도 있다.

표 5-3 기술로드맵의 분류[44]

분류	특징	사례
제품 기술 TRM	현재 연구, 생산 중인 제품 및 프로세스와 관련되어 있다.	스마트폰을 생산하는 S사는 향후 5년간 스마트폰 관련 기술을 분석하고 계획한다.
유망 기술 TRM	미래 유망 기술을 개발하거나 확보하는 데 초점을 둔다. 유망 기술이 기업의 장기적 가치에 미치는 영향을 보고, 투자 의사 결정을 위한 기초 자료로 사용한다.	게임기를 개발하는 M사는 BCI 기술[12]의 미래 방향을 예측한다.
이슈 기술 TRM	사회적 이슈로 떠오른 특정 주제와 관련된 프로젝트 기획 및 예산 계획을 수립하는 데 초점을 둔다.	패스트패션 기업들의 협의체인 A 단체는 의류 폐기물이 일으키는 환경·공해 문제가 심각해지자 이를 해결하기 위한 로드맵을 수립한다.

11 Brain Computer Interface, 사람의 뇌와 컴퓨터를 연결하는 인터페이스 기술을 의미한다.

기술로드맵은 [그림 5-48]과 같이 5단계를 중심으로 디자인한다.[35] 5단계를 모두 사용하는 것은 아니며, 일부를 배제하거나 새로운 단계를 추가하기도 한다. 기술로드맵은 상위 단계에서 아래로 내려오면서 디자인하는데, 위-아래 단계 간에 서로 관련된 항목은 화살표로 연결한다. 기술로드맵의 가로 축은 시간을 의미한다. 5~10년 정도를 대상으로 작성하는 경우가 많으나, 정해진 원칙은 없다.

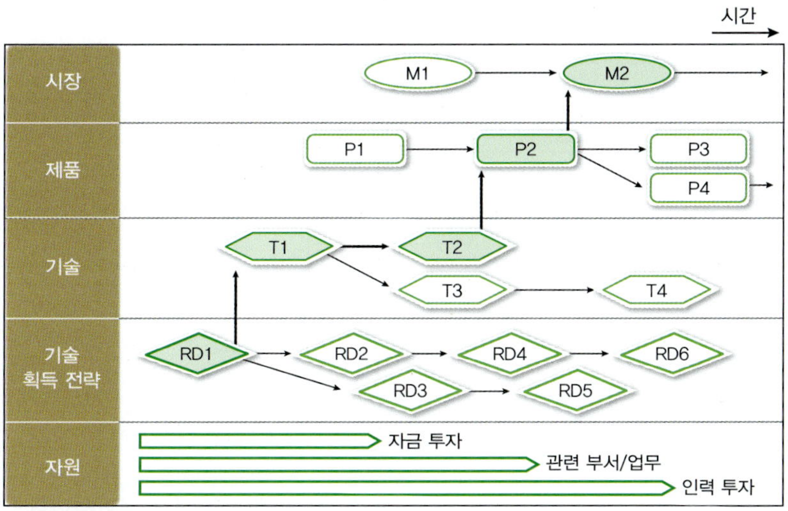

그림 5-48 기술로드맵의 5단계[35]

기술로드맵의 각 단계별 특징은 다음과 같다.

- **시장** : 향후 시장 흐름, 소비자 수요 변화를 예측하는 단계이다. 기술로드맵 작성의 대상이 되는 지역, 고객군 또는 제품군에 한정하여 작성한다.
- **제품** : 시장 변화에 따라 현재 보유한 제품에 대해 향후 어떤 측면(디자인, 성능, 기능, 가격)의 변화가 필요할지를 예측한다.
- **기술** : 미래에 개발할 제품에 포함되어야 할 기술이 무엇일지 예측한다.
- **기술 획득 전략(R&D 프로그램[12])** : 미래에 필요한 각각의 기술을 어떤 방식으로 확보할지 계획한다. 예를 들어, 자체 개발, 공동 개발, 외부 용역 개발, 기술 라이센싱 등의 다양한 방법 중에서 선택해야 한다.[13]
- **자원** : 기술 획득에 소요되는 자원(자금, 인력 등)을 어떻게 투입하고, 그와 관련된 부서/업무가 무엇인지를 설계한다.

---

12 R&D(Research & Development)는 연구 개발을 의미한다.

13 이에 대해서는 '8장. 기술 프로젝트 통제'에서 설명한다.

3.2 기술로드맵의 사례

유럽산업연구협회에서는 2002년에 향후 20년을 대상으로 자동차 산업의 기술로드맵을 작성했다.[111] 기술로드맵의 5단계에서 상위 3단계인 시장, 제품, 기술에 대해 기술로드맵을 작성했는데, 시장과 제품에 대해 6개 항목(사회, 경제, 환경, 기술, 정치, 기반 시설[14])으로 나누어 향후 20년을 예측했다.

그림 5-49 자동차 산업 기술로드맵의 개략적 구조(2002년)

[그림 5-50]은 이 중에서 제품에 대해 예측한 내용이다. '환경Environment' 항목에서는 이산화탄소 배출량을 2008년, 2012년, 2020년까지 각각 140g/km, 120g/km, 90g/km으로 단계적으로 낮추는 것을 목표로 하고 있다. 또한 '기술Technology' 항목에서는 엔진과 파워트레인, 전기 및 대체 연료 기술, 소프트웨어 및 센서 관련 기술, 구조 및 소재 기술, 디자인 및 생산 기술의 5개로 나누어 예측했다.

---

14 도로를 비롯해 다른 이동 수단과의 연결성 등 자동차 운행을 지원하는 사회적 기반 시설을 의미한다.

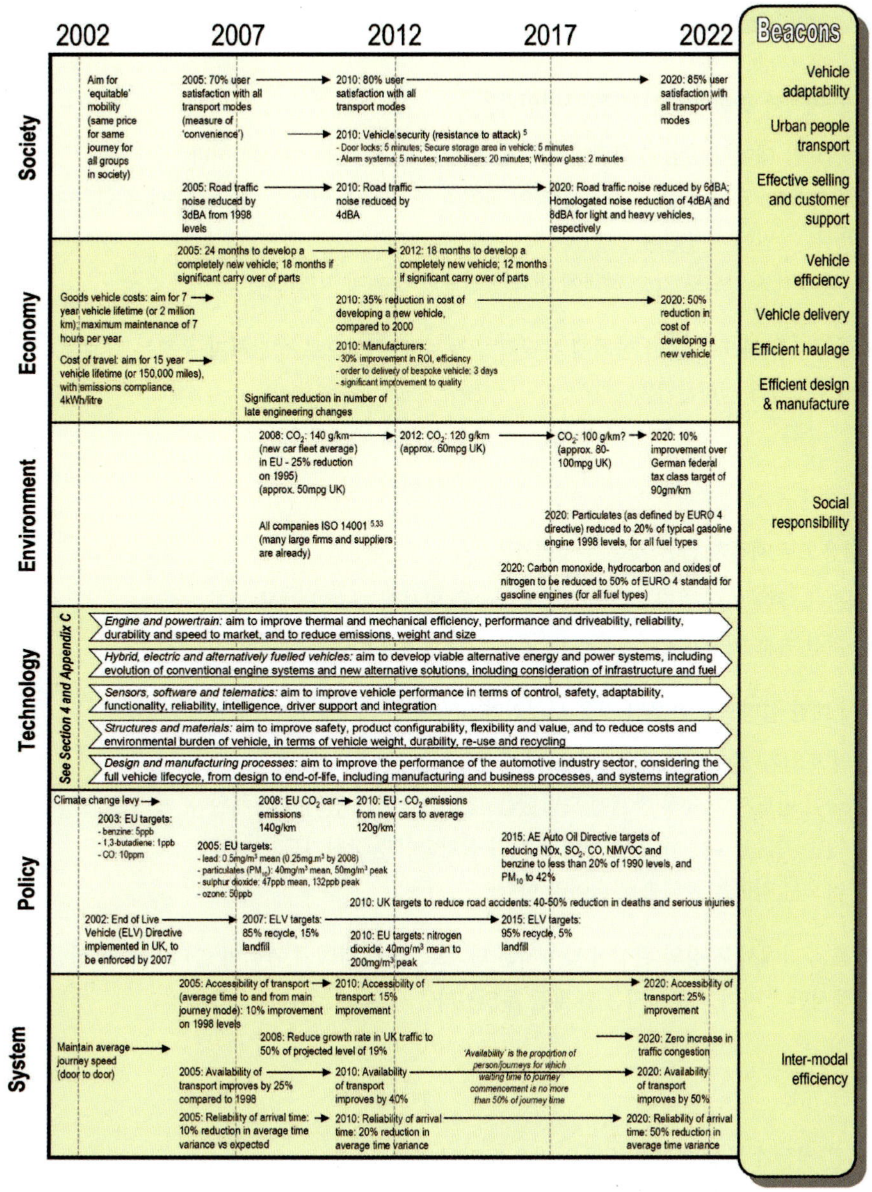

그림 5-50 자동차 산업의 제품에 대한 예측[15][111]

---

15 자동차 기술과 관련된 전문 용어가 많으므로 원문을 그대로 제공한다.

Quiz

01 정성적 기술 예측과 관련이 없는 것은 무엇인가?

① 분석에 필요한 데이터 수집이 어렵거나 수집 비용이 과다한 경우에 적합하다.
② 해당 기술이 적용되는 사회, 경제적 상황이 과거와 현재에 큰 변화가 없는 경우에 적합하다.
③ 개별 인터뷰 방법이 사용된다.
④ 정치적, 윤리적 요인으로 기술 정책에 변화가 필요한 경우에 적합하다.

02 지속적으로 투자를 해도 기술이 한계에 부딪혀 일정 수준 이상으로 성장하지 못하는 단계를 S커브 이론에서는 무엇이라 칭하는가?

① 도입기 ② 성장기
③ 성숙기 ④ 도태기

03 S커브의 활용도로 적절치 않은 것은 무엇인가?

① 후속 기술에 대한 의사 결정 ② 자사의 기술 단계를 평가
③ 기술의 확산 속도 예측 ④ 와해성 기술에 대한 가치 평가

04 대체곡선에 대한 설명으로 잘못된 것은 무엇인가?

① 신기술의 도입기에는 기존 기술보다 오히려 성능이 낮은 경우가 많다.
② 기존 기술이 반드시 기술적 한계에 도달했을 때 신기술이 등장하여 대체된다.
③ 하나의 기존 기술을 대체하기 위해 여러 개의 신기술이 등장하기도 한다.
④ 뒤에 따라오는 기술을 불연속 기술이라 한다.

05 신기술 열풍 주기에서 '시장의 관심이 낮아지는 단계로, 실패 사례에 관심이 쏠리며 실제 성공한 사례들에 대해서만 투자가 이루어지는 단계'는 무엇인가?

① 환멸의 계곡 ② 기술방아쇠
③ 생산성의 고원 ④ 계몽의 경사

06 다음 중 다른 것들과 가장 관련성이 낮은 것은 무엇인가?

① 와해성 기술혁신 ② 세그먼트 제로
③ 오버슈팅 ④ 대체곡선

07 기술로드맵 중에서 사회적 이슈로 떠오른 특정 주제와 관련된 프로젝트 기획 및 예산 계획 수립에 중점을 두는 것은 무엇인가?

① 제품 기술 TRM ② 유망 기술 TRM
③ 이슈 기술 TRM ④ 미래 기술 TRM

Quiz

08 기업이 제공하는 제품, 서비스의 기술 수준이 고객의 요구 수준을 넘는 순간을 무엇이라 하는가?

09 Anderson & Tushman의 기술 사이클 이론에서 다양한 접근과 디자인이 시도되는 단계이며, 검증된 방식이 없어서 여러 접근이 시도되고, 서로 경쟁하는 단계는 무엇인가?

10 기술로드맵을 구성하는 5단계는 무엇인가?

01 ② **02** ③ **03** ④ **04** ② **05** ① **06** ④ **07** ③ **08** 오버슈팅 **09** 혼돈의 시기
10 시장, 제품, 기술, 기술 획득 전략, 자원

자르는 선

팀별과제

팀번호 : ________ 팀명 : ____________ 팀원 : ______________________________

주제 신기술 열풍 주기

1 [그림 5-14]의 신기술 열풍 주기에서 2~10년 사이에 생산성의 고원에 도달할 기술 중 하나를 골라 조사해보자.

ㅁ조사 대상 기술 : ______________________________

ㅁ해당 기술의 국내외 동향은 어떠한가?

(예 어느 국가/기업에서, 어느 분야에, 어떤 방법으로 적용이 시도되고 있는가?)

	대상 국가	적용 분야	적용 내용
사례 1	예 대한민국	예 게임기	예 컨트롤러와 뇌파를 연결하는 시도가 진행 중
사례 2			
사례 3			

ㅁ해당 기술의 확산이 가져오는 사회, 경제적 혜택은 무엇인가?

ㅁ해당 기술의 확산이 야기하는 사회, 경제적 역효과나 부작용은 무엇인가?

자르는 선

개별과제

학번 : ________________ 이름 : ________________

주제 내가 디자인한 기술로드맵

1 제품 기술에 대한 기술로드맵을 직접 만들어보자. 본인에게 익숙한 제품을 하나 선정하고, 해당 제품의 기술로드맵을 상위 3단계(시장, 제품, 기술)까지 그려보자.

ㅁ대상 제품 : ____________________ (예 스마트폰, 비디오게임기, 자동차)

ㅁ[그림 5-48]을 참고하여 다음 그림의 빈칸을 채워보자.

	현재	5년 후	10년 후	15년 후
시장				
제품				
기술				

PART 2

6장

신제품&서비스의 밑그림

New Product and Service Design

"배는 항구에 정박해 있을 때 가장 안전하다.

그러나 배는 정박해 있기 위해 만들어진 게 아니다."

- 알버트 아인슈타인 -

01 전략 수립을 위해 어떤 도구를 사용할까?

02 외부 환경 분석 기법에는 어떤 것이 있나?

03 내부 환경 분석 기법에는 어떤 것이 있나?

04 대안을 도출하는 기법에는 어떤 것이 있나?

Quiz 팀별과제 개별과제

학습목표

- 외부 환경 분석에 사용되는 대표 기법과 그 특징을 이해하고, 적용 사례를 살펴보자.
- 내부 환경 분석에 사용되는 대표 기법과 그 특징을 이해하고, 적용 사례를 살펴보자.
- 외부/내부 환경 분석을 토대로 대안을 도출하는 SWOT 분석, BCG 매트릭스, 린캔버스 기법을 살펴보자.

먼저 생각해봅시다

이름 : ______________

◇ **현재 당신이 하고 있는 것을 결정할 때 고려했던 요소들을 정리해보자.**

ㅁ 현재 내가 하고 있는 것 : ______________

(예 ○○대학교에서 △△을 공부한다, ×××기업에서 일하고 있다)

ㅁ 지금 하고 있는 것을 결정한 시기 : ______________

(예 2년 전 대학 입시에서, 3년 전 대학 졸업반에서)

ㅁ 그 당시 지금의 이 상황과 관련된 외부 환경은 어떠했는가?

- 긍정적 요소 : ______________

(예 이 분야가 유망하다는 의견이 많았다)

- 부정적 요소 : ______________

(예 경쟁률이 매우 높았다, 급여가 정말 적었다, 집과 거리가 너무 멀었다)

ㅁ 그 당시 당신의 장단점은 무엇이었는가?

- 장점 : ______________

(예 성적이 좋았다, 성격이 매우 낙천적이었다, 자격증이 있었다)

- 단점 : ______________

(예 건강이 안 좋았다, 이루고자 하는 뚜렷한 목표가 없었다)

※ 여기서 작성한 내용은 본문에서 설명하는 SWOT 분석과 관련이 있다. SWOT 분석을 학습한 후 이 부분을 다시 살펴보고, 자신이 SWOT 전략을 제대로 활용하여 결정했는지 되돌아보자.

01

전략 수립을 위해 어떤 도구를 사용할까?

기업들은 변화하는 주변 환경에 대응하기 위해 전략, 제품, 기술 등을 끊임없이 검토하고 수정해 간다. 그 과정에서 기업은 외부 환경과 내부 환경을 분석하고 대안을 도출하여 대응 전략을 세우는데, 이때 다양한 분석 기법들이 사용된다.

[그림 6-1]은 다양한 분석 기법 간의 관계를 보여준다. 기업 외부에 존재하는 경쟁 주체들과 관련된 환경을 분석하는 기법으로 STEEP 분석, 경쟁세력 모델 기법 등이 있다. 외부 환경 분석 기법으로 산출된 결과물은 기업의 외부 환경이 현재 어떻고, 앞으로 어떻게 바뀔지를 보여준다. 기업 내부에 존재하는 장단점을 분석하는 기법으로 7S 분석, 프로젝트 매트릭스 등이 활용된다. 이 기법들은 기업의 단점을 찾아 보완하고, 장점의 활용도를 높이기 위해 사용된다. 외부 환경 분석과 내부 환경 분석 과정을 통해 산출된 자료를 종합하여, 기업의 경쟁력을 높이기 위한 대안이 도출된다. 대안 도출을 위한 대표적인 기법으로 SWOT 분석과 BCG 매트릭스가 사용된다.

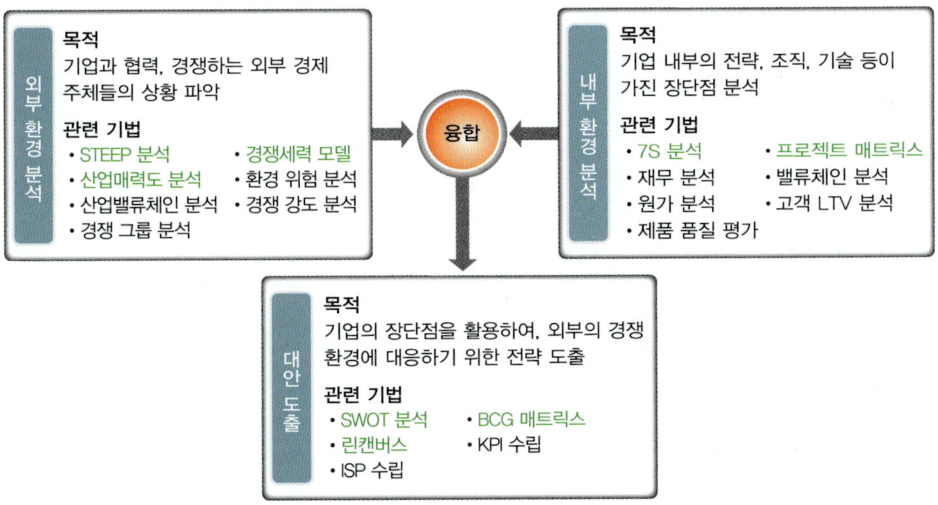

그림 6-1 기업에서 사용하는 다양한 분석 기법

이 책에서는 사용 빈도와 활용성이 높은 주요 기법들을 중심으로 소개한다.[1]

---

1 제품의 세부 속성, 디자인을 구상하는 기법에 대해서는 다루지 않는다. 거시적 환경 분석에서 시작해 제품과 관련된 사업 전략을 구상하는 단계까지 다룬다.

02

외부 환경 분석 기법에는 어떤 것이 있나?

기업은 경쟁 기업, 협력 기업, 고객, 정부 등의 다양한 경제 주체와 서로 협력하고 경쟁하며 성장한다. 시시각각 변화하는 경쟁 기업의 전략, 협력 기업의 경영 여건, 고객의 취향, 정부의 정책 등은 기업 경영에 큰 영향을 주게 된다. 따라서 기업 입장에서는 변화하는 외부 환경을 신속하고 정확하게 파악하는 능력이 있어야만 생존과 장기적 성장이 가능해진다. 이 절에서는 외부 환경을 분석하기 위한 방법으로 STEEP 분석, 경쟁세력 모델, 산업매력도 분석 기법에 대해 살펴보자.

2.1 STEEP 분석

STEEP 분석[2]은 [그림 6-2]와 같이 외부 환경을 사회/문화, 기술/정보, 생태, 거시/미시 경제, 정책/법의 5개 요소로 나누어 분석한다.[86]

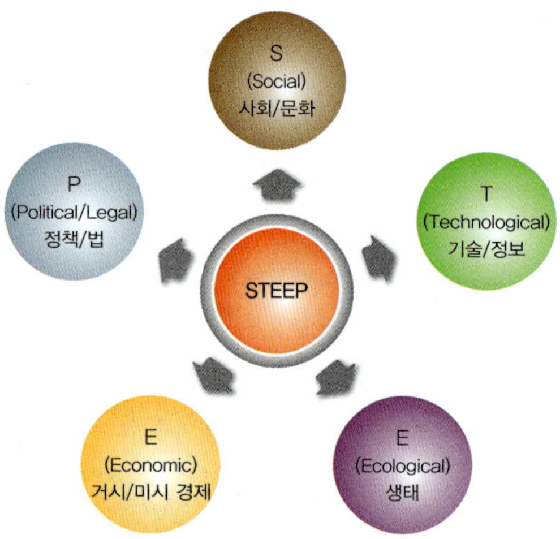

그림 6-2 STEEP 분석의 요소

---

2 STEEP은 Social, Technological, Ecological, Economic, Political의 약자이다.

❶ **사회/문화 요소** : 크게 인구통계적 요소와 문화적 요소가 포함된다. 인구통계적 요소에는 출생률, 수명, 연령 분포, 임금 분포 등이 포함되며, 문화적 요소에는 교육 수준, 생활 패턴, 구성원의 가치관, 기호 등이 포함된다.

❷ **기술/정보 요소** : 기술 변화 추세, 기술 관련 정부 정책, 관련 특허 추세, 정보기술의 변화 등이 포함된다.

❸ **생태 요소** : 환경오염, 원자재 동향, 에너지원, 자원 재활용 등이 포함된다.

❹ **거시/미시 경제 요소** : 인플레이션율, GDP 성장률, 국제 수지, 실업률, 환율 등이 포함된다.

❺ **정책/법 요소** : 정부의 지원 정책, 규제 활동, 정책 결정 구조 및 절차의 특징, 여론 등이 포함된다.

STEEP 분석은 주로 거시적 사업 환경을 분석할 때 사용하는데, 5개 요소가 기업의 경영 환경에 어떤 영향을 주는지, 기업이 이에 어떻게 대처해야 하는지를 정리한다. 그래서 기업과 관련된 거시적 요소를 넓게 분석하여 의사 결정권자가 매우 폭넓은 요소들을 바라볼 수 있게 해준다는 장점이 있다. 하지만 분석 대상이 매우 방대하여 정량적이고 구체적인 형태로 분석을 수행하기 어렵다는 단점이 있다.

■ STEEP 분석 사례

[표 6-1]은 음료 업체 펩시코에 대한 STEEP 분석 사례이다. 펩시코는 미국에 본사를 둔 음료 기업이다. 우리에게 익숙한 펩시콜라, 마운틴듀, 게토레이 등을 생산한다([그림 6-3]). 기업 규모, 매출 등에서 경쟁사인 코카콜라보다 우위에 있다.

그림 6-3 펩시코의 다양한 음료들

표 6-1 펩시코에 대한 STEEP 분석[85]

요소	분석
사회/문화	· 글로벌한 이미지 확보가 필요하다. 고객들이 펩시코를 통해 전 세계와 연결되는 느낌을 받아야 한다. · 다양한 문화, 종교, 지역별 특성을 고려한 마케팅이 필요하다.
기술/정보	· 젊은 층을 중심으로 SNS 기반의 의사소통이 활발해지고 있다. 펩시코도 이와 같은 변화에 발맞춰 SNS를 통해 젊은 층과 소통하는 시스템을 구축해야 한다.

생태	· 펩시코도 일정 부분 연관성은 있지만, 그 정도가 크지는 않다. · 펩시코보다 1차 농업 관련 기업과 훨씬 관련이 깊다.
거시/미시 경제	· 전 세계 경제가 하강세를 보이고 있다. 펩시코는 이에 대응하기 위해 마케팅, 판매, 조직 구조 등에서 원가 절감을 위해 노력해야 한다. · 펩시코의 매출은 경기 하강세가 시작된 2008년 이후 오히려 증가세를 보이고 있다. 주머니 사정이 가벼워진 고객들이 사람들과 어울릴 때 좀 더 저렴한 음료를 많이 찾았기 때문이다.
정책/법	· 국가별 식품 관련 법규를 준수해야 한다. 전 세계를 대상으로 영업을 하고 있으므로 국가별 정책 변화를 늘 주시해야 한다.

2.2 경쟁세력 모델 분석

경쟁세력 모델Five Force Model은 이미 동일한 시장 안에 포진해 있는 경쟁 기업, 잠재적 진입 기업, 구매자, 대체재, 공급자들 간의 관계를 분석하는 기법이다([그림 6-4]).

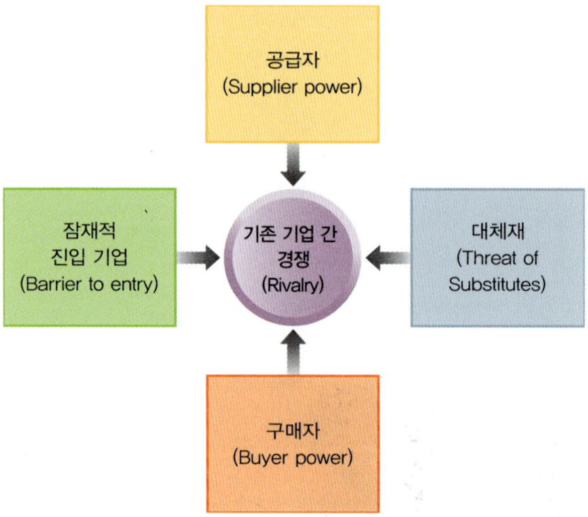

그림 6-4 경쟁 세력 모델의 요소

각 경쟁세력의 특징과 자사 기업 입장에서 약점이 될 수 있는 상황 등을 [표 6-2]에 정리했다.

표 6-2 경쟁세력 모델의 요소별 의미와 특징[114]

세력	의미	분석 대상	영향력이 증대되는 경우[3]
기존 기업 간 경쟁	동일한 시장을 놓고 경쟁하는 기업들 간의 경쟁 현황을 의미한다. 예를 들어, 국내 통신망 시장의 경우 SK텔레콤, LG유플러스, KT 등이 해당된다.	· 진입 시 필요한 소요 자본 · 정부 정책 · 유통 채널 확보 용이성	· 자본 집약적 산업이 아닌 경우 · 제품 차별화가 어려운 경우 · 배타적 유통 채널이 없는 경우 · 신규 진입을 위한 제도적 규제가 없는 경우 · 기존 기업들 간의 연대가 약한 경우

잠재적 진입 기업	현재는 해당 시장에 들어와 있지 않으나, 사업 확장, 신규 진출 등으로 해당 시장에 들어올 가능성이 있는 기업이다. 예를 들어, 통신 장비나 휴대전화를 만들던 기업이 통신망 시장에 들어올 것으로 예측되면, 잠재적 진입 기업에 해당된다.	· 브랜드 인지도 · 제품 차별성 · 산업 성장성	· 제품 차별화가 어려운 경우 · 시장에서 철수하면 기존에 투자한 설비, 자산 등에서 막대한 손해가 발생하는 경우
대체재	유사한 기능, 성능을 제공하는 서로 다른 제품, 서비스를 의미한다.[4]	· 전환 비용[5] · 대체재의 유용성	· 대체재가 가격에 비해 소비자 입장에서 유용한 경우 · 구매자층이 가격에 민감한 경우 · 제품 차별화가 어려운 경우
구매자	기업이 판매하는 제품, 서비스의 소비자이다. 최종 소비자뿐만 아니라, 중간에서 유통을 담당하는 도소매 업체들도 구매자에 포함된다. 단, 제조사가 유통망을 모두 장악하고 있다면, 최종 소비자만 구매자로 보면 된다.	· 구매력 · 전환 비용 · 후방형 수직적 통합 능력[6]	· 가격 민감도가 높은 경우[7] · 대량 구매가 가능한 구매자 · 공급자 입장에서 매출 비중이 높은 구매자 · 공급자의 원가 구조, 유통 구조를 잘 알고 있는 경우 · 후방형 수직적 통합이 가능한 구매자
공급자	제품, 서비스의 제조에 필요한 요소를 공급하는 외부 기업이나 개인을 의미한다. 제품의 경우 필요한 원자재, 가공품, 부품 등을 납품하며, 서비스의 경우 용역을 대행하는 형태이다.	· 대체 재료의 존재 · 공급자의 규모 · 총 구매 원가에서 해당 공급자의 비율 · 전방형 수직적 통합 능력	· 공급자 원재료의 차별성이 높은 경우 · 공급자 변동 시 전환 비용이 높은 경우 · 공급자들이 담합을 형성한 경우 · 전방형 수직적 통합이 가능한 공급자

경쟁세력 모델은 핵심 주체를 중심으로 정적인 모습의 산업 특성을 명쾌하게 보여준다는 장점이 있다. 반면, 시간의 흐름에 따른 변화를 보여주지 못하며, 협력이나 공생 중심의 산업 구조보다는 경쟁 중심의 산업 구조에 적합하다는 한계가 있다.

■ 경쟁세력 모델 분석 사례

[표 6-3]은 코카콜라를 경쟁세력 모델로 분석한 사례이다. 코카콜라는 미국에 본사를 둔 음료 기업이다. 코카콜라, 환타, 파워에이드, 미닛메이드, 스프라이트 등으로 유명하다([그림 6-5]).

---

3 해당 경쟁세력의 영향력이 증대되는 경우, 즉 기존 기업 입장에서 불리한 상황을 의미한다. 예를 들어, 잠재적 진입 기업에 대한 설명에서 자본 집약적 산업이 아닌 경우에 잠재적으로 시장에 진입할 경쟁자가 발생할 확률이 높다는 의미이다.

4 여가 산업을 놓고 보면, 비디오게임과 영화는 서로 확연히 다른 제품이지만, 대체재의 관계가 있다. 구매자 입장에서 선호하는 영화가 상영되고 있지 않으면, 영화 표를 구매할 돈으로 게임을 즐길 수 있기 때문이다.

5 구매자가 구매하는 제품이나 서비스를 변경할 경우 갖게 되는 부담, 비용 지출을 의미한다. 예를 들어, 안드로이드 스마트폰 사용자가 iOS 스마트폰을 구매한다면, 전화기 기능을 새롭게 익히는 데 일정 부분의 노력이 필요하다.

6 유통 기업이 제조 기업을 통합하거나, 제조 기업이 원료 공급 기업을 통합하는 방식을 의미한다. 음식점에서 직접 텃밭을 만들어서 채소를 키운다면 후방형 수직적 통합에 해당된다. 반대로 논밭을 운영하는 기업이 직접 식당을 운영한다면 전방형 수직적 통합이라 부른다.

7 가격이 조금만 변해도 다른 제품을 쉽게 선택하는 경우를 의미한다.

그림 6-5 코카콜라의 다양한 음료들

표 6-3 코카콜라에 대한 경쟁세력 모델 분석[49][91]

세력	분석
잠재적 진입 기업	· **마케팅** : 2000년 기준으로 펩시코, 코카콜라 등의 음료 회사는 연간 마케팅 비용으로 3조 원 정도를 지출하고 있다. 시장점유율 1%당 90억 원 정도의 비용 지출이 발생하고 있다. 후발 업체가 시장 진입에 소요되는 마케팅 비용이 막대하여, 마케팅 측면에서 잠재적 진입 기업의 위협은 낮은 편이다. · **브랜드 로열티** : 펩시코, 코카콜라 등의 브랜드 가치와 고객 충성도는 매우 높다. 신규 진입자가 브랜드 가치를 따라잡기는 쉽지 않다. · **유통** : 음료 분야의 기존 유통 업자는 평균적으로 20% 내외의 이익을 얻고 있다. 신규 진입자가 시장에 새롭게 진입하여 이 정도의 이익 구조를 유통업자들에게 보장하기는 쉽지 않다. · **보복** : 거대 음료 업체들은 신규 진입을 시도하는 기업들을 대상으로 가격 인하, 신제품 출시 등으로 강력히 보복하는 정책을 유지하고 있다. · **병입(Bottling) 기업들과의 네트워크** : 음료 업체들은 지역별로 음료 원액을 병에 담아 완제품화하는 업체들과 긴밀한 계약을 유지하고 있다. 이런 계약 조건에는 타 경쟁 업체와의 거래 금지가 포함되어 있다. 따라서 신규 진입 기업이 병입 기업들과 거래를 형성하기에 어려움이 있다.
기존 기업 간 경쟁	· 펩시와 코카콜라가 전 세계 시장을 거의 독점하고 있으며, 다른 경쟁 업체들의 점유율은 상대적으로 매우 낮다. · 시장성장률은 정체 또는 소폭 감소 단계이다. · 펩시와 코카콜라는 가격 경쟁보다는 마케팅, 제품 차별화에 집중하고 있다.
대체재	· 생수, 차, 맥주, 주스, 커피 등의 다양한 음료와 경쟁 관계에 있다. · 소비자 입장에서 다른 대체재를 큰 부담 없이 선택할 수 있다. · 음료의 가격, 소비자 만족도에서 큰 차별성은 없다. · 다른 대체재와의 차별성을 인식시키기 위해 마케팅, 유통에 막대한 비용을 지출하고 있으며, 이 부분이 대체재를 견제하는 강력한 수단이다.
구매자	· 패스트푸드 체인, 대형 마트, 슈퍼마켓, 자판기 등이 주 고객이다. · 음료 업체는 패스트푸드 체인에서 큰 수익을 얻지 못한다. 거대 패스트푸드 체인들은 음료를 대량으로 구매하며, 막대한 협상력을 발휘한다. 음료 업체의 세전순영업이익(NOPBT : Net Operating Profit Before Tax)[8]은 판매당 평균 0.09달러이다. · 대형 마트는 이익률이 높은 제품을 좋은 위치에 배열한다. 따라서 음료 업체들에게 낮은 공급가를 요구한다. NOPBT는 0.23달러이다. · 슈퍼마켓은 작은 규모로 분산되어 있어서 구매자 입장의 협상력이 매우 낮다. NOPBT는 0.69달러이다. · 자판기는 최종 소비자에게 직접 판매하는 채널이다. NOPBT가 0.97달러로 가장 높다.

8 여기서 NOPBT는 음료 업체(예 : 펩시코, 코카콜라)가 얻는 이익을 의미한다. 따라서 NOPBT가 높아지면 해당 음료를 유통하는 중간 구매자(유통업자)의 수익은 낮아진다.

공급자	· 음료에 들어가는 원료인 설탕, 향료 등은 생산하기 쉬운 제품이라 원료를 생산하는 업체가 많은 편이다. · 음료 업체는 원료를 바꾸지는 못해도 해당 원료를 공급하는 업체는 상황에 따라 쉽게 바꿀 수 있다. · 음료 업체는 원료를 대량으로 구매하고 있어서 공급자보다 우월한 위치에 있다.

2.3 산업매력도 분석

산업매력도 분석은 기업이 속한 시장의 경쟁 강도와 산업 성숙도를 바탕으로, 기업이 추진하는 다양한 사업별로 매력도를 분석하는 기법이다. 이를 이용해서 어떤 사업을 지속하는 게 기업에게 도움이 될지 결정한다. 경쟁 강도는 단일 산업 내에 속하는 기업들 간에 경쟁이 얼마나 치열하며, 어떤 주체가 크게 영향을 주는가를 의미한다. 산업 성숙도는 도입기, 확장기, 과도기, 성숙기로 정의되는 산업의 성장주기상에서 산업이 어느 위치에 있는가를 의미한다. 도입기는 고객의 수요가 부족하고, 성숙기는 곧 수요가 감소할 단계여서 상대적으로 매력이 낮다. 경쟁 강도와 산업 성숙도를 판단하는 주요 요소는 [표 6-4]와 같다.

표 6-4 경쟁 강도와 산업 성숙도의 판단 요소[115]

경쟁 강도	산업 성숙도
· 기존 경쟁자의 수, 시장 점유율 · 신규 진입자의 발생 가능성 · 공급자의 영향력 · 구매자의 영향력 · 대체재의 위협	· 시장 규모 · 시장 성장률 · 시장의 평균적 수익률 · 정부 규제

■ 산업매력도 분석 사례

[그림 6-6]은 경쟁 강도, 산업 성숙도를 바탕으로 가상의 사업 분야 A, B, C의 위치를 보여준다. A는 경쟁 강도는 낮고 산업은 성장 단계여서 매우 매력적인 분야이다. B는 경쟁 강도는 약간 높지만 성장하는 분야여서 여전히 매력적인 편이다. C는 경쟁 강도가 매우 높으며, 곧 쇠퇴기로 접어들 것이므로 그다지 매력적이지 않다.

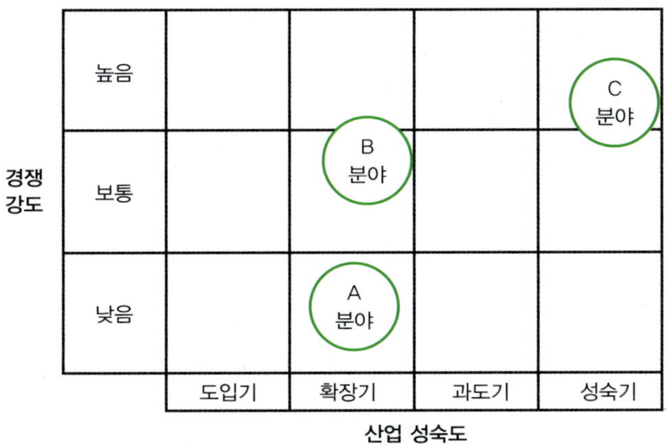

그림 6-6 산업매력도 분석의 예

03

내부 환경 분석 기법에는 어떤 것이 있나?

변화하는 외부 환경에 효율적으로 대응하기 위해서는 먼저 기업의 내부 상황을 정확하게 파악해야 한다. 내부 환경 분석 기법에는 7S 프레임웍, 프로젝트 매트릭스, 재무 분석, 밸류체인 분석, 제품 품질 평가, 고객 LTV 분석, 원가 분석 등이 있다. 이 중에서 매킨지 7S 프레임웍과 프로젝트 매트릭스를 소개한다.

3.1 매킨지 7S 프레임웍 분석

매킨지[9] 7S 프레임웍은 기업 성장에 필요한 7가지 요소의 현 상황이 어떠한가를 분석하는 기법이다([그림 6-7]). 각 요소별로 현 상황을 판단하고, 향후 어떤 변화나 개선이 필요한가를 정리한다. 현재 상태와 미래의 긍정적 상태에 대해 7S 분석을 각각 진행하거나 하나의 틀에 두 가지를 모두 담아도 된다.

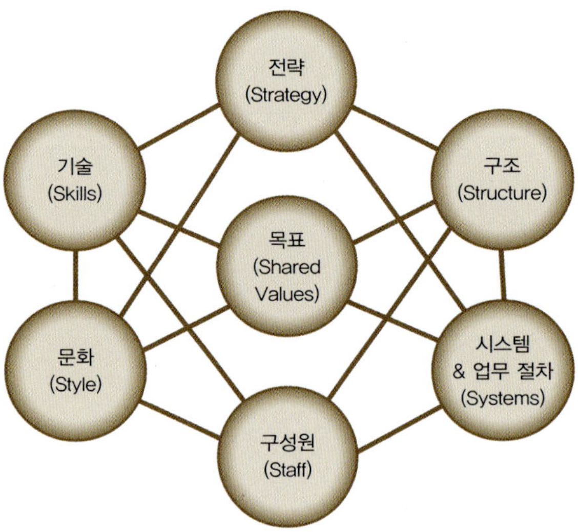

그림 6-7 매킨지 7S 프레임웍의 요소

9 매킨지(McKinsey)는 미국에 본사를 둔 세계적 경영컨설팅 전문 기업이다. 1926년에 제임스 매킨지가 설립했다.

7S 프레임웍의 7가지 요소별 특징은 다음과 같다.

표 6-5 7S 프레임웍의 요소별 특징[96]

요소	특징
목표	포괄적이고 궁극적인 기업의 목표를 의미한다. 기업의 비전과 미션이 포함된다.
전략	기업이 지속적으로 생존하고, 경쟁력을 유지하며 성장하기 위해 필요한 계획을 의미한다. 기업이 보유한 자원과 역량을 어떻게 활용할 것인가의 문제이다.
구조	조직이 구성된 형태, 관리 및 보고 체계를 의미한다. 구성원별로 부여된 역할, 권한, 책임이 포함된다.
시스템 및 업무 절차	구성원들이 자신의 직무를 수행하기 위해 사용하는 기술적 시스템, 관리적 절차를 의미한다.
구성원	기업을 구성하는 임직원과 그들이 보유한 역량을 의미한다. 임직원의 역량을 관리하는 것이 포함된다.
문화	기업의 경영진이 어떻게 조직을 이끌고, 어떻게 구성원들과 교감하는가를 의미한다.
기술	임직원들이 보유한 구체적 업무 기술과 경쟁력을 의미한다.

■ 7S 프레임웍 분석 사례

스타벅스는 전 세계에서 가장 많은 커피 체인점을 거느린 기업이다. 본사는 미국 시애틀에 있다. 2014년 기준으로 전 세계에 2만1천 개 이상의 매장을 운영하고 있다. [그림 6-8]은 미국 내 스타벅스 매장 분포도를 보여주고 있다. 그림에서 녹색은 스타벅스 매장이 많은 지역이고, 보라색은 던킨도너츠 매장이 많은 지역이다.

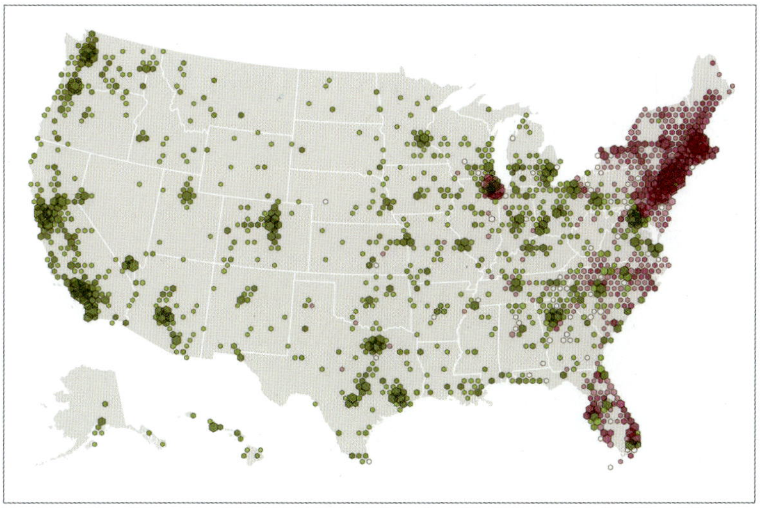

그림 6-8 미국 내 스타벅스 커피 매장 분포(출처 : poi-factory.com, Chris Meller)

[표 6-6]은 7S 프레임워크으로 스타벅스를 분석한 사례이다. 하나의 틀에 현재 상황과 미래의 긍정적 상황을 모두 담고 있다.

표 6-6 스타벅스에 대한 7S 프레임워크 분석[33]

요소	분석 내용
목표	· 경영진이 기업 비전을 명확하게 제시하고 있다. · 현장에서 일하는 근로자들이 기업 비전을 제대로 인식하고 공감할 수 있도록 관련 프로그램을 개발해야 한다.
전략	· 제품의 품질을 더 높이고, 고객 만족도를 극대화해야 한다.
구조	· 수평적 조직 구조를 만들어야 한다. · 따라서 매장에서 부매니저의 직위를 없애고 조직 구조를 단순화해서 원가를 절감하고 효율을 높여야 한다.
시스템 & 업무 절차	· 고객을 응대하는 직원에 대해 감독관이 일일이 문제점을 지적하기보다는 순환근무제도를 만들어야 한다. · 순환근무제도는 조직 갈등을 낮추고, 근무 의욕을 높여줄 것이다.
구성원	· 능력이 있고, 발전 가능성이 높은 직원만 고용해야 한다. · 직원의 발전을 지원하는 제도가 필요하다.
문화	· 매장 내 직원을 자유방임 형태로 근무하게 하기보다 다양한 동기부여 정책을 제공해야 한다.
기술	· 체계적인 교육, 훈련 프로그램을 마련해야 한다. · 이런 프로그램을 통해 직원들이 고객 만족도 극대화에 기여할 수 있어야 한다.

3.2 프로젝트 매트릭스 분석

프로젝트 매트릭스는 기업이 추진하고 있는 연구 개발 주제들이 어떤 의미와 분포를 갖고 있는지 분석하는 기법이다.[152] [그림 6-9]와 같이 공정Process과 제품Product의 변화를 두 축으로 하여 기업이 추진하는 연구 개발 주제들을 나열한다.

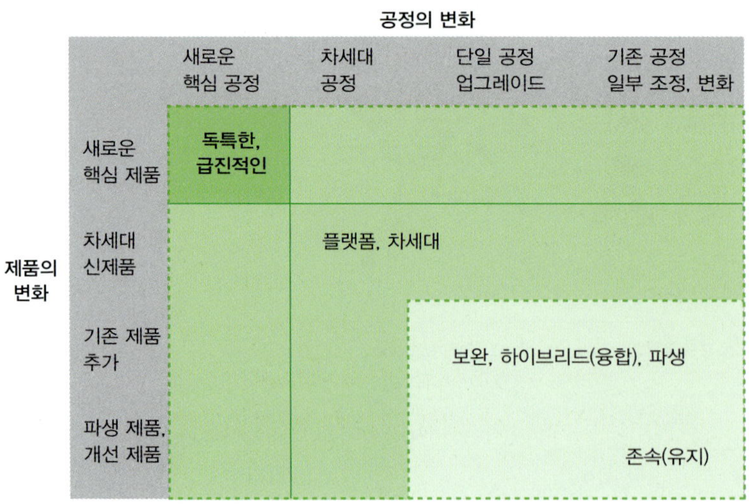

그림 6-9 프로젝트 매트릭스의 구성

❶ **독특하고 급진적인**Unique & Radical **기술** : 기업의 핵심 공정을 새롭게 변화시키며, 새로운 핵심 제품을 만드는 것을 목표로 한다. 예를 들어, 카세트테이프를 밀어낸 콤팩트디스크 기술이 독특하고 급진적인 기술에 해당된다. 콤팩트디스크 기술을 밀어낸 MP3 기술도 마찬가지이다.

❷ **존속적**Sustaining **기술** : 기존 제품을 약간 개선하는 수준이며, 생산 공정에도 큰 변화를 만들지 않는다. 소수 고객을 위해 일부 변경된 제품을 만드는 것도 존속적인 경우에 해당된다. 예를 들어, 태블릿을 생산하는 기업이 전자책을 이용한 교육 서비스를 제공하는 기업을 위해 케이스 모양과 로고를 일부 변경한 한정판 태블릿을 수천 대 생산한다면, 이는 존속 기술에 해당된다.

❸ **보완/하이브리드(융합)/파생 기술** : 큰 틀에서 보면 존속 기술에 가깝다. 존속 기술에서는 기존 공정에서 약간의 변화만 있는 반면, 보완/하이브리드/파생 기술에서는 공정 중 일부가 크게 바뀐다. 제품 측면에서 보면 존속 기술은 기존 제품을 개선하는 데 초점을 맞추고, 보완/하이브리드/파생 기술은 기존 제품군 내에서 새로운 제품을 추가하는 데 초점을 맞춘다. 예를 들어, 김치냉장고의 온도 조절 버튼이 기계식에서 터치패널로 개선되었다면 존속 기술에 해당되고, 김치냉장고에 와인 보관 칸을 추가하여 진열된 와인을 겉에서 볼 수 있게 반투명 창을 달았다면 보완/하이브리드/파생 기술에 해당된다.

❹ **플랫폼/차세대 기술** : 보완/하이브리드/파생 기술이나 존속 기술보다 큰 변화를 유도하지만, 기존에 존재하지 않던 것을 새롭게 만드는 것은 아니다. 기존의 것을 크게 바꿔서 가격, 품질, 성능 등의 여러 영역에 걸쳐 많은 개선을 추구한다. 컴퓨터의 경우 386, 486, 586으로 불리는 컴퓨터 세대 변화가 플랫폼의 변화를 뜻한다. 그러나 486 컴퓨터가 586 컴퓨터로 바뀌었다고 해서 기존에 없던 새로운 컴퓨터라고 보기는 어렵다. 단지, 원가 구조나 기능과 성능에서 큰 개선이 있었을 뿐이다.

프로젝트 매트릭스는 기업이 진행하고 있거나 미래에 계획하고 있는 여러 기술 개발 프로젝트의 위치를 파악하여, 기업의 기술 프로젝트가 어느 한쪽으로 치우지지 않았는가를 판단하는 도구로 사용한다.

04

대안을 도출하는 기법에는 어떤 것이 있나?

앞서 외부 환경 분석을 통해 다양한 관점으로 시장의 변화를 점검했고, 이어 내부 환경 분석을 통해 자사 기업의 장단점을 파악했다. 이제부터는 이 두 가지 분석을 기반으로 기업의 전략을 만들어내야 한다. 이 절에서는 대안을 도출해내는 방법인 SWOT 분석, BCG 매트릭스, 린캔버스를 소개한다.

4.1 SWOT 분석

SWOT 분석은 내부 약점을 최소화하며 앞으로 다가올 위협을 피하고, 외부로부터 온 기회를 활용함으로써 기업의 강점을 극대화하는 전략을 수립하는 기법이다. [표 6-7]은 SWOT의 각 요소들을 보여준다.

표 6-7 SWOT 분석의 요소별 특징[48]

요소	특징
강점(S : Strength)	기업이 보유한 자원, 역량 중에서 상대적으로 경쟁력이 높은 요소를 의미한다. 업종과 규모가 유사해도 기업마다 갖고 있는 강점은 다르다.
약점(W : Weakness)	핵심 역량에서 부족한 요소 또는 존재하는 핵심 역량을 제대로 활용하지 못하는 부분을 의미한다. 업종과 규모가 유사해도 기업마다 약점이 다르다.
기회(O : Opportunity)	기업 외부에서 발생하는 환경적 요인으로, 적절히 대응하면 기업의 성장에 긍정적인 영향을 주는 조건을 의미한다. 동일 업종, 비슷한 규모의 기업들이 갖는 기회는 비슷하다.
위협(T : Threat)	기업 외부에서 발생하는 환경적 요인으로, 적절히 대응하지 못하면 기업의 성장에 악영향을 가져오는 조건을 의미한다. 동일 업종, 비슷한 규모의 기업들을 위협하는 요소들은 거의 비슷하다.

SWOT 분석은 [표 6-8]과 같이 2×2 매트릭스 형태로 디자인한다. 강점과 기회가 만나는 지점에는 강점을 이용해서 기회를 포착하는 전략, 약점과 기회가 만나는 지점에는 기회를 이용해서 약점을 극복하는 전략을 수립한다. 강점과 위협이 만나는 지점에는 강점을 이용해서 위협을 극복하는 전략, 약점과 위협이 만나는 지점에는 약점을 최소화하면서 위협을 회피하는 전략을 수립한다.

표 6-8 SWOT 분석의 구성 요소

내부 환경 / 외부 환경	강점(Strength)	약점(Weakness)
기회(Opportunity)	· 강점 이용, 기회 포착 · 공격적 성장 전략	· 기회 이용, 약점 극복 · 방어적 성장 전략
위협(Threat)	· 강점 이용, 위협 극복 · 공격적 경쟁 전략	· 약점 보완, 위협 회피 · 방어적 생존 전략

■ SWOT 분석 사례

[표 6-9]는 SWOT 분석으로 소규모 게임 개발 업체의 전략을 디자인한 예이다. 기회에 서술한 정책 자금 증가, 시중 유동자금 증가, 게임 시장 성장, 게임 인력 풀 증가는 해당 기업뿐 아니라 다른 경쟁 기업들에게도 적용되는 조건이다. 위협도 마찬가지이다. 반면에 강점과 약점은 해당 기업에만 있는 특성이다. 물론 경쟁 기업들 중에도 해당 기업과 동일한 강점이나 약점을 가진 기업이 있을 수 있다.

표 6-9 SWOT 분석으로 소규모 게임 업체를 분석한 예

내부 환경 / 외부 환경	강점(Strength) · 게임 기획, 설계 능력 우수	약점(Weakness) · 개발자 부족 · 자금 부족
기회(Opportunity) · 정책 자금 증가 · 시중 유동자금 증가 · 게임 시장 성장 · 게임 인력 풀 증가	· 신규 게임 기획으로 정책 자금 확보	· 외부 개발자 충원, 프리랜서 활용 · 운영 자금 융자로 자금 부족 해소
위협(Threat) · 국내 규제 강화 · 게임에 대한 국내의 사회적 인식 악화	· 교육, 인성 개발 게임 기획 · 국외 서비스용 게임 기획	· 자금을 확보하여 국외 서비스 준비

SWOT의 4개 분면에 적은 전략들을 모두 실천한다는 의미는 아니다. 이 중에서 개별 기업의 상황에 맞게 우선순위를 고려하여 경영전략에 반영하면 된다.

4.2 BCG 매트릭스

BCG[10] 매트릭스는 기업이 보유한 다양한 제품, 서비스들이 가지는 상대적 가치를 판단하는 도구이다. 전체 시장의 성장률MGR : Market Growth Rate과 해당 기업이 점유한 상대적 시장점유율RMS : Relative Market Share을 토대로 가치를 판단한다([그림 6-10]).

10 1963년 브루스 헨더슨이 미국 보스턴에 설립한 세계적 경영컨설팅 전문 기업이다.

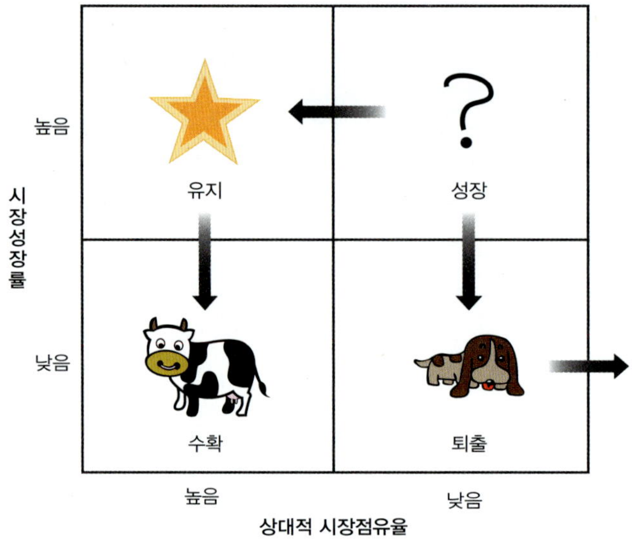

그림 6-10 BCG 매트릭스의 구조

BCG 매트릭스의 각 영역이 나타내는 의미는 다음과 같다.

표 6-10 BCG 매트릭스의 요소별 특징[139]

요소	특징
스타 영역 (좌측 상단)	시장 규모와 기업 매출이 동시에 성장하는 분야이다. 유지(Hold) 전략이 필요하다. 지속적인 투자로 해당 시장에서 꾸준하게 우위를 지켜야 한다.
젖소 영역 (좌측 하단)	성장률은 낮지만 높은 점유율로 인해 꾸준히 수익을 보는 시장이다. 수확(Harvest) 전략이 필요하다. 이 영역에서 발생하는 수익으로 스타 영역과 물음표 영역의 제품군을 키워야 한다.
물음표 영역 (우측 상단)	시장 자체는 성장세가 있어서 매력적이지만, 자사 점유율이 낮은 분야이다. 형성(Build) 전략이 필요하다. 투자를 늘리고 전략을 보완해서 스타 영역으로 제품을 끌고가야 한다. 스타 영역으로 가져가기 어려운 분야는 장기적으로 포기해야 한다.
개 영역 (우측 하단)	시장점유율과 시장성장률 모두 좋지 않은 분야이다. 철수(Divest) 전략이 필요하다. 장기적으로 철수하는 게 일반적이지만, 기존에 투자한 설비, 자원 등으로 인해 쉽게 철수하지 못하는 경우가 많다. 제3자에게 사업권이나 설비를 양도하는 경우도 있다.

[그림 6-10]에서 시장성장률의 중간값은 일반적으로 10%를 많이 사용한다. 그러나 이는 절대적인 것이 아니며, 산업별로 차이가 있다. 특정 산업 분야의 시장성장률은 다음과 같이 계산한다.

$$\text{시장성장률} = \frac{\text{시장의 금년도 규모} - \text{시장의 작년도 규모}}{\text{시장의 작년도 규모}} \times 100\%$$

[그림 6-10]에서 시장점유율의 중간값은 일반적으로 0.5를 많이 사용한다.[63] 상대적 시장점유율은 다음과 같이 계산한다.

$$\text{상대적 시장점유율} = \frac{\text{자사의 점유율}}{\text{최고 경쟁 기업의 점유율}}$$

■ BCG 매트릭스 분석 사례 1

[표 6-11]은 가상 기업 A의 점유율 자료이다.[63] 이를 바탕으로 BCG 매트릭스를 그려보면 [그림 6-11]과 같이 나타난다.

표 6-11 가상 기업 A의 정보[11]

사업 분야	매출액	최고 경쟁 기업의 점유율	A 기업의 점유율	RMS	MGR
1	500,000달러	25%	25%	1	3%
2	350,000달러	30%	5%	0.17	12%
3	50,000달러	45%	30%	0.67	13%
4	20,000달러	10%	1%	0.1	15%

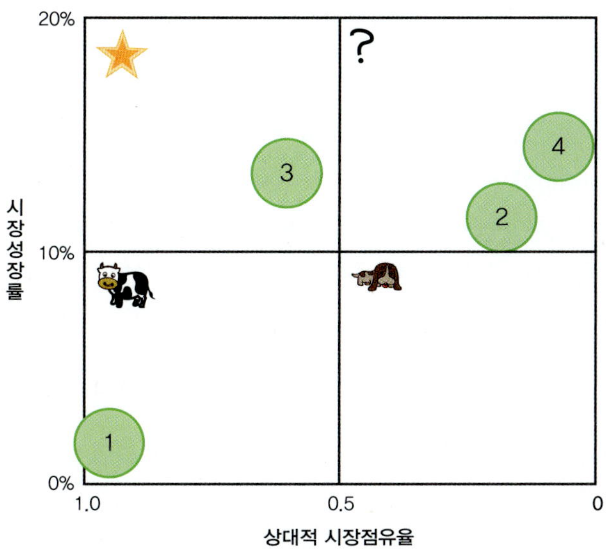

그림 6-11 가상 기업 A에 대한 BCG 매트릭스

■ BCG 매트릭스 분석 사례 2

네슬레의 제품들을 BCG 매트릭스로 분석한 사례를 소개한다.[108] 네슬레는 스위스에 위치한 다국적 음료 기업으로, 포춘에서 선정한 500대 기업 중 72위에 해당된다(2014년 기준). 유아용 식품, 음료수, 씨리얼, 커피, 차 등 매우 다양한 제품군을 보유하고 있다([그림 6-12]).

---

11 RMS는 표 내에서 제시한 최고 경쟁 기업의 점유율과 A 기업의 점유율을 이용해서 계산된 것이며, MGR은 미리 계산된 항목을 결과만 제시한 것이다.

그림 6-12 네슬레의 다양한 제품들

[그림 6-13]은 네슬레의 제품들을 BCG 매트릭스로 분석한 결과이다. 네스카페(커피), 세레락(이유식), 매기 누들(인도식 국수), 키캣(초콜릿), 네스카페 디카프(무카페인 커피), 네슬레 네스텀(오트밀 씨리얼), 스마티(초코볼), 네스퀵(코코아), 네스티(아이스티), 밀키바(초코바), 네슬레 다히(요구르트), 네슬레 크런치(초코바), 네슬레 먼치(초코바)의 위치를 표시했다.

네스카페와 세레락은 기업의 주력 제품으로 지속적으로 키워야 하며, 매기 누들과 키캣은 시장성장률이 둔화된 상태이므로, 시장이 더 쇠퇴하기 전에 수익을 최대한 뽑아내야 한다. 네스카페 디카프, 네슬레 네스텀, 스마티와 네스퀵 중에서 미래에 별이 될 제품을 선정해서 투자를 확대해야 한다. 성장률과 점유율 둘 다 좋지 않은 네스티, 밀키바 등은 시장 철수를 고려해야 한다.[12]

그림 6-13 BCG 매트릭스로 분석한 네슬레의 제품들[108]

---

12 이 분석은 Patil(2012)의 자료에 근거한 것으로, 네슬레 측의 의견과 다를 수 있다.

4.3 린캔버스

린캔버스Lean Canvas[13]는 새로운 제품 및 서비스의 사업 방향을 기획하거나 기존에 추진하고 있는 사업을 간결하게 정리하는 기법이다. 린캔버스의 전체 구성 요소는 [그림 6-14]와 같다.

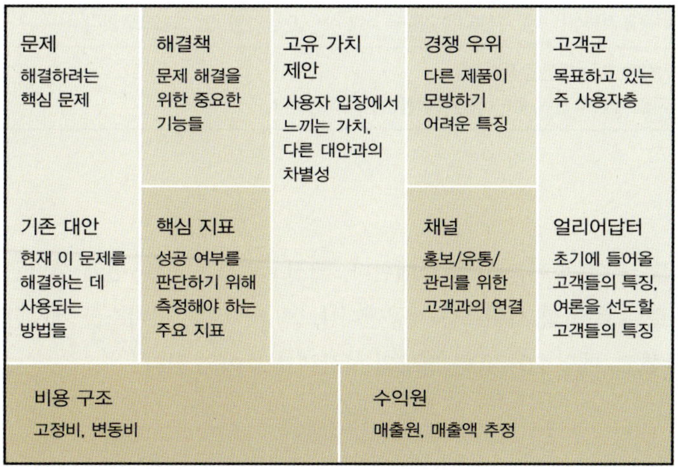

그림 6-14 린캔버스의 구성 요소

린캔버스의 각 요소별 특징을 정리하면 [표 6-12]와 같다.

표 6-12 린캔버스의 요소별 특징[89][179]

요소	특징
문제	· 해결하려는 문제를 3가지 이내로 정리한다. · 해당 문제를 해결하는 데 사용되고 있는 기존의 대안을 정리한다.
고객군	· 해당 문제를 갖고 있는 고객층을 정리한다. · 초기 고객이 될 얼리어답터[14]가 누구인지 파악한다.
고유 가치 제안	· 해당 제품/서비스가 가지는 차별성이 무엇인지 정리한다. · 고객 입장에서 해당 제품/서비스를 왜 구입할지를 생각한다. · 제품/서비스를 선택하는 단계, 사용하는 단계, 사용 후 단계 등으로 나눠서 생각해본다.
해결책	· 고객의 문제를 해결할 방법을 정리한다. · 문제를 해결할 가장 단순한 방법을 정리한다.
채널	· 홍보와 판매를 위해 고객에게 도달하는 경로를 의미한다. · 유료 채널과 무료 채널이 있다. · 고객이 직접 찾아오는 인바운드(Inbound) 채널, 고객을 찾아가는 아웃바운드(Outbound) 채널이 있다.

---

13 린캔버스는 비즈니스 모델인 캔버스에서 파생된 것으로, 일부 항목을 변형하여 만든 기법이다. 원래 창업기업의 사업 모델을 정리하기 위해 고안되었으나, 기존 기업의 신규 사업 전략을 간략하게 정리할 때도 편리하게 사용된다. 추가 학습을 원하면 비즈니스 모델 캔버스를 찾아보기 바란다.

14 얼리어답터에 대해서는 '11장. 하이테크 마케팅의 이해'에서 상세하게 다룬다.

수익원	· 가격 구조와 수익률을 정리한다.
비용 구조	· 고정비(FC : Fixed Cost)[15], 변동비(VC : Variable Cost)[16]를 정리한다. · 수익원과 비용 구조를 종합하여 손익분기점을 계산한다.
핵심 지표	· 사업의 성과를 측정할 지표를 정리한다. · 사용자 유치(사용자가 제품을 처음으로 접하는 것), 활성화(제품에 만족감을 갖는 것), 유지(지속적으로 사용하게 하는 것), 매출(비용을 지불하는 것), 추천(다른 이들을 소개하는 것) 등의 항목을 중심으로 한다.
경쟁 우위	· 다른 기업이 쉽게 모방할 수 없는 부분을 정리한다. · 기존 고객, 전문가의 지원, 개인적 권위, 특허, 독점적 유통망 등이 해당된다.

■ 린캔버스 분석 사례

린캔버스로 레진코믹스의 사업 전략을 분석한 자료를 소개한다. 레진코믹스는 2013년에 설립된 국내 기업으로, 모바일을 중심으로 유료 만화 서비스를 제공한다([그림 6-15]). 서비스를 개시한 지 한 달 만에 손익분기점에 도달했고, 매달 20~40% 정도의 성장세를 보이고 있다.[179]

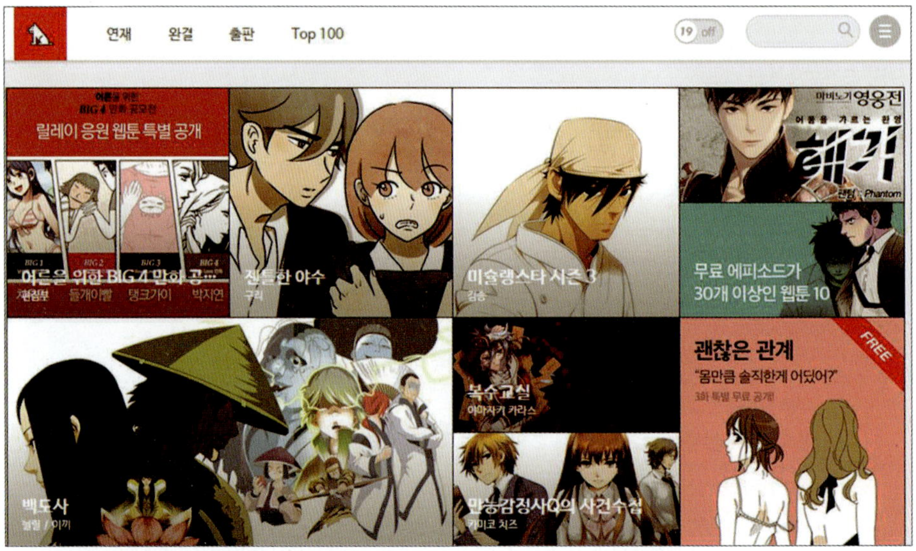

그림 6-15 다양한 만화 콘텐츠를 서비스하는 레진코믹스

처음 레진코믹스가 서비스를 론칭할 당시, 이미 인터넷 포털사이트에서는 무료 웹툰이 연재되고 있었고, 서점에서도 만화책이 판매되고 있었다. 따라서 이들의 사업이 성공적으로 정착되기 어려울 것이라 예상하는 시선이 많았다.

---

15 제품, 서비스의 생산량과 무관하게 일정하게 발생하는 비용을 뜻한다. 예를 들어, 공장이나 사무실 임대료, 이자, 보험료 등이 해당된다.

16 제품, 서비스의 생산량에 비례하여 증가하는 비용을 뜻한다. 예를 들어, 원재료 구매비, 잔업수당, 연료비 등이 해당된다.

레진코믹스는 웹툰을 연재하는 작가가 전체 만화가의 0.03%에 불과하며, 웹툰 수익을 오직 광고에만 의존하고 있다는 점에 주목했다. 이들은 작품성이 높은 만화와 어른들을 위한 만화를 유료로 공급하는 사업 모델을 만들었다.

우선 수익원을 3가지로 세분화했다. 무료 만화도 제공하되, 좀 더 빨리 보고 싶은 독자는 결제를 하도록 했다. 또한 구매해도 아깝지 않을 정도의 고품질 유료 만화를 제공하며, 고품질로 인쇄한 만화를 함께 판매했다.

[표 6-13]은 린캔버스의 9항목으로 레진코믹스의 사업 모델을 정리한 것이다.

표 6-13 린캔버스로 분석한 레진코믹스의 사업 전략[161]

<table>
<tr><th>문제</th><th>해결책</th><th>고유 가치 제안</th><th>경쟁 우위</th><th>고객군</th></tr>
<tr><td rowspan="3">· 작품성 높은 만화가 적다.
· 만화가의 수익원이 없다.
· 어른이 볼 만화가 없다.

[기존 대안]
· 포털 연재 (전체 만화가의 0.03%)
· 광고를 통한 수익 배분</td><td>작품성 높은 만화를 유료로 쉽게 결제해서 볼 수 있는 서비스를 만든다.</td><td rowspan="3">다른 데서 찾을 수 없는 재미난 만화를 쉽게 결제해서 편하게 볼 수 있는 만화 전문 사이트

[상위 개념]
· 스팀 for 코믹스
· 넷플릭스 for 코믹스</td><td>· 독점적인 콘텐츠
· 장르 제한 없는 콘텐츠
· 쉽고 편리한 결제</td><td rowspan="3">· 1700만 명의 만화 이용자
· 만화를 떠난 성인들
· 다양한 장르를 찾는 고객

[얼리어답터]
· 만화는 돈 내고 봐야지!
· 이런 만화 어디 없나요?
· 제발 이 만화 좀 연재를!</td></tr>
<tr><th>핵심 지표</th><th>채널</th></tr>
<tr><td>· 매출, 가입자
· ARPU, ARPPU
· 유료 전환율
· 코인 번다운율
· 최대 작품 수</td><td>· 모바일
· 웹</td></tr>
<tr><th colspan="2">비용 구조</th><th colspan="3">수익원</th></tr>
<tr><td colspan="2">인건비, 작가 고료, 서버비</td><td colspan="3">· 무료 만화 먼저보기
· 유료 만화 구매
· 고화질 출판만화 구매</td></tr>
</table>

Quiz

01 STEEP 분석의 5요인은 사회/문화, 기술/정보, 거시/미시 경제, 정책/법, 그리고 (　　)이다. 빈칸에 들어갈 것은?

① 생태적 요인　② 공급자의 요인
③ 지리적 요인　④ 대체재의 요인

02 경쟁세력 모델에서 구매자의 영향력이 증대되는 경우가 아닌 것은 무엇인가?

① 가격 민감도가 높은 경우
② 공급자 입장에서 매출 비중이 높은 구매자
③ 대량 구매가 가능한 구매자
④ 전방형 수직적 통합이 가능한 구매자

03 경쟁세력 모델에서 공급자의 영향력이 증대되는 경우가 아닌 것은 무엇인가?

① 공급자 원재료의 차별성이 높은 경우
② 공급자 변동 시 전환 비용이 낮은 경우
③ 공급자들이 담합을 형성한 경우
④ 전방형 수직적 통합이 가능한 공급자

04 산업매력도 분석에서 경쟁 강도를 판단하는 요소로 적당하지 않은 것은 무엇인가?

① 기존 경쟁자의 수, 시장점유율　② 시장의 평균적 수익률
③ 신규 진입자의 발생 가능성　④ 공급자의 영향력

05 프로젝트 매트릭스에서 소수 고객을 위해 일부 변경된 제품을 만드는 것은 어느 경우에 해당되는가?

① 독특하고 급진적인 기술　② 플랫폼, 차세대 기술
③ 존속적 기술　④ 보완, 하이브리드, 파생 기술

06 SWOT 분석에서 위협에 대한 설명으로 잘못된 것은 무엇인가?

① 기업 외부에서 발생하는 환경적 요인이다.
② 적절히 대응하지 못하면 기업의 성장에 악영향을 가져오는 조건이다.
③ 강점을 이용해 위협을 극복하는 전략이 필요하다.
④ 동일 업종, 비슷한 규모의 경우에도 기업들을 위협하는 요소들은 대부분 다르다.

Quiz

07 **BCG 매트릭스에서 시장 규모와 기업 매출이 동시에 성장하는 분야이며, 유지 전략이 필요한 것은 어느 영역인가?**

① 스타 영역 ② 젖소 영역

③ 물음표 영역 ④ 개 영역

08 **BCG 매트릭스에서 시장성장률과 시장점유율에 대한 설명으로 잘못된 것은 무엇인가?**

① 시장성장률은 시장의 금년도 규모와 시장의 작년도 규모를 가지고 산출한다.

② 시장성장률은 중간값으로 50%를 사용하는 것이 표준이다.

③ 시장점유율은 우리 회사의 점유율과 최고 경쟁 기업의 점유율을 가지고 산출한다.

④ 시장점유율의 중간값은 일반적으로 0.5를 많이 사용한다.

09 **린캔버스에서 해당 제품 및 서비스가 갖는 차별성을 설명하고, 고객 입장에서 해당 제품과 서비스를 구입하려는 목적을 정리하는 요소는 무엇인가?**

① 고객군 ② 해결책

③ 핵심 지표 ④ 고유 가치 제안

10 **매킨지 7S 프레임워크의 요소 중에서 기업의 경영진이 어떻게 조직을 이끌고, 어떻게 구성원들과 교감하는가를 분석하는 항목은 무엇인가?**

01 ① **02** ④ **03** ② **04** ② **05** ③ **06** ④ **07** ① **08** ② **09** ④ **10** 문화

자르는 선

팀별과제

팀번호 : ______ 팀명 : ____________ 팀원 : ______________________________

주제 1 STEEP 분석

1 팀원들에게 익숙한 기업 하나를 선정하여 STEEP 분석을 해보자.

□ 분석 대상 기업명 : ______________________________

□ 분석 대상 기업의 주력 사업 분야 : ______________________________

□ 분석 대상 기업의 주력 사업 지역 : ______________________________

□ STEEP 분석 결과를 다음 표에 채워보자.

요소	분석
사회/문화	· · ·
기술/정보	· · ·
생태	· · ·
거시/미시 경제	· · ·
정책/법	· · ·

자르는 선

팀별과제

팀번호 : ______ 팀명 : ____________ 팀원 : ______________________________

주제 2 경쟁세력 모델

1 팀원들에게 익숙한 기업 하나를 선정하여 경쟁세력 모델로 분석해보자.

ㅁ분석 대상 기업명 : ______________________________

ㅁ분석 대상 기업의 주력 사업 분야 : ______________________________

ㅁ분석 대상 기업의 주력 사업 지역 : ______________________________

ㅁ다음 그림의 빈칸을 채워보자.

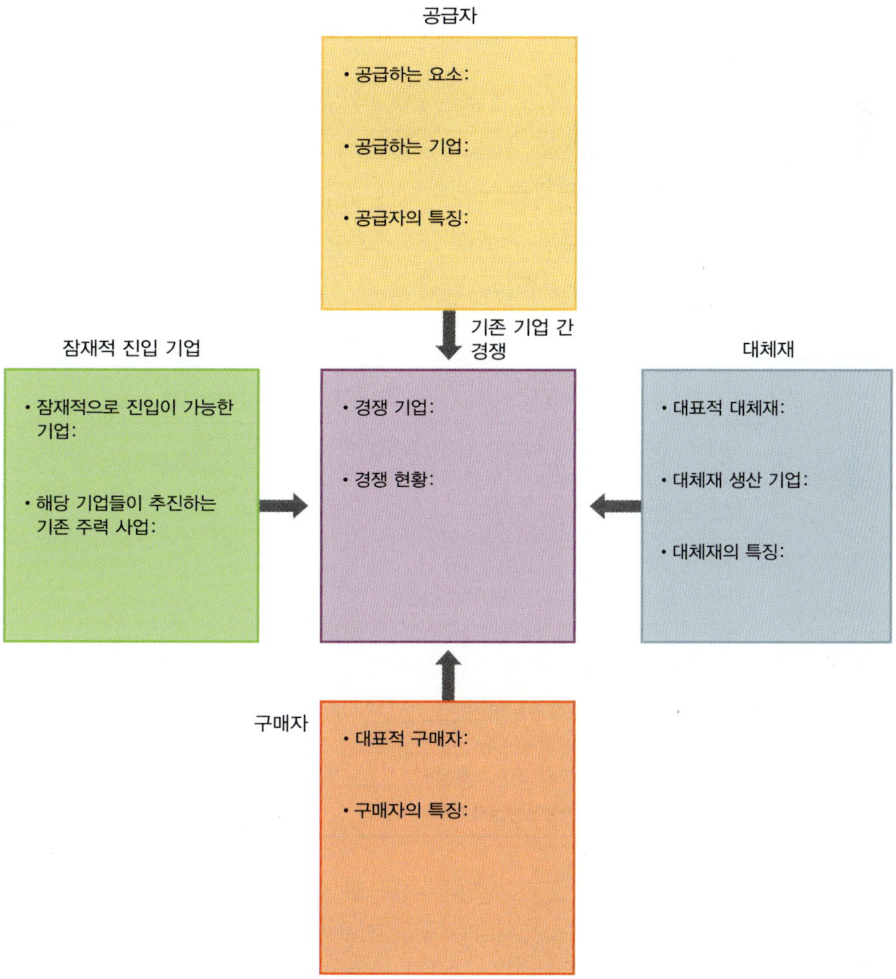

자르는 선

팀별과제

팀번호 : ______ 팀명 : __________ 팀원 : ______________________________

2 다음의 순서대로 표의 빈칸을 채운 후 경쟁세력별 영향력을 평가해보자.

① 잠재적 진입 기업부터 공급자까지, 영향력을 판단하는 질문에 대해 인터넷으로 자료를 찾아보고 답해보자. 5점 척도로 점수를 매긴다.
② 경쟁세력별로 평균값을 산출한다. 예를 들어 기존 기업 간 경쟁에 대한 두 개의 질문에 5점, 3점으로 답했다면, 해당 세력의 평균값은 4점이다.
③ 경쟁세력별로 평균값이 어떻게 분포되는지 살펴본다. 평균값이 높을수록 해당 경쟁세력이 기업 경영에 위협적인 존재이다.

세력	영향력 판단 항목 (5 : 매우 그렇다, 4 : 그렇다, 3 : 보통이다, 2 : 아니다, 1 : 매우 아니다)	평균
잠재적 진입 기업	· 자본 집약적 산업이 아닌가? ______ · 제품 차별화가 어려운가? ______ · 배타적 유통 채널이 없는가? ______ · 신규 진입을 위한 제도적 규제가 없는가? ______ · 기존 기업들 간의 연대가 약한가? ______	
기존 기업 간 경쟁	· 제품 차별화가 낮은가? ______ · 시장에서 철수 시 기존에 투자한 설비, 자산 등에서 막대한 손해가 발생하는가? ______	
대체재	· 대체재가 가격과 대비하여 소비자 입장에서 유용한가? ______ · 구매자층이 가격에 민감한가? ______ · 제품 차별화가 낮은가? ______	
구매자	· 가격 민감도가 높은가? ______ · 대량 구매가 가능한 구매자가 많은가? ______ · 공급자의 원가 구조, 유통 구조에 대한 정보를 구매자들이 잘 알고 있는 편인가? ______ · 후방형 수직적 통합이 가능한 구매자가 존재하는가? ______	
공급자	· 공급자 원재료의 차별성이 높은가? ______ · 공급자 변동 시 전환 비용이 높은가? ______ · 공급자들이 담합을 형성하기 쉬운 구조인가? ______ · 전방형 수직적 통합이 가능한 공급자가 존재하는가? ______	

자르는 선

팀별과제

팀번호 : ______ 팀명 : ____________ 팀원 : ______________________________

주제 3 BCG 매트릭스

1 팀원들에게 익숙한 기업 하나를 선정하여 BCG 매트릭스를 그려보자.

ㅁ분석 대상 기업명 : ______________________________

ㅁ분석 대상 기업의 주력 제품군(최소 4개 이상 적어보자.)

1 : ____________________ 2 : ____________________

3 : ____________________ 4 : ____________________

5 : ____________________ 6 : ____________________

7 : ____________________ 8 : ____________________

2 뒷면에 있는 그림의 빈칸을 채워보자. 다음의 순서를 따라서 BCG 매트릭스를 완성한다.

① 통계청, 관련 협회, 뉴스 등의 자료를 인터넷으로 조사하여 주력 제품군별로 시장성장률과 시장점유율을 파악한다. 단, 조사 대상을 국내시장, 해외시장 중 한쪽으로 정한다. 예를 들어, ○○전자의 주력 상품이 TV라고 할 때, 시장성장률은 국내, 시장점유율은 해외로 하면 분석에 오류가 생긴다.

② 조사한 자료를 바탕으로 그림의 빈칸에 주력 제품들의 위치를 그려 넣는다.

③ 스타, 젖소, 물음표, 개 영역에 분포한 제품들을 대상으로, 장기적으로 어떤 전략이 유리할지 결정한다. 예를 들어, ○○전자의 제품 중 웨어러블 디바이스가 물음표에 있다고 가정하면, 이를 스타 영역으로 끌고 갈지, 아니면 포기할지 논의해보자. ○○전자의 제품 중 스마트폰이 젖소 영역에 있다면, 여기서 나오는 수익을 어느 제품에 투자할지 생각해보자.

팀별과제

팀번호 : ________ 팀명 : ______________ 팀원 : ____

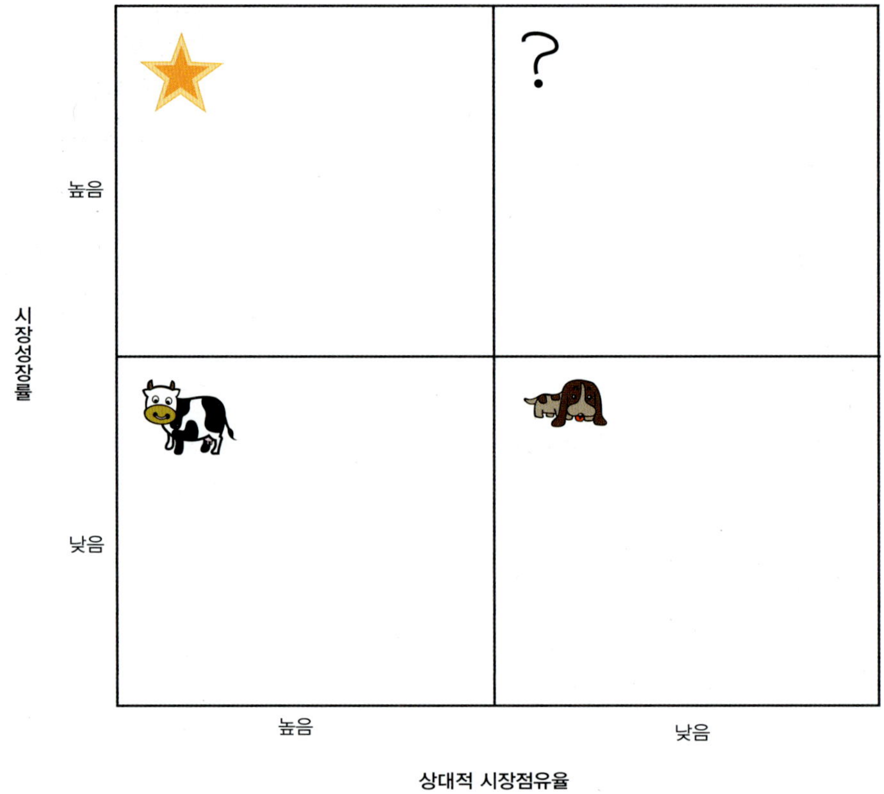

자르는 선

자르는 선

개별과제

학번 : ________________ 이름 : ________________

주제 나에 대한 SWOT 분석

1 당신이 향후 5년 또는 10년 내에 이루려는 목표는 무엇인가?
(이 질문에 답하기 어렵다면, 건너뛰고 다음 항목을 진행하면 된다.)

2 다음 표의 8개 빈칸을 채워보자. 다음의 과정을 따라 SWOT를 완성한다.

① 1열의 [기회], [위협] 칸을 채운다. 나 자신을 제외한 주변 모든 환경을 고려한다. 가족, 친구, 학교, 직장, 지역사회, 국가 등을 놓고 나에게 긍정적인 기회, 부정적인 위협을 열거한다.
② 1행의 [강점], [약점]을 채운다. 나 자신에 대해서만 정리한다.
③ [강점]과 [기회]가 만나는 지점에는 강점을 이용해서 기회를 포착하는 전략을, [약점]과 [기회]가 만나는 지점에는 기회를 이용해서 약점을 극복하는 전략을 수립한다.
④ [강점]과 [위협]이 만나는 지점에는 강점을 이용해서 위협을 극복하는 전략을, [약점]과 [위협]이 만나는 지점에는 약점을 최소화하면서 위협을 회피하는 전략을 수립한다.

내부 환경 / 외부 환경	강점(Strength) 내 강점은 무엇일까?	약점(Weakness) 내 약점은 무엇일까?
기회(Opportunity) 내 주변 환경 중 나에게 기회가 되는 것은 무엇일까?	내 강점으로 기회를 어떻게 활용할까?	기회로 내 약점을 어떻게 극복할까?
위협(Threat) 내 주변 환경 중 나에게 위협이 되는 것은 무엇일까?	내 강점으로 위협을 어떻게 돌파할까?	어떻게 내 약점을 최소화하면서 위협을 피할까?

PART 2

7장

가치 평가와 의사 결정

Valuation and Decision Making

"성공한 비즈니스를 당신이 본다면,

그것은 누군가가 내렸던 용감한 결정의 결과이다."

- 피터 드러커 -

01 기술 프로젝트의 가치 평가 기준은 무엇인가?

02 상대적 순위는 어떻게 평가하는가?

03 경제적 가치는 어떻게 평가하는가?

04 의사 결정의 함정에 빠지는 이유는 무엇일까?

Quiz 팀별과제 개별과제

학습목표

- 기업 경쟁력을 높이는 기술 프로젝트를 선별하기 위한 방법을 알아보자.
- 많은 수의 대안들을 비교적 빠르고 간단하게 일차적으로 평가하기 위한 상대적 순위 평가 기법을 살펴보자.
- 걸러낸 대안들의 가치를 화폐가치 형태로 평가하기 위한 경제적 가치 평가 기법을 살펴보자.
- 인간이 개입된 의사 결정에서 발생하기 쉬운 함정들을 생각해보자.

먼저 생각해봅시다

이름 : ______________

당신이 이제껏 살아오면서 내렸던 최악의 결정은 무엇이고, 언제 발생한 일인가?

ㅁ그 내용은 무엇인가? ______________

(예 대학에서 공부할 전공을 ○○○(으)로 결정했다.)

ㅁ언제 그러한 결정을 내렸나? ______________

(예 고등학교 3학년 여름방학 때)

ㅁ그 결정에 대한 만족도는 현재 몇 점인가? (1 : 최악 ~ 10 : 최고) ______________ (예 5)

당신이 위와 같은 결정을 할 때 고려했던 주된 요인 3가지를 뽑아보자.

ㅁ결정 요인 1 : ______________

(예 해당 전공자의 일반적 소득 수준)

ㅁ결정 요인 2 : ______________

ㅁ결정 요인 3 : ______________

과거로 돌아가 위의 결정을 다시 한 번 할 수 있을 때 고려할 주된 요인 3가지를 뽑아보자.

ㅁ결정 요인 1 : ______________

(예 학교 과목들 중에서 내가 좋아하는 과목의 종류)

ㅁ결정 요인 2 : ______________

ㅁ결정 요인 3 : ______________

위에서 새롭게 제시한 요인 3가지로 다시 결정을 내려보자.

ㅁ결정의 결과는 무엇인가? ______________

(예 대학에서 공부할 전공을 △△△(으)로 결정하겠다.)

01

기술 프로젝트의 가치 평가 기준은 무엇인가?

기업은 기술 개발을 위해 지속적으로 자원을 투자해야 한다. 그러나 투자할 수 있는 자원은 한정되어 있다. '어떤 기술에 먼저 투자할 것인가?'에 대해 의사 결정을 하려면 해당 기술의 상대적 우선순위, 경제적 가치, 경영진의 가치관 등을 고려해야 한다. 불확실한 상황에서 복수의 대안을 고려하며 한정된 자원을 분배하는 의사 결정 과정은 결코 간단한 일이 아니다. 그러나 투자의 결과물로 새로운 기술 또는 기존 기술을 보완하는 기술을 얻을 수 있고, 경쟁력을 유지해나가는 동력을 만드는 과정인 만큼 기술 개발에 대한 노력은 지속적으로 유지되어야 한다.

[그림 7-1]은 기술 관련 프로젝트를 평가하는 전체 과정을 보여준다.

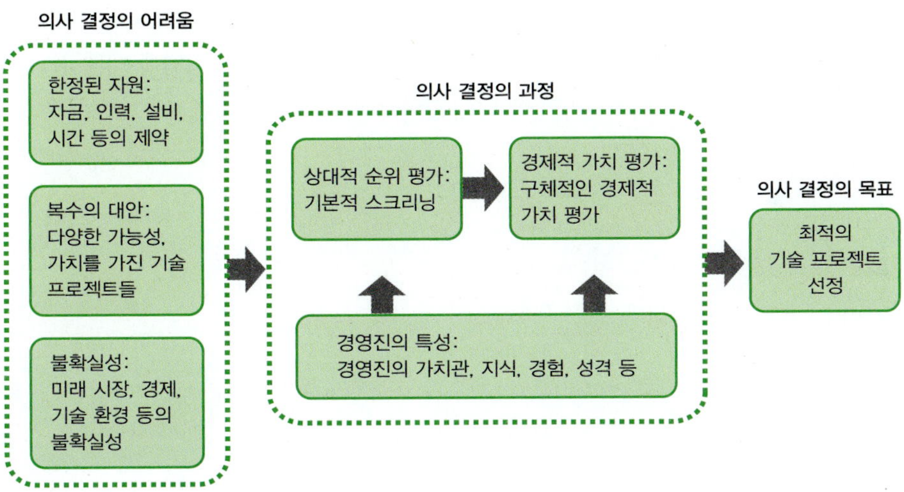

그림 7-1 기술 관련 프로젝트의 평가

기술 관련 프로젝트의 진행 여부를 결정하기 위해 사용되는 정형화된 평가 기법에는 크게 두 종류가 있다. 상대적 순위 평가와 경제적 가치 평가이다.

■ 상대적 순위 평가

여러 개의 기술 개발 프로젝트가 있을 때, 이들 간의 우선순위를 정하는 평가 기법이다. 개별 프로젝트의 절대적 가치는 몰라도 여러 대안 중에 어떤 대안이 더 가치가 있는가를 판단한다.

이 평가 기법은 대안의 수가 많고, 각 대안에 대한 구체적인 정보가 부족할 때 사용한다. 따라서 기초 연구를 수행하거나 연구 계획을 수립하는 단계에서 적용한다. 예를 들어, 연구 개발을 위한 장기적인 계획을 수립할 경우, 50개의 아이디어가 제시되었다면 상대적으로 우선순위가 높은 프로젝트 5개를 가려낸다.

■ 경제적 가치 평가

개별 기술 프로젝트가 가진 절대적 가치를 산출한다. 투자되는 자원과 예상되는 수익을 고려하여 화폐와 연관된 가치로 결과를 뽑아낸다.

이 평가 기법은 대안의 수가 상대적으로 적고, 구체적인 정보가 존재할 때 사용한다. 상용화를 위한 연구, 제품의 상업화 준비, 초기 시장 준비 등의 단계에서 적용한다. 예를 들어, 앞의 예에서 가려낸 5개 프로젝트 각각에 대해서 개별 프로젝트가 갖는 가치를 정확하게 판단하기 위해 경제적 가치 평가 기법을 사용한다.

위의 두 가지 기법만으로 기술 관련 프로젝트가 평가되고 선정된다고 할 수는 없다. 실제 기업 환경에서는 이런 요소 외에 경영진의 개인적 가치관, 배경 지식, 경험, 성격 등이 의사 결정에 큰 영향을 준다. 체계화된 기법 및 산술적인 가치와 함께 경영진의 정성적, 주관적 판단이 최종 의사 결정에 관련된다.

이번 장에서는 정형화된 평가 기법인 상대적 순위 평가, 경제적 가치 평가 기법에 대해 살펴본 후, 경영진의 특성이 의사 결정에 미치는 영향에 대해 알아보겠다.

02

상대적 순위는 어떻게 평가하는가?

이 절에서는 여러 기술 대안들의 상대적 가치, 상대적 순위를 가려내는 방법에 대해 알아보자. 평가해야 할 대안의 수에 비해 평가 과정은 비교적 단순한 편이다. 크게 점수 모형과 분석적 계층화 과정으로 나누어 살펴본다.

2.1 점수 모형

점수 모형은 대안이 지닌 가치를 점수로 나타내는 방법이다. 산출된 점수의 순위를 바탕으로 대안들의 가치를 가늠한다. 점수 모형을 이용한 평가는 일반적으로 [그림 7-2]의 단계를 따른다.

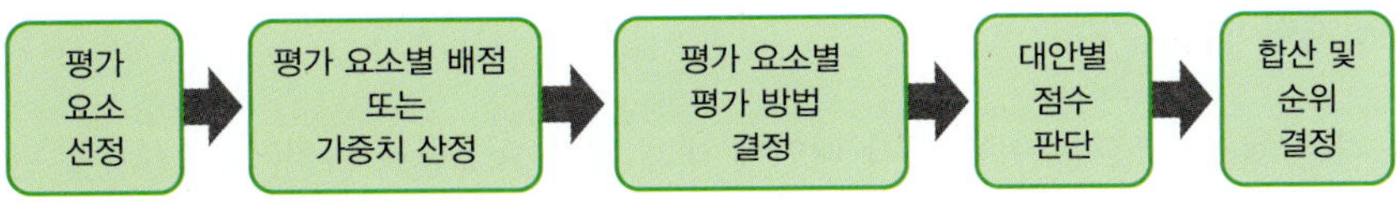

그림 7-2 점수 모형의 절차

점수 모형의 진행 단계별 특징은 다음과 같다.

❶ **평가 요소 선정** : 여러 대안들의 평가에 사용될 평가 항목을 결정한다. 평가 진행자의 주관적 판단, 기존 평가 시 사용한 평가 항목, 관련된 국내외 표준, 기술 관련 학술 자료 등이 평가 요소 선정에 고려된다.

❷ **평가 요소별 배점 또는 가중치 산정** : 평가 요소별로 의사 결정에 미치는 중요성을 고려하여 배점이나 가중치를 정한다.

❸ **평가 요소별 평가 방법 결정** : 개별 평가 항목별로 점수를 매기기 위한 방법을 결정한다. 기능 및 성능에 대해 측정된 수치를 사용하거나 정량화하기 어려운 항목에 대해서는 전문가의 주관적 판단을 활용한다.

❹ **대안별 점수 판단** : 평가 대상 대안별로 평가 항목들에 대해 점수를 매긴다. 평가 항목별로 앞 단계에서 결정한 평가 방법을 사용한다.

❺ **합산 및 순위 결정** : 대안별로 평가 항목들의 점수를 합산하여 대안별 총점을 매긴다. 대안별 총점을 기준으로 대안들 간의 우선순위를 결정한다.

점수 모형의 장단점은 [표 7-1]과 같다.

표 7-1 점수 모형의 장단점

장점	단점
· 평가 과정과 결과를 이해하기 쉽다. · 평가 항목을 탄력적으로 구성할 수 있다. · 측정된 자료, 수치화된 데이터가 부족해도 적용할 수 있다.	· 평가자의 주관에 좌우된다. · 금전적인 가치를 산출하지 않기 때문에 절대적인 가치를 알기 어렵다. · 위, 아래 순위에 놓인 대안들이 지니는 상대적 가치 차이를 판단하기 어렵다.

점수를 산정하기 위해 사용되는 방법에는 체크리스트 방식, 단순 가산 방식, 가중치 가산 방식이 있다.

체크리스트 방식

체크리스트Checklist 방식은 여러 대안을 평가하는 가장 단순한 방식이다. 예를 들어, 신규 프로젝트를 다음의 요소로 평가한다고 하자.

- 개발에 소요되는 비용이 적게 드는가?
- 예상되는 수익이 높은가?
- 프로젝트의 목표 달성 및 진행 과정에 위험성은 낮은가?
- 시장이 가진 잠재력이 높은가?

이때 [표 7-2]와 같은 체크리스트를 만들어 각 대안에 대해 평가 요소별로 가치(상/중/하)를 판단한다.[112] 표에 제시된 예에서는 프로젝트 B가 상 3개, 중 1개로 가장 우수하다. 이 방식은 단순하고 직관적이라는 장점이 있는 반면, 대안별로 가치를 지나치게 단순화한다는 단점이 있다.

표 7-2 체크리스트 방식의 예

프로젝트	평가 요소	가치		
		상	중	하
프로젝트 A	비용	○		
	수익		○	
	안정성		○	
	잠재력			○
프로젝트 B	비용	○		
	수익	○		
	안정성		○	
	잠재력	○		

프로젝트 C	비용		○	
	수익		○	
	안정성	○		
	잠재력		○	

단순 가산 방식

단순 가산 방식은 평가 요소별로 배점을 나눈 후 배점 내에서 평가를 진행하고, 요소별 평가 점수를 합산하는 방식이다. [표 7-3]은 [표 7-2]의 예를 단순 가산 방식으로 바꾼 것이다. 단순 가산 방식은 일반적으로 만점의 합계를 100점으로 맞춘다. 경우에 따라서 200점, 1000점 등으로 만점의 합계를 바꾸기도 하지만, 혼동할 여지가 있으므로 되도록 사용하지 않는다.

표 7-3 단순 가산 방식의 예

평가 요소	배점	프로젝트		
		A	B	C
비용	30	24	30	15
수익	30	15	24	21
안정성	20	12	12	20
잠재력	20	6	18	10
합계	100	57	84	66

이 방식은 평가 요소별로 배점이 다르기 때문에 혼동하기가 쉽다. [표 7-3]을 보면 비용은 30점 만점(중간 점수 15점), 안정성은 20점 만점(중간 점수 10점)으로 배점되어 있다. 비용 요소의 중간 점수를 15점이라고 생각하고 평가했다가 안정성의 경우도 중간 점수를 15점이라고 착각한 채 평가할 우려가 있다. 안정성에 대해 중간 점수를 주려고 했으면 10점을 줘야 하는데, 실수로 15점이 될 여지가 있다는 뜻이다. 예에서 보면, 프로젝트 A의 수익은 15점, 안정성은 12점이다. 이 수치만 놓고 보면, 수익성이 안정성보다 높아 보이지만, 배점의 기준이 다르기 때문에 실제로는 안정성이 더 높다고 봐야 한다. 만점 기준으로 수익은 50%, 안정성은 60%의 점수를 받은 셈이기 때문이다.

가중치 가산 방식

가중치 가산 방식은 평가 요소별 배점이 달라서 혼란을 초래하는 단순 가산 방식의 단점을 보완한 방법이다. 항목별 배점은 10점, 20점과 같이 하나로 통일하고, 각 항목이 가지는 비중의 차이를 가중치로 반영하여 합산하는 기법이다.

표 7-4 가중치 가산 방식의 예

평가 요소	배점	가중치	프로젝트		
			A	B	C
비용	10	3.0	8	10	5
수익	10	3.0	5	8	7
안정성	10	2.0	6	6	10
잠재력	10	2.0	3	9	5
합계		10	57	84	66

[표 7-4]는 [표 7-3]의 단순 가산 방식을 가중치 가산 방식으로 바꾼 것이다. 단순 가산 방식에서 30점, 20점으로 서로 다르던 배점을 10점으로 통일하였다. 여기에 항목별 가중치를 3.0, 2.0으로 두었다. 평가자 입장에서는 모든 항목을 10점 만점이라고 생각하면 된다. 대안별 점수를 합산하는 과정에서 가중치를 반영한다. 프로젝트 A의 합계는 다음과 같이 계산되었다.

프로젝트 A의 합계=비용 점수 8×가중치 3.0+수익 점수 5×가중치 3.0
+안정성 점수 6×가중치 2.0+잠재력 점수 3×가중치 2.0
=57점

[표 7-4]에서는 전체 가중치의 합을 10으로 잡았는데, 경우에 따라서는 전체를 100%로 잡고, 요소별 가중치를 10%, 20% 등으로 표현하기도 한다.[1]

2.2 분석적 계층화 과정

분석적 계층화 과정AHP : Analytic Hierarchy Process은 평가 항목이 많고, 평가 항목이 계층으로 복잡하게 구성되어 있거나 평가할 대안이 많을 때 주로 사용한다. 점수 모형과 대비하여 분석적 계층화 과정의 장단점을 [표 7-5]에 정리했다.

표 7-5 점수 모형과 대비한 분석적 계층화 과정의 장단점

장점	단점
· 평가 항목이 많아도 가중치를 정확하게 산출할 수 있다. · 평가할 대안이 많을 때 대안 간의 상대적 순위가 정밀하게 평가된다. · 사회, 경제적으로 복잡한 문제를 평가하는 데 적합하다. · 평가자 간의 의견이 대립될 때 적용하면 좋다.	· 평가 요소의 가중치 산출 과정이 상대적으로 복잡하다. · 의사 결정권자 입장에서 평가할 항목이 많아진다.

1 2015년 8월 현재, 우리나라 정부에서 발주하는 프로젝트에 대한 업체별 대안의 평가와 선정을 주관하는 조달청에서도 가중치 가산 방식을 사용하고 있다.

분석적 계층화 과정 진행 절차

분석적 계층화 과정은 크게 [그림 7-3]과 같이 4단계를 따른다.[112][170] 각각의 단계를 차례대로 살펴보자.

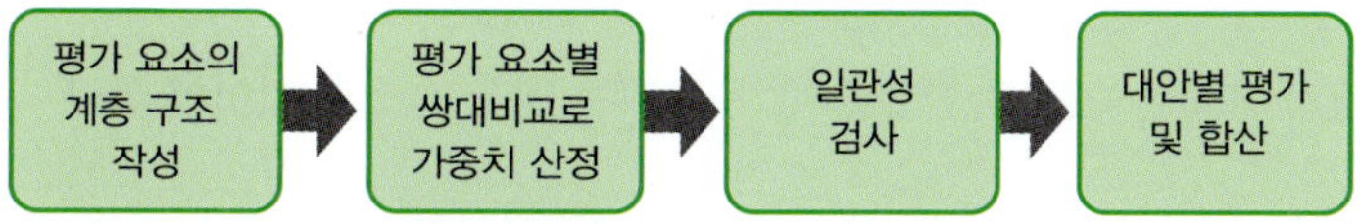

그림 7-3 분석적 계층화 과정의 진행 절차

■ 평가 요소의 계층 구조 작성

첫 단계에서는 의사 결정과 관련된 평가 요소를 [그림 7-4]와 같은 형태의 계층 구조로 만든다. 계층 구조의 꼭대기에는 결정할 주제, 즉 의사 결정의 목표를 적는다. 그 밑에는 의사 결정을 위해 고려할 평가 요소를 계층별로 그린다. 계층의 개수에는 제한이 없으나, 4~5개 이상이 되면 평가가 매우 복잡해지므로 가능하면 계층의 수를 줄일 것을 권한다.

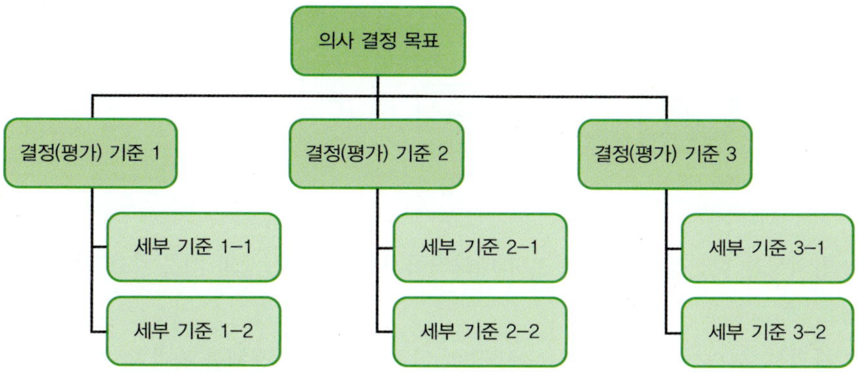

그림 7-4 분석적 계층화 과정을 위한 평가 요소의 계층 구조[128]

[그림 7-5]는 정보 보안 제품을 도입하기 위해 평가 요소를 구성한 사례이다. 우선 1단계의 평가 요소를 업체 평가, 제품 평가로 나누었다. 2단계에서 업체 평가를 위해 장기적 안정성, 업력, 전문성을 평가 요소로 잡았고, 제품 평가를 위해 성능, 판매 조건, 기능을 평가 요소로 잡았다.

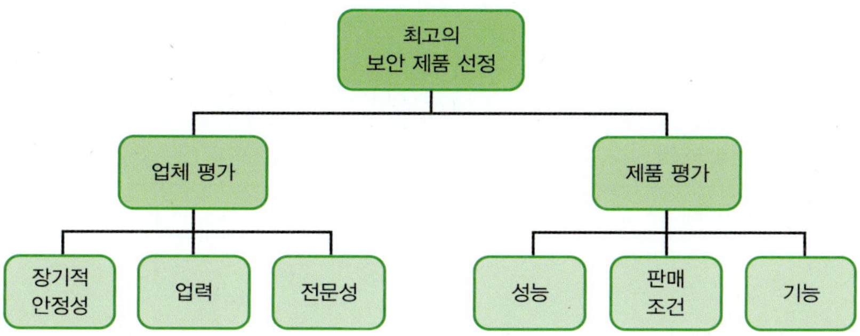

그림 7-5 정보 보안 제품 평가를 위한 계층 구조[167]

계층 구조를 디자인할 때는 각 계층별로 MECE Mutually Exclusive and Collectively Exhaustive[2] 원칙을 준수해야 한다. MECE 원칙은 다음과 같다.[219]

- **상호 배제** : 한 계층 내의 평가 요소들은 서로 배타적이어야 한다. 즉, 유사하거나 겹치는 항목이 존재하지 않아야 한다.
- **전체 포괄** : 한 계층 내의 평가 요소들을 전부 합했을 때 누락되는 평가 요소가 없어야 한다.

MCEC 원칙을 [그림 7-5]를 예로 들어 설명한다면, 1단계의 요소로 제시한 업체 평가, 제품 평가가 서로 겹치는 부분이 없고, 이 둘이 의사 결정 목표를 빈틈없이 반영해야 한다는 뜻이다. 또한 업체 평가를 위한 2단계 요소인 장기적 안정성, 업력, 전문성 역시 서로 겹치지 않고, 이 세 요소를 평가하면 업체 평가에 대해 누락되는 부분이 없어야 한다는 뜻이다.

[그림 7-6]은 차세대 연구 개발 주제를 선정하기 위해 제안된 아이디어를 평가하기 위한 계층 구조이다. 이 예에서는 다음과 같은 문제로 인해 제대로 구성된 사례라고 볼 수 없다.

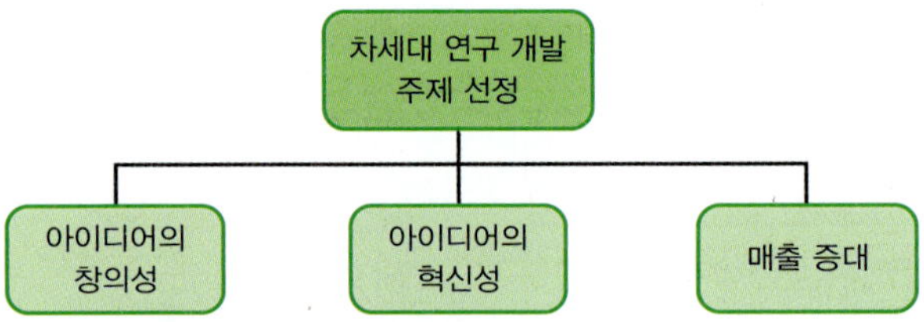

그림 7-6 잘못 구성된 평가 요소의 계층 구조

- **상호 배제** : 창의성과 혁신성이 서로 완전히 배타적이지 않다. 혁신성과 매출 증대도 마찬가지이다.
- **전체 포괄** : 창의성, 혁신성, 매출 증대 요소만으로 연구 개발 주제 전체를 평가할 수 없다. 예를 들어, 소요 비용, 연구 기간, 위험도 등의 요소를 어디에 반영할지 애매하다.

■ 평가 요소별 쌍대비교로 가중치 산정

쌍대비교는 단계별로 평가 요소들을 두 개씩 짝지어 상대적 가중치를 산정하는 방법이다. [표 7-6]은 A와 B의 상대적 중요도를 평가할 때의 수치별 의미를 보여준다.

표 7-6 쌍대비교 시 척도의 의미

척도	의미
1	A와 B의 중요도가 비슷하다.
5	A가 B보다 5배 중요하다.

2 이를 우리말로 표현하면, 상호 배제와 전체 포괄이다. MECE라는 표현을 더 많이 사용한다.

9	A가 B보다 9배 중요하다.
$\frac{1}{9}$	A가 B와 비교하여 $\frac{1}{9}$만큼 중요하다.
$\frac{8}{9}$	A가 B와 비교하여 $\frac{8}{9}$만큼 중요하다.
2, 3, 4, 6, 7, 8, $\frac{2}{9}$, $\frac{3}{9}$, $\frac{4}{9}$, $\frac{5}{9}$, $\frac{6}{9}$, $\frac{7}{9}$은 위 값들의 중간을 의미한다.	

앞서 [그림 7-5]의 경우를 다시 살펴보자. 1단계에서는 업체 평가, 제품 평가로 평가 요소가 2개뿐이다. 요소가 2개인 경우에는 한 번의 평가로 두 요소의 가중치를 정한다. 2단계에서는 업체 평가의 하위 요소인 안정성, 업력, 전문성을 2개씩 번갈아가며 비교한다. 같은 방법으로 제품 평가의 하위 요소인 성능, 판매 조건, 기능을 2개씩 번갈아가며 비교한다.

이제 [표 7-7]을 보자. 비교할 대상 3개를 2개씩 짝을 지어 비교하므로 ${}_3C_2=3$, 즉 3번의 비교를 해야 한다. 회색으로 표시된 세 항목을 비교했으며, 대각선은 비교 대상이 자신이므로 1로 채우고, 비교한 세 항목과 대칭되는 칸에는 역수를 채운다. 예를 들어, 안정성은 업력에 비해 5배, 전문성에 비해 2배가 중요하며, 업력은 전문성에 비해 1/2배 중요하다는 결과가 나왔다고 하자.

표 7-7 쌍대비교의 예

업체 평가	안정성	업력	전문성
안정성	1	5	2
업력	$\frac{1}{5}$	1	$\frac{1}{2}$
전문성	$\frac{1}{2}$	2	1

제품 평가	성능	판매 조건	기능
성능	1	3	6
판매조건	$\frac{1}{3}$	1	$\frac{1}{3}$
기능	$\frac{1}{6}$	3	1

이제 [표 7-7]의 쌍대비교 결과를 바탕으로 각 평가 요소별 가중치를 산출한다. [표 7-8]과 같이 각 열의 합계를 구한 후, 이 값을 이용해서 [표 7-9]와 같이 산술평균을 계산한다.[3]

표 7-8 쌍대비교 값의 열 합계

업체 평가	안정성	업력	전문성
안정성	1	5	2
업력	$\frac{1}{5}$	1	$\frac{1}{2}$
전문성	$\frac{1}{2}$	2	1
열 합계	$\frac{17}{10}$	8	$\frac{7}{2}$

3 쌍대비교 값으로 중요도를 산출하는 방법에는 산술평균 이외에 기하평균법, 최소자승법, 고유벡터법 등이 사용된다. 산술평균법이 가장 쉽고 많이 사용된다.

표 7-9 쌍대비교 값을 산술평균한 중요도

업체 평가	안정성	업력	전문성	산술평균
안정성	$1 \div \left(\frac{17}{10}\right)$	$5 \div 8$	$2 \div \left(\frac{7}{2}\right)$	0.59
업력	$\frac{1}{5} \div \left(\frac{17}{10}\right)$	$1 \div 8$	$\frac{1}{2} \div \left(\frac{7}{2}\right)$	0.13
전문성	$\frac{1}{2} \div \left(\frac{17}{10}\right)$	$2 \div 8$	$1 \div \left(\frac{7}{2}\right)$	0.28

[표 7-9]의 맨 우측 열에 표시된 산술평균 값은 각 평가 요소의 중요도 및 가중치를 의미한다. 업체 평가 내에서 안정성, 업력, 전문성은 각각 0.59, 0.13, 0.28의 중요도를 가지며, 이들을 합산하면 1.0이 된다. 같은 방법으로 제품 평가 내의 평가 요소인 성능, 판매 조건, 기능의 중요도를 산출하면 각각 0.64, 0.14, 0.22가 된다. 해당 단계에서의 평가 요소들 간의 상대적 가중치를 가리켜 지역적 가중치LP : Local Priority라고 한다. 즉, 예에서 보여준 제품 평가 항목의 세부 항목인 성능, 판매 조건, 기능 간의 상대적 가중치를 뜻한다.

만약 업체 평가와 제품 평가가 가진 1단계의 중요도가 각각 0.4, 0.6이라면, 업체 평가의 2단계 평가 요소인 안정성, 업력, 전문성은 전체 평가 요소를 놓고 볼 때, 각각 0.236(=0.59×0.4), 0.052(=0.13×0.4), 0.112(=0.28×0.4)의 중요도를 갖는다. 제품 평가의 2단계 평가 요소인 성능, 판매 조건, 기능은 전체 평가 요소를 놓고 볼 때, 각각 0.384(=0.64×0.6), 0.084(=0.14×0.6), 0.132(=0.22×0.6)의 중요도를 갖는다. 전체 평가 요소들 간의 상대적 가중치를 가리켜 전체적 가중치GP : Global Priority라고 한다. [그림 7-7]에는 앞서 살펴본 계층 구조도에 전체적 가중치와 지역적 가중치를 표기한 것이다.

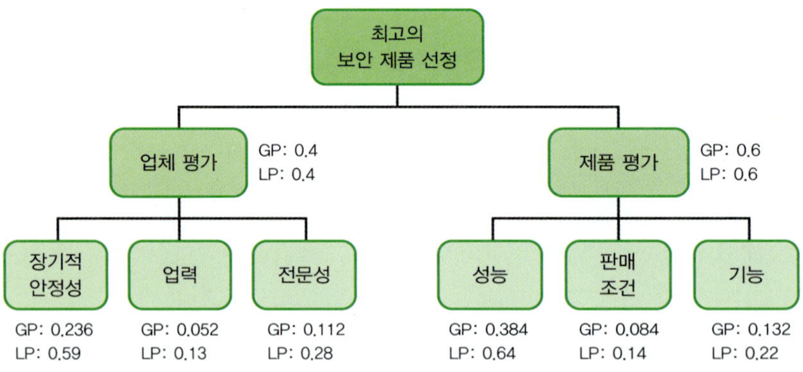

그림 7-7 전체적 가중치 & 지역적 가중치

그다음 단계는 평가 대상인 대안들을 각 평가 요소별로 쌍대비교하는 것이다. 제품 A, B, C 중에서 제품을 선택한다고 가정해보자. 각 제품별로 앞서 제시한 평가 요소인 안정성, 업력, 전문성, 성능, 판매 조건, 기능에 대해 각각 쌍대비교한다. 예를 들면, [표 7-10]과 같은 방식이다. [표

7–10]의 결과를 토대로, 각 평가 요소별 비교치에 대해 [표 7–8]과 [표 7–9]의 과정을 거친 후, 각 평가 요소별로 대안들이 갖고 있는 중요도를 산출한다.

표 7-10 대안들에 대한 평가 요소별 쌍대비교

안정성	A	B	C
A	1	5	2
B	$\frac{1}{5}$	1	$\frac{1}{2}$
C	$\frac{1}{2}$	2	1

성능	A	B	C
A	1	4	4
B	$\frac{1}{4}$	1	1
C	1	$\frac{1}{4}$	1

업력	A	B	C
A	1	5	9
B	$\frac{1}{5}$	1	2
C	$\frac{1}{9}$	2	2

판매 조건	A	B	C
A	1	$\frac{1}{2}$	2
B	2	1	4
C	$\frac{1}{2}$	$\frac{1}{4}$	1

전문성	A	B	C
A	1	2	$\frac{1}{2}$
B	$\frac{1}{2}$	1	3
C	2	$\frac{1}{3}$	1

기능	A	B	C
A	1	3	2
B	$\frac{1}{3}$	1	$\frac{1}{2}$
C	$\frac{1}{2}$	2	1

■ 일관성 검사

쌍대비교 과정에서 의사 결정자의 판단에 대한 일관성을 검증한다. 예를 들어, A, B, C를 비교할 때 A가 B보다 5배, A가 C보다 2배 중요하다고 판단했다면, B는 C보다 산술적으로 2.5배 정도 중요하게 나와야 한다. 그러나 B가 C보다 1/2배 중요하다고 잘못 판단하기도 한다. 의사 결정자가 산술적으로 100% 정확한 판단을 하기는 어렵지만, 이 예와 같이 극단적인 오류가 많으면 최종적으로 산출된 가중치를 신뢰하기 어렵다.

이런 경우, 일관성을 판단하기 위해 일관성 지수[CI : Consistency Index]를 산출하는데, 이 값이 0.1 이하이면 의사 결정자의 판단에 큰 문제가 없다고 본다. 0.1을 넘을 때는 쌍대비교 과정을 처음부터 다시 진행한다. 일관성 지수를 산출하는 과정은 절차가 훨씬 복잡하므로 이 책에서는 설명을 생략한다.

■ 대안별 평가 및 합산

앞의 절차를 거쳐서 평가 요소별 가중치, 대안별 가중치가 산출되면 이들을 종합하여 최종적인 우선순위를 가린다. [표 7−11]을 보자. 평가 요소가 4개이고, 쌍대비교를 통해 산출된 요소별 가중치가 각각 0.3, 0.1, 0.4, 0.2이다. 평가할 대안은 A, B, C 3개이다. 각 평가 요소에 대해 대안 A, B, C를 쌍대비교하여 각 대안의 가중치를 회색 칸에 기입했다.

표 7-11 평가 요소 & 대안의 가중치

평가 요소 및 가중치 \ 대안 및 평가 결과		대안 A	대안 B	대안 C
요소 1	0.3	0.3	0.4	0.3
요소 2	0.1	0.2	0.4	0.4
요소 3	0.4	0.5	0.3	0.2
요소 4	0.2	0.2	0.2	0.6
합산		0.35	0.32	0.33

[표 7−11]의 마지막 행에 있는 합산은 평가 요소별 가중치, 평가 요소별 대안의 가중치를 가지고 산출한 결과이다. 다음과 같이 계산된 결과이다.

- A의 합산$=0.3\times0.3+0.1\times0.2+0.4\times0.5+0.2\times0.2=0.35$
- B의 합산$=0.3\times0.4+0.1\times0.4+0.4\times0.3+0.2\times0.2=0.32$
- C의 합산$=0.3\times0.3+0.1\times0.4+0.4\times0.2+0.2\times0.6=0.33$

A의 합산치는 0.35로, 대안 B, C에 비해 근소한 차로 우세하게 나타난다.

여기서 잠깐 **소프트웨어를 활용하여 분석적 계층화 과정 수행하기**

분석적 계층화 과정은 앞서 설명한 것처럼 복잡한 계산 과정을 거쳐야 한다. 평가 요소와 대안의 수가 많아지면 계산 분량이 방대해진다. 특히, 일관성 검사에서 문제가 발견되면 쌍대비교와 계산 과정을 처음부터 다시 진행해야 한다. 따라서 현업에서는 소프트웨어를 사용하여 분석적 계층화 과정을 진행한다.

마이크로소프트의 엑셀 프로그램에 계산식을 입력하여 사용하거나[4] 분석적 계층화 과정을 수행하기 위한 전문 툴인 엑스퍼트초이스(Expert Choice)를 주로 사용한다. 엑스퍼트초이스는 쌍대비교, 가중치 산출, 일관성 검사, 합산 과정 등을 자동으로 처리해준다([그림 7-8]).

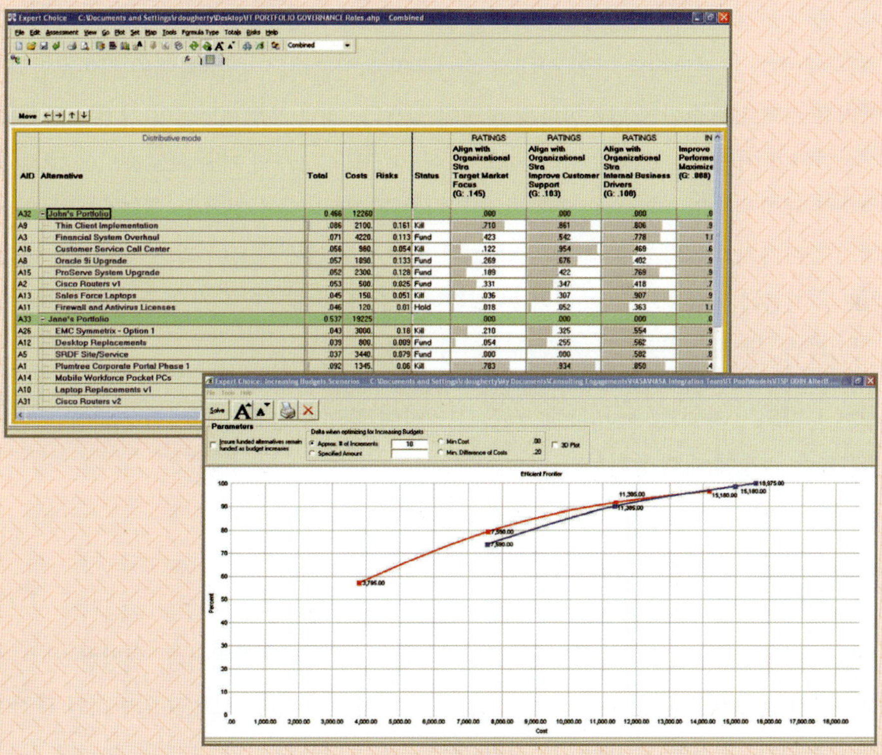

그림 7-8 소프트웨어 툴 사용

4 엑셀을 이용해 AHP를 산출하는 파일은 인터넷에 많이 공개되어 있다.

03

경제적 가치는 어떻게 평가하는가?

앞 절에서는 개별 기술 프로젝트 간의 상대적 우선순위를 산출하는 방법에 대해 살펴보았다. 이 방법은 여러 프로젝트를 손쉽게 평가한다는 장점이 있으나, 개별 프로젝트들이 가지는 가치를 구체적으로 판단하기 어렵다는 단점이 있다. 예를 들어, A, B, C 3개의 기술 프로젝트에 대해 상대적 우선순위를 평가해서 B>C>A의 순서가 나왔다고 가정하자. 이 경우 B 프로젝트가 C, A에 비해 상대적으로 가치가 높다고 할 수 있으나, B가 반드시 기업에 도움이 된다고 보기는 어렵다. A, B, C 모두 기업에 손실을 줄 가능성이 큰 상황에서 B가 상대적으로 적은 손실을 주어서 1순위가 된 것이라면, 세 프로젝트 모두 기각하는 편이 좋다.

이 절에서는 투자되는 자원과 예상되는 수익을 고려하여 화폐와 연관된 형태로 기술 프로젝트의 가치를 산출하는 과정에 대해 살펴본다.

3.1 경제성 지표

경제성 지표는 기술 프로젝트의 가치를 수치화된 지표로 나타내는 방법이다. 일정한 기준 값을 놓고 진행하려는 프로젝트가 기준 값을 넘는지를 평가하여 기준 값을 넘으면 일반적인 관점에서 긍정적인 프로젝트로 평가한다. 가장 기본적인 계산 구조는 다음과 같다.

$$\text{기술 프로젝트의 경제적 가치 지표} = \frac{\text{수익}}{\text{비용}} \times \text{성공 확률}$$

경제성 지표는 복잡한 재무적 자료를 단순한 지표로 제시할 수 있다는 장점이 있지만, 많은 요인을 고려할 수 없다보니 결과값이 구체적이지 않다는 단점이 있다. 대표적인 경제성 지표인 올슨 지표, 퍼시피코 지표, 틸 지표 등을 살펴보자.[145][184][205]

■ 올슨(Olsen) 지표

기술 프로젝트의 성과를 신제품의 매출액, 개량제품의 매출액, 공정합리화 절약액의 3가지로 나누어 투자한 비용 대비 수익을 나타내는 지표이다.

$$\text{프로젝트 수익 지표}=\frac{\Sigma(\text{신제품 매출액}3\%\times5\text{년}+\text{개량제품 매출액}2\%\times2\text{년}+\text{공정합리화 절약액 }1\text{년})}{\text{프로젝트 예상 비용}}$$

프로젝트 수익 지표가 3 이상이면 경제성이 있다고 본다. 기술 프로젝트의 사전 평가와 사후 평가에 모두 사용된다.

■ 퍼시피코(Pacifico) 지표

프로젝트의 수익성 비율을 나타낸다. 수익성 비율 PR이 1보다 크면 경제적으로 타당성이 있는 것으로 판단한다. 1보다 클수록 수익성이 높다는 뜻이다.

$$PR=\frac{p\mathrm{T}\times pC\times R}{TC}$$

- PR(Project Rating Factor) : 프로젝트 수익성 비율
- pT(Probability of Technical Success) : 기술적 성공 가능성(0.1~1.0)
- pC(Probability of Commercial Success) : 상업적 성공 가능성(0.1~1.0)
- R(Revenue) : 프로젝트의 전체 수명주기에서 예상되는 수익
- TC(Total Cost) : 제품 개발, 생산 라인 도입, 마케팅, 판매 등에 소요되는 총 비용

■ 틸(Teal) 지표

앞서 설명한 지표에 비해 가장 많은 요소를 고려한 지표로, 가장 정밀하게 결과를 산출할 수 있다. 프로젝트 유효도 지표가 1 이상이면 합리적이라고 본다.

$$\text{프로젝트 유효도 지표}=\frac{\text{신제품 수익}}{\text{연구 개발비}\times25}\times\frac{\text{신제품 수익}}{\text{설비 투자비}\times0.135}\times\frac{\text{신제품 예상 매출}}{\text{예상 총매출}\times0.04}\times\frac{\text{신제품 예상 매출}}{\text{신제품 총시장 규모 예측}\times0.5}$$

기술 프로젝트로 인한 신제품의 매출과 수익은 투자되는 연구 개발비와 설비 규모 대비 일정 규모 이상이 되어야 하며, 총매출에서 차지하는 비중과 시장점유율도 일정 비율 이상이 되어야 한다는 관점을 담고 있다.

3.2 자본예산 모델

자본예산 모델에서는 투자하는 자금의 회수 기간, 벌어들이는 실수익, 투입할 자금 대비 발생되는 수익률 등을 구체적으로 분석한다. 이를 바탕으로 개별 기업의 경영전략 및 자금 상황, 경쟁 환경 등을 놓고 자체 기준에 따라 투자 여부를 결정한다. 분석 과정이 제법 복잡하지만 결과값이 구체적이라는 장점이 있다. 지금부터 자본예산 모델 분석에 쓰이는 회수기간법, 순현재가치법, 내부수익률법에 대해 각각 살펴보자.

회수기간법

회수기간법PBP : Payback Period이란 투자된 자본이 회수되는 데 걸리는 기간을 기준으로 프로젝트를 선별하는 방법이다. 다음의 두 질문에 대해 답을 구하는 접근이다.[195]

- 투자한 자본을 회수할 수 있는가?
- 회수할 수 있다면, 회수 기간은 얼마나 걸릴까?

회수기간법에는 크게 두 가지 방법이 있다. 첫 번째는 전통적 회수기간법으로, 돈의 시간적 가치(이자율)를 무시하는 방법이다. 일반적으로 많이 사용하는 방법이다. 두 번째는 할인 회수기간법으로, 돈의 시간적 가치(이자율)를 고려하는 방법이다. 전통적 회수기간법이 할인 회수기간법에 비해 상대적으로 계산이 용이하고 직관적으로 이해하기가 쉬워서 더 많이 사용된다.

지금부터 전통적 회수기간법의 예를 살펴보자. [표 7-12]와 같은 현금 흐름이 있다고 가정하자. 현금흐름표에서 −가 붙은 것은 지출을 의미하며, −가 없는 것은 수입을 의미한다. 현금흐름표에서 연도 0은 현재를 의미하며, 1~5는 각각 1차 연도부터 5차 연도를 의미한다.

표 7-12 3개 대안의 현금흐름표(단위 : 만 원)

연도	대안 A	대안 B	대안 C
0	-1,000	-1,000	-1,000
1	800	200	200
2	200	800	500
3	0	100	300
4	0	0	300
5	0	0	300

3개 대안들 모두 초기에 천만 원의 지출이 필요하다. 대안 A, B는 모두 2차 연도까지 누적 수입이 천만 원씩 발생한다. 2년이면 초기에 지출된 투자가 회수된다는 의미이다. 대안 C는 3차 연도가 되어서야 누적 수입이 천만 원이 된다. 3년이 되어야 투자된 자본을 회수할 수 있다는 뜻이다.

회수기간법은 이처럼 투자된 자본을 회수하는 데 걸리는 총 기간을 산출할 때 주로 활용하지만, 다음과 같은 단점이 있음을 유의해야 한다.

❶ **수익률 미고려** : 대안 A는 2차 연도가 되면 투자한 비용을 모두 회수할 수 있다. 그러나 투자한 비용에 대해 실질적 수익을 냈다고 보기는 어렵다. 천만 원을 금융권에 예치해서 안정적으로 2~3%의 수익을 내는 경우와 비교할 때 대안 A가 우세하다고 보기는 어렵다.

❷ **회수 기간 이후의 수익 미고려** : 대안 B는 회수 기간이 끝난 뒤에 백만 원의 수익이 생긴다. 그러나 대안 C는 회수 기간 이후에 6백만 원의 수익이 생긴다. 회수 기간 이후의 수익을 고려할 때 대안 C가 B보다 더 우세한 면이 있으나, 이 부분은 반영하지 못한다.

❸ **회수 기간 내의 현금 흐름 미고려** : 대안 A, B는 회수 기간이 2년으로 동일하다. 그러나 대안 A는 1차 연도에 8백만 원의 수입을 올리기 때문에 2차 연도가 되어서야 8백만 원의 수입을 올리는 대안 B보다 더 우세하다. 동일한 회수 기간을 가진 대안들 간의 현금 흐름 차이를 고려하지 못한다.

순현재가치법

순현재가치법NPV : Net Present Value이란 기술 프로젝트에서 발생하는 투자(지출)와 수입(유입)의 전체 현금 흐름에 대한 가치를 현재 시점의 화폐 가치로 환산하는 방법이다. 이자율을 i라고 할 때, 현재가치 PVPresent Value와 미래가치 FVFuture Value 간에는 다음의 관계가 성립한다.[5]

$$FV = PV(1+i)^n$$

$$PV = \frac{FV}{(1+i)^n}$$

즉, 현재의 PV는 시간이 흐른 미래 시점에서는 이자가 반영되어 지금보다 더 높은 가치가 되며, 반대로 미래의 FV를 현재 시점의 가치인 PV로 본다면, 더 낮은 금액으로 봐야 한다.

예를 들어, 매년 5%의 이자를 받는 조건으로 은행에 100만 원을 2년간 예치한다고 가정해보자. 이 경우 현재 시점에서 투자하는 100만 원(PV)의 미래가치(FV)는 다음과 같이 계산된다.

$$FV = 100\text{만 원} \times (1+0.05)^2 = 110.25\text{만 원}$$

---

5 이자율 i를 기준으로, 단리가 아닌 복리를 적용한 공식이다.

반대로, 2년 후에 100만 원을 받기로 약속하고, 연이율 5%로 투자를 한다고 하면 현재 시점에서 투자해야 하는 금액은 다음과 같다.

$$PV=\frac{100\text{만 원}}{(1+0.05)^2}=90.7\text{만 원}$$

이와 같이 이자율과 투자 기간에 따라 현재가치와 미래가치는 큰 폭으로 변한다. 순현재가치법은 현금 흐름에 이자율과 투자 기간이 가진 의미를 반영하여 현재 시점에서 총 가치가 얼마인지를 따지는 방법이다. 순현재가치인 NPV는 다음 공식을 사용하여 구한다.

$$NPV=\sum_{i=0}^{n} PV(\text{수입})-\sum_{i=0}^{n} PV(\text{지출})$$

순현재가치를 구하는 과정은 다음과 같이 5단계로 나뉜다.[195]

- **1단계** : 최소요구수익률(MARR : Minimum Attractive Rate of Return)[6] 결정
- **2단계** : 프로젝트의 전체 수명 추정
- **3단계** : 수명 기간 동안 매 기간별 수입 추정
- **4단계** : 수명 기간 동안 매 기간별 지출 추정
- **5단계** : MARR을 기준으로 현재가치를 추정하여 합산

[표 7-12]의 3개 대안에 대해 NPV를 구해보자. 1단계에서 결정할 MARR을 의사 결정자가 5%로 정했다고 가정한다. 2~4단계에서 필요한 프로젝트 전체 수명(5년)과 기간별 수입, 지출은 표에 제시된 것을 따른다. 이때 각 대안의 NPV는 다음과 같이 계산된다.

$$\text{대안 A의 } NPV=\frac{800\text{만 원}}{(1+0.05)^1}+\frac{200\text{만 원}}{(1+0.05)^2}-\frac{1{,}000\text{만 원}}{(1+0.05)^0}=-56.7\text{만 원}$$

$$\text{대안 B의 } NPV=\frac{200\text{만 원}}{(1+0.05)^1}+\frac{800\text{만 원}}{(1+0.05)^2}+\frac{100\text{만 원}}{(1+0.05)^3}-\frac{1{,}000\text{만 원}}{(1+0.05)^0}=2.5\text{만 원}$$

$$\text{대안 C의 } NPV=\frac{200\text{만 원}}{(1+0.05)^1}+\frac{500\text{만 원}}{(1+0.05)^2}+\frac{300\text{만 원}}{(1+0.05)^3}+\frac{300\text{만 원}}{(1+0.05)^4}+\frac{300\text{만 원}}{(1+0.05)^5}-\frac{1{,}000\text{만 원}}{(1+0.05)^0}=385\text{만 원}$$

대안 A의 NPV는 −56.7만 원으로 현재 시점에서 손실이 되는 투자이다. 대안 B의 NPV는 2.5만 원으로 약간의 수익이 예상되며, 대안 C의 NPV는 385만 원으로 큰 수익이 예상된다. 회수기간법에서는 대안 C가 회수 기간이 3년에 달해 가장 불리한 대안으로 보였으나, NPV를 따져보면 가장 우수한 대안이 된다.

---

6 기업이 투자 시 의사 결정의 기준이 되는 수익률로, 요구수익률 또는 최소요구수익률(MARR : Minimum Attractive Rate of Return)이라고 한다. 기업 경영, 의사 결정에 큰 영향을 주므로 최고 경영진이 결정한다.

NPV는 0보다 큰 값이 되어야 하며, 0보다 큰 값의 대안들 중에서 추가 조건을 고려하여 가장 유리한 대안을 선택한다.

내부수익률법

내부수익률법IRR : Internal Rate of Return이란 현금흐름표를 놓고 대안의 수익률을 계산하는 기법이다. 다음의 공식이 성립하는 수익률 i를 산출하는 것으로, 이때 산출된 수익률 i를 IRR이라고 한다.

$$\sum_{i=0}^{n} PV(\text{수입}) = \sum_{i=0}^{n} PV(\text{지출})$$

내부수익률법에서는 여러 대안의 IRR을 계산하여 가장 높은 IRR을 가진 대안을 우세하게 평가한다. [표 7-13]의 4개 대안에 대한 IRR을 구해보자.

표 7-13 4개 대안의 현금흐름표(단위 : 만 원)

연도	대안 A	대안 B	대안 C	대안 D
0	-1,000	-1,000	-1,000	-1,000
1	1,100	0	330	250
2	0	1,210	363	250
3	0	0	532.4	250
4	0	0	0	250
5	0	0	0	250

대안 A의 IRR은 다음의 식을 만족하는 i이다. $i=0.1$, 즉 10%가 된다.

$$\frac{1{,}100\text{만 원}}{(1+i)^1} = 1{,}000\text{만 원}$$

대안 B의 IRR은 다음의 식을 만족하는 i이다. $i=0.1$, 즉 10%가 된다.

$$\frac{1{,}210\text{만 원}}{(1+i)^2} = 1{,}000\text{만 원}$$

대안 C의 IRR은 다음의 식을 만족하는 i이다. $i=0.1$, 즉 10%가 된다.

$$\frac{330\text{만 원}}{(1+i)^1} + \frac{363\text{만 원}}{(1+i)^2} + \frac{532.4\text{만 원}}{(1+i)^3} = 1{,}000\text{만 원}$$

대안 A, B, C는 서로 다른 현금 흐름을 보이지만, IRR은 10%로 동일하다. 즉, 수익률 측면에서는 3개 대안에 차별성이 없다. 마지막으로 대안 D의 IRR을 구해보자. 대안 D의 i=0.8, 즉 IRR은 8%가 된다.

$$\frac{250\text{만 원}}{(1+i)^1}+\frac{250\text{만 원}}{(1+i)^2}+\frac{250\text{만 원}}{(1+i)^3}+\frac{250\text{만 원}}{(1+i)^4}+\frac{250\text{만 원}}{(1+i)^5}=1{,}000\text{만 원}$$

시간의 흐름을 고려하지 않는 경우에는 대안 D가 총 1,250만 원의 수익이 생기는 것으로 가장 우세한 프로젝트처럼 보인다. 하지만 시간의 흐름을 고려할 경우 IRR이 8%로 가장 열세인 대안이 된다.

[표 7-13]의 예에서 IRR상으로는 대안 A, B, C에 차이가 없으나, 이를 회수기간법과 같이 놓고 보면 가장 빠른 시기에 자본이 회수되는 대안 A가 더 유리하다고 할 수 있다.[7]

■ IRR 쉽게 구하는 방법

내부수익률 i는 직접 방정식을 풀어서 산출하기가 어렵다. 대안 D의 경우만 해도 5차 방정식이 되기 때문이다. 이때는 보간법에 의해 시행착오를 반복하면서 i 값을 찾거나 엑셀의 IRR 함수를 이용한다. [표 7-13]의 IRR은 [그림 7-9]와 같은 방법으로 구할 수 있다. 먼저 엑셀 시트에 현금흐름표를 입력하고, IRR 함수를 호출한다. 그런 다음 대안 D의 IRR을 구하기 위해 [D7] 셀에 IRR(D1:D6)를 입력했다.

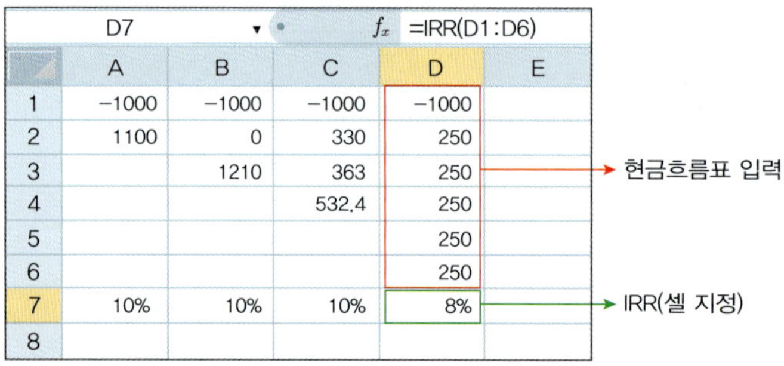

그림 7-9 엑셀을 이용한 IRR 산출

3.3 원가 예측

경제성 지표와 자본예산 모델을 쓰기 위해서는 수식에 입력할 값들을 정확하게 산정해야 한다. 특히 기술 프로젝트에 대한 투자 금액, 프로젝트의 결과로 발생하는 매출과 수익에 대한 수치가 필요하다. 앞서 경제성 지표, 자본예산 모델을 설명하는 과정에서는 이런 수치들이 미리 산출된

---

7 대안 A는 1차 연도에 1,100만 원이 회수되므로, 투자한 1,000만 원이 회수되는 시점은 1년이 채 안 되는 것으로 판단한다.

상황을 가정하고 설명했다. 그러나 현업에서는 투자 금액과 매출을 예측하는 과정이 이들 예측치를 바탕으로 경제성 지표, 자본예산 모델을 분석하는 과정보다 훨씬 더 복잡하고 어렵다.

여기서는 기술 프로젝트와 관련된 원가 예측 기법 중에서 설비 구축 프로젝트에 투자될 금액을 예측하는 몇몇 기법에 대해 간단하게 살펴본다.[61]

비율기반 견적

비율기반 견적Ratio Estimate이란 과거에 구축했던 플랜트 및 설비 원가를 바탕으로 현재 구축하는 플랜트 및 설비 원가를 비율적으로 예측하는 기법이다. 사용하는 공식은 다음과 같다.

$$C_x = C_k\left(\frac{E_x}{E_k}\right)^n,\ C_A = C_B\left(\frac{I_A}{I_B}\right)$$

- $C_x = E_x$ 크기의 플랜트 또는 설비의 원가, 예측하려는 대상 프로젝트의 원가
- $C_k = E_k$ 크기의 플랜트 또는 설비에 대해 알려진 원가
- n=원가, 용량 간의 지수값(cost capacity exponent)
- C_A=인덱스값 I_A에서 플랜트 또는 설비의 원가
- C_B=인덱스값 I_B에서 플랜트 또는 설비의 원가

이 공식은 비교하는 플랜트 또는 설비의 용량이 2:1 이하일 때 적용할 수 있으며, 최대인 경우에도 5:1을 넘겨서는 안 된다. 인덱스값 테이블은 여러 기관에서 발표하며, 사용하는 테이블에 따라 계산 결과가 달라진다. n은 예측 대상의 플랜트 또는 설비의 종류에 따라 달라지는데, 보통 0.6~0.7을 사용한다.

다음 예를 살펴보자. 1990년도에 18.5m^2 크기의 열교환기를 105,000달러에 구축했다. 1994년에 동일한 장비를 2배 크기로 구축하고자 할 때의 비용을 예측해보자. 주어진 조건은 다음과 같다.

- 열교환기의 n=0.60
- 열교환기의 인덱스값 $= I_{1990} = 915.1,\ I_{1994} = 970$ (출처 : Marshall & Swift)

위 조건으로 계산해보면 37m^{2}의 열교환기 구축에 168,700달러가 소요된다.

$$C_A = C_B\left(\frac{970}{915.1}\right) = 111,300$$

$$C_x = 111,300\left(\frac{37}{18.5}\right)^{0.6} = 168,700\text{달러}$$

비율기반 견적은 복잡한 계산 없이 원가를 예측할 수 있다는 장점이 있지만, 정확도가 매우 낮다는 단점이 있다. 복잡도가 낮은 플랜트 건설의 경우에도 정확도가 −30~+50% 수준이다. 따라서 복잡도가 높은 설비의 원가를 예측하기에는 적당하지 않다.[31]

요소기반 견적

요소기반 견적Factored Estimate이란 프로세스 산업에서 주요 설비의 가격을 파악하고, 주요 설비에 대해 발생하는 부수적인 원가를 비율로 합산하여 전체 플랜트 건설에 소요되는 비용을 예측하는 기법이다. 사용하는 공식은 다음과 같다.[57]

$$C=\sum_{i=1}^{n} C_i+\sum_{i=1}^{n} f_i C_i=\sum_{i=1}^{n} C_i(1+f_i)$$

- C_i = 설비 i의 원가(입찰 가격, 이전 구매 가격, 공개된 제품 가격, 유자장비에 대한 비례 계산 등으로 산출)
- f_i = 설비 i에 대해 발생하는 부수적인 원가의 비율

설비 구축 시 부수적으로 발생하는 원가 f의 비율은 구축하려는 설비의 종류마다 다르다. [표 7-14]는 스테인리스강(Stainless Steel) 관련 설비의 f값이다.[6] 설비값의 1.86배에 해당하는 부수 비용이 발생하며, 파이프 자체만으로도 설비값의 1.18배에 해당하는 비용이 든다.

표 7-14 스테인리스강 설비의 f값

소요처	설치 인건비	콘크리트	철 구조물	파이프	전기	계측	페인트	절연	합계
f값	0.05	0.11	0.11	1.18	0.05	0.24	0.01	0.11	1.86

예를 들어, 구축할 스테인리스강 설비 가격이 100억 원이라면 원가 예측은 다음과 같이 한다.

$$C=100\text{억 원}\times(1+1.86)=286\text{억 원}$$

요소기반 견적은 설비 원가가 잘못 책정되면 f 값이 곱해지는 과정에서 전체 원가가 왜곡되는 현상이 발생한다. 따라서 원가 예측의 기본이 되는 설비 원가를 제대로 산출해야 하고, 설비에 맞는 f 값을 사용해야 한다. 일반적으로 정확도는 −15~+30% 수준이다.

확정적 견적

확정적 견적Definitive Estimate은 전체 구축 공정이 40~45% 완료되고, 설비에 대한 가격 분석이 90~95% 정도 완료된 이후에 시행하는 방법이다. 실제로 발생할 부지의 임대료, 예상되는 사람들의 인건비를 세부적으로 계산하여 합산하는 방식이다. 정확도는 −5~+15% 수준이다.

세부 견적

세부 견적Detailed Estimate은 투자가 모두 완료된 이후에 집행된 자료를 모아서 원가를 합산하는 방식이다. 정확도는 −5~+5% 수준이다.

04

의사 결정의 함정에 빠지는 이유는 무엇일까?

우리는 간혹 매스컴을 통해 경영진이 의사 결정 상황에서 수치화된 결과나 논리적 절차를 무시하는 결정을 내리고, 세간에 그런 정황이 밝혀지면서 지탄을 받는 경우를 종종 본다. 분명 의사 결정을 내리기 전에, 앞서 기술한 평가 기법들을 토대로 최선의 대안을 고려했을 텐데, 왜 이런 일이 벌어지는 걸까? 평가 결과에 오류가 있었던 것일까?

사실 앞서 설명한 평가 기법들은 전통적인 경제학에 그 뿌리를 두고 있다. 전통 경제학에서는 인간을 합리적이고, 자제력이 강하며, 이기적인 목적 위주로 경제적 판단을 내리는 존재로 보고 있다. 그러나 근래에 등장한 행동경제학에서는 인간에게는 비합리적인 면이 있고, 자제력이 부족한 경우도 있으며, 때로는 비이기적으로 행동한다는 점에 주목하고 있다. 행동경제학은 인간 행동의 실제와 원인을 탐구하여 그 행동이 경제사회에 미치는 영향을 연구하고, 사람들의 행동을 조절하기 위한 정책을 체계적으로 규명하려는 경제학 이론이다.[8][186] 즉 인간의 속성을 고려해야 하므로 기존의 경제학 이론에 심리학, 특히 인지심리학을 덧붙여 인간의 판단과 경제활동을 분석한다.

이 절에서는 경영진이 의사 결정 상황에서 상대적 순위 평가, 경제적 가치 평가의 결과와 상반되는 선택을 하게 되는 주요 원인을 행동경제학에 기초하여 살펴보기로 하자.

4.1 기준점 효과

기준점 효과[Anchoring Effect]란 어떤 수치를 추정할 때 미리 제시된 기준점의 영향을 지나치게 받는 경향을 의미한다.[203] 예를 들어, 올해 환율을 기준으로 내년 환율을 예측하거나 올해 매출을 기준으로 내년 매출을 예측하는 경우 등이다. 그래도 이 경우는 올해 수치와 내년 수치가 어느 정도는 관련성이 있으므로 다소 합리적이라고 보지만, 의미 없는 기준점을 토대로 수치를 예측하는 경우에는 문제가 된다. 이런 문제는 다음과 같은 의사 결정 상황에서 발생한다.

---

8 프로스펙트 이론(Prospect Theory)[64]을 행동경제학의 시초로 보는 견해가 많다.

- 점수 모형에서 여러 항목에 대해 평가를 할 때, 자신이 앞서 평가한 항목의 점수를 기준으로 삼는다.
- 변화된 경영 환경을 고려하지 않고, 기존에 사용한 MARR을 기준으로 의사 결정을 한다.
- 프로젝트 회수 기간에 대한 적합성을 성격이 전혀 다른 지난 프로젝트의 회수 기간을 토대로 판단한다.

이와 같은 문제를 예방하기 위해 다음의 두 가지 방법이 사용된다.

❶ 기존의 자료를 놓고 의사 결정에 참고한다. 한두 개의 자료가 기준점으로 작용되지 않도록 가능하면 다양한 자료를 놓고 참고한다. 기준점을 여러 개 두는 효과가 생겨서 하나의 기준점에 사로잡히지 않게 된다.

❷ 기준점을 모르는 상태에서 미리 의사 결정을 한 후에 기준점과 비교해본다. 차이가 매우 크다면 그 이유가 무엇인지 역으로 추정해본다.

4.2 집단적 동조

심리학자 솔로몬 애쉬Solomon Asch는 1951년에 흥미로운 동조 실험Conformity Experiment을 실시했다. 아주 단순하고 쉬운 판단에 대해 주변 사람들이 피실험자를 속이고자 의도적으로 틀린 답을 내는 경우, 피실험자가 자신의 판단을 버리고 주변의 판단을 따라가는지를 실험했다. 실험 결과를 보면 피실험자의 1/3이 틀린 답을 따라 대답했으며, 12개 문항에서 3/4의 사람들이 적어도 한 번은 틀린 답을 따라갔다.[144]

애쉬의 실험은 이후 여러 나라에서 다양한 질문으로 재현되었으며, 그 결과 평균적으로 20~40%의 동조율을 보였다. 예를 들어 이런 형태이다. 피실험자 10명을 한 방에 둔다. 이 중에서 실제 피실험자는 마지막에 답하는 한 명이고, 먼저 답하는 9명은 실험을 계획한 사람과 한 팀이다. 예를 들어, 사자, 호랑이, 개 등의 사진을 보여주고 이름을 대는 실험에서 먼저 답한 9명이 호랑이 사진을 보고 사자라고 답했을 때, 그에 동조한 피실험자가 20~40%에 달했다.

앞서 답을 말한 사람들에 의해 모종의 정보가 피실험자에게 전달되어, 다른 답을 말하지 말라는 무언의 압력에 굴복한 셈이다. 다른 답을 말할 경우 직면하게 될 비난에 대한 두려움이 주요 원인이다. 이는 자신의 판단보다는 주변의 판단에 민감하게 반응하고, 이를 모방하여 따라가는 인간의 행동 특성에 기인한다. 이런 문제는 다음과 같은 의사 결정 상황에서 발생한다.

- 점수 모형의 항목을 평가할 때 주관적인 판단보다 다른 의사 결정자들의 판단에 좌우된다.
- 분석적 계층화 과정의 쌍대비교에서 다른 의사 결정자의 판단에 지나치게 영향을 받는다.

간혹 점수 모형, 분석적 계층화 과정에서 극단적인 평가와 부정행위를 방지하기 위해 여러 의사 결정자의 평가 중에서 최솟값, 최댓값을 의도적으로 제외하는 경우가 있다. 이럴 경우 의사 결정자들은 다른 사람과 유사한 판단을 내리려는 경향을 보인다. 이는 다수 의사 결정자들의 집단지성을 활용하려는 취지에 위배된다.

이런 문제를 예방하기 위해 다음의 두 가지 방법이 사용된다.

❶ 의사 결정자들의 개별적 판단 결과를 공개하지 않는다. 최솟값, 최댓값을 제외하는 경우에도 제외된 의사 결정자가 누구인지는 비공개로 한다.

❷ 의사 결정 과정에서 일부 참가자에게 비판적인 시각으로 반대 의견만 제시하는 악마의 대변인 Devil's Advocate 역할을 부여한다.[162] 이는 비판적 의견 제시가 어려운 조직 내 상하 관계의 문제를 해결하기 위한 방법이다.

4.3 매몰비용 편향

매몰비용 편향Sunken Cost Bias이란 이미 투자를 집행한 자원이 아까워서 집행된 자원과 관련된 미래의 투자 결정을 가능하면 긍정적으로 편향해서 보는 것이다. 이럴 경우 과거에 매몰된 비용이 미래의 의사 결정 결과에 영향을 미쳐 지속적인 손실을 초래하게 된다. 예를 들어, 금융기관이 대출금을 연체하고 있는 사업가에게 위험을 감수하면서 추가 대출을 해주는 경우, 매몰비용 편향에 빠졌다고 볼 수 있다.

모든 의사 결정에는 불확실성이 존재하기에 잘못된 결정이 발생할 여지는 늘 있다. 그럼에도 불구하고 처음에 내린 결정의 오류를 인정하지 않고 투자를 지속하다가는 결국 더 큰 피해를 입게 된다.[201] 역사적으로는 미국의 베트남전쟁 참전이 이에 해당된다. 미국이 베트남전쟁을 시작한 초기부터, 베트남의 열대기후와 베트콩의 게릴라전술 등의 난관으로 인해 미국이 전쟁에서 이기기 어렵다는 주장이 꾸준히 제기되었다. 그러나 미국은 세계대전 승전국이라는 경험과 거대 자본을 믿고 전쟁을 오히려 확대했다. 결국 전쟁을 10년이나 지속한 뒤에야 6만 명의 전사자를 내고 패전을 인정했다.

프랑스에서 개발했던 콩코드 여객기도 비슷한 사례이다([그림 7-10]). 초음속 콩코드 여객기는 초기 개발 과정에서부터 문제가 있다고 판단되었으나, 의사 결정자들이 끝까지 개발을 추진했다. 천문학적인 자금이 투입되었으나 결과적으로는 상업적인 수익을 내지 못하는 실패한 프로젝트로 끝났다.

그림 7-10 초음속 콩코드 여객기

이런 문제는 다음과 같은 의사 결정 상황에서 발생한다.

- 이미 2~3년 동안 투자한 기술 프로젝트에 대한 추가 투자 여부를 결정할 때, 기존에 투자된 자원이 아까워서 가능하면 추가 투자를 하는 방향으로 결정한다.
- 경영진이 특정 프로젝트의 추진을 제안한 경우이다. 혜당 프로젝트에 대해 상대적 순위 평가, 경제적 가치 평가를 통해 수익성이 부족하다는 결과가 나왔으나, 경영진의 결정을 뒤엎기 어려워 강행하는 상황이 발생한다.

이런 문제를 예방하기 위해 다음의 두 가지 방법이 사용된다.

❶ 잘못 내린 결정을 스스로 인정하는 용기가 필요하다. 잘못을 인정하면 자신의 평판이 떨어질 거라는 그릇된 인식을 버려야 한다. 기업 문화 차원에서 경영진과 중간관리자가 잘못 내린 결정에 대해 스스로 인정하는 분위기가 형성되어야 한다.

❷ 실패를 수용하는 조직 문화가 필요하다. 당장의 실패라는 결과가 두려워 더 많은 투자를 하면서 실패의 시기를 뒤로 늦추는 과오를 범하면 안 된다. 실패한 투자에 대해 벌하기보다는 원인을 파악하고 또 다른 기회를 제공하는 절차가 제도화되어야 한다.

4.4 틀 효과

틀 효과[Framing Effect]란 하나의 대안에 대해 대안의 표현 방식에 따라 의사 결정자의 선택이 달라지는 현상을 뜻한다. 예를 들어, '프로젝트의 성공 확률이 70%'라는 문구와 '프로젝트의 실패 확률이 30%'라는 문구가 있을 때, 의사 결정자는 성공 확률을 제시했을 때 투자를 결단하는 경우가 더 많았다. 이런 현상은 인간의 인지구조에서 기인하는데, 평가 담당자가 의사 결정자에게 프로젝트에 대한 평가 자료를 긍정이나 부정의 한쪽으로만 보이게 제시할 때 발생한다. 한쪽으로 치우친 자료는 의사 결정자가 올바른 결정을 할 수 없게 만든다.

이런 문제를 예방하기 위해 다음의 두 가지 방법이 사용된다.

❶ 긍정적인 틀이 있다면, 부정적인 틀을 의사 결정자에게 함께 보여준다. 예를 들어, '프로젝트의 성공 확률이 70%'라는 문구만 보여주기보다 '프로젝트의 실패 확률이 30%'라는 내용도 함께 제시한다.

❷ 부정적인 틀이 있다면, 긍정적인 틀을 의사 결정자에게 함께 보여준다. '이번 프로젝트의 IRR이 지난 프로젝트 대비 1%가 낮아졌음'만 보여주기보다 '경쟁사 IRR 대비 1%가 높아졌음'도 함께 제시한다.

4.4 현상유지 편향

현상유지 편향Status Quo/Default Bias이란 새로운 대안과 기존 대안이 있을 때 기존 대안을 더 선호하는 현상이다. 덴마크와 오스트리아의 장기 기증 프로그램 사례를 살펴보자.[203] 덴마크에서는 장기 기증을 하지 않는 것을 기본으로 두고, 장기 기증을 원하는 사람은 별도로 장기 기증 신청서를 작성하도록 했다. 그 결과 장기 기증률은 4.25%가 되었다. 반면, 오스트리아에서는 장기 기증을 하는 것을 기본으로 두고, 장기 기증을 원하지 않는 사람은 별도로 장기 기증 거부 신청서를 작성하도록 했다. 그 결과 장기 기증률은 99.98%가 되었다. 이런 문제는 다음과 같은 의사 결정 상황에서 발생한다.

- 기존의 투자 규칙에서 벗어나 새로운 대안에 투자하고자 할 때, 기존의 투자를 지속하는 경우보다 더 많은 행동을 해야 한다. 따라서 더 큰 책임감을 느끼게 되고, 이는 의사 결정자에게 부담감으로 작용한다.
- 기존의 투자 규칙을 따르거나 기존 프로젝트에 지속적으로 투자하는 것은 상대적으로 불확실성이 적어서 안전하다고 인식한다. 그러나 기업의 내·외부 환경은 급속도로 바뀌고 있으며, 이런 환경에서 기존의 투자 규칙을 반복하다보면 오히려 더 큰 위험을 초래한다.

이런 문제를 예방하기 위해 다음의 두 가지 방법이 사용된다.

❶ 기존 대안을 새로운 대안과 동일한 기준으로 분석, 평가하고 판단하는 절차가 필요하다. 즉, 기존 대안에 대해 높게 매겨진 암묵적 가중치를 낮추기 위한 제도가 필요하다. 예를 들어, 기존 대안과 80% 이상 유사한 투자 프로젝트에 대해서는 총점에서 10점을 감점하는 식이다.

❷ 의사 결정자가 판단해야 할 대안의 개수를 의도적으로 줄여야 한다. 예를 들어, 기존 대안이 2개, 신규 대안이 10개라면, 의사 결정자는 총 12개의 대안 중에서 본인에게 익숙한 기존 대안에 더 많은 관심을 두게 된다. 대안의 수가 너무 많으면 모든 대안을 면밀하게 살피기 어렵기 때문이다. 대안을 준비하는 담당자는 가능하면 많은 대안을 의사 결정자에게 보여주려고 하지만, 오히려 의사 결정자가 기존 대안에 집중하게 만드는 역효과를 가져온다.[62]

Quiz

01 가중치 가산 방식으로 프로젝트 A에 대해 평가를 할 때, 합계 점수는 몇 점인가?

평가 요소	배점	가중치	프로젝트 A
비용	10	3.0	5
수익	10	3.0	5
안정성	10	2.0	8
잠재력	10	2.0	6
합계		10	?

① 24 ② 32
③ 58 ④ 64

02 상대적 순위 평가의 점수 모형이 가진 장점이 아닌 것은?

① 평가 과정 및 결과를 이해하기 쉽다.
② 평가 항목을 탄력적으로 구성할 수 있다.
③ 평가자의 주관에 좌우되지 않는다.
④ 측정된 자료나 수치화된 데이터가 부족해도 적용할 수 있다.

03 분석적 계층화 과정을 사용할 때 쌍대비교 과정에서 의사 결정자의 판단에 대한 일관성을 검증하는 방법은 무엇인가?

① 일관성 지수가 0.1 이하이면 문제가 없다고 판단한다.
② MECE 원칙의 준수 여부를 점검한다.
③ 전체적 가중치(GP)의 총합이 1.0인지를 점검한다.
④ 체크리스트 기법으로 점검한다.

04 퍼시피코 지표로 경제성을 검증하고자 한다. 기술적 성공 가능성이 50%, 상업적 성공 가능성이 50%, 프로젝트의 총 예상 수익이 20억 원, 소요되는 총 비용이 4억 원일 때, 다음 중 가장 옳은 설명은 무엇인가?

① 지문에서 제시한 수치만으로 퍼시피코 지표를 정확하게 산출하여 판단하기는 어렵다.
② 퍼시피코 지표상으로는 긍정적인 프로젝트이다.
③ 퍼시피코 지표상으로는 부정적인 프로젝트이다.
④ 퍼시피코 지표의 판단 임계값에 걸쳐 있어서 지표만으로 판단하기는 어렵다.

Quiz

05 프로젝트 A의 자본 회수 기간은 몇 년인가?

연도	프로젝트 A (단위 : 만 원)
0	−1,000
1	0
2	200
3	400
4	400
5	1,000

① 2 ② 3
③ 4 ④ 5

06 MARR을 10%라고 할 때 프로젝트 A의 순현재가치는 얼마인가?

연도	프로젝트 A (단위 : 만 원)
0	−5,000
1	5,500
2	1,210
3	1,331

① 13,041만 원 ② 8,041만 원
③ 3,041만 원 ④ 2,000만 원

07 새로 도입할 반도체 가공 설비의 원가를 비율기반 견적으로 산출하고자 한다. 2010년에 400m^2 크기의 설비를 도입할 때, 100억 원이 소요되었다. 2015년에 동일한 설비를 1,200m^2 크기로 도입하려고 한다. 주어진 수치가 다음과 같을 때 예상되는 원가는 얼마인가?

- 반도체 가공 설비의 $n=1$
- 반도체 가공 설비의 인덱스값 $I_{2010}=1000$, $I_{2015}=1200$

① 120억 원 ② 200억 원
③ 360억 원 ④ 500억 원

Quiz

08 점수 모형에서 여러 항목에 대해 평가를 할 때, 본인이 앞서 평가한 항목의 점수를 기준으로 삼거나, 변화된 경영 환경을 고려하지 않고 기존에 사용한 MARR을 기준으로 의사 결정을 한다면, 행동경제학의 어떤 효과와 연관되는가?

① 기준점 효과 ② 집단적 동조
③ 매몰비용 편향 ④ 틀 효과

09 현상유지 편향에 대한 잘못된 설명은 무엇인가?

① 기존 대안을 새로운 대안과 동일한 기준으로 분석, 평가하고 판단하는 절차가 필요하다.
② 기존 프로젝트에 지속적으로 투자하는 것은 상대적으로 안전하다고 인식한다.
③ 덴마크와 오스트리아의 장기 기증 프로그램 사례가 이와 관련된다.
④ 의사 결정자가 판단해야 할 대안의 수를 의도적으로 늘려야 한다.

10 다음과 같은 상황에서 A사의 대표이사가 빠진 의사 결정의 함정으로 추측되는 것은 무엇인가?

> [상황]
> A사는 외과 수술용 인공뼈를 생산하는 기업이다. 3D 프린터를 이용해서 개인별 신체 특성에 맞는 인공뼈를 제작하고 있다. A사는 기존에 B사, C사의 필라멘트를 사용해왔다. 의료용 필라멘트 공급 업체가 늘면서, A사의 대표이사는 구매 담당자에게 새로운 공급 업체를 조사하라고 지시했다. 구매 담당자는 대표이사에게 최대한 다양한 대안을 제시하기 위해 국내외 20개 업체를 추가로 조사하여, 각 업체가 가진 기술적 장단점을 정리한 400페이지 분량의 보고서를 제출하였다. 한 시간가량 보고서를 살펴보던 대표이사는 어리둥절한 표정으로 기존의 B사, C사와 거래 관계를 유지하는 것으로 결론지었다.

01 ③ 02 ③ 03 ① 04 ② 05 ③ 06 ④ 07 ③ 08 ① 09 ④ 10 현상유지 편향

자르는 선

팀별과제

팀번호 : ______ 팀명 : __________ 팀원 : ______________________________

주제 태양열 드론 프로젝트

1 다음과 같은 상황에서 어떤 결정을 내릴지 팀원들과 논의해보자.

> [상황]
> 당신은 고급 전동 완구를 생산하는 T사의 연구 팀 팀장이다. 올해 할당된 연구비는 총 8억 원이다. 당신은 이 중 3억 원을 음성인식 장난감 개발에 투자했다. 또한 최근에는 태양열만으로도 비행할 수 있는 장난감 드론의 개발을 진행하고 있다. 지금까지 이 드론을 개발하는 데 총 4억 원이 집행되었다. 태양열 드론은 2Q(2분기, 즉 6개월) 후 출시할 예정이다. 그런데 경쟁사인 S사에서 T사와 같은 제품을 개발하고 있다는 정보가 입수되었다. S사에 있는 후배를 통해 알아본 결과, S사는 T사와 같은 시기에 제품을 출시할 예정이며, 제품의 성능은 20% 정도 우수하고, 원가는 10% 정도 낮은 것으로 파악되었다. 한편, 현재 개발 중인 T사의 태양열 드론을 상용화하기 위해서는 2Q 동안 추가로 1억 원의 비용을 더 투자해야 한다.

□ 당신의 팀은 태양열 드론 개발을 계속 추진하겠는가?

[ ] 그렇다 [ ] 아니다

□ 위와 같은 결정을 내린 이유는 무엇인가?

- 이유 1 : ______________________________
- 이유 2 : ______________________________
- 이유 3 : ______________________________

자르는 선

개별과제

학번 : __________ 이름 : __________

주제 부모님의 유산

1 다음의 두 상황을 읽고, 각각 어떤 결정을 내릴지 생각해보자.

[상황 1]

당신은 결혼해서 화목하게 살고 있다. 부모님께서 노환으로 별세하시면서 10억 원의 재산을 물려주셨다. 당신은 이제 적절한 투자처를 결정해야 한다. 다음 3가지 옵션 중 하나만 선택할 수 있다면 어떤 대안을 선택하겠는가?

① 안정적인 국공채에 투자한다. 이 경우 위험률은 1% 미만이고, 연 수익률은 3%로 기대된다.
② 서울 외곽의 아파트 두 채를 구입한다. 위험률과 수익률에 대해서는 사람들의 의견이 제각각이므로 스스로 판단해야 한다.
③ S전자 주식에 투자한다. S전자는 큰 위험성은 없는 것으로 알려져 있으며, 은행 예금보다 수익률이 높을 것으로 기대한다.

ㅁ 어떤 대안을 선택했는가? : __________
ㅁ 선택한 이유는 무엇인가? : __________

[상황 2]

당신은 결혼해서 화목하게 살고 있다. 부모님께서 노환으로 별세하시면서 10억 원의 재산을 물려주셨다. 상속받은 재산은 모두 S전자의 주식이다. 당신은 이제 적절한 투자처를 결정해야 한다. 다음 3가지 옵션 중 하나만 선택할 수 있다면 어떤 대안을 선택하겠는가?

① S전자의 주식을 모두 팔아서 안정적인 국공채에 투자한다. 이 경우 위험률은 1% 미만이고, 연 수익률은 3%로 기대된다.
② S전자의 주식을 모두 팔아서 서울 외곽의 아파트 두 채를 구입한다. 위험률과 수익률에 대해서는 사람들의 의견이 제각각이므로 스스로 판단해야 한다.
③ S전자 주식을 그대로 유지한다. S전자는 큰 위험성은 없는 것으로 알려져 있으며, 은행 예금보다 수익률이 높을 것으로 기대한다.

ㅁ 어떤 대안을 선택했는가? : __________
ㅁ 선택한 이유는 무엇인가? : __________

PART 3

8장

기술 프로젝트 통제

Technology Project Management

"인생을 절반쯤 살고나면,

인생이 거대한 DIY(Do-It-Yourself) 프로젝트란 걸 알게 된다."

- 나폴레온 힐 -

01 프로젝트는 어떻게 관리하는가?

02 기술 협력은 어떻게, 누구와 하는가?

Quiz

팀별과제

개별과제

학습목표

- 학교 과제나 기업 업무에서 자주 접하는 프로젝트라는 용어에 대해 생각해보자.
- 프로젝트를 성공적으로 완수하기 위해 필요한 9개 관리 요소를 알아보자.
- 일정, 비용, 위험 관리를 구체적으로 살펴보자.
- 기업이 기술을 획득하는 다양한 방법을 알아보자.
- 어떤 방법으로 어떤 파트너와 협력하는 게 효율적일지 생각해보자.

먼저 생각해봅시다

이름 : ___________________

◇ 당신의 인생, 진로 계획에 대한 위험 대응 계획을 세워보자.

◇ 10년 후의 시점에서 당신이 이루고 싶은 목표를 하나로 잡는다면 무엇인가?

(예 ○○ 분야의 박사 학위를 취득하고 싶다.)

◇ 위의 목표를 향해 나아가는 과정에서 예상되는 위험 요소를 5가지 이내로 정리해보자.

(예 위험 내용 : 학비가 부족할 수 있다. / 예상되는 위험 수준 : [✓] 보통)

위험 요소	위험 내용	예상되는 위험 수준
위험 요소 1		[ ] 심각 [ ] 보통 [ ] 경미
위험 요소 2		[ ] 심각 [ ] 보통 [ ] 경미
위험 요소 3		[ ] 심각 [ ] 보통 [ ] 경미
위험 요소 4		[ ] 심각 [ ] 보통 [ ] 경미
위험 요소 5		[ ] 심각 [ ] 보통 [ ] 경미

◇ 당신이 나열한 위험 요소들에 대해 어떻게 대응할지를 생각해보자.

- 회피 : 위험 요소를 피할 만한 다른 접근법을 찾는다.
- 완화 : 위험을 낮출 만한 방법을 생각해본다.
- 수용 : 위험이 있지만, 정면으로 맞선다.

(예 당신의 대응책 : [✓] 완화 / 대응책에 대한 당신의 계획 : 학비가 저렴한 학교를 찾는다.)

위험 요소	당신의 대응책	대응책에 대한 당신의 계획
위험 요소 1	[ ] 회피 [ ] 완화 [ ] 수용	
위험 요소 2	[ ] 회피 [ ] 완화 [ ] 수용	
위험 요소 3	[ ] 회피 [ ] 완화 [ ] 수용	
위험 요소 4	[ ] 회피 [ ] 완화 [ ] 수용	
위험 요소 5	[ ] 회피 [ ] 완화 [ ] 수용	

01

프로젝트는 어떻게 관리하는가?

아마 여러분은 ○○ 강의의 팀 프로젝트, 텀Term 프로젝트, 중간고사 대체 프로젝트 같은 말을 자주 사용할 것이다. 그리고 기업에서는 3분기 성과 개선 프로젝트, 신사업 기획 프로젝트, 신제품 개발 프로젝트 등의 명칭을 늘상 쓰고 있다. 학교와 기업을 배경으로 하는 드라마나 영화를 봐도 등장인물들이 프로젝트라는 용어를 자주 사용한다. 우리가 일상에서 자주 사용하는 용어인 '프로젝트'는 어떤 뜻을 담고 있을까?

프로젝트란 일회성의 위험성이 있는 과업을 칭한다. 기업에서 말하는 프로젝트의 범주에는 새로운 기술, 제품, 서비스를 만들기 위한 연구, 테스트, 생산 과정 등이 포함된다. 한편, 공장에서 절차에 따라 일상적으로 제품을 생산하는 활동은 일회성이 아니며 위험성도 낮기 때문에 프로젝트라 부르지 않는다.

이 절에서는 프로젝트의 종류와 프로젝트를 진행하는 절차, 그리고 프로젝트를 성공적으로 완수하기 위해 관리해야 할 요소들의 특징을 알아보자.

1.1 프로젝트의 유형

프로젝트는 [그림 8-1]과 같이 지식/기술 수준과 물류 관리 수준에 따라 3개로 분류된다.[191] 각 유형의 특징은 다음과 같다.

- **R&D 및 엔지니어링 프로젝트** : 고도의 지식을 가진 전문 연구 인력들이 참여하는 기술 개발 및 소프트웨어 개발 등이 해당된다. 물류 관리의 필요성은 낮고, 일정 관리와 인력 관리가 중요하다.
- **하이테크 자본 집약적 프로젝트** : 대규모의 첨단 구조물을 만드는 프로젝트이다. 항공기나 선박 건조, 정유나 원자력 플랜트 건설 등이 해당된다. 많은 인력이 투입되어 장기간 진행되며, 다양한 원자재와 부품이 소요되므로 인력 관리, 일정 관리, 물류 관리가 모두 중요하다.
- **저기술 노동 집약적 프로젝트** : 전통적인 기술, 일반화된 기술을 가지고 통상적인 건설공사나 소규모 설비 제작을 진행하는 작업이다. 고급 인력에 대한 복잡한 관리보다는 단순하고 일상적인 노무 관리가 필요하며, 물류 관리가 중요하다.

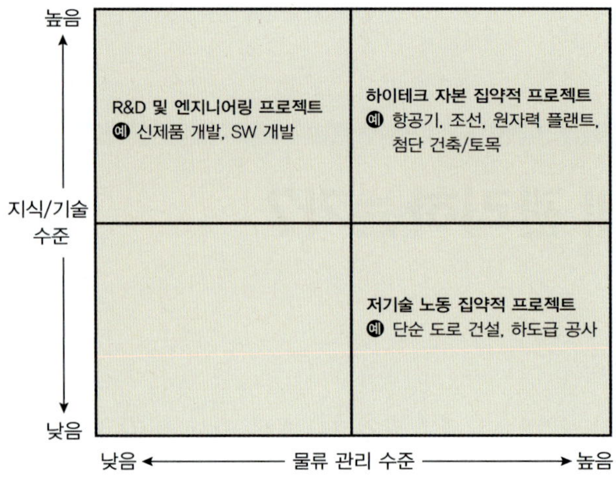

그림 8-1 프로젝트의 유형 분류[191]

1.2 프로젝트의 진행 단계

프로젝트를 진행하는 단계는 일반적으로 착수, 계획, 실행, 통제, 종료의 5단계로 나뉜다.[34] [그림 8-2]와 같이 착수, 계획, 실행의 순서로 진행되며, 실행 과정을 지속적으로 통제하여 문제가 발생하면 계획 단계로 다시 돌아간다. 통제 단계에서 프로젝트 실행 단계가 마무리된 것으로 판단되면 종료 단계를 거쳐서 프로젝트를 끝낸다.

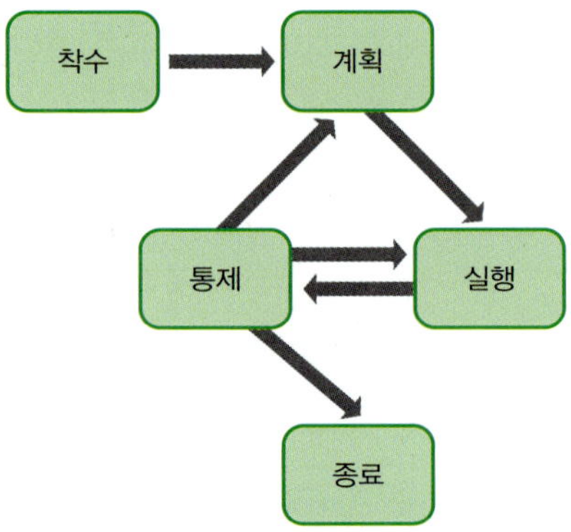

그림 8-2 프로젝트 진행 5단계

프로젝트를 진행하는 5단계는 미국프로젝트관리협회 PMI : Project Management Institute에서 정립했으며, 국제적으로 널리 통용되고 있다. [표 8-1]에 각 단계의 특징을 정리했다.

표 8-1 프로젝트 진행 5단계의 특징

단계	특징
착수	· 프로젝트의 목표를 수립한다. (예 전기 자동차용 엔진 개발) · 프로젝트에서 달성할 목표의 범위, 목표 수준을 정한다. (예 중형 승용차용 전기차 엔진을 개발하며, 가솔린 엔진의 70% 정도의 주행 성능을 목표로 한다.) · 프로젝트를 수행할 팀을 구성한다. (예 프로젝트 관리자, 설계 담당, 테스트 담당, 프로젝트 지원 담당 등 구성)
계획	· 프로젝트의 수행 범위를 상세하게 설계한다. · 프로젝트 추진 일정을 수립한다. · 추진 일정별 수행 작업을 설계한다. · 프로젝트에 투입할 필요 자원을 분석하고, 집행 방법을 계획한다.

실행	· 추진 일정에 맞추어 프로젝트를 진행한다. · 단계별로 작업을 진행하거나 자원을 투자한다. · 팀원들 간에 협력하며 문제를 해결하는 데 집중한다.
통제	· 수립한 계획과 작업 결과물을 비교하여 문제점을 파악한다. · 발생한 문제점을 해결하기 위해 계획을 재조정한다. · 필요시 일정, 예산, 구성원 등을 지속적으로 보완한다.
종료	· 기술 프로젝트의 완성 단계이다. · 최종 성과물을 평가하여 프로젝트의 성공 여부를 평가한다. · 진행 과정과 결과에 대한 보고서를 작성한다.

1.3 프로젝트의 관리 영역

프로젝트를 진행하는 과정에서는 일정, 자원, 인력 등 다양한 관리 요소가 등장하며, 이들 간에 복잡한 문제가 빈번하게 발생한다. 따라서 모든 요소를 관리하며 문제를 해결해야 하는 총책임자로서 프로젝트 관리자의 역할이 매우 중요하다.

프로젝트 관리자

프로젝트 관리자PM : Project Manager는 프로젝트의 성패를 가르는 가장 중요한 역할을 담당한다. 프로젝트의 규모에 따라서 총괄 PM 밑에 분야별 PM을 두기도 한다. 즉, 단일 프로젝트에서 PM은 여러 명이 되기도 한다. 프로젝트를 진행하는 5단계를 제시한 미국프로젝트관리협회는 자격 심사와 시험을 통해 국제적으로 인정되는 프로젝트 관리 전문가 자격증PMP : Project Management Professional을 발급하고 있다.[1] 프로젝트 관리자에게 필요한 핵심 역량을 정리하면 [표 8-2]와 같다.[218]

표 8-2 프로젝트 관리자의 핵심 역량

구분	핵심 역량
조직화 능력	· 프로젝트 목표에 대한 이해력 · 기술 분야에 대한 전문 지식 · 인력, 자원 등에 대한 경영 능력
작업 관리 및 조정	· 전체적 작업 일정 수립 · 일정, 개인별 직무 등 관리 · 구성원들의 이해관계 조율 및 갈등 해결
보고 및 통제	· 진행 상태 평가 및 보고 · 팀원에 대한 평가 및 보상 · 프로젝트 범위, 일정 및 예산 조정

1 PMP 자격증은 국내에서도 통용되고 있으며, 이 책에서 설명하는 프로젝트 관리 9영역에 대한 역량을 주로 평가하고 있다.

프로젝트 관리 9영역

미국프로젝트관리협회는 프로젝트에서 관리할 요소를 [표 8-3]과 같이 총 9개의 영역으로 제시하고 있다.[34][218]

표 8-3 프로젝트 관리 9영역

영역	주요 기능
일정 관리 (Time Management)	· 프로젝트를 단위 작업으로 분할 · 단위 작업의 계획 수립 및 관리
범위 관리 (Scope Management)	· 프로젝트의 목표와 범위 관리
품질 관리 (Quality Management)	· 프로젝트 진행 과정, 산출물에 대한 적합성 기준 설정 · 설정된 적합성 기준을 충족하기 위한 관리
비용 관리 (Cost Management)	· 프로젝트에 소요되는 총 비용, 단계별 비용 계획 수립 · 비용 관리 및 집행
위험 관리 (Risk Management)	· 프로젝트 수행에 대한 위험 요소의 예측, 분석, 대응책 수립 · 위험 요소 발생 시 대응
의사소통 관리 (Communication Management)	· 프로젝트 참여 주체, 이해 당사자들 간의 소통 체계 수립 · 정보 전달 관리 및 갈등 해결
인적자원 관리 (Human Resource Management)	· 프로젝트 구성원들의 활동 조정 · 활동에 대한 평가 및 보상
구매 관리 (Procurement Management)	· 프로젝트 수행에 필요한 각종 자원의 확보 · 확보된 자원의 관리
통합 관리 (Integration Management)	· 각 관리 영역의 활동이 서로 유기적으로 움직이도록 관리

이 책에서는 프로젝트 관리 9영역 중에서 일정·비용·위험·인적자원 관리를 좀 더 상세히 설명하겠다.[2] 이번 장에서 일정·비용·위험 관리에 대해 살펴보고, 다음 장에서 인적자원 관리에 대해 살펴보자.

■ 일정 관리

프로젝트 일정 관리는 프로젝트를 진행하는 일정을 수립하고, 진행 과정에서 일정을 벗어나지 않도록 하며, 기한 내에 과업을 완수하도록 관리하는 활동이다. 크게 일정 계획 수립, 일정 계획 통제, 일정 계획 변경의 3가지 활동으로 나뉜다.

---

2 프로젝트 관리 9영역 중에서 상대적인 중요도와 상세한 설명의 필요성을 고려했다. 다른 영역들도 좀 더 상세히 알고 싶다면 미국프로젝트관리협회에서 발간한 자료들을 참고하기 바란다. PMBoK이라는 키워드로 인터넷, 전자도서관 등에서 검색하면 많은 자료들이 나타난다.

- **일정 계획 수립** : 목표한 과업 완수에 필요한 세부적 과업을 식별하고, 과업 간의 선후 관계를 따져서 진행 순서를 정리하는 작업이다.
- **일정 계획 통제** : 일정에 영향을 주는 요인들을 관리하는 활동이다. 일정을 단축하기 위한 방법을 찾고, 일정을 바꿔야 될 상황이 발생하면 변경 여부를 검토하고 승인한다.
- **일정 계획 변경** : 일정 계획 통제에서 일정을 변경하기로 결정했을 때 적절한 대체 일정을 수립하는 활동이다. 대체 일정을 만들 때는 일정을 변경함으로써 영향을 받는 과업이나 일정을 점검하고, 전체 일정에 최대한 도움이 되게 한다.

일정 계획을 수립할 때 사용하는 대표적인 기법으로 [그림 8-3]과 같은 간트차트Gantt Chart[3]가 있다. 가로 열은 시간의 흐름을 보여주는데, 이 단위는 주, 월, 연 등 작성자가 선택적으로 표기한다. 세로 열은 수행할 세부 과업을 나타낸다. 각 과업별로 시작 시기, 소요 기간, 종료 시기를 막대로 표시한다.

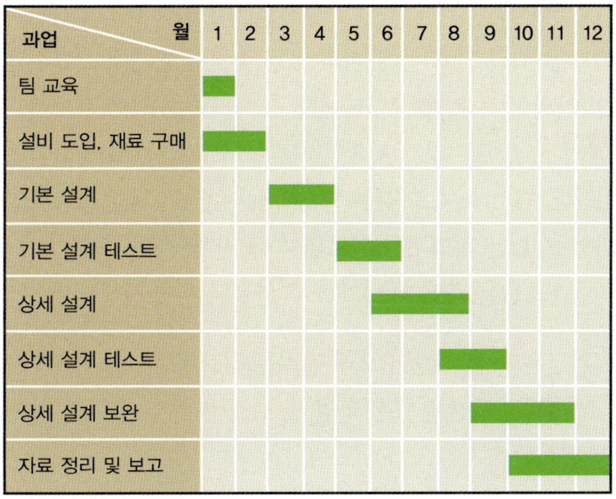

그림 8-3 간트차트의 예

간트차트는 그리기 쉽고 이해하기 편하다는 장점이 있다. 간트차트를 만들기 위한 다양한 전용 소프트웨어와 앱 등이 존재한다. 그리기 복잡한 차트가 아니어서 워드프로세서의 표, 그림 그리기 기능으로 작성하는 경우가 흔하다. 그러나 복잡한 과업들의 선후 관계가 불명확하고, 일정을 세부적으로 보여주지 못한다는 단점이 있다.

---

3 1910년대에 Henry Gantt에 의해 고안된 기법이다. 고안자의 이름을 따서 간트차트라 부른다.

간트차트를 보완하는 기법으로 네트워크 차트Network Chart가 있다. 네트워크 차트는 과업들의 선후 관계와 전체 구조를 보여준다. 대표적인 네트워크 차트 기법으로는 PERT 차트Program Evaluation and Review Technique Chart와 CPM 차트Critical Path Method Chard가 있다. 두 방법은 매우 유사하므로 이 책에서는 CPM 차트만 소개한다. CPM 차트는 [그림 8-4]와 같이 작성한다.

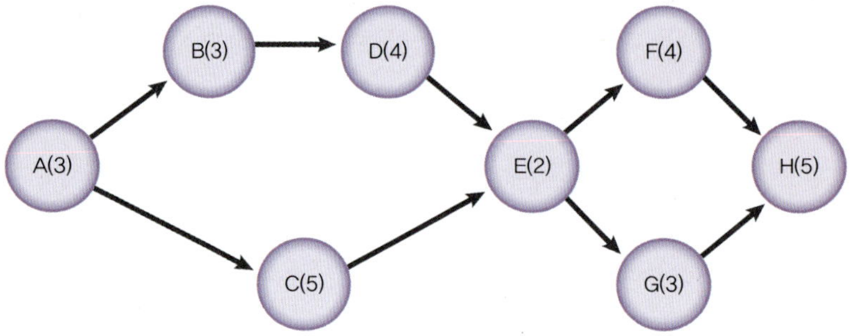

그림 8-4 CPM 차트의 예

CPM 차트에서 원은 과업을 의미하고, 과업 뒤의 괄호 안에 적혀 있는 숫자는 과업에 소요되는 기간을 의미한다. 그리고 화살표는 과업 간의 선후 관계를 나타낸다. [그림 8-4]를 예로 들어보자. 원으로 표현된 A~H는 과업이고, 과업 A, C에는 각각 3, 5의 기간이 소요된다. 그리고 과업 A, B, D는 순차적인 선후 관계에 놓여 있다. 과업 A, C도 선후 관계에 놓여 있다. 과업 E는 과업 C, D가 모두 완료된 후에 진행된다. 과업 F, G는 과업 E가 완료된 후에 진행되어야 한다. 그러나 과업 F와 G 간에는 선후 관계가 없다. 과업 H는 과업 F, G가 모두 완료된 후에 진행된다.

이 경우 과업이 완수되는 데 걸리는 총 기간은 가장 기간이 오래 걸리는 경로를 따져보면 된다.[4] A-B-D-E-F-H는 총 21의 기간이 소요된다. 중간에 있는 과업 C, G가 먼저 끝나도 과업 B, D, F를 완료하는 데 시간이 더 걸리기 때문이다.

■ 비용 관리

비용 관리는 프로젝트에 투입되는 물적 자원, 인적 자원, 금전적 자원 등을 종합적으로 관리하는 활동을 뜻한다. 프로젝트에 투입되는 자원을 예측하여 배정하고, 배정된 자원을 집행하며, 집행 과정에 문제가 없는지 관리하고, 최종적으로 집행된 자원을 정리하여 보고하는 활동을 의미한다. 비용 관리 영역은 비용 계획, 비용 집행, 비용 통제 및 비용 정산의 4영역으로 세분화된다.[34][209]

- **비용 계획** : 프로젝트에 필요한 자원들을 식별한다. 어떤 종류의 자원이 얼마나 필요한지 파악한다(소요 자원 파악). 파악된 자원들을 준비하는 데 필요한 비용을 계산한다(예상 비용 산출). 각 작업별로 소요되는 비용을 산출한다(작업별 비용 산출). 예를 들어, [표 8-4]와 같이 정리한다. 산출된 예상 비용의 합과 작업별로 사용되는 비용의 합이 같아야 한다.

---

4 CPM 차트에서 이를 Critical Path라고 부른다.

표 8-4 비용 계획의 예

비용 계획 \ 작업	소요 자원 파악	예상 비용 산출	작업별 비용 산출
예시	· 고급 프로그램 개발자 1명 · 중급 프로그램 개발자 5명 · 프로그램 테스터 3명 · 컴퓨터 5대 · 개발용 소프트웨어 8세트 · 회의 및 각종 보고용 소모품	· 인건비 3억 원 · 컴퓨터 1천만 원 · 개발용 소프트웨어 2천만 원 · 전산 소모품 2천만 원	· 설계 작업 1억 원 · 개발 작업 1억5천만 원 · 테스트 작업 5천만 원 · 보정 작업 5천만 원

- **비용 집행** : 사전에 수립한 비용 계획에 따라, 프로젝트 진행 단계와 작업에 따라 예산을 집행한다. 당초 계획과 차이가 발생하는 경우가 일반적이다. 모든 상황을 정확하게 예측하기 어렵기 때문이다. 집행 결과를 정리하기 위해 필요한 자료들[5]을 미리 모아둔다.
- **비용 통제** : 사전에 수립한 예산과 실제 집행한 비용과의 차이를 분석한다. 차이가 발생하게 된 원인을 파악하고, 증감이 필요한 항목에 대해 계획을 조정한다. 계획과 실제 집행과의 차이, 예산 증감 내역 등에 대한 지식을 축적하여 추후 진행하게 될 프로젝트의 비용 계획에 대해 정확성을 높이는 데 활용한다.
- **비용 정산** : 프로젝트가 종료된 후 집행된 비용을 정리하여 보고하는 작업이다. 비용 집행 단계에서 수집한 자료들을 회계 기준에 맞춰 정리한다.

■ 위험 관리

프로젝트에서의 위험은 진행 일정, 구성원, 연구 설비, 정보 등에서 갖고 있는 약점이 내·외부의 위협과 만나서 문제가 발생하는 경우를 의미한다. 이때 약점이란 프로젝트 자체가 갖고 있는 부족한 면을 뜻하는데, 이 약점은 외부적인 요인과 무관하게 조직 내부의 문제 혹은 프로젝트 자체의 문제에 해당된다. 또한 위협은 프로젝트에 영향을 주는 기업 내·외부의 환경을 뜻한다. 프로젝트에 등장하는 위험은 다음과 같이 표현된다.[6][109]

$$위험(Risk) = 약점(Vulnerability) \times 위협(Threat)$$

약점이 많으면(크면) 작은 위협에도 프로젝트는 크게 흔들린다. 반대로 심각한 위협이 다가와도 프로젝트의 약점이 적다면(작으면) 대응하기가 쉽다.

---

5 지출결의서, 견적서, 세금계산서, 계좌이체증명서 등을 의미한다.

6 위험 관리는 보험, 금융업에서 시작된 개념으로 오늘날에는 기업 경영, 프로젝트 관리, 금융, 유통, 정보 관리 등 다양한 영역에서 사용되는 개념이다.

[표 8-5]는 프로젝트를 진행하면서 접할 수 있는 다양한 위험의 예를 보여준다.

표 8-5 프로젝트와 관련된 위험의 예

위험의 예	관련 약점	관련 위협
A 기술을 대체할 B 기술을 연구하고 있었는데, B 기술에 존재하는 치명적인 환경 문제를 정부 기관, 시민 단체가 제기하는 경우	· 기술에 대한 기본 조사 미흡 · 정부 기관, 시민 단체 등과의 공조 체제 미흡	· 힘 있는 외부 기관이 기술에 존재하는 문제 제기 · 정부 기관의 정책 변화
신제품 개발 일정을 2년으로 잡았는데, 시장 환경이 급변하여 1년 이내에 신제품을 출시해야 하는 상황이 발생한 경우	· 정량적 데이터 분석 및 전문가 의견이 부족한 계획 수립 · 촉박한 연구 일정 및 개발 일정	· 소비자의 수요 변화 · 경쟁사 기술 개발 속도의 변화
총 50명이 투입되어 진행되는 연구 과제에서 핵심 인력이 유출되어 연구 인력이 턱없이 부족해지는 경우	· 소수에게만 집중된 핵심 기술, 연구 역량 · 핵심 인력의 열악한 애사심과 동기부여 수준	· 경쟁사의 인력 스카우트 시도 · 관련 기술 인력 풀의 부족
3년간 총 150억 원을 투입할 프로젝트를 진행하는 중에 기업의 경영 상황이 악화되면서 30%의 예산을 삭감당하는 경우	· 예비비 없이 수립된 연구 예산 · 핵심 경영진이 해당 프로젝트에 대한 관심 및 지원 의지 부족	· 기업 자본의 유동성 악화 · 사내에서 추진하는 다른 프로젝트의 중요성 대두

프로젝트 위험을 관리하는 절차는 [그림 8-5]와 같다. 각 단계의 특징을 살펴보자.[34]

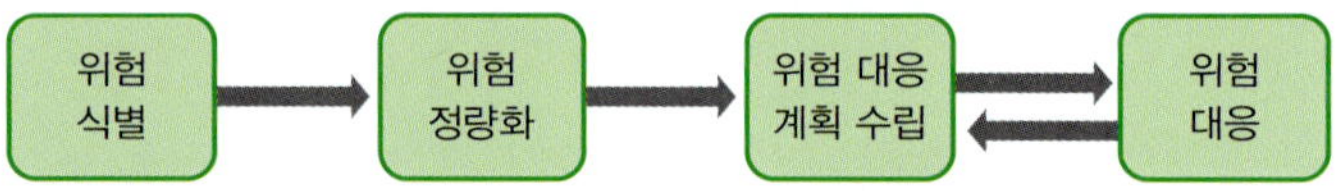

그림 8-5 프로젝트 위험 관리의 절차

- **위험 식별** : 프로젝트 진행 시 발생 가능한 잠재적인 위험을 식별하는 단계이다. 위험을 일으키는 원인 및 위험 증상 등을 예측하다.
- **위험 정량화** : 위험 발생 시 예측되는 피해 규모를 산정한다. 각 위험 요소별로 어느 정도의 문제를 일으킬지 예상한다. 예를 들어, [표 8-5]와 같은 4개의 위험이 식별되었다면, 각 위험의 크기를 화폐가치 또는 상대적 순위 등으로 평가한다.
- **위험 대응 계획 수립** : 예상되는 위험 요소가 실제로 발생될 경우, 각 위험 요소별로 어떻게 대응할지를 계획한다. 프로젝트를 진행하기 전에 사전 조치가 가능한 위험 요소에 대해서는 미리 적절하게 대응한다.
- **위험 대응** : 프로젝트를 진행하면서 위험 요소가 실제 발생된 경우, 이에 대응하는 단계를 의미한다. 실제 위험에 대응하는 과정을 통해 위험 대응 계획을 보완해간다.

[표 8-6]은 프로젝트 위험이 발생했을 때 대응하는 4가지 방법을 보여준다.

표 8-6 프로젝트 위험에 대응하는 방법

대응 방법	의미	예
회피 (Avoidance)	프로젝트와 관련된 위험 요인을 피하는 방법이다.	· 공동 연구를 진행하는 파트너 기업에 문제가 발생하면 파트너를 변경한다. · 프로젝트 도중에 이탈이 예상되는 연구원이 있으면 다른 인력으로 대체한다.
전이 (Transference)	위험에 대한 책임을 제3자에게 넘기는 방법이다. 위험에 대한 책임보다는 위험에 대한 대응을 넘기는 형태이다.	· 연구 시설의 화재, 도난 등에 대비하여 보험에 가입한다. 사고 발생 시 보험회사로부터 피해를 보상받는다. · 자체적으로 경험이 부족한 일부 위험한 실험을 외부 기관에 위탁하여 수행한다.
완화 (Mitigation)	위험이 발생할 가능성을 낮추거나 위험이 발생했을 때 입는 손해를 감소시키는 방법이다.	· 여러 업체와 컨소시엄 형태로 공동 연구를 진행해서 중간에 한두 군데 파트너 업체가 연구에서 이탈해도 연구를 끝까지 완수한다. · 연구 팀을 구성할 때, 근속년수가 짧은 연구원은 가능한 배제하여 연구진의 중간 이탈을 최소화한다.
수용 (Acceptance)	식별된 위험이지만, 별도의 대응을 하지는 않는다. 위험에 대응하기 위한 비용이 위험으로 인한 피해보다 과다한 경우, 대응이 현실적으로 불가능한 경우, 위험이 미비하여 대응할 가치가 없는 경우 등이 이에 해당된다.	· 연구 팀 구성원 중 일부는 중도 이탈이 예상되지만, 핵심 인력이 아니므로 별도의 조치는 취하지 않는다. · 우주 탐사체가 발사 단계에서 폭발할 가능성이 분석되었으나, 보험을 받아주는 업체가 없어서 그대로 진행한다.

02

기술 협력은 어떻게, 누구와 하는가?

기술과 관련된 다양한 문제를 기업 자체의 역량으로 모두 해결하지는 못한다. 일반적으로 외부의 여러 파트너와 협력을 통해 문제를 해결하는 경우가 많다. 이 절에서는 어떤 방법으로 기업들이 서로 협력하는지, 협력할 파트너는 어떻게 선택하고 관리하는지 살펴본다.

2.1 협력의 유형

기업이 기술과 관련된 문제를 해결하는 방법은 [그림 8-6]과 같이 나뉜다. 각 방법별로 장단점이 있다. 따라서 기업은 개발하려는 기술 문제의 특성, 투자할 자원, 시장 환경 등을 고려하여 협력 유형을 결정해야 한다. 지금부터 각 협력 유형의 정의와 장단점을 살펴보자.

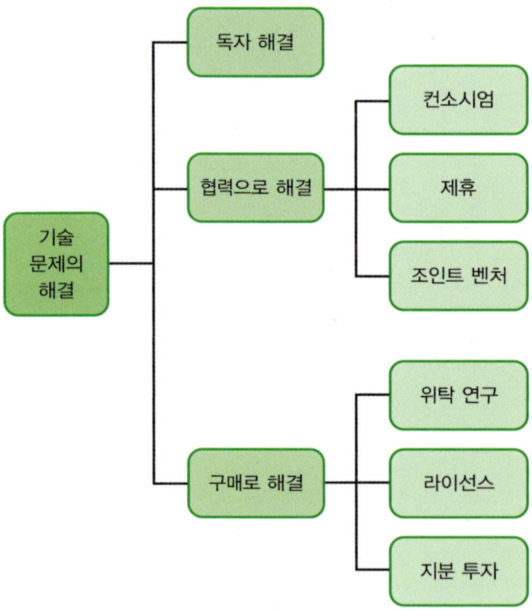

그림 8-6 기술과 관련된 문제 해결 방법

컨소시엄 구성

정해진 기술 목표를 달성하기 위해 여러 기업이 공동으로 참여하는 연구 형태를 의미한다. 별도의 기업을 설립하는 게 아니라, 일시적으로 공동 연구를 위해 팀을 꾸리는 것이다. 컨소시엄은 주로 여러 기업에서 공통으로 필요한 기반 기술을 연구할 때 구성되며, 개발된 결과물은 대부분 산업표준으로 설정된다. 컨소시엄 구성 방식에는 다음과 같은 장단점이 있다.

- **장점** : 기술 개발 과정에서 발생하는 위험에 공동으로 대응하고, 개별 기업이 부담해야 할 자원 투자를 최소화한다.
- **단점** : 개발된 결과물을 독자적으로 소유하지 못한다. 여러 기업이 의사 결정에 참여하기 때문에 자사의 의견과 일부 다른 방향으로 개발이 진행되거나 개발 과정이 길어지기도 한다.

기술 제휴

부족한 기술을 서로 공유하는 형태의 협력이다. 크게 역량의 보완Capability Complementation과 역량의 전이Capability Transfer로 나뉜다.[32]

❶ **역량의 보완** : 우선 참여하는 기업들이 가진 역량을 한 곳으로 모아서 결과를 완성시킨다. 이때 한 기업이 가진 역량을 다른 기업이 배워가지는 못한다. 예를 들어, 기업 A(C 기술 보유)와 기업 B(D 기술 보유)가 있다고 하자. C 기술과 D 기술을 합쳐서 새로운 제품을 만들되, 기업 A는 D 기술에 대해 모르고, 기업 B는 C 기술에 대해 모르는 형태이다.

❷ **역량의 전이** : 서로 상대방 기업이 가진 역량을 배우는 형태의 협력이다. 앞의 예에서 기업 A가 D 기술을 배우고, 기업 B가 C 기술을 배우는 형태이다.

기술 제휴 방식에는 다음과 같은 장단점이 있다.

- **장점** : 자원 투자를 최소화하며, 상대방 기업이 가진 역량을 활용하여 비교적 단기간에 결과물을 얻을 수 있다.
- **단점** : 자사의 정보가 타사로 넘어가지 않도록 치밀한 관리가 필요하다. 제휴 과정에서 기업들이 자사에 이득이 되는 방향으로 움직일 가능성이 높다.

조인트 벤처 설립

두 개 이상의 기업이 모여 공동으로 새로운 기업을 설립하여 연구를 수행하는 형태이다. 각각의 기업에서 투자하는 자원의 비율에 따라 설립되는 기업의 소유권을 나눠 갖는다.[7] 조인트 벤처 방식에는 다음과 같은 장단점이 있다.

- **장점** : 기업이 투자한 자원의 비율에 따라 기술에 대한 소유권이 명확하게 나뉜다. 기존 기업과는 분리되어 구성된 자원과 인력을 활용하므로 업무 추진력이 향상된다.
- **단점** : 독립된 기업을 별도로 만들고 운영하기 위해서는 참여하는 기업들이 상당량의 자원을 투자해야 한다. 기술을 개발하는 과정 및 개발된 기술에 대해 어느 한 기업이 독립적인 의사 결정을 내리기가 어렵다.

위탁 연구

기업에서 필요로 하는 기술을 외부의 다른 기업, 연구 기관, 대학 등에 위탁하여 개발하는 방식이다. 기술 개발에 대한 아웃소싱Outsourcing[8]에 해당된다. 기술 개발에 필요한 노하우가 부족하거나, 전문 인력이나 설비가 부족하여 자체 개발보다 외부에 위탁하는 방식이 좀 더 효율적인 경우에 활용된다. 위탁 연구 방식에는 다음과 같은 장단점이 있다.

- **장점** : 전문 인력이나 설비 등을 확보하기 위해 대규모의 초기 투자를 하지 않아도 된다. 기술 개발 과정에 대한 관리 부담이 적다.
- **단점** : 개발된 결과물만 받기 때문에 기술 개발 과정에서 발생하는 노하우를 체득하기 어렵다. 개발 과정에서 발생하는 위험 요소를 직접 통제하지 못한다.

라이선스 구매

다른 기업이나 기관 또는 개인이 보유하고 있는 지식재산권을 구매하는 방식이다. 지식재산권의 사용 횟수나 사용 기간 등에 비례하여 로열티를 지불한다. 라이선스를 구매하는 방식에는 다음과 같은 장단점이 있다.

- **장점** : 직접 신기술을 개발하는 것과 비교하여 상대적으로 적은 비용으로 빠른 시간 내에 기술을 사용할 수 있다.
- **단점** : 대체할 기술이 없는 지식재산권에 대해 로열티를 지불하는 경우에는 과다한 비용이 발생한다. 라이선스 중심으로 기술을 확보할 경우에는 기업이 독자적으로 신기술을 개발하는 능력이 저하된다.

---

7 주식회사로 설립되는 경우 투자한 자원에 비례하여 주식의 소유권을 갖게 된다.

8 기업 내부에서 처리할 업무 중 일부를 외부의 제3자에게 맡겨서 처리하는 방식을 뜻한다.

지분 투자

필요한 기술을 보유한 기업의 경영권을 인수하는 방식이다. 지분 투자를 통해 해당 기업의 경영권을 확보하여 해당 기업의 기술과 전문 인력 등을 그대로 활용한다. 인수당하는 기업은 인수하는 기업의 자회사나 사업 부서 등으로 편입된다. 지분 투자 방식에는 다음과 같은 장단점이 있다.

- **장점** : 기술에 대한 소유권과 기술 개발에 참여한 전문 인력을 동시에 보유하게 된다. 추가 기술의 개발, 기술의 응용 분야 등에 대한 의사 결정에 참여할 수 있다.
- **단점** : 기업 전체를 인수하는 과정에서 필요 없는 기술, 인력, 자산 등을 동시에 떠안게 되는 경우에는 투자 규모가 커지고 경영에 부담이 된다.

2.2 협력 방법과 파트너의 선택

협력할 상황이 발생하면 협력 방법과 협력할 파트너를 정해야 한다. 협력 방법을 먼저 정한 후 해당 방법에 가장 적합한 파트너를 정하거나, 반대로 협력할 파트너를 먼저 정한 후 서로에게 가장 이득이 되는 방법을 결정한다. 지금부터 각 협력 방법의 특징과 파트너 선택 요인을 살펴보자.

협력 방법 간 비교

앞서 살펴본 컨소시엄 구성, 기술 제휴, 조인트 벤처 설립, 위탁 연구, 라이선스 구매, 지분 투자는 각각 상이한 장단점을 갖고 있다. 기업은 자신이 보유한 자원과 전략을 고려하여 가장 효율적인 협력 방법을 선택해야 한다. 각 협력 방법이 갖는 특징은 [표 8-7]과 같다. 표에서 보듯이 어떤 한 방법이 절대적으로 유리하지는 않다. 표에서 제시한 소요 시간, 통제 가능성 등의 특성은 일반적인 내용이며, 개별 프로젝트의 특성에 따라 매우 다양한 상황이 발생한다.

표 8-7 협력 방법의 특징[9]

협력 방법	소요 시간	통제 가능성	기업 내부 역량의 향상
컨소시엄 구성	다양	낮음	보통
기술 제휴	다양	낮음	높음
조인트 벤처 설립	오래 소요	다양(지분에 따라 변동)	높음
위탁 연구	보통	보통	낮음
라이선스 구매	적게 소요	보통	낮음
지분 투자	적게 소요	높음	낮음

9 기술의 위상, 기술 수명주기, 비용 등을 기준으로 각 협력 방법의 특징을 나누기도 하지만, 일반화하기 어려운 면이 많아서 이 책에서는 다루지 않는다.

파트너 선택 요인

협력 방법을 결정했다면 이제는 협력 대상 파트너들이 지닌 특성을 살펴봐야 한다. 크게 자원 적합성과 전략적 적합성을 고려해야 하며, 이를 위해 6장에서 설명한 내외부 환경 분석 기법들을 활용할 수 있다.[130]

■ 자원 적합성

협력하는 파트너가 우리 기업에 주는 가치는 보완적 가치와 보충적 가치로 나누어볼 수 있다.

- **보완적 가치** : 자신이 지닌 역량 A와 파트너가 지닌 역량 B를 합쳐서 내가 이루려는 가치 C가 달성되느냐에 대한 문제이다.
- **보충적 가치** : 자신이 지닌 역량의 규모에 대한 문제이다. 비슷한 역량과 자원을 지닌 기업들끼리 역량과 자원을 모아 규모의 경제를 이루는 방식이다. 예를 들어, 내가 A라는 제품을 생산할 수는 있으나, 규모 면에서 시장의 수요량에 맞추기에 부족하다면 A를 함께 생산할 만한 파트너를 물색해서 시장의 수요량을 채우는 형태이다.

■ 전략적 적합성

협력에 참여하는 기업들이 갖고 있는 전략이 서로 상충되지 않고, 시너지를 창출하는가를 판단한다.

- **전략적 적합성이 높은 경우** : 예를 들어, 두 기업이 있을 때, A 기업은 B 기업을 통해 생산 단가를 낮추고 싶어 하고, B 기업은 잉여 생산 설비와 인력의 가동률을 높이고자 한다면 협력의 여지가 높다. B 기업이 잉여 설비와 인력으로 A 기업의 제품을 저비용으로 생산해주면 된다.
- **전략적 적합성이 낮은 경우** : 앞의 예에서 B 기업이 A 기업의 제품을 생산하기보다 A 기업의 기술을 배워서 신제품을 개발하고 독자적으로 제품을 생산하고자 한다면, 두 기업의 전략은 시너지를 내기 어렵다.

협력할 파트너의 자원 적합성과 전략적 적합성을 판단하기 위해 다양한 내외부 환경 분석 기법을 활용할 수 있다. 6장에서 설명한 외부 환경 분석 도구, 내부 환경 분석 도구, 대안 도출 도구 등을 바탕으로 협력 상황에서 내외부 환경이 어떻게 바뀌는가를 살펴보며, 자원 적합성과 전략적 적합성을 판단하는 것이다. 예를 들어, 외부 환경 분석을 위한 도구인 경쟁세력 모델을 바탕으로 [표 8-8]과 같이 항목을 분석해봐야 한다.

표 8-8 경쟁세력 모델을 바탕으로 파트너 선택 요인 분석

경쟁 세력	분석 항목
잠재적 진입 기업	· 협력 파트너가 자사의 사업 영역에서 새로운 잠재적 진입 기업으로 대두될 가능성이 있는가? · 파트너와의 협력이 잠재적 진입 기업의 위협을 약화시키는가?
기존 기업 간 경쟁	· 협력이 기존 기업 간 경쟁에서 자사의 입지를 강화시키는가? · 협력을 통해 기존 기업 간 경쟁에서 불리해지는 부분은 없는가? · 협력이 시장 규모의 확대, 시장 성장률 개선에 긍정적인 영향을 주는가?
대체재	· 협력이 대체재의 유용성을 높이는가, 낮추는가?
구매자	· 협력이 구매자에 대한 협상력을 높이는가? · 협력이 구매자의 후방형 수직적 통합 능력을 약화시키는가?
공급자	· 협력이 공급자에 대한 협상력을 높이는가? · 협력을 통해 새로운 대체 재료를 조달할 수 있는가?

Quiz

01 프로젝트에 대한 설명으로 잘못된 것은 무엇인가?

① R&D 및 엔지니어링 프로젝트는 물류 관리의 필요성이 높다.
② 일회성의 위험성이 있는 과업이다.
③ 공장에서 절차에 따라 일상적으로 제품을 생산하는 활동은 프로젝트라 부르지 않는다.
④ 하이테크 자본 집약적 프로젝트는 대규모의 첨단 구조물을 만드는 프로젝트이다.

02 프로젝트 관리에 대한 설명으로 잘못된 것은 무엇인가?

① 프로젝트 관리자를 PM이라 칭한다.
② 프로젝트 관리자는 조직화 능력, 작업 관리 및 조정 능력 등이 중요하다.
③ 프로젝트 관리에는 참여 주체, 이해 당사자들 간의 소통 체계를 수립하는 의사소통 관리가 포함된다.
④ 프로젝트 관리 영역은 일정, 범위, 품질 등 일반적으로 12개로 나뉜다.

03 간트차트에 대한 설명으로 잘못된 것은 무엇인가?

① 가로 열은 시간의 흐름을 보여준다.
② 과업별로 시작 시기, 소요 기간, 종료 시기를 막대로 표시한다.
③ 복잡한 과업들의 선후 관계를 명확하게 보여준다.
④ 워드프로세서의 표, 그림 그리기 기능으로 작성하는 경우가 흔하다.

04 프로젝트 위험에 대응하는 방법 중 전이에 대한 설명으로 옳은 것은 무엇인가?

① 프로젝트와 관련된 위험 요인을 피하는 방법이다.
② 위험이 발생했을 때 입는 손해를 감소시키는 방법이다.
③ 식별된 위험이지만, 별도의 대응을 하지 않는다.
④ 위험에 대한 책임을 제3자에게 넘기는 방법이다.

05 협력 유형 중 컨소시엄 구성에 대한 설명으로 잘못된 것은 무엇인가?

① 개발된 결과물을 산업표준으로 설정하는 경우가 많다.
② 두 개 이상의 기업이 새로운 기업을 공동으로 설립하여 연구를 수행하는 형태이다.
③ 개별 기업이 부담해야 할 자원 투자를 최소화한다.
④ 개발 결과물을 독자적으로 소유하지 못한다.

Quiz

06 협력 유형 중 라이선스 구매에 대한 설명으로 잘못된 것은 무엇인가?

① 다른 기업이나 기관 또는 개인이 보유한 지식재산권을 구매하는 방식이다.
② 대체할 기술이 없는 지식재산권도 적은 비용으로 구매할 수 있다.
③ 기업이 독자적으로 신기술을 개발하는 능력이 저하될 수 있다.
④ 지식재산권의 사용 횟수나 사용 기간 등에 비례하여 로열티를 지불한다.

07 협력 유형 중 지분 투자에 대한 설명으로 잘못된 것은 무엇인가?

① 필요한 기술을 보유한 기업의 경영권을 인수하는 방식이다.
② 해당 기업의 경영권을 확보하여 기술과 전문 인력 등을 그대로 활용한다.
③ 추가 기술의 개발, 기술의 응용 분야 등에 대한 의사 결정에 참여할 수 있다.
④ 기술 획득에 소요되는 시간이 길다.

08 협력 대상 파트너 선택 시 고려해야 하는 요인에 대한 설명으로 잘못된 것은?

① 비슷한 역량과 자원을 가진 기업들끼리 규모의 경제를 이루는 보완적 가치를 고려한다.
② 기업들이 갖고 있는 전략이 서로 상충되지 않고, 시너지를 창출하는가를 고려한다.
③ 크게 자원 적합성과 전략적 적합성을 고려한다.
④ 외부 환경 분석 도구, 내부 환경 분석 도구, 대안 도출 도구 등의 활용이 가능하다.

09 프로젝트 진행의 5단계는 착수, 계획, 실행, (　　), 종료이다. (　　)는(은) 무엇인가?

10 프로젝트 위험에 대한 대응 전략 중에서 '연구 팀 구성원 중 일부의 중도 이탈이 예상되었으나, 핵심 인력이 아니어서 별도의 조치를 취하지 않는다'는 전략은 어떤 분류에 해당되는가?

01 ① 02 ④ 03 ③ 04 ④ 05 ② 06 ② 07 ④ 08 ① 09 통제 10 수용

자르는 선

팀별과제

팀번호 : ______ 팀명 : __________ 팀원 : ______________________________

주제 협력 계획 수립

1 팀원들과 논의하여 현재 이 팀이 속한 조직(예 기업, 학교)에서 대대적으로 개선할 부분을 찾아보자.

ㅁ현재 조직에서 개선할 부분 : ______________________________

2 위의 개선을 이루기 위해 외부 조직과 협력한다면, 어떤 유형의 협력이 가장 적합한가?

[ ] 컨소시엄 구성 [ ] 기술 제휴 [ ] 조인트 벤처 설립

[ ] 위탁 연구 [ ] 라이선스 구매 [ ] 지분 투자

3 위와 같이 판단한 근거를 3가지 제시하시오.

- 근거 1 : ______________________________
- 근거 2 : ______________________________
- 근거 3 : ______________________________

4 실존하는 기업 또는 단체들 중에서 위에서 제안한 협력 유형의 실제 파트너로 고려할 만한 기업 또는 단체를 3개 이내로 찾아보시오.

- 협력할 만한 파트너 : __________, __________, __________

5 위에서 열거한 협력 대상 파트너 중에서 하나의 파트너를 선택한다면, 어떤 의사 결정 기준으로 판단할지 5개 이내로 정리하시오.

- 의사 결정 기준 1 : ______________________________
- 의사 결정 기준 2 : ______________________________
- 의사 결정 기준 3 : ______________________________
- 의사 결정 기준 4 : ______________________________
- 의사 결정 기준 5 : ______________________________

자르는 선

개별과제

학번 : ____________ 이름 : ____________

주제 프로젝트 일정 계획 수립

1 당신이 주도적으로 참여하여 연구해보고 싶은 주제 또는 제작해보고 싶은 제품을 생각해보자.

ㅁ 연구 주제 또는 제작할 제품 : ____________

2 앞서 제시한 목표를 달성하기 위한 일정 계획을 간트차트로 그려보자.

3 앞서 제시한 목표를 달성하기 위한 일정 계획을 CPM 차트로 그려보자.

PART 3

9장

기술 인력 관리

Human Resource Management

"모두를 사랑하고, 소수만 믿으며,

누구에게도 해를 끼치지 말라."

- 윌리엄 셰익스피어 -

01 왜 신나게 일해야 하는가?

02 리더십의 핵심은 무엇인가?

03 동기부여는 왜 필요한가?

04 좌절과 갈등은 어떻게 해결하는가?

05 성과에 대해 어떻게 보상할까?

Quiz 팀별과제 개별과제

학습목표

- 조직을 이끌어가는 리더와 리더십에 대해 알아보자.
- 동기부여 요소에는 무엇이 있고, 어떻게 적용할지 생각해보자.
- 업무 추진 과정에서 겪을 수 있는 좌절 상황과 이를 해결하는 방법을 생각해보자.
- 조직에서 생기는 갈등 상황에는 무엇이 있고, 어떻게 해결할지 고민해보자.
- 구성원과 조직의 성과에 대한 효율적인 보상 시스템을 알아보자.

먼저 생각해봅시다

이름 : ____________

다음 표를 보고, 스스로에 대해 평가해서 3~1점의 점수를 매겨보자.

(학생이라면 학업, 학우 등과 관련하여 평가하고, 직장인이라면 업무 및 동료 등에 대해 평가한다.)

번호	질문	응답 3점 : 매우 동의한다 2점 : 그저 그렇다 1점 : 절대 아니다
1	함께 공부/일하는 동료들이 나와의 학습/업무를 유쾌하게 생각한다.	
2	나는 내 공부/직무에 만족하고 있다.	
3	내 건강 상태는 평균(비슷한 연령대와 비교) 이상으로 양호하다.	
4	나는 함께 어울리는 학교/직장 내 친구/동료, 학교/회사 밖 친구/지인들이 많은 편이다.	
5	일정이나 학습량/업무량에 쫓기지 않는 편이다.	
6	시키지 않아도 공부/일을 먼저 찾아서 하는 편이다.	
7	다른 학년/분반/부서, 다른 학우/직원의 공부/일도 적극적으로 돕는 편이다.	
8	과제/업무가 없으면 뭔가 허전해서 마음이 불편하다.	
9	학교/학과의 학습 방향, 과목의 학습 목표에 공감하는 편이다. 회사의 경영 목표, 부서의 업무 목표에 공감하는 편이다.	
10	학습/업무 성과가 낮은 학우/직원을 보면 계속 마음이 쓰인다.	

위의 점수를 바탕으로 본인의 현재 상태를 판단해보자. 각 상태에 대한 세부적인 해석은 [그림 9-2], [그림 9-3]을 참고하기 바란다.

① 질문 1~5에 대한 응답의 총합을 I로 놓고, 질문 6~10에 대한 응답의 총합을 II로 놓는다.

② I값과 II값을 기준으로 상태를 찾는다.

I값 / II값	10점 미만	10점 이상
10점 이상	중독	긍정적 몰입
10점 미만	탈진	자족

01

왜 신나게 일해야 하는가?

[그림 9-1]은 업무 몰입 수준Engagement에 대한 국가별 통계를 보여준다. 중남미와 북미 지역이 가장 높게 나타나며, 그 뒤로 아시아 지역이 전 세계 평균과 유사한 수준을 보이고 있다. 유럽 지역은 재정 위기가 원인이 되어 평균에 못 미치는 수준으로 조사되었다.[1][58] 특징적인 사항은 특정 국가의 경제 지표와 업무 몰입 수준 간에 유의미한 상관성이 존재한다는 점이다.

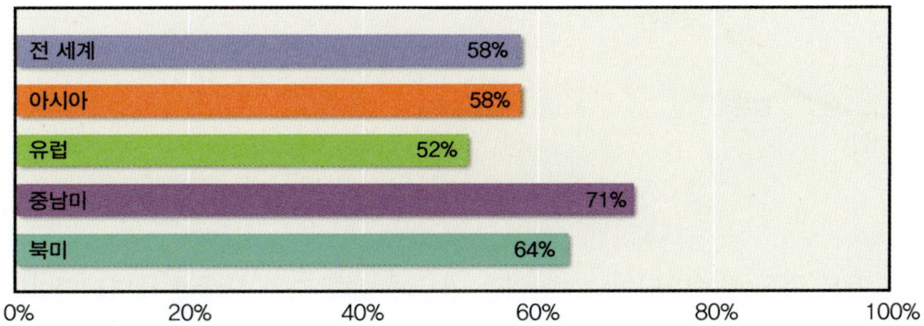

그림 9-1 국가별 업무 몰입 수준

GDP가 높아지고, 실업률이 낮아지면 결과적으로 업무 몰입 수준이 높아진다. 반대의 상황에서는 업무 몰입 수준이 낮아진다. 그렇다면 그다음 단계는 어떻게 될까? 현재의 업무 몰입 수준이 낮다면 이는 미래의 경제 지표에 부정적인 영향을 준다. 즉 업무 몰입 수준의 추락은 경제 지표의 추락과 서로 악순환의 고리를 형성하게 된다. 국가 단위로 조사된 이러한 결과는 직장 내에서도 크게 다르지 않다. 직원들의 업무 몰입은 기업의 재무적 성과로 나타나고, 그 재무적 성과가 다시 직원들을 업무 몰입으로 이끄는 자원으로 쓰인다.

이번 장에서는 업무에 임하는 우리의 자세를 살펴보고, 업무 몰입이 높은 조직을 만들기 위해 필요한 리더십, 동기부여, 갈등, 보상 이론 등을 살펴본다.

---

1 조직에 대한 긍정적인 평가, 조직에 참여하고자 하는 열망, 직무에 대한 헌신의 3가지 영역을 대상으로 2009~2011년의 3년에 걸쳐 조사된 자료이다.

1.1 업무에 임하는 우리의 자세

러셀은 개인의 정서 상태를 [그림 9-2]와 같이 분류했다.[126] 이 그림에서 가로축은 업무에 임하는 마음의 상태가 즐거운지, 불쾌한지 정도를 나타내며, 세로축은 활기가 있는지, 무기력한지 정도를 나타낸다. 이렇게 나눠보면 업무에 임하는 우리의 상태는 크게 A, B, C, D의 4가지 영역으로 분류할 수 있다. 원 테두리에 적힌 정서 상태는 각 영역에서 우리가 느끼는 감정을 대표하고 있다.

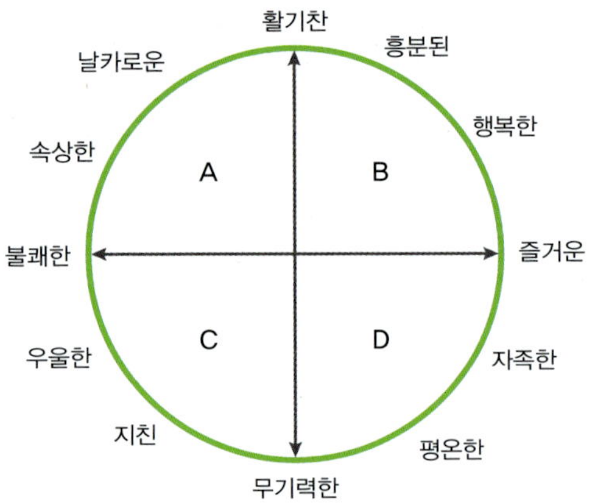

그림 9-2 러셀의 감정 모델

러셀 모델에서 A 영역은 업무 중독에 해당되며, D 영역은 업무에 대한 자족 상태에 해당된다.[129] B 영역은 업무에 대해 즐거움과 활기가 넘치는 상태로 업무에 대한 긍정적 몰입 상태에 해당된다. C 영역은 무기력하며, 업무에서 즐거움도 없는 상태로 직무 탈진Job Burnout 상태에 해당된다. 러셀의 정서 모델을 기초로 업무에 임하는 정서적 상황을 살펴보면 [그림 9-3]과 같다.

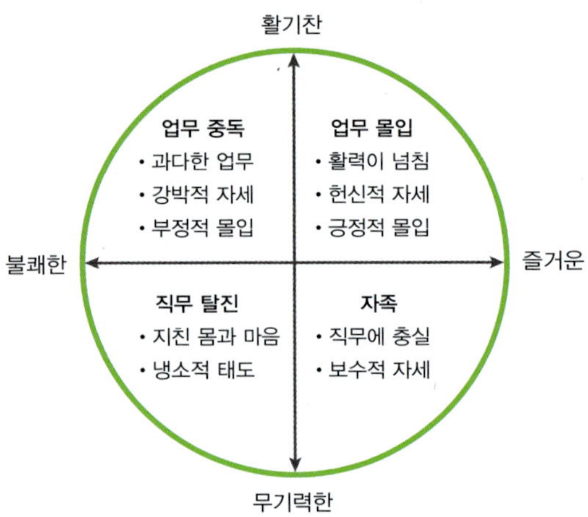

그림 9-3 업무에 임하는 정서적 상황

조직에서 우리가 추구하는 방향은 B 영역, 업무 몰입 상태이다. 이는 A 영역의 업무 중독과 명확하게 구분되는 상태이다. 업무 중독에 빠진 직원을 긍정적으로 판단하고 관리하지 않는 조직들이 많다. 어찌 되었건 일에 몰입해서 미친 듯이 뛰고 있기 때문이다. 문제는 오늘이 아니라 내일의 결과이다. 업무 중독이 장기화되면 다음과 같은 여러 문제가 발생한다.

- **직무 만족도 하락** : 열심히 뛰고는 있으나 좋아서 하는 상태는 아니며, 결국 이는 업무에 대한 열의에도 영향을 준다.
- **심신 건강 저하** : 심신의 건강을 해치게 되어 이도 저도 할 수 없는 상태에 빠지게 된다.
- **사회적 교류 약화** : 직무 수행 과정에서 인간관계를 해치면서까지 성과 자체에 몰입하기 때문에 장기적으로는 사회적 교감 능력이 극도로 약화된다.
- **긍정적 동기부여 상실** : 회피의 수단으로 업무에 매달릴 뿐, 직무에 대한 긍정적인 동기가 존재하는 상황이 아니다. 이러한 상황이 장기화되면 업무가 없는 상태에서 극도의 스트레스를 느끼게 되며, 직무에 대한 긍정적인 동기를 스스로 부여하는 능력 자체를 상실한다.

요컨대, 당장은 업무 중독 상태의 직원에게 별다른 문제점이 없다고 판단할 수 있으나, 장기적으로는 어떠한 업무도 제대로 하기 힘든 상태가 된다. 더 나아가 스스로 어떠한 동기부여도 하기 어려운 극도의 무력함과 우울함에 빠져드는 상태가 된다.

1.2 업무 몰입의 가치

평균적으로 보면, 직장 내 직원 중에서 업무 몰입 상태를 유지하는 경우는 절반 정도이다.[58] 나머지 절반은 이미 탈진 상태이거나 업무 중독 또는 자족 상태에 해당된다. 즉 절반은 긍정적인 상황이고, 나머지 절반은 이미 절망적이거나 위험한 상황이다.

여기 5:1의 법칙이 있다. 부정적인 감정이나 관계는 긍정적인 감정이나 관계보다 5배나 강하게 조직에 영향을 준다는 것이다. 조직 내 절반 정도인 업무 몰입도가 높은 직원만 바라보고 안심하기가 어려운 이유이다. 반대로 현재 탈진한 직원의 10%만 살려내서 업무 몰입 상태로 전환시킨다면, 조직이 얻는 성과는 10%를 훨씬 상회할 것이다.

02

리더십의 핵심은 무엇인가?

우리는 전쟁, 운동경기, 정치, 소규모 팀 활동 등과 같은 단체나 활동을 이끄는 사람을 가리켜 리더Leader라고 부른다. 이때 단순히 앞장서는 역할을 한다고 해서 진정한 리더가 될 수 있을까? 스탠퍼드 경영대학원의 제임스 마치 교수는 '진정한 리더'를 다음과 같이 정의했다.

"리더는 창조적 비전(Vision)을 제시하고,
자발적 열정(Passion)을 불러일으켜서
자존감(Dignity)을 높이고 자신감(Self-confidence)을 채워주는
동기 유발 능력을 가진 사람이다."

팀의 나아갈 방향을 제시하고 구성원을 독려하며 그들의 열정을 일깨우는 리더의 역할을 제대로 수행하기 위해서는 리더십이 있어야 한다. 리더십이란 리더가 지닌 능력을 뜻한다. 미시간대 경영대학 노엘 리치 교수는 리더십을 다음과 같이 정의했다.

"당신이 없었으면 일어나지 않았을 일을 다른 이들을 통해 이뤄내는 것이다.
오늘날에는 명령과 통제로 이룰 수 있는 것들이 줄어들고,
인간의 마음을 움직이고 행동을 변화시켜 성과를 만드는 것이 핵심이다."

리더십의 핵심은 인간의 마음과 행동을 변화시키는 동기 유발 능력이다. 이 절에서는 성공적인 리더의 특성을 설명하는 리더십 이론을 알아보고, 기술 인력의 리더인 기술 담당 최고 임원CTO : Chief Technology Officer의 역할에 대해 생각해본다.

2.1 다양한 리더십 이론

리더십에 대한 연구는 크게 특성이론Trait Theory, 행위이론Behavioral Theory, 상황이론Situational Theory으로 나뉜다.

❶ **특성이론** : 성공한 리더와 실패한 리더는 각기 독특한 특성을 갖고 있다는 개념이다. 리더가 될 사람의 특성을 파악하여 기존에 도출한 성공한 리더들의 특성과 비교하여 새로운 리더의 성공 가능성을 가늠하는 접근이다.

❷ **행위이론** : 성공한 리더가 지닌 특성이 하나로 귀결되는 게 아니라, 몇 가지 행위 유형으로 나뉜다는 이론이다. 크게 보면 인간(배려심)과 과업(주도력) 두 개의 축으로 리더의 유형을 나눈다.

❸ **상황이론** : 조직이 처한 상황, 내부적 요인에 따라 성공적인 리더의 유형이 달라진다는 이론이다. 모든 구성원에 적합한 리더가 하나의 모습으로 존재하지 않고, 구성원이 지닌 업무 능력, 몰입 수준, 업무 특성 등에 따라서 효과적으로 작용하는 리더십이 다르다는 의미이다.

각 이론의 특징과 시대에 따라 변하는 성공적인 리더의 모습을 알아보자.

특성이론

특성이론에서는 성공한 리더의 특성을 다음의 4가지로 나누어 분류한다.[55]

- **지능** : 통솔해야 하는 구성원보다 지능이 높다.
- **성숙도와 식견** : 성숙한 인품을 지니고, 넓은 식견을 갖추고 있다.
- **성취욕** : 결과 지향적이며, 지속적인 목표 성취를 추구한다.
- **정직성** : 성실하고 정직하게 행동하며, 이를 구성원들이 본받게 한다.

특성이론은 조직의 상황이나 업종, 규모 등에 따라 성공한 리더의 특성이 상이한 면이 많아서 오늘날에는 잘 사용되지 않는다.

행위이론

행위이론의 주류는 배려심Consideration과 주도력Initiating Structure으로 리더의 특성을 나누는 모델이다. [그림 9-4]와 같이 크게 4개의 측면으로 나눈다.

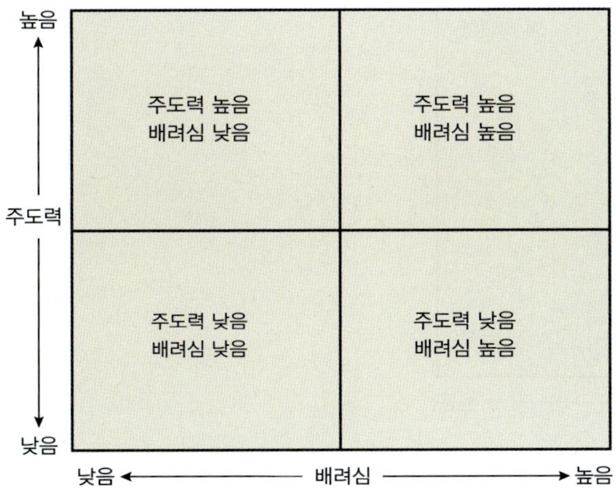

그림 9-4 배려심과 주도력 정도로 나누는 리더십 행위 모델

배려심과 주도력의 의미는 다음과 같다.[55]

- **배려심** : 리더가 구성원들과 신뢰 형성, 상호 의사소통, 감정 이해 등을 얼마나 잘하는가를 의미한다. 배려심이 높은 리더는 구성원 개인의 욕구 만족에 관심을 갖고 있다. 복지 수준을 높이고, 개인적 문제에 신경을 쓰며, 사적이고 인간적인 유대감을 유지한다. 배려심은 다음과 같은 상황에서 특히 중요하다.

  ✓ 일상적이고 단순한 업무여서 구성원들의 업무 만족도가 낮을 때
  ✓ 구성원들이 교육, 성장에 대해 동기부여를 받아야 할 때
  ✓ 구성원들이 의사 결정 과정에 참여하고 싶어할 때

- **주도력** : 리더가 지닌 권한 내에서 목표를 수립하고 달성하기 위해 구성원들의 역할을 설정하고, 명확하게 업무 지시를 내리는 것을 의미한다. 주도력이 높은 리더는 팀과 구성원 개인의 목표를 명확하게 잡아주고, 활동 방향을 제시한다. 주도력은 다음과 같은 상황에서 특히 중요하다.

  ✓ 구성원들의 업무 만족도가 높을 때
  ✓ 구성원들이 목표 및 활동 방향을 명확하게 제시해주기를 원할 때
  ✓ 구성원들이 세부적으로 업무 지시를 받는 것에 대한 거부감이 적을 때

배려심과 주도력을 중심으로 하는 리더십 행위 모델을 바탕으로 관리격자 모델Managerial Grid Model이 만들어졌다. 이 모델은 리더의 행동을 과업주도 행동Concern for Production & Results과 인간관계 행동Concern for People으로 나누고 있다([그림 9-5]).

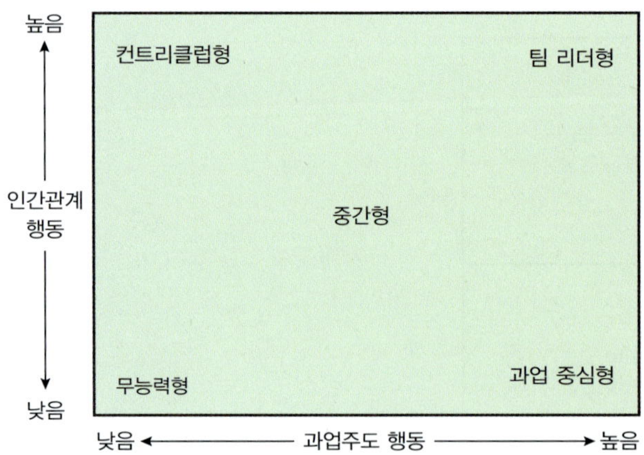

그림 9-5 리더십 관리격자 모델

리더십 관리격자 모델의 각 유형별 특징은 다음과 같다.

❶ **무능력형** : 과업과 사람 모두에 대해 관심이 낮다. 본인의 직위를 유지하기 위해 필요한 최소한의 일만 처리하는 타입이다.

❷ **과업 중심형** : 사람에 대해서는 관심이 없고 과업에 대해서만 관심을 갖는다. 구성원을 기계처럼 대하는 경향이 있다.

❸ **컨트리클럽형** : 과업보다는 사람에 대해 관심이 높다. 과업 완수보다는 구성원과 좋은 인간관계를 유지하는 데 치중하는 경향을 보인다.

❹ **팀 리더형** : 과업과 사람 모두에 관심이 많다. 구성원 만족도를 높이고 성과를 극대화하고자 한다. 대부분의 조직에서 가장 각광받는 경우가 팀 리더형 타입이다.

❺ **중간형** : 과업과 사람 모두에 균형 잡힌 관심을 갖고 있다. 성과와 구성원 만족도를 적절하게 유지하려는 경향을 보인다.

행위이론은 특성이론과 비슷한 맹점을 갖고 있다. 특성이론은 성공한 리더의 모습을 하나의 유형으로 정의했고 행위이론은 이를 좀 더 세부 유형으로 나누었지만, 조직이 처한 상황적 차이에 따라 일관되게 적용하기 어렵다는 문제가 있다.

상황이론

상황이론은 리더의 행동을 과업지향적 행동Task Behavior과 관계지향적 행동Relationship Behavior으로 나누어, 조직의 상황에 따라 4가지의 서로 다른 리더십 스타일을 제시하는 이론이다([그림 9-6]). 과업지향적 행동과 관계지향적 행동의 의미는 다음과 같다.

- **과업지향적 행동** : 업무를 명확하게 지시하고, 수행 방법과 시기 등을 구체적으로 알려준다.
- **관계지향적 행동** : 구성원의 의견을 경청하고, 토론을 통해 의사 결정을 함께 한다.

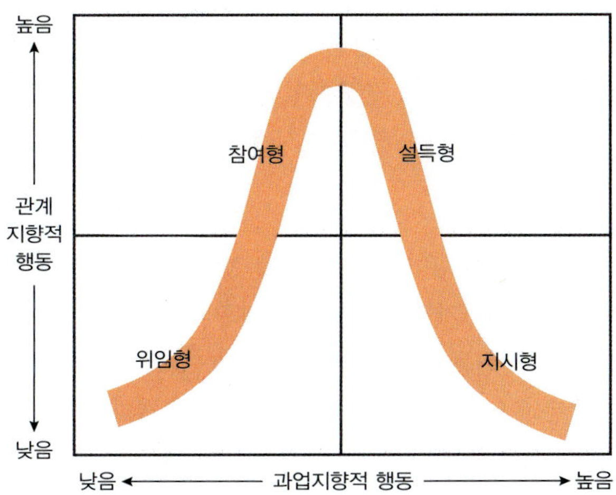

그림 9-6 상황적 리더십 이론

각 유형의 특성은 다음과 같다.

❶ **지시형**Telling **리더십** : 능력과 의지가 모두 약한 구성원에게 구체적인 방향과 방법을 제시하며 업무를 지시하는 형태이다.
❷ **설득형**Selling **리더십** : 능력은 부족하지만 의지가 있는 구성원에게 구체적인 방향을 제시하되, 의사소통을 통해 구성원에게 자신감과 수행 동기를 만들어주는 형태이다.
❸ **참여형**Participating **리더십** : 능력에 비해 의지가 부족한 구성원에게 활발한 의사소통으로 의견을 공유하며, 구성원을 격려하는 형태이다.
❹ **위임형**Delegating **리더십** : 능력과 의지를 모두 갖춘 구성원에게 의사 결정 권한을 나눠주는 형태이다. 구성원 스스로 결정하고 행동하도록 돕는다.

상황적 리더십이 효율을 내기 위해서는 리더가 자신이 이끄는 조직과 구성원이 처한 상황을 정확하게 이해하고, 상황에 따라 리더십을 적절하게 변화시켜야 한다. 리더의 입장에서는 다양한 종류의 리더십을 상황에 따라 구사해야 하므로 더 큰 노력과 책임이 필요하다.

2.2 CTO의 역할

CTO는 경영 목표와 연관된 기술 목표를 달성하기 위해 연구 개발 조직을 이끄는 관리 책임자이다. CTO의 역할은 크게 5가지로 나뉜다.[209]

❶ **미래 성장의 리더** : 미래 기술의 방향을 예측하고, 혁신적인 제품을 개발하도록 조직을 이끌어야 한다.
❷ **부가가치 창출** : 기술 및 제품 개선의 결과가 상업적인 가치 창출로 연결되도록 해야 한다.
❸ **인큐베이터** : 기업의 장기적 먹거리가 될 만한 신기술에 지속적인 관심을 갖고, 필요한 기술을 발굴하고 키우는 역할을 해야 한다.
❹ **의사 결정권자** : 프로젝트 도출, 진행에 대한 의사 결정을 책임진다. CTO의 의사 결정 능력에 따라 기업의 미래 경쟁력이 좌우되므로, 매우 막중한 의사 결정 책임과 권한을 갖는다.
❺ **무형자산 관리자** : 연구 개발 과정에서 체득하는 기술적 노하우, 지식 등의 무형자산을 관리하고 발전시키는 역할이 필요하다.

CTO는 이와 같은 역할을 수행하기 위해 크게 4가지 역량이 필요하다.[209] 첫째, 본인이 관리하는 대상 기술을 깊이 이해해야 한다. 둘째, 연구 개발 결과가 상업적 가치로 연결되도록 경영과 경제를 이해해야 한다. 셋째, 연구 개발 조직 내부 구성원들 간에 원활한 의사소통을 이루어 연구 개발 조직과 협력하는 생산, 마케팅, 기획 부서 등과 원활하게 의사소통할 수 있어야 한다. 넷째, 연구 개발 계획을 수립하고 연구 개발 과정을 관리하는 프로젝트 관리 능력이 필요하다.

03

동기부여는 왜 필요한가?

우리는 일상에서 어떤 일을 시작하거나 지속해나가는 과정에서 '이 일을 왜 해야 할까?', '이 일을 함으로써 무엇을 얻을 수 있을까?'라는 생각을 하곤 한다. 이때 일을 지속해야 할 어떤 이유들이 명확한 경우도 있고, 그렇지 않은 경우도 있다. 동기부여는 특정한 목표를 이뤄내는 행동을 만드는 요소이다. 동기부여가 적절하게 이루어진 경우에는 중간에 잠시 멈추더라도, 목표를 이루기 위해 다시 움직이게 된다.

동기부여 이론은 욕구와 보상에 따라 조직 구성원의 행동이 어떻게 바뀌는가를 탐구한다. 이 절에서는 동기를 일으키는 근본적 욕구 요소를 다루는 내용이론Content Theory과 어떻게 동기를 부여할지를 다루는 과정이론Process Theory을 주로 다룬다. 이에 더해 최근 많은 기업에서 관심을 두고 있는 게이미피케이션Gamification을 소개한다. 게이미피케이션은 인간의 재미 욕구를 충족시키는 동기부여 기법으로, 점점 더 많은 기업의 관심을 받고 있다.

3.1 내용이론

인간에게 동기를 부여하는 요소를 다룬 여러 이론 중에서 매슬로의 5단계 욕구위계이론, 헤르츠베르그의 2요인이론, 맥그리거의 X-Y이론을 살펴보자.

5단계 욕구위계이론

심리학자인 매슬로는 인간의 욕구를 [그림 9-7]과 같이 5단계로 제시하였다.[88]

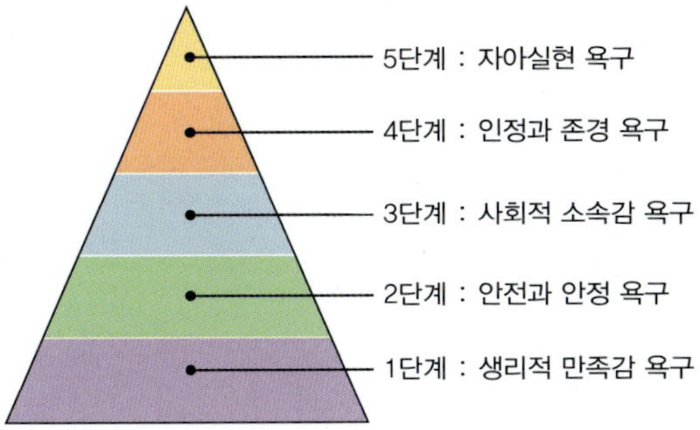

그림 9-7 매슬로의 5단계 욕구위계이론

매슬로는 인간의 욕구를 상하의 위계에 따라 생리적 만족감, 안전과 안정, 사회적 소속감, 인정과 존경, 자아실현의 5단계로 나누었다. 각 단계의 특성을 살펴보자.

❶ **생리적 만족감** : 인간의 가장 기본적이고 본능적인 욕구이다. 갈증, 수면, 배고픔 등이 포함된다. 기본적이지만 매우 강력한 욕구이다. 이 욕구가 만족되지 않으면 상위 욕구가 형성되지 않는다.

❷ **안전과 안정** : 물리적·정신적으로 안전한 환경에서 살고 싶어 하며, 그러한 환경이 지속되길 바라는 속성이다. 사회적인 법과 질서, 보호 시스템 등이 여기에 포함된다. 인간은 기본적으로 자유를 원하지만, 한계가 불분명한 예측 불허의 상황에서는 불안함을 느끼기에 사회적 시스템을 통해 안전과 안정을 갈망한다.

❸ **사회적 소속감** : 다른 사람과 소통하며 소속감을 느끼고, 정서적 교감을 갖는 것을 의미한다. 타인과 친밀한 인간관계를 맺고 싶어 하는 마음, 사랑을 주고받는 감정이 여기에 해당된다.

❹ **인정과 존경** : 타인에게서 자신의 존재와 성취를 인정받고, 나아가 존경받고자 하는 욕구이다. 이 욕구가 강해지면서 인간은 보다 더 우수한 존재가 되어, 많은 성과를 내고자 노력하게 된다. 명성, 지위, 권위를 추구하는 것과 관련된다.

❺ **자아실현** : 자신이 지닌 잠재적 능력을 모두 발휘하여 본인이 삶에서 궁극적으로 이루고자 하는 존재가 되려는 욕구이다. 이 욕구에는 지적 욕구와 심미적 욕구가 포함된다. 매슬로는 자아실현의 욕구를 충족하는 비율을 전체 인구의 1% 정도로 보고 있다. 매슬로는 자아실현을 이룬 사람들의 특성을 다음과 같이 정리했다.

- 현실과의 편안한 관계를 유지한다.
- 본인과 다른 사람이 지닌 각자의 본성을 인정한다.
- 자발적으로 살며, 자연스러운 삶을 추구한다.
- 세상에 존재하는 문제를 중심으로 삶을 바라본다.
- 개인의 삶을 지키려고 한다.
- 자율적이고 독립적인 방식으로 살며, 능동적으로 행동한다.
- 참신한 감식력을 갖고 있다.
- 신비한 경험과 절정의 경험을 갖고 있다.
- 사회에 대한 관심과 공동체 의식을 갖고 있다.
- 깊이 있는 대인 관계를 유지한다.
- 타인을 인정하고 민주적인 사고방식을 따른다.
- 수단과 목표, 선과 악을 구별한다.
- 냉소와 비웃음이 아닌, 호의적인 유머 감각으로 타인을 대한다.
- 창의적이고 독창적이다.
- 사회적 압력에 대한 저항의식이 있다.

매슬로는 생리적 만족감, 안전과 안정, 사회적 소속감, 인정과 존경의 욕구를 결핍Deficiency 욕구라고 칭했고, 자아실현의 욕구를 성장Growth 또는 존재Being 욕구라고 칭했다. 결핍 욕구는 배가 고플 때 밥을 먹고 나면 더 이상 음식에 대한 생각이 없어지는 것처럼, 일단 충족되면 긴장감이 해소되어 추가 욕구가 생기지 않는다. 반면에 성장 또는 존재 욕구는 충족될수록 욕구가 더 강해지는 경향이 있다.

매슬로의 욕구위계이론은 하위 단계의 욕구가 일정 부분 충족되어야 상위 단계 욕구가 발생한다고 가정한다. 그러나 각각의 욕구는 서로 완전하게 단절되어 있거나 갑작스럽게 발생하는 것이 아니다. 각 단계의 욕구는 서서히 발현되거나 여러 욕구가 한순간에 중첩되어 나타나기도 한다.

2요인이론

헤르츠베르그는 조직 구성원들이 직장 내에서 긍정, 부정의 감정을 느끼는 상황이 서로 다르다는 점에 주목하여 2요인이론을 정립했다.[90] 결핍 시 불만족을 일으키는 요인과 충족 시 만족을 일으키는 요인이 서로 다르다는 시각이다([그림 9-8]).

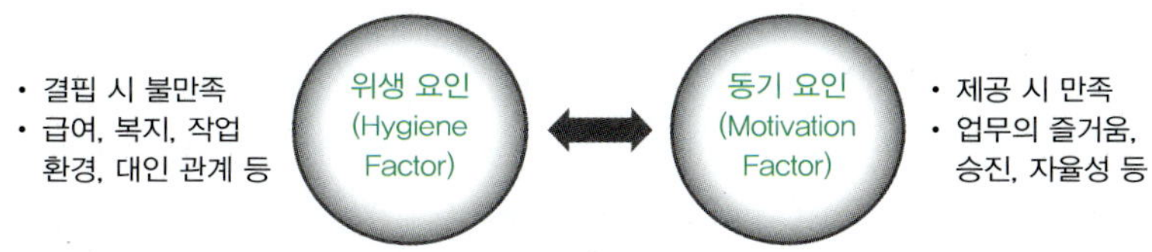

그림 9-8 헤르츠베르그의 2요인이론

2요인은 위생 요인과 동기 요인이며, 각각의 특징은 다음과 같다.

❶ **위생 요인** : 결핍 시 불만족을 유발하는 요인으로, 구성원이 느끼는 부정적 감정과 관련된다. 직무를 수행하는 외부 환경과 관련이 있다. 외재적 동기 요인[2]에 해당된다. 직위, 급여, 복지, 직업 안정성 등이 포함된다.

❷ **동기 요인** : 제공 시 만족을 유발하는 요인이으로, 구성원이 느끼는 긍정적 감정과 관련된다. 수행하는 직무와 직접 연결된다. 내재적 동기 요인[3]에 해당된다. 배정된 직무의 특성, 성취에 대한 인정, 권한, 성장 기회 등이 포함된다.

---

2 인간의 동기는 내재적 동기(Intrinsic Motivation)와 외재적 동기(Extrinsic Motivation)로도 나뉜다. 환경적·외부적 요인에 의해 영향을 받는 동기가 외재적 동기이다. 외재적 동기는 목표한 성과 달성, 타인에게서 받는 보상 또는 처벌의 회피를 위해 본인의 내재적 의지와 관련 없이 무언가를 행하는 성향을 뜻한다.

3 외부와 상관없는 개인적인 요인에 기인하는 동기가 내재적 동기이다. 내재적 동기는 개인의 취향, 흥미, 관심사에 따라 본인이 원하는 것을 찾아서 능력을 발휘하고, 새로운 도전을 하는 성향을 뜻한다.

X-Y이론

앞서 설명한 5단계 욕구위계이론, 2요인이론이 인간의 동기를 만드는 요인을 제시한 데 반해, X-Y이론은 인간의 유형을 나누는 식으로 접근한다([그림 9-9]).

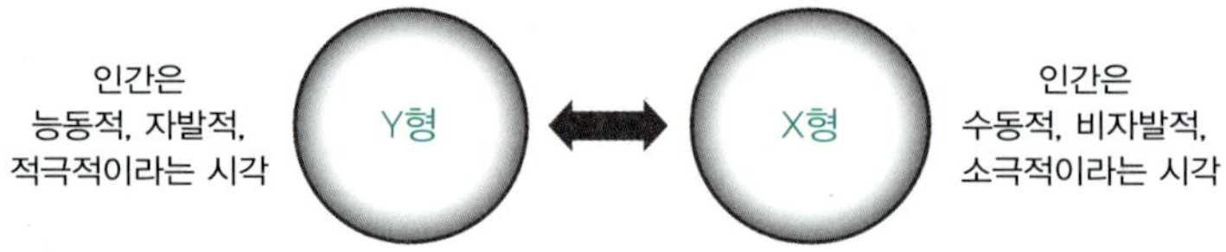

그림 9-9 맥그리거의 X-Y이론

맥그리거가 제시한 X-Y이론은 구성원을 대하는 관리자의 입장을 둘로 나눈다.[82]

- **X이론의 태도를 지닌 관리자** : 직원들을 부정적, 비관적인 견해로 본다. 위협, 처벌과 같은 통제를 통해 구성원을 이끌어야 한다는 시각이다.
- **Y이론의 태도를 지닌 관리자** : 직원들을 긍정적, 낙관적인 견해로 본다. 인간은 적극적이어서 좋은 환경이 갖춰지면 책임감 있게 직무를 수행한다는 시각이다.

맥그리거가 X-Y이론을 제시하기 전까지 모든 관리자들은 X이론에 가까운 형태였다. 맥그리거는 Y이론을 근거로 관리자들의 태도에 변화가 필요하다고 주장했다. 실제 12,000명 이상의 관리자를 조사한 연구에 따르면, Y이론의 태도를 취한 관리자가 X이론의 태도를 취한 관리자에 비해 더 높은 성과를 만들었다.[53]

기술 인력의 동기

탐하인Thamhain은 기술 인력에 동기를 부여하는 요소를 [표 9-1]과 같이 정리했다.[145] 리더의 역할, 매슬로의 5단계 욕구위계의 요소, 헤르츠베르그가 제시한 위생 요인과 동기 요인 등이 골고루 나타나 있다.

표 9-1 기술 인력의 동기부여 요소와 특징

요소	특징
흥미롭고 도전적인 업무	조직의 목표와 개인의 목표를 연결하고, 내재적 동기를 자극하는 요소
전문가를 자극하는 업무 환경	창의성 발휘, 갈등 해결, 학제적 협동 등이 보장되는 환경
전문적 성장	승진, 새로운 지식 습득 등의 기회 보장
리더십	비전과 미션을 명확히 제시하고, 동기부여를 하는 리더의 존재
물질적 보상	급여, 인센티브, 쾌적한 사무실 등
기술적 전문성	함께 일하는 팀 내의 동료들이 적절한 수준의 기술적 전문성을 보유하고 있는 것
문제 해결에 대한 지원	관리, 기술, 인간관계 면에 문제가 발생할 경우 이에 대비한 해결 장치의 유무

명확한 업무 목표	업무 목적과 목표의 명확한 제시
자율성	지나치게 세밀한 관리나 통제로 개인의 창의성 및 혁신 정신이 저해되지 않도록 배려하는 환경
직업 안정성	근무 여건, 직업이 가지는 기본적 안정성
관리자의 지원	업무에 필요한 재정적 요소, 관리적 요소, 장비 및 설비 등에 대한 지원
동료와의 관계	신뢰와 존중을 바탕으로 상호 갈등이 낮은 상황
효율적 업무 계획	필요한 자원, 일정 등에 대한 적절한 계획
명확한 직무 정의	함께 일하는 동료 간에 발생하는 갈등이나 권력 다툼을 예방하기 위해 개인별로 명확하게 설정된 직무
개방형 의사소통	수평적, 수직적으로 막힘없는 의사소통 환경
불필요한 변화의 최소화	기술혁신을 위해 지속적인 변화가 필요하지만, 가능한 불필요한 변화 요소는 최소화하는 것

3.2 과정이론

과정이론은 인간이 욕구 충족을 위해 행동을 선택하는 방법에 대해 설명한다. 내용이론은 인간이 지닌 일반적 욕구들을 분류 기준에 맞추어 보여주는 식이어서 상대적으로 명료하다. 그러나 과정이론은 인간의 욕구에 왜 차이가 존재하며, 왜 욕구가 변하고, 왜 다른 방식을 선택하는지 등의 복잡한 면을 다룬다.

이 절에서는 성과 보상에 대한 공정성을 개인이 어떻게 판단하는가를 다루는 공정성이론과 성과 보상에 대한 기대감이 동기부여에 미치는 영향을 다루는 기대이론을 살펴본다.

공정성이론

모든 인간은 공정하게 대우받고자 한다. 본인이 이룬 성과에 대한 보상이 사회적으로 공정하기를 희망한다. 공정성이론은 자신의 성과(투입)와 대비하여 보상(출력)이 공정하다고 판단할 때 인간이 동기를 부여받는다는 이론이다. 다음과 같은 3가지 상황이 존재한다.[55]

- 본인의 보상/성과 비율이 타인과 동등할 때 : 공정하다고 느낀다.
- 본인의 보상/성과 비율이 타인보다 높을 때 : 과다한 보상에 대해 죄책감을 느낀다.
- 본인의 보상/성과 비율이 타인보다 낮을 때 : 부족한 보상에 대해 불만족을 느낀다.

구성원들이 부족한 보상으로 인해 불만족을 느끼게 되면 다음과 같은 상황이 발생한다. 첫째, 업무에 투입되는 시간을 줄임으로써 적게 일하려고 한다. 둘째, 자신이 이룬 성과를 부풀려서 더 많은 보상을 받으려고 한다. 셋째, 부정행위나 횡령 등을 통해 스스로 보상을 높이려고 한다. 넷째, 불공정한 보상을 주는 조직을 이탈하려고 한다.

공정성이론은 보상/성과 비율에 대한 공정성 판단이 구성원의 주관에 달렸다는 데에 한계점이 있다. 따라서 동일한 보상/성과 비율에 대해 공정하다고 느끼는 직원이 있는가 하면, 불공정하다고 느끼는 직원도 있다. 이러한 문제는 다음의 두 가지 측면에서 발생한다.

- **성과 인식의 차이** : 본인이 이뤄낸 성과를 조직에서 판단하는 것보다 스스로 높거나 낮게 인식한다.
- **보상 인식의 차이** : 조직이 제공하는 보상은 급여, 복지, 재교육 등 매우 다양하다. 조직 입장에서는 보상 차원으로 제공하는 것을 구성원들은 보상이 아니라고 인식하기도 한다.

성과 인식의 차이와 보상 인식의 차이를 해결하기 위해 조직 내에서 다음과 같은 노력이 필요하다.

성과 인식의 차이를 줄이려면 개인의 성과에 대해 일방적으로 평가하여 결과만 통보하는 형태로 끝내지 말고, 그러한 평가가 나온 근거와 평가 절차를 투명하게 공개하고 세부적으로 설명해야 한다. 대학의 학점 평가에 빗대어 생각해보자. 학기 말이 되어서 여러분이 C+ 학점을 받았다고 가정하자. 지도교수가 여러분의 중간고사와 기말고사를 채점한 결과, 리포트와 팀 과제 평가 점수를 알려주지 않고 C+라는 학점만 공개했다면, 여러분은 그 상황을 쉽게 납득하지 못할 것이다. 그러나 학기 중에 중간 평가 결과를 몇 차례 알려주고, 학기 말에 항목별로 점수를 알려줬다면, 불평의 소리는 줄어들 것이다.

보상 인식의 차이를 줄이려면 조직에서 제공하는 혜택을 구성원들에게 명쾌하게 설명하고, 다양한 보상책에 대한 구성원들의 선호도를 파악하여 맞춰가는 과정이 필요하다. 많은 기업에서 새로 입사한 직원들을 대상으로 기업이 제공하는 복지와 재교육 제도를 꼼꼼하게 설명해주는 것은 바로 이러한 이유 때문이다.

기대이론

기대이론은 구성원들에게 동기를 부여하기 위해서는 자신이 직무를 수행하면 원하는 보상을 얻게 된다는 기대감을 심어줘야 한다는 이론이다. 이는 본인에게 부여된 직무를 완수할 능력을 갖고 있고, 완수하면 보상이 주어지며, 보상이 본인에게 가치가 있다고 느낄 때 동기부여가 된다는 뜻이다.[82]

동기부여=기대감(Expectancy)×수단성(Instrumentality)×유의성(Valence)

공식에 사용된 각 항목의 의미는 다음과 같다.

- **기대감** : 자신에게 부여된 직무를 완수한다는 자신감 또는 믿음이다. 조직에서 부여한 직무의 특성과 자신이 보유한 지식 및 경험 등의 수준을 기준으로 판단한다.

- **수단성** : 직무를 완수하면 조직에서 본인에게 보상을 준다는 믿음이다. 예를 들어, 본인의 과거 경험 또는 다른 동료의 사례를 보고 본인이 직무를 달성해도 보상이 적을 것이라 생각하면 수단성에서 벗어난다.
- **유의성** : 조직에서 받는 보상이 본인에게 가치가 있다는 믿음이다. 예를 들어, 어려운 프로젝트를 달성해서 조직에서 담당자에게 특별 승진의 기회를 줬는데, 본인이 승진을 희망하지 않으면 이는 개인이 가진 유의성과는 맞지 않다.

기대이론을 놓고 보면, 먼저 조직은 구성원의 동기부여를 위해 개인이나 팀이 달성해야 할 직무 및 업무 목표를 명확하게 알려줘야 한다. 그리고 개인이나 팀이 달성하는 성과가 반드시 보상과 연계됨을 인식시켜야 한다. 또한 제공되는 보상이 개인이나 팀에게 어떤 가치가 있는지 공감대가 형성되어야 한다.

기대 수준이 높아지면 구성원은 좀 더 높은 동기를 부여받는다. 개인이나 팀에게 부여하는 직무와 성과에 대한 보상 수준이 같아도 기대감, 수단성, 유의성을 어떻게 인식시키느냐에 따라 구성원이 이루어내는 성취도에서 차이가 생긴다. 예를 들어, 생산성 10%를 향상시키면, 1천만 원의 인센티브와 국외 연수 과정을 보상으로 제공한다고 가정하자. 이런 제도가 효과를 보려면, 구성원들에게 생산성 향상이 가능하다는 자신감을 갖게 하고, 목표가 달성되면 꼭 보상이 제공된다는 신뢰감을 심어주며, 국외 연수 과정이 개인에게 매력적인 기회라는 점을 인식시켜야 한다.

3.3 게이미피케이션

게이미피케이션은 게임에 일반적으로 사용되는 요소들을 게임이 아닌 영역에 적용하는 것을 의미한다.[51] 이를 통해 재미없는 일, 지루한 작업을 게임처럼 재미있게 하도록 유도하는 방법이다. 게이미피케이션은 업무 몰입도를 높이기 위한 수단이지만, 다자참여 협력Mass Collaboration을 촉진하기 위해 많이 활용된다.[92][118]

게임의 재미와 업무의 관계

게임이 게임답고 재미있게 느껴지도록 해주는 게임 설계의 기본 원칙을 활용해서 업무가 왜 게임과 달리 재미없게 느껴지는지 살펴보자.

게임의 특징은 크게 목표Goal, 규칙Rule, 피드백Feedback System, 자발적 참여Voluntary Participation의 4가지로 분류된다.[92] 우리가 즐기는 게임은 장르를 불문하고 이와 같은 특징들을 공통으로 내포하고 있다. 이 4가지 특징을 바탕으로 게임과 직장 속 상황을 비교해보자([표 9-2]).

표 9-2 게임의 특징으로 본 게임과 직장의 비교

특징 \ 비교	게임	직장
목표	· 게임 시작과 동시에 목표가 명확하게 제시된다. · 큰 목표 밑에 여러 개의 작은 목표가 중간 보스 제거, 미니 게임 완수 등의 형태로 지속적으로 제시된다. · 플레이어의 게임 내 성장도, 조작 수준 등을 고려하여 적절한 실패 범위 내에서 목표 달성 수준이 설정된다.	· 조직의 전체 목표가 명확하게 제시되지 않거나, 표면적으로 제시되는 목표와 개인이 느끼는 목표가 상이한 경우가 많다. · 조직 전체의 목표와 본인이 속한 부서, 개인의 목표 간에 구체적인 연결 고리가 잘 보이지 않는다. · 조직에서 제시되는 목표가 본인의 능력이나 주변 여건에 비해 과도한 경우가 많다.
규칙	· 별도의 매뉴얼이 제공되지만 플레이어가 실제로 참고하는 경우는 드물다. · 규칙은 게임 과정에서 설명되며, 플레이어가 명확하게 이해하고 자연스럽게 받아들이게 설정되어 있다.	· 조직 내 업무 프로세스를 문서화하여 제공하지 않거나 문서화되어 있어도 실제 돌아가는 형태는 이와 상이한 경우가 많다. · 프로세스가 불분명하고 비효율적인 경우가 많다.
피드백	· 게임의 진행 과정 중에 현재 상태가 어떠한지 지속적으로 피드백해준다. · 보스와의 싸움, 비싼 아이템 획득 등의 목표에서 실패한 경우, 어떠한 부분이 어느 정도 부족한지 파악하기 쉬운 구조로 되어 있다.	· 조직의 전체 목표가 어느 정도 달성되고 있는지, 어느 부분이 문제인지 파악하기가 어렵다. · 본인이 추진하는 업무에 대해 YES/NO가 아닌 세부적인 피드백이 부족하며, 본인의 성과가 조직에 어떻게 반영되고 있는지 구체적으로 파악하기가 어렵다.
자발적 참여	· 게임 내에 존재하는 목표, 규칙, 피드백을 플레이어가 자발적으로 받아들이고 인정한다.	· 조직의 목표, 규칙, 피드백 방법이나 결과를 개인에게 공감시키는 과정이나 문화가 결여된 경우가 많다.

[표 9-2]의 직장 상황은 직무 탈진 증후군과도 밀접한 관련이 있다. 직무 탈진을 유발하는 요인은 '부적절한 업무 부하, 비효율적인 통제, 경제적/사회적 보상의 부족, 타인과의 긍정적 교감 결여, 공정성 부족, 직무에 대한 사회적/윤리적 가치 인식 부재'이다.[158] 이러한 요소들은 [그림 9-10]과 같이 게임 속 특징들이 직장 내에서 어떻게 반영되고 있는가와 직간접적으로 연결된다.

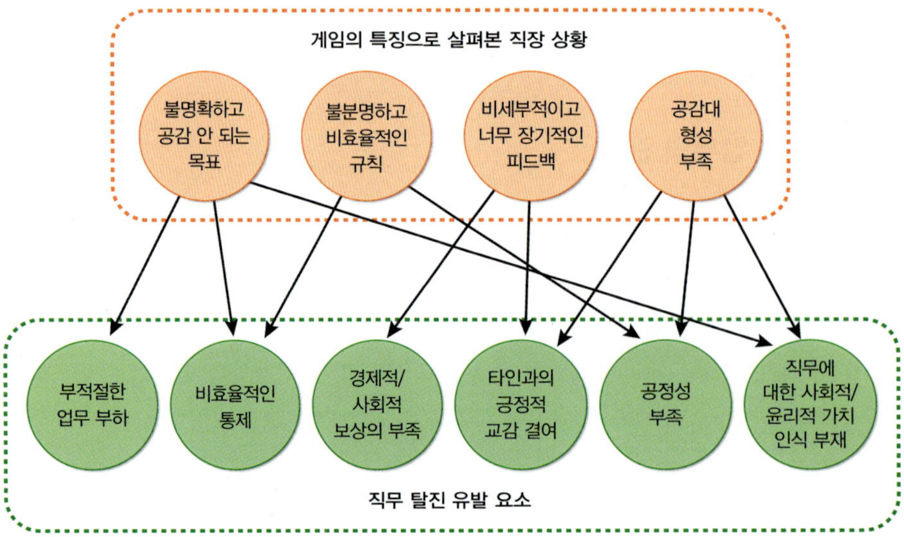

그림 9-10 게임의 특징을 통해 바라본 직장 상황과 직무 탈진의 관계

게이미피케이션 사례

기업들은 게이미피케이션을 인재 채용, 교육, 의사소통 활성화, 생산성 향상 등의 다양한 용도에 적용하고 있다. 그중에서 의사소통 활성화 사례인 태스크빌TaskVille 시스템을 소개한다. 이 프로그램은 도시 건설 시뮬레이션 게임인 심시티SimCity를 업무에 접목한 사례로 볼 수 있다.[104] 조직 내의 부서별 업무 진척도에 따라서 건물을 건설하는 형태이다. 하나의 과업을 달성하면 새로운 건물을 건설하는데, 건물의 형태는 업무에 소요된 시간, 협력 유무 등에 따라서 결정된다.

[그림 9-11]은 태스크빌의 모습인데, 건물에 보이는 깃발의 색깔이 건물의 소유주(부서)를 의미한다. 도시의 모습을 보면서 어떤 부서가 성과를 많이 내고, 활발하게 협력하고 있는지 한눈에 파악할 수 있다. 특히 이러한 시스템은 조직의 규모가 매우 큰 경우에 더 효과적이다. 실제 태스크빌을 사용한 구성원들은 그들의 전체 조직에서 어떤 일이 발생하고, 어떻게 움직이고 있는지 파악하기가 훨씬 쉬웠다고 응답했다. 즉 게이미피케이션을 통해서 목표 의식이 활성화되고, 진척도를 눈으로 확인함으로써 공동의 노력과 업무 지속성이 높아졌으며, 조직 구조와 시스템에 대한 이해도가 높아지는 효과를 얻었다.

그림 9-11 태스크빌

04

좌절과 갈등은 어떻게 해결하는가?

조직에서 발생하는 문제들 중에는 적절한 동기부여로도 해결되지 않는 것들이 많다. 본인이 생각한 대로 일이 풀리지 않고, 욕구가 충족되지 않을 때 인간은 좌절하게 된다. 그런 경우에는 업무 추진 과정에서도 다른 구성원 및 팀과 끝없는 갈등에 직면한다. 이 절에서는 조직 내에서 겪을 수 있는 좌절 상황 및 갈등이 발생하는 원인과 이에 대처하는 방법을 살펴본다.

4.1 좌절

욕구 좌절Frustration은 동기가 유발되지 않고 불만이 쌓이며 부정적인 행동을 보이는 상황을 의미한다. 욕구 좌절 상황에서 많이 보이는 행동 유형은 다음과 같다.[192]

- **공격 행동** : 다른 구성원을 향해 공격적인 언행을 보인다.
- **대체 행동** : 좌절을 유발한 업무가 아닌 다른 일에 매달린다. 예를 들어, 당장 필요한 프로젝트 계획서를 만들기가 어려워 좌절에 빠졌을 때, 처리 기한이 한참 남은 재고 장부 정리를 먼저 한다.
- **합리화 행동** : 본인의 무능력이나 과오를 인정하지 않고, 외부에서 문제의 원인을 찾으며 스스로를 정당화한다.
- **퇴행** : 폭식을 하거나 울음을 터트리는 등의 퇴행적 행동을 보인다.
- **회피 행동** : 좌절을 일으킨 업무나 상대방을 의식적으로 피한다.
- **고착 행동** : 좌절을 일으킨 업무나 상황을 끊임없이 반복하여 이겨내려고 집착한다.

리더나 동료 입장에서 구성원이 위와 같은 행동을 보이면 욕구 좌절 상태인지를 파악하여 이를 극복하도록 도와야 한다.

4.2 갈등

조직은 여러 팀과 개인들로 구성된다. 개인 간, 개인과 팀 간, 팀과 팀 간에는 여러 갈등이 존재한다. 각각의 가치관이나 목표, 그리고 업무 방식 등에 차이가 있기 때문이다. 간혹 갈등이 없는 조직을 좋게 보는 경우가 있는데, 일정 수준의 갈등은 조직에 긍정적인 영향을 준다. 반면 [그림 9-12]와 같이 갈등 수준이 높은 경우와 너무 낮은 경우에는 업무 성과가 낮아진다. 건설적인 비판과 이를 통한 발전의 기회를 상실하기 때문이다.

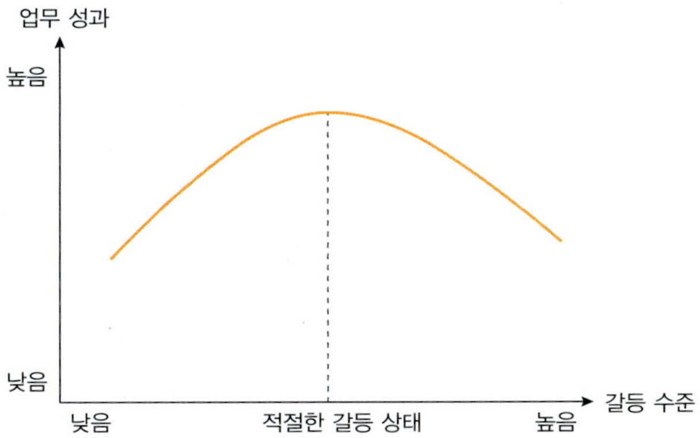

그림 9-12 갈등 수준과 업무 성과

집단 내에 존재하는 갈등의 종류는 [그림 9-13]과 같이 4가지로 나뉜다.[36][55]

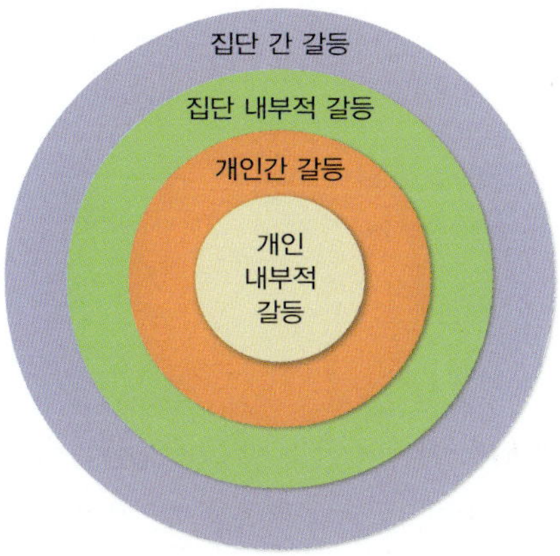

그림 9-13 조직 내의 갈등 유형

❶ **개인 내부적 갈등** : 목표, 보상, 개인의 정서 등이 개인 내부에서 충돌하며 발생하는 갈등이다. 이는 다음과 같이 3가지 경우로 다시 나뉜다.

- **접근–접근 갈등** : 둘 이상의 긍정적 조건 중에 하나를 선택하는 상황의 갈등이다. 예를 들어, 승진과 인센티브 중 하나의 보상을 선택하는 경우이다.
- **회피–회피 갈등** : 둘 이상의 부정적 조건 중에 하나를 선택하는 상황의 갈등이다. 예를 들어, 맡고 싶지 않은 직무와 벽지의 근무지 중에서 하나를 선택하는 경우이다.
- **접근–회피 갈등** : 긍정적 조건과 부정적 조건이 섞인 대안을 수락할지 결정하는 상황의 갈등이다. 예를 들어, 근무 지역은 마음에 들지 않지만 인센티브가 좋을 때 이를 받아들일지 선택하는 경우이다.

❷ **개인 간 갈등** : 두 개인 간의 성격이나 가치관, 업무 역할이나 업무 목표 등이 다르기 때문에 나타나는 갈등이다.

❸ **집단 내부적 갈등** : 한 팀에 소속된 여러 개인 간의 차이에서 발생되는 갈등으로, 개인 간 갈등이 확대되어 발생하기도 한다. 적절히 대처되면 팀의 목표를 명확히 하고, 성과를 높이는 데 긍정적인 영향을 준다.

❹ **집단 간 갈등** : 여러 팀 간의 의견 대립과 분쟁에서 발생되는 갈등이다. 집단 간 이해 상충, 자원 배분, 역할 분배 등의 과정에서 발생한다.

갈등에 대한 대처 방식은 타인에 대한 관심 정도와 개인에 대한 관심 정도를 기준으로 크게 4가지로 나뉜다([그림 9-14]).

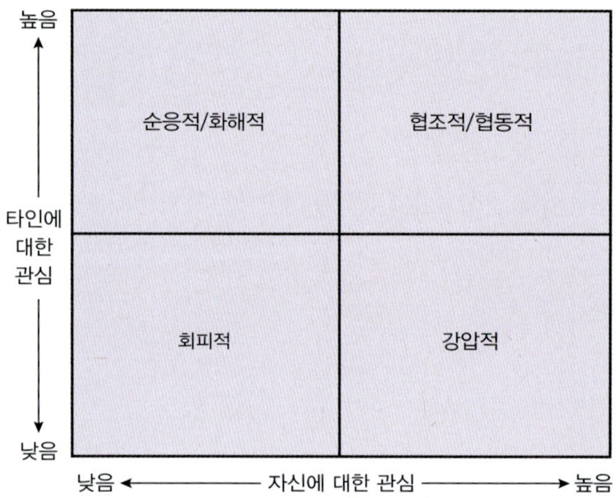

그림 9-14 갈등에 대한 대처 형태

❶ **회피적** : 소극적인 대응 방법으로, 의견 대립을 피하고 중립을 지키며 갈등 상황이 저절로 해소되기를 바라는 방법이다. 큰 갈등이 아니거나 갈등 해소를 위한 시간이 부족할 때, 감정이 격해진 상황 등에서 적합하다.

❷ **강압적** : 자신의 주장을 굽히지 않고, 갈등을 해소하는 방법이다. 의견 충돌 상황에서 자신의 주장과 해결 방안을 유지한다. 적극적으로 개입하여 승자와 패자 형태로 갈등을 해결한다. 갈등을 빠르게 해결해야 할 때, 갈등과 관련된 조직 및 구성원들 간의 관계 유지가 중요하지 않을 때 적합하다.

❸ **순응적/화해적** : 상대방에게 협조적으로 대하며 소극적인 자세로 갈등을 해결한다. 상대의 승리 또는 나의 패배 형태로 결론이 난다. 본인에게 중요한 문제가 아닐 때, 상대방과의 관계 유지가 중요할 때, 조속하게 문제를 해결해야 할 때에 적합하다.

❹ **협조적/협동적** : 적극적으로 협조하여 갈등을 해결한다. 타협을 통해 모두가 승리하는 상황을 추구한다. 해결할 문제가 복잡한 경우, 서로가 가진 권력이 대등한 경우, 문제 해결에 필요한 자원과 시간에 여유가 있을 때 적합하다.

05

성과에 대해 어떻게 보상할까?

모든 사람은 자신의 성과에 대해 합당한 보상을 받고 싶어 한다. 학교에서는 성취한 학점에 따라 장학금을 받고, 직장에서는 이뤄낸 업무 성과에 따라 승진 기회와 보너스를 받는 것이 대표적인 예이다. 학교나 기업이 높은 성과를 유지하기 위해서는 개인의 성적이나 업무 성과를 공정하게 평가하여 그에 상응하는 적절한 보상을 하고, 각자가 성장할 수 있는 기회를 제공해야 한다. 이때 조직에서 개인이나 팀에게 제공하는 보상은 6가지 속성으로 나눠볼 수 있는데, 각 속성별로 다음과 같은 점을 유의해야 한다.[55]

❶ **유효성** : 구성원의 행동을 강화하기 위해서는 구성원이 납득할 만한 규모와 수준의 보상이 제공되어야 한다.

❷ **적시성** : 보상이 제공되는 시기가 적절해야 한다. 성과가 달성된 시점과 보상이 제공되는 시점이 멀수록 보상의 효과는 감소된다.

❸ **관련성** : 구성원이 달성하는 성과와 조직에서 제공하는 보상과의 관계가 밀접해야 한다. 어떤 성과에 대해 어떤 보상이 제공되는지 명확하게 정의되어야 한다.

❹ **지속성** : 보상별로 동기부여에 대한 지속성이 다르다. 예를 들어, 권한 부여, 인정 등과 같은 보상은 급여 인상, 일시적 인센티브에 비해 효과가 오래 지속된다.

❺ **공정성** : 조직의 보상 체계가 공정하고 믿을 만하다고 느낄 때 동기가 높아진다.

❻ **가시성** : 구성원 모두가 어떤 보상이 어떻게 제공되는지 사전에 알고 있어야 한다. 이를 통해 보상 시스템에 대한 신뢰가 높아진다.

성과에 합당한 보상을 주는 것은 매우 당연하고 단순한 논리로 보이지만, 거기에는 쉽지 않은 두 가지 포인트가 있다. 첫째는 '보상을 어떤 방법으로 제공할 것인가?'이고, 둘째는 '보상의 기준이 되는 성과를 어떻게 측정하여 평가할 것인가?'이다.

이 절에서는 다양한 보상 시스템의 분류를 통해 보상을 제공하는 방법에 대해 설명하고, 활력 곡선을 통해 구성원의 성과를 나누는 기준에 대해 살펴본다. 이어서 더 많은 보상을 통해 동기를 강화해줘야 하는 상위의 지식 노동자를 설명하고, 다른 직원들의 성과에 악영향을 주는 악질 직원에 대한 대처 방법을 살펴보겠다.

5.1 보상 시스템의 분류

팀이나 구성원에게 성과를 배분하는 다양한 방법이 있지만, 크게 성과 배분, 이윤 배분, 자격급, 선택적 복지로 나뉜다. [표 9-3]은 각 제도의 특징과 한계를 보여준다.

표 9-3 보상 시스템의 특징

보상 시스템	보상 방식	한계
성과 배분	· 업무 성과를 달성한 구성원에게 차등적으로 보상 · 비용 절감, 생산성 향상, 신기술 개발 등에 대해 보상	· 계산 과정이 복잡함 · 과정이 투명하지 않을 경우 불신이 발생함
이윤 배분	· 조직 전체의 이익 중 일부를 구성원에게 배분 · 구성원 전체를 배분 대상으로 하여 보상	· 모든 개인, 팀이 조직에 긍정적인 기여를 하는 것은 아님 · 이윤 배분 비율에 대한 구성원들의 공감대 형성이 필요함
자격급	· 특정 기술, 자격을 획득한 구성원에게 보상 · 구성원이 수행하는 개별 직무보다는 보유한 기술, 능력을 중심으로 하는 보상	· 최고 단계에 도달한 구성원들에게 추가적인 동기부여가 안 됨 · 조직 이익에 실질적인 기여를 못하면서 보상 비용만 증가시킬 우려가 있음
선택적 복지	· 개인마다 차별화된 욕구에 대한 보상 · 자신의 욕구에 맞는 복지를 스스로 선택 · 카페테리아(Cafeteria) 방식의 복지라고 부름	· 구성원의 다양한 욕구를 만족시키기 위해 다양한 복지 시스템을 제공해야 하며, 관리가 복잡해짐 · 구성원들이 어떤 복지 항목을 얼마나 선택할지 예측하기 어려움

5.2 활력 곡선

활력 곡선Vitality Curve은 GE의 전 회장이었던 잭 웰치가 도입한 인사 평가 시스템이다. [그림 9-15]와 같이 성과에 따라 상위 20%, 중간 70%, 하위 10%의 구성원을 각각 A, B, C 등급으로 나누어 관리하고 보상하는 모델이다. 포춘 500대 기업의 60% 정도가 활력 곡선 형태의 등급 평가 방식을 쓰고 있다.[77]

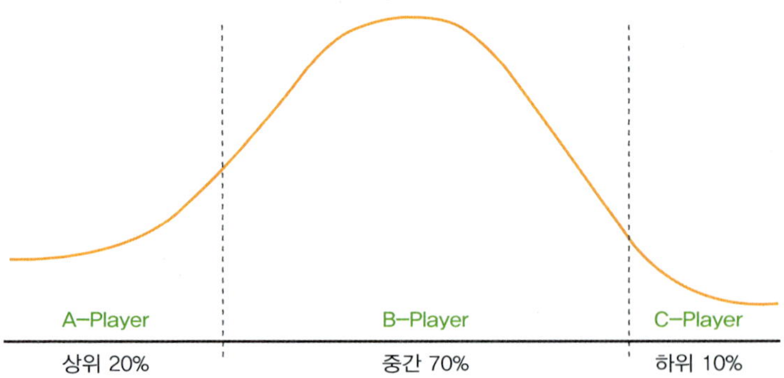

그림 9-15 GE의 활력 곡선

활력 곡선의 A, B, C-플레이어의 특징을 정리하면 [표 9-4]와 같다.

표 9-4 활력 곡선의 플레이어[194]

플레이어	특징
A-플레이어	· 조직의 머리 역할을 하는 스타급 인재들 · 조직의 리더로 성장함
B-플레이어	· 조직에서 손, 발의 역할을 하며, 성과 창출에 공헌하고 있는 인재들 · 조직이 위기 상황에 처했어도 자기 자리를 지키며 묵묵히 업무를 수행함 · A-플레이어와 대비하여 상대적 열등감, 박탈감을 느끼지 않도록 관리가 필요함 · 적절한 교육 훈련 프로그램을 통해 스타가 될 기회를 부여해야 함
C-플레이어	· 조직의 성과 달성에 오히려 저해가 되는 구성원 · 교육, 동기부여를 통해 성장의 기회를 주거나 정리해고의 대상이 됨

사우스웨스트항공, HP, P&G 등은 내부 승진 원칙을 통해 고위직을 충원하여 B-플레이어들에게 스타급 인재가 되는 길을 열어놓고 있다. 이는 피그말리온 효과Pygmalion Effect와 연관이 있다. 피그말리온 효과는 타인의 관심과 기대에 영향을 받아서 성취도가 높아지거나 집중도가 높아지는 현상을 의미한다. 내가 다른 사람에게 존중을 받고 그 사람이 내게 기대하는 것이 있으면, 그 사람의 기대에 부응하기 위해 스스로를 변화시키는 경향이 있음을 뜻한다. 사회학자인 머튼은 이를 자기충족적 예언Self-fulfilling Prophecy이라고 칭했다.

피그말리온 효과는 실험으로 증명된 바 있다.[125] 미국 샌프란시스코의 초등학교에서 학생들의 지능을 검사한 후, 검사 결과와는 무관하게 랜덤으로 20%의 학생을 선출하여, 교사들에게 그 명단 속 학생들의 지적 능력이 다른 학생에 비해 우수하다고 알려주었다. 8개월 후 학생들의 성적 변화를 관찰했더니, 명단 속에 있던 학생들의 성적이 다른 학생에 비해 높아졌으며, 지능 검사를 다시 한 결과 지능도 향상된 것으로 조사되었다. 이러한 현상은 기업 내에서도 유사하게 발생한다.

5.3 상위의 지식 노동자와 악질 직원

마지막으로 상위의 지식 노동자Clever People와 악질 직원의 문제를 살펴보자. 상위의 지식 노동자는 축적된 지식, 경험, 창의력을 바탕으로 새로운 기술, 제품, 시장을 창조하는 인력이다. 반면 악질 직원은 다른 구성원들의 동기를 약화시키는 직원을 뜻한다.

상위의 지식 노동자

상위의 지식 노동자가 살아나는 기업의 특징은 다음과 같다.[47]

- 불필요한 관리, 행정 업무를 줄인다.
- 다양한 생각, 아이디어를 존중한다.
- 편안하게 실패하도록 도와준다.
- 개인적인 노력과 열정을 쏟아 붓도록 한다.
- 개인의 전문성을 바탕으로 다른 지식 노동자를 도울 기회를 제공한다.

스위스에 위치한 세계적 제약회사 로슈는 직원들이 여러 계열사에서 자유롭게 근무하도록 장려하고 있다. 직원 개인의 특성에 맞는 업무를 찾을 수 있게 기회를 보장하는 셈이다. 한편, 신종플루 치료제를 개발한 제약회사 글락소의 리처드 사이크스 회장은 3개의 대규모 신약 프로젝트가 모두 실패로 돌아가자 해당 팀원들에게 메일을 보내서 노력을 치하하고, 가벼운 마음으로 다음 프로젝트를 준비하도록 격려했다. 편안하게 실패하는 구조를 만든 것이다.

악질 직원

악질 직원은 성과가 낮은 직원과는 구분되는 개념이다. 악질 직원은 다른 구성원을 괴롭히고, 다른 구성원이 높은 성과를 내지 못하도록 방해한다. 때로는 본인의 성과는 상대적으로 높은 경우도 있다. 악질 직원은 자신보다 힘이나 권력이 없는 이들을 대상으로, 지속적으로 다른 사람의 기운을 빠지게 하거나 초라한 느낌 또는 수치심을 안겨준다. 또한 다른 이의 성과를 가로채거나 적절한 보상을 받지 못하게 방해한다.

한 명의 악질 직원이 있는 팀은 그렇지 않은 팀보다 성과가 30~40% 정도 낮게 나타난다.[177] 실리콘밸리의 벤처기업에서 악질 직원 한 명의 폐해를 금액으로 계산해보니 연간 16만 달러에 달했다. 의류 소매 업체인 멘스웨어하우스는 다른 사람의 공을 가로채어 최고의 판매 실적을 올리는 영업사원을 해고한 후에 팀 전체 실적이 30% 증가된 사례가 있다.

악질 직원의 문제를 다루기 위해서는 5:1의 법칙을 생각해야 한다. 5:1의 법칙은 부정적인 감정이나 관계가 긍정적인 감정이나 관계보다 5배나 강력함을 나타낸다. 악질 직원 한 명이 정상적인 직원 다섯 명에게 영향을 준다는 의미이다. 정상적인 직원들에게 적절한 동기를 부여하는 것 이상으로, 조직이 악질 직원의 문제를 해결하는 데 집중해야 할 필요가 여기에 있다.

Quiz

01 **기술자 A씨는 다음 주까지 마무리해야 하는 프로젝트가 있는데, 진도가 잘 나가지 못하고 있다. A씨는 시간이 매우 부족한 상황에서 갑자기 급하지도 않은 내년도 연구 기획서를 써보고 있다. A씨는 욕구 좌절의 유형 중 어떤 행동을 보이는가?**

① 대체 ② 퇴행
③ 고착 ④ 회피

02 **다음 시나리오를 읽고 M전자가 처한 문제의 원인을 활력 곡선에 근거하여 추론할 때, 가장 타당한 것은 무엇인가?**

> 춘천에 위치한 M전자는 스마트폰의 특정 부품 관련 분야에서 세계 최고 수준의 기술력을 인정받는 기업이다. M전자는 창업한 지 10년이 되었으며, 회사의 기술적 우위는 총 100명으로 구성된 연구소에서 자체적으로 개발하는 신기술에 의해 얻어지고 있다. 회사의 임원 및 주요 팀장급들은 M전자의 창업자들(춘천의 K대 공대 출신)과 그 후배들로 구성되어 있으며, 그 외의 직원들은 근접한 지역의 타 대학 및 서울 지역의 사립대 출신들이 많은 편이다. M전자는 새롭게 개발하는 기술들에 대한 특허를 등록하고, 이를 다른 기업들에게 라이선싱해주는 형태로 수익을 얻고 있다. M전자는 이를 촉진하기 위해 여러 업체와 협력 관계를 유지하면서, 자사가 보유한 특허로 다른 기업들이 어떻게 상용화된 부품을 쉽게 제작하고, 다양하게 활용할 수 있는지를 적극적으로 홍보하고 있다.
>
> M전자의 CEO인 김 대표는 한 달 전에 M전자의 기술(특허 출원 전)이 경쟁 회사에 팔리고 있으며 심지어 국외로도 조금씩 팔려나가고 있다는 첩보를 긴밀하게 입수하였다. 그리고 확인 결과 일부분은 사실인 것이 밝혀졌다. 김 대표는, 팀장급 이상 직원들은 대부분 스톡옵션도 많이 보유하고 있고 급여도 경쟁 업체에 비해 월등히 높은 편이므로, 상대적으로 보상 수준이 적은 팀원급에서 발생한 문제일 것으로 짐작하고 있다.

① A-플레이어에 대한 지나친 권한 부여
② B-플레이어에 대한 부족한 보상 및 제한된 성장 기회
③ 악질 직원에 대한 관리 소홀
④ 상위의 지식 노동자에게 부여된 불필요한 행정 업무

03 **배려심과 주도력으로 리더의 특성을 나누는 모델은 무엇인가?**

① 탈진이론 ② 특성이론
③ 행위이론 ④ 상황이론

Quiz

04 **5단계 욕구위계이론에서 자신이 지닌 잠재적 능력을 모두 발휘하여 본인이 삶에서 궁극적으로 이루고자 하는 존재가 되려는 욕구는 다음 중 무엇인가?**

① 안전과 안정 ② 사회적 소속감
③ 인정과 존경 ④ 자아실현

05 **다음 중 2요인이론에서 분류가 다른 것은 무엇인가?**

① 동료의 인정 ② 직무의 특성
③ 급여 ④ 업무 권한

06 **다음 중 기대이론에서 직무를 완수한 이에게 조직이 보상을 준다는 믿음은 무엇인가?**

① 기대감 ② 수단성
③ 유의성 ④ 실용성

07 **게이미피케이션은 게임의 특징인 목표, 규칙, 피드백, (   )의 특성을 업무에 활용하는 방법이다. (   )는(은) 무엇인가?**

① 자발적 참여 ② 전략적 이점
③ 플로 ④ 자기표현성

08 **보상 시스템 중 자격급의 특징이 아닌 것은 무엇인가?**

① 조직의 이익에 실질적인 기여를 못하면서 보상 비용만 증가시킬 우려가 있음
② 구성원이 수행하는 개별 직무보다는 보유한 기술과 능력을 중심으로 하는 보상
③ 개인마다 차별화된 욕구에 대한 보상
④ 최고 단계에 도달한 구성원들에게 추가적인 동기부여가 안 됨

09 **타인의 관심과 기대에 영향을 받아서 성취도가 높아지거나 집중도가 높아지는 현상을 무엇이라 칭하는가?**

① 피그말리온 효과 ② 베르테르 효과
③ 플라시보 효과 ④ 파파게노 효과

10 **갈등에 대한 대응 방법 중에서 해결할 문제가 복잡하고, 서로가 가진 권력이 대등하며, 문제 해결에 필요한 자원과 시간에 여유가 있을 때 적합한 태도는 무엇인가?**

① 회피적 ② 협조적/협동적
③ 순응적/화해적 ④ 강압적

01 ① **02** ② **03** ③ **04** ④ **05** ③ **06** ② **07** ① **08** ③ **09** ① **10** ②

자르는 선

팀별과제

팀번호 : ________ 팀명 : ______________ 팀원 : ______________________________

주제 최상의 보상 시스템 디자인하기

1 다음에 주어진 가상 기업의 사례를 분석하여, 뒷면의 표에 10억 원을 어느 항목에 어떻게 배정할지 급여 체계 및 보상 시스템을 디자인해보자. 예산을 배정할 항목, 항목별 배정 규모, 배정액 산출 근거, 보상 원칙 등을 포함하자.

○○대학교 공대를 졸업한 당신은 경영학과 졸업생과 함께 인터넷상에서 초등학생부터 대학생까지의 회원을 대상으로 그들의 적성, 진로, 학업, 교우 관계 등을 점검 및 관리해주는 서비스 기업을 설립했다. 3년 전에 설립된 이 기업은 처음 2년 동안 적자에 시달렸으나, 올해에는 영업이익이 흑자로 전환되었다. 대표이사인 당신은 내년도에 직원들을 위한 급여 및 보상 예산으로 총 10억 원을 할당할 계획이다.

[회사 개요]

■ 자본금 : 2억 원 (지분 구조 : 대표이사 50%, 이사 30%, 개인 소액 주주 10명 20%)

■ 올해의 급여 및 보상 수준

임직원 모두 IT 서비스 업계 평균을 조금 밑도는 수준의 급여만 연봉 형태로 제공했으며, 급여 외의 보상 시스템은 없음

■ 임직원 현황

✓ 인원 수 : 정규직 12명, 비정규직 3명 (내년에 신규 채용 계획은 없음)

✓ 대표이사(정규직) : 33세, ○대학교 공대 졸업, 여성

✓ 이사(정규직) : 33세, ○대학교 경영학과 졸업, 남성

✓ 서비스 시스템 개발 및 운영 업무(정규직) : 20대 후반~30대 중반의 미혼 남녀 5명

✓ 서비스 시스템 설계, 경영 지원 업무(정규직) : 30대 중반~40대 초반의 기혼 남녀 5명

✓ 비정규직 인턴 : ○○대학교 2~4학년 3명

■ 임직원의 출신, 거주지 및 전공

✓ 경영진을 제외한 정규직 10명은 모두 ○○대학교 출신이 아니며, 각각 타 대학교 출신임

✓ 임직원들의 전공은 공학, 경영학, 심리학, 교육학, 철학, 법학 등 매우 다양한 구성임

■ 임직원의 평균 재직 기간 : 1.5년(정규직 기준)

■ 중단기 경영 계획

✓ 내년 : 임원진 1명 보강(직장인 대상 서비스 준비), 종업원 5명 보강(고객 증가 대비)

✓ 내후년 : 직장인 대상 서비스 오픈, 종업원 5명 보강(고객 증가 대비 및 경영 지원 보강)

자르는 선

팀별과제

팀번호 : ______ 팀명 : __________ 팀원 : ______________________________

배정 항목	배정 규모	산출 근거	보상 원칙
예 급여	· 총액 : X억 원 · 대표이사 : X원 · 이사 : X원 · 직원 : X원	· 임원 : IT 스타트업 임원 평균 연봉 · 직원 : 중소 IT 기업 평균 연봉 +10% 추가 (그동안 부족했던 급여에 대한 보상 차원)	연봉제로 1/12로 매월 균등 지급

2 디자인한 보상 시스템의 장점은 무엇인가?

- ㅁ장점 1 : ______________________________
- ㅁ장점 2 : ______________________________
- ㅁ장점 3 : ______________________________

3 디자인한 보상 시스템의 단점은 무엇인가?

- ㅁ단점 1 : ______________________________
- ㅁ단점 2 : ______________________________
- ㅁ단점 3 : ______________________________

자르는 선

개별과제

학번 : ______________ 이름 : ______________

주제 내 욕구의 5단계 파악하기

1 최근 5년 내 여러분이 몰두했던 3개의 경험을 적어보자.

항목 \ 내용	무엇에 몰두했나?	왜 그렇게 몰두했나? 몰두하게 만든 원동력은 무엇이었나?
첫 번째 경험		
두 번째 경험		
세 번째 경험		

2 앞서 정리한 3가지 경험을 바탕으로 5단계 욕구위계이론의 각 욕구에 대해 여러분이 얼마나 집중하며 살았는지 생각해보자.

(예 앞서 정리한 경험들이 대부분 기본적인 의식주 마련과 관련된 것들이었다면, 1단계 욕구인 생리적 만족감에 대한 비중을 높게 적는다.)

욕구 단계	여러분의 경험을 토대로 판단한 욕구 비중 (1~5단계의 총합이 100%가 되도록 배분)
5단계 : 자아실현	
4단계 : 인정과 존경	
3단계 : 사회적 소속감	
2단계 : 안전과 안정	
1단계 : 생리적 만족감	

3 경험을 통해 판단한 욕구 비중과 이상적으로 생각하는 욕구 비중 간에 어떤 차이가 있는지 생각해보자.

(예 내 과거 경험을 놓고 판단해보니 안전과 안정의 비중이 50%를 넘었다. 나는 인정과 존경을 가장 중요한 가치로 두고 있다고 생각했는데, 경함한 것과 생각한 것이 다르다는 것을 알았다.)

____

____

____

PART 3

10장

기술 가치의 보존

Technology Asset Protection

당신이 영원히 소유할 수 있는 것이 있다면,

그것은 아무런 가치도 없는 것이다."

- 카임 포톡 -

01 지식재산권이란 무엇인가?

02 지식재산권은 어떻게 취득하는가?

03 기술 유출은 어떻게 막을까?

Quiz 팀별과제 개별과제

학습목표

- 기업의 가치를 좌우하는 지식재산권의 의미와 종류를 살펴보자.
- 국내외 지식재산권을 취득하기 위한 기본 절차를 알아보자.
- 조직의 영업 비밀을 보호하기 위해 필요한 정보 보호 기법을 알아보자.

먼저 생각해봅시다

이름 : ________________

◇ **당신이 속한 기업, 학교가 보유한 핵심적인 정보가 무엇인지 3가지만 열거해보자.**

(예 VIP 고객 정보, 학생 신상 정보, 교과목별 학생 평가 정보)

- 정보 1 : ________________
- 정보 2 : ________________
- 정보 3 : ________________

◇ **위에서 열거한 정보를 경쟁자 또는 제3자가 부당하게 취득하여 임의로 사용한다면 어떤 상황이 발생할지 생각해보자.**

(예 학생 신상 정보를 서버 관리 업체가 외국의 보이스피싱 조직에 불법적으로 판매하여 학생들이 보이스피싱 위험에 노출된다.)

- 정보 1 : ________________
- 정보 2 : ________________
- 정보 3 : ________________

◇ **위에서 열거한 핵심 정보의 가치를 화폐가치로 나타내보자.**

(예 VIP 고객은 회사 매출의 30% 이상을 차지하므로 약 ○○억 원의 가치가 있다.)

- 정보 1의 가치 : ________________
- 정보 2의 가치 : ________________
- 정보 3의 가치 : ________________

01

지식재산권이란 무엇인가?

기술 연구, 상품 개발, 시장 개척 등 기업이 노력한 결과는 지식 자산으로 남는다. 기업들은 보유한 지식 자산을 발판으로 삼아 다른 기업들과 차별성을 만들고, 보다 높은 경쟁력을 유지한다. 10년간 연구한 A 기업의 결과물을 B 기업이 아무런 대가도 지불하지 않고 사용한다면 이는 정상적인 경제구조가 아니다. 이 장에서는 지식재산권의 의미, 분류 방법 및 취득 절차 등을 다룬다.[1]

1.1 지식재산권 개요

지식재산권[IPR : Intellectual Property Right]은 인간의 지적 창작물에 대한 권리를 총칭한다. 문학, 예술, 기술, 상업 분야 등에서 폭넓게 사용되는 개념이다. 국가마다 조금씩 다른 법체계를 가지고 있으나, 개인과 기업의 지식재산권을 보호하기 위해 관련 법률을 제정하고 있다. 개인과 기업이 창작한 지식자산은 관련 법률에 의해 지식재산권으로 보호된다. 즉, 지식재산권으로 보호되는 개인과 기업의 창작물을 지식자산이라 칭한다.

현대 기업의 가치는 대부분 지식자산이 좌우한다. 미국 기업의 경우 시장가치의 70% 이상이 지식자산으로 구성된다. 몇몇 기업의 지식자산의 비중을 보면, 마이크로소프트는 95%, 나이키는 86%, 제약회사 머크는 83%에 이른다.[218]

---

1 지식재산권은 지적재산권과 같은 표현이다. 현재 두 용어를 혼용하고 있으나, 2000년대 이후부터 특허청에서는 지식재산권이란 용어를 주로 쓰고 있다.

1.2 지식재산권 분류

지식재산권에 관한 단일한 표준 분류 체계는 존재하지 않는다. 다만 일반적으로 [그림 10-1]과 같이 보는 견해가 많다.[159][192] 지식재산권은 크게 산업재산권, 저작권, 신지식재산권으로 나뉜다.

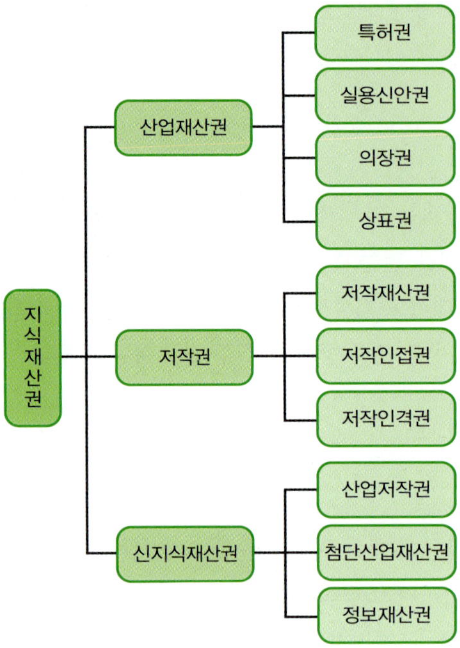

그림 10-1 지식재산권의 분류 체계

산업재산권

산업재산권은 산업 발전에 필요한 지식재산을 보호하는 것을 목표로 한다. 특허, 실용신안, 상표, 디자인 등을 보호 대상으로 한다.

■ 특허권

새롭거나 크게 개선된 기계, 제품 및 그에 대한 처리 방법 또는 화학적 합성물, 의약품 및 그 생산 방법 등에 대해 개인이나 기업이 갖는 권리이다. 특허는 인적재산으로 인정되어 타인에게 판매하거나 특허권자가 사망했을 경우에는 상속인에게 승계된다. 특허권의 존속 기간은 일반적으로 20년 정도이다.

특허권자는 자신의 특허에 대해 독점권을 지니며 이를 타인이 사용하도록 허락하고 이에 대한 대가로 사용료Royalty를 지불받는다. 특허라는 용어는 다소 넓은 개념으로 쓰이는데, 다음에 설명할 실용신안권, 의장권을 포괄하여 지칭하기도 한다. 즉 실용신안권이나 의장권을 특허라고 칭해도 잘못된 표현이 아니다.

■ 실용신안권

실용신안권은 특허와 마찬가지로 기술적 창작물을 보호한다. 실용신안의 존속 기간은 일반적으로 10년 정도이다.

일반적으로 특허는 대발명Major Invention이라고 칭하고, 실용신안은 소발명Minor Invention이라고 칭한다. 실용신안은 특허에 비해 기술적 차별성, 경제적 가치 창출 수준이 미미하다. 예를 들어, 아날로그 라디오를 연구해서 디지털 라디오를 만들었다면 이는 특허에 해당된다. 그러나 디지털 라디오의 부분적 기능을 향상시키면 실용신안에 가깝다.

■ 의장권

의장권은 제품이 평면적·입체적으로 보여주는 형태와 아름다움을 보호하는 권리로, 디자인권이라 칭하기도 한다. 겉으로 드러나는 형상, 모양, 색체 등이 보호 대상에 해당된다. 의장권은 실용적 가치보다는 미적 가치가 중요한 산업에서 의미가 크다. 존속 기간은 15년 정도이다.

의장권을 등록하기 위해서는 해당 디자인을 상업적으로 이용할 수 있고, 디자인이 대중에게 공개된 적이 없어야 하며, 널리 알려진 다른 디자인을 변경하거나 조합해서 쉽게 만들 수 없는 것이어야 한다. 즉 의장권은 등록되어 있지 않았어도 대중적으로 이미 알려진 디자인은 의장권 등록이 불가능하다. 또한 유명한 디자인 두세 개를 짜깁기해서 누구나 쉽게 만들 수 있는 수준의 디자인도 의장권 등록이 불가능하다.

■ 상표권

상표권은 자신의 상품과 타인의 상품을 구분하기 위해 사용하는 명칭, 기호, 도형, 상징 등을 보호한다. 상표권은 다른 산업재산권과 다르게 사용 권리를 지속적으로 갱신할 수 있다. 초기에 10년의 권리가 부여되며, 이후 10년 단위로 갱신할 수 있다.

제품에 사용하는 명칭이나 기호 이외에 기업을 상징하는 CICorporate Identity나 명칭도 상표권으로 보호된다. [그림 10-2]는 애플과 삼성의 CI이다. 애플은 좌측의 상징에 대한 상표권을 갖고 있으며, 삼성은 우측의 명칭 및 도형에 대한 상표권을 갖고 있다.

그림 10-2 기업의 CI

저작권

저작권은 책, 음악, 미술품, 공연 등과 같은 학문적·예술적 저작물에 대한 저작자의 권리를 보호한다. 저작자의 허락이 없는 무단 사용 및 복제를 금한다. 저작권으로 보호받으려면 일정 수준 이상의 창의성이 존재해야 한다. 저작권은 저작재산권, 저작인접권, 저작인격권으로 이루어진다.

■ 저작재산권

저작물을 이용함으로써 발생되는 이익을 보호하기 위한 장치이다. 저작물의 공연, 복제, 전시, 배포, 대여 등에서 발생되는 저작자의 이익을 보호한다. 저작재산권은 타인에게 양도가 가능하며, 지분을 나누어 여러 명이 공동 소유하는 방식도 가능하다.

■ 저작인접권

저작물을 일반 대중에게 전달하는 역할을 하는 자들이 지닌 권리이다. 예를 들면, 음반 업체와 방송사가 지니는 권리이다. 원 저작자가 작곡한 노래를 음반 업체가 녹음하고 방송사가 이를 적절한 무대장치와 함께 방송하면, 음반 업체와 방송사 모두 저작인접권을 갖게 된다. 원 저작자는 아니지만 저작물의 가치를 높이는 역할을 하기에 이 부분의 권리를 보호하는 것이다.

■ 저작인격권

저작자의 정신적·인격적 이익과 권리를 보호하는 장치로, 다른 이에게 양도되지 않는다. 저작인격권은 저작자의 창작물을 타인이 활용하는 과정에서 저작자의 명예를 훼손하지 못하게 하는 역할을 한다.

저작인격권은 공표권, 성명 표시권, 동일성 유지권으로 구성된다. 공표권은 저작물의 공표 여부와 공표 시기를 저작자가 정하는 권리이다. 성명 표시권은 저작물에 대해 저작자가 실명 또는 가명을 사용하는 권리이다. 동일성 유지권은 저작물의 제목, 형식 등을 제3자가 임의로 바꾸지 못하도록 하는 것이다.

신지식재산권

기술과 산업의 급진적인 발전과 변화를 반영하기 위해 추가된 지식재산권이다. 기존의 산업재산권이나 저작권으로 보호하기 어려웠던 컴퓨터 프로그램, 데이터베이스, 노하우 등을 보호하는 장치이다. 산업저작권, 첨단산업재산권, 정보재산권으로 구성된다.

■ 산업저작권

컴퓨터 프로그램, 소프트웨어, 앱App, 데이터베이스 등에 대한 권리를 보호한다. C, Java 등의 프로그램 언어로 제작한 프로그램 원시코드와 이를 변환한 실행 파일을 모두 보호한다.

■ 첨단산업재산권

생명공학, 반도체 설계 등의 신기술 분야와 관련된 재산권을 첨단산업재산권으로 보호한다. 기본적인 특성은 산업재산권과 유사하지만 첨단기술과 관련된 영역이어서 첨단산업재산권으로 칭한다.

■ 정보재산권

정보재산권은 일명 영업 비밀Trade Secret이라 칭하는 사업 노하우Know-how와 같이 특허 등록은 어렵지만 보호받아야 할 권리를 대상으로 한다. 이외에 재산적 정보Proprietary Information, 미공개 정보Undisclosed Information, 산업 비밀 또는 기업 비밀 등의 용어로도 불린다. 영업 비밀은 특허와 큰 차이가 있다.

- 특허는 제도에서 정한 절차에 따라 사전에 등록해야 하지만, 영업 비밀은 별도의 등록 절차가 없다.
- 영업 비밀은 훨씬 광범위한 지식자산을 보호한다. 특허가 기술 지식을 주로 보호하는 것에 비해, 영업 비밀은 마케팅, 생산, 조직 운영 등 기업 활동의 다양한 영역에서 발생하는 노하우를 모두 보호한다.
- 특허는 보호 기간이 한정적이지만, 영업 비밀은 보호 기간이 무제한이다.

기업이 보유한 경영상의 모든 노하우가 영업 비밀로 인정되지는 않는다. 영업 비밀로 인정받기 위해서는 해당 지식이 외부에 유출되지 않도록 기업이 상당한 노력을 기울였어야 한다. 즉 다음과 같은 노력이 필요하다.[220]

- 해당 정보에 비밀 표시를 하여, 접근할 수 있는 사람에게 그것이 영업 비밀이라는 사실을 주지시키고 있는 경우
- 해당 정보에 접근할 수 있는 사람의 수를 제한하거나 접근자에게 그 정보를 사용 및 공개할 수 없다는 취지의 비밀 준수 의무를 부과하는 경우
- 해당 정보에 대해 공간적·물리적으로 접근을 제한하는 경우

예를 들어, A 식당의 양념 배합 비율이 음식 맛의 비결이라고 생각하여 영업 비밀로 간직했는데, A 식당에서 일하던 종업원이 이를 베껴서 B 식당을 만들었다고 가정하자. 이 경우 A 식당이 양념 배합 비율을 영업 비밀로 인정받고 B 식당에게 사용료를 받거나 사용을 제한시키려면, A 식당에서 양념 배합 비율을 보호하기 위해 노력한 흔적이 있어야 한다. 만약 A 식당 업주가 양념 배합 비율을 알리지 않기 위해 몰래 배합하는 것을 종업원이 몰래카메라로 촬영해서 이를 알아냈다면 영업 비밀을 침해한 것이다. 그러나 A 식당 업주가 배합 비율이 비밀이라는 사실을 이야기하지 않고 이를 주방에 크게 적어 놓고 사용해왔다면, 이는 적절한 보호 조치를 했다고 보기 어렵다. 즉, 영업 비밀로 보호받지 못할 확률이 높다.

영업 비밀은 다른 사람이 정당한 방법으로 같은 지식 또는 기술을 개발했을 때에도 보호받지 못한다. 예를 들어, A 식당에서 사용하는 양념 배합을 B 식당이 독자적인 연구로 똑같이 재현했다면, 이는 B 식당에서 A 식당의 영업 비밀을 침해한 것이 아니다.

다음은 영업 비밀에 대한 법원의 실제 판례들이다.

▶ **사건번호 2004가합10118에 대한 판결**

[판결 내용] 부정경쟁방지법이 보호하는 영업 비밀이 되기 위해서는 사업자가 어떤 정보를 비밀로 생각하는 것으로는 충분치 않고, 객관적으로 그 정보가 비밀로 유지 · 관리되고 있으며 또 제3자가 그 비밀성을 객관적으로 인식할 수 있어야 하는데, 원고가 비교적 규모가 작은 중소기업인 점을 감안한다 하더라도 서약서를 받는 외에 핵심 기술을 문서화하여 그 접근을 제한하거나, 연구소에 관계자 외에는 출입하지 못하도록 하는 등 기술정보를 엄격하게 관리하였다는 사정이 보이지 않고, 오히려 연구실 관계자들에게 연구 결과 등이 모두 공개되고 별다른 접근 제한 조치가 없었던 것으로 보아 기술정보가 객관적으로 영업 비밀로 유지·관리되어 왔다고 보기 어렵다. (출처 : 대법원 종합법률정보)

[내용 해석] 보안 서약서를 받은 것 이외에 적절한 보호 조치를 하지 않았다. 따라서 영업 비밀을 보호하기 위한 적절한 노력을 기울였다고 인정받지 못한 사례이다.

▶ **사건번호 2000가합1798에 대한 판결**

[판결 내용] 금형을 개발 및 보관하는 금형개발실을 통제구역으로 관리하여 책임자만이 출입할 수 있도록 하고, 금형수불과 관련하여도 장부를 엄격하게 관리함으로써 금형의 외부 유출을 엄격히 통제하는 데 필요한 제반 조치를 취함으로써 금형에 대하여 부정한 수단에 의하지 않으면 접근할 수 없을 정도로 충분히 관리하여 왔으며, 이 사건 제조 기계도 피고 회사 내부에서만 사용한 사실이 인정되는 바, 이러한 사실을 종합하여 보면, 이 사건 금형과 제작 기계는 상당한 노력에 의해 비밀로 유지된 생산 방법으로서 영업 비밀에 해당한다. (출처 : 대법원 종합법률정보)

[내용 해석] 금형개발실을 통제구역으로 지정하고 권한이 있는 사람의 출입만 허용하였으나 기술 유출이 발생한 사례이다. 이 경우 기술 유출 방지를 위한 상당한 노력을 기울였으므로, 영업 비밀로 인정받은 것이다.

지식재산권의 새로운 흐름

인터넷, 모바일 장치, SNS 등의 새로운 장치와 전달 방식의 확산으로 지식재산권에도 새로운 변화가 생기고 있다. 특히 CCL^Creative Commons License^이 대표적이다. CCL은 지식 창작자가 공유 범위를 직접 설정하고, 공유자와 공유 계약을 맺는 새로운 저작권 방식이다.[178] 일반적인 지식재산권은 기본적으로 다른 이의 사용을 금지하고, 개별 계약을 통해 사용을 허락하는 구조이다. 그러나 CCL은 기본 조건만 준수하면 모든 이들이 이용할 수 있는 구조여서 지식 공유 사이트, 이미지 공유 사이트 등에서 폭넓게 쓰이고 있다.

그렇다고 해서 CCL이 기존 지식재산권과 전혀 다른 체계를 띤 것은 아니며, 기존 저작권법의 틀 내에서 저작물을 좀 더 원활하게 활용할 수 있게 하는 역할을 한다. CCL이 적용된 저작물에 대해 이용자가 라이선스에 명시된 조건이나 이용 방법을 위반했다면 이는 저작권 침해에 해당된다.

[그림 10-3]은 인터넷 기반 앨범 및 사진 공유 서비스를 제공하는 플리커 서비스이다. 맨 위 사진들은 저작자를 표시하고 임의로 변경하거나 상업적으로 사용할 수 있다. 중간에 있는 사진들은 저작자를 표시하고 임의로 변경은 할 수 없지만, 상업적으로 사용할 수 있다. 그리고 맨 아래 사진들은 저작자를 표시하고 임의로 변경할 수 없으며, 상업적으로도 사용할 수 없다.

그림 10-3 플리커의 CCL

02

지식재산권은 어떻게 취득하는가?

앞서 우리는 지식재산권의 종류를 살펴보았다. 이제부터는 실제로 지식재산권을 취득하는 절차를 살펴볼 것이다. 특허권은 속지주의를 따르기 때문에 특허가 등록된 국가 내에서만 효력을 갖는다. 즉 우리나라 특허청에 등록한 특허의 권리를 타국에서 주장하지 못하며, 다른 나라에서 지식재산권을 보호받으려면 해당 국가의 특허 제도에 따라 추가로 특허를 취득해야 한다.

이 절에서는 국내와 국외의 특허 취득과 관련한 업무 절차에 대해 살펴보기로 한다.

2.1 국내 특허 취득

국내에서는 특허청에서 특허를 심사하고 등록하는 업무를 관장한다. [그림 10-4]는 특허를 출원하고 등록하는 절차를 보여준다.

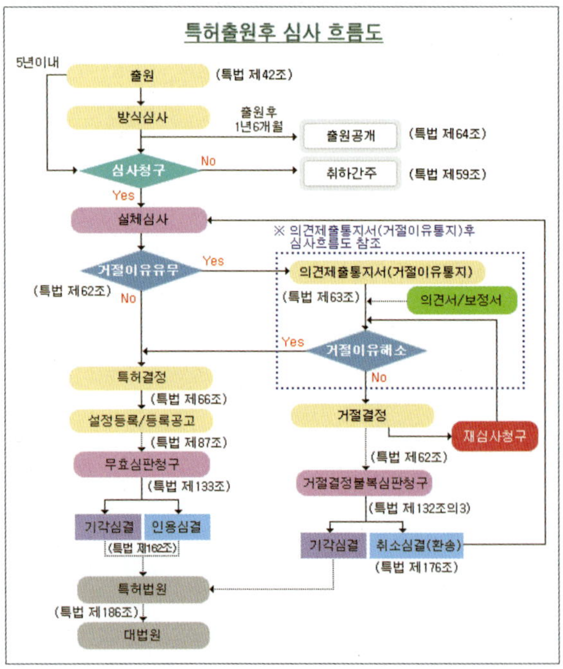

그림 10-4 특허출원과 등록 절차(출처 : 특허청)

[그림 10-4]의 각 단계별 내용은 다음과 같다.[2]

❶ **방식심사** : 서식의 필수 사항을 기재했는지, 기간을 준수했는지, 증명서를 첨부했는지, 수수료를 납부했는지 등 절차상의 흠결을 점검한다.

❷ **심사청구** : 심사 업무를 경감하기 위해 모든 출원을 심사하는 대신 출원인이 심사를 청구한 출원에 대해서만 심사하는 제도이다. 특허출원에 대해 출원 후 5년간 심사청구를 하지 않으면 출원이 없었던 것으로 간주한다. 실용신안등록출원의 심사청구 기간은 3년이다.

❸ **출원공개** : 출원공개제도는 출원 후 1년 6개월이 경과하면 그 기술 내용을 특허청이 공보의 형태로 일반인에게 공개하는 제도이다. 심사가 지연될 경우 출원 기술의 공개가 늦어지는 것을 방지하기 위하여 도입되었다.

❹ **실체심사** : 특허 요건, 즉 산업상 이용 가능성, 신규성 및 진보성을 판단하는 심사이다. 심사관은 심사에 착수하여 거절 이유를 발견하면 거절 이유를 통지하고, 보정서가 제출되면 심사를 다시 진행한다.

❺ **특허결정** : 해당 출원이 특허 요건을 충족한 경우 심사관이 특허를 허가한다. 반면 심사 결과 거절 이유가 있으면 출원인에게 거절 이유를 통지하고 의견서 및 보정서를 요구한다.

❻ **설정등록과 등록공고** : 출원인은 특허결정이 난 후 등록료를 납부하여 특허권을 설정등록한다. 그리고 특허청은 그 내용을 일반인에게 공개한다.

❼ **거절결정** : 출원인이 제출한 의견서 및 보정서를 통해서도 거절 이유가 해소되지 않은 경우 특허를 거부하는 처분이다.

❽ **거절결정 불복심판** : 거절결정을 받은 자가 특허심판원에 거절결정이 잘못되었음을 주장하면서 그 거절결정의 취소를 요구하는 심판 절차이다.

❾ **무효심판** : 심사관 또는 이해 관계인이 특허에 대하여 무효 사유가 있음을 이유로 그 특허권을 무효화시켜줄 것을 요구하는 심판 절차이다. 무효심결이 확정되면 그 특허권은 처음부터 없었던 것으로 간주된다.

2.2 국제 특허 취득

해외에서 특허를 취득하는 방법은 두 가지로 나뉜다. 첫째, 파리협약Paris Convention for the Protection of Industrial Property에 따라 개별 국가에 별도로 특허를 출원하는 방법이다. 둘째, 특허협력조약PCT : Patent Cooperation Treaty에 따라 자국에서 타국의 특허를 출원하는 방법이다.

---

2 본 내용은 특허청에서 발췌했다.

■ 파리협약에 따른 특허출원

파리협약은 회원 국가에서 특허를 출원한 사람이 있으면 다른 회원국에서도 일정 기간 동안 선출원 권리를 보장한다. 예를 들면, 한 나라에서 최초로 특허를 출원하면, 다른 회원국에 다소 늦게 특허를 출원해도 최초의 특허출원 시점을 적용받는다. 단, 국내 출원 후 1년 내에 대상 국가에 출원을 진행해야 한다. 선출원 권리를 보장받는다는 점은 유리하지만, 개별 국가의 특허 제도에 맞춰 일일이 특허를 출원해야 하는 불편함을 감수해야 한다.

■ 특허협력조약에 따른 특허출원

특허협력조약은 국제 출원 과정의 어려움을 경감해주는 제도이다. 특허출원을 원하는 국가에 직접 특허를 출원하는 것이 아니라, 소속된 국가의 특허 기관에 서류를 제출하고, 이를 통해 다른 국가에 특허를 출원한 효과를 얻는다. 개별 국가에 특허를 출원하는 과정에서 발생하는 시간, 법률, 언어, 지리적 불편함을 덜어준다.

특허협력조약에 가입된 국가는 전 세계 148개국에 달한다([그림 10-5]). 그림에서 파란색이 특허협력조약 가입국에 해당된다. 우리나라 특허청에 특허협력조약에 근거하여 서류를 제출하면, 조약에 가입된 147개의 해외 국가에 특허출원이 가능하다. 그러나 개별 국가에 별도로 특허를 출원하는 것과 비교하여 일반적으로 특허 취득에 소요되는 기간이 길고, 더 많은 비용이 발생한다.

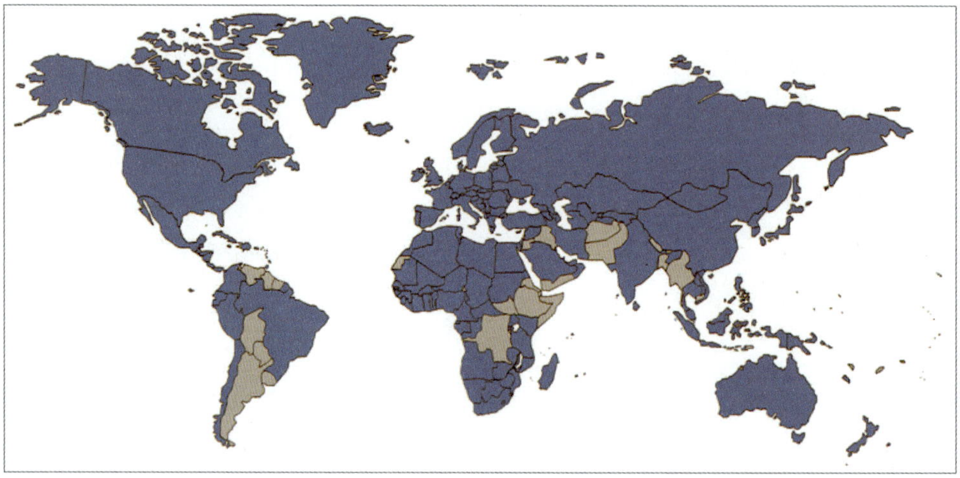

그림 10-5 특허협력조약 가입 국가(출처 : WIPO)

03

기술 유출은 어떻게 막을까?

국가정보원의 통계 자료에 따르면, 2003년부터 2014년까지 국내에서 국외로 기술이 유출된 산업스파이 적발 실적은 총 438건에 달한다. 더욱이 이 수치는 [그림 10-6]과 같이 매년 증가하는 추세이다.

그림 10-6 연도별 산업스파이 적발 건수(출처 : 국가정보원)

국가정보원은 국외 기술 유출에 대한 피해액을 연평균 50조 원으로 추정하고 있다. 이는 2013년을 기준으로 볼 때, 우리나라 중소기업 4,700개의 연 매출과 맞먹는 규모이다.

기술 유출 사고는 특히 대기업 16%, 중소기업 64%, 기타 대학 및 연구 기관 등이 20%를 차지하고 있어서 중소기업의 기술 유출이 가장 심각한 상황이다. 기술 유출의 대상은 아직 지식재산권 등록이 되지 않은 연구 중인 기술, 영업 비밀에 해당하는 정보 등이 포함된다. 대기업의 경우에는 IT 분야 기술 유출이 많았고, 중소기업의 경우에는 정밀기계와 관련한 유출이 많았다.

기술 유출의 주동자를 보면 [그림 10-7]과 같다. 전직 직원이 52.8%로 가장 많았고, 현직 직원이 27.1%에 해당된다. 즉 내부자가 유출하는 비율이 80%에 달하며, 나머지 20%는 협력 업체, 투자 업체 등의 외부자 소행임을 알 수 있다. 또한 기술 유출 사고를 일으키는 동기는 대부분 막대한 금전적 유혹(78%)이다. 조직이 제공하는 인사 및 처우 불만은 13%에 불과하다. 즉 급여를 높이고, 승진 기회를 제공한다고 해서 문제가 해결될 상황이 아니다.

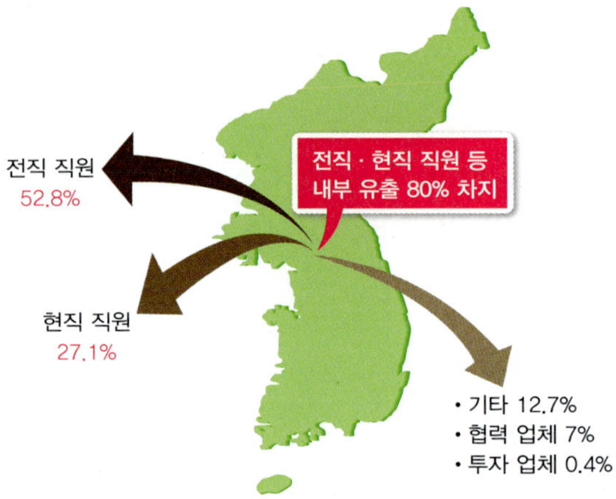

그림 10-7 기술 유출의 주체(출처 : 국가정보원)

이 절에서는 기술 유출에 대비하기 위한 보호 대책을 목적별·유형별로 나누어 살펴볼 것이다.

3.1 목적별 보호 대책

기술 유출 방지를 위한 보호 대책은 그 목적에 따라 크게 예방, 탐지, 복구, 수정으로 나뉜다.[5][149][3] 각 목적에 따른 대책 방안은 다음과 같다.

- **예방 대책** : 유출 사고가 발생하기 전에 시행하는 절차로, 모든 보호 대책 중에서 우선적으로 선행되어야 할 요소이다. 주요 시설에 잠금장치를 설치하고, 온라인 서비스에 대해서는 패스워드를 설정하며, 중요 시설에 경고 메시지를 부착하고, 정보 보호 교육 및 유출자에 대한 징계 내역을 공개하는 것 등이 이에 포함된다.
- **탐지 대책** : 유출 사고가 발생했을 때, 이를 신속하게 발견하여 대응하도록 알려주는 요소이다. CCTV나 경비 인력을 통해 침입을 탐지하거나 보안 소프트웨어를 통해 해킹 시도를 탐지하는 것 등이 이에 포함된다.

---

3 제시한 참고문헌에서는 예방, 억제, 탐지, 복구, 수정의 5가지로 분류하고 있다. 이 책에서는 기본 개념을 쉽게 소개하기 위해 예방과 억제를 묶어서 설명한다.

- **복구 대책** : 탐지된 유출 행위를 미리 정의된 절차에 의해 대응하고, 원상복구시키는 방법에 대한 내용이다. 사법기관과 공조하여 범죄자를 검거하고 유출된 정보를 회수하며 피해액에 대해 보상을 청구하는 절차 및 파괴된 정보나 시스템이 있을 경우 사전에 준비한 백업 시스템을 이용해 복구하는 것 등이 포함된다.
- **수정 대책** : 유출 방지 대책에 오류가 있거나 낙후된 사항이 발견될 경우 이를 적절하게 수정, 보완하는 것을 의미한다. 다음에서 설명할 관리적, 기술적, 물리적 보호 대책을 적절하게 교체하거나 개선하는 활동이다. 예를 들어, 현재 사용하는 6자리의 패스워드가 취약하여 기술 유출 사고가 발생했다면 패스워드를 8자리로 바꾸는 식이다.

3.2 유형별 보호 대책

기술 유출 방지를 위한 보호 대책은 그 유형에 따라 크게 관리적, 기술적, 물리적 대책으로 나뉜다.[74]

- **관리적 대책** : 기술 유출 방지와 대응을 위해 필요한 전략을 수립하고, 세부적 활동을 정의하는 것을 의미한다. 정보 보호 활동에 대한 정책, 표준, 지침, 절차를 수립한다. 이를 실행하는 조직 및 관리하는 조직 그리고 감독하는 조직 등을 운영한다.[84]
- **기술적 대책** : 기술적인 장치, 소프트웨어, 하드웨어를 동원해 정보시스템에 존재하는 취약점을 제거하여 정보시스템에 대한 내·외부의 공격에 대응하는 것을 말한다.[38]
- **물리적 대책** : 정보자산이 위치한 공간 및 시스템에 대한 물리적 보호를 의미한다. 정보자산을 물리적으로 접근, 훼손, 변조하는 행위를 통제한다.[79]

[표 10-1]은 관리적, 기술적, 물리적 대책의 예를 보여준다.

표 10-1 관리적, 기술적, 물리적 대책의 예

관리적 대책	기술적 대책	물리적 대책
· 정보 보호 정책 및 절차 · 정보 보호 홍보 및 의식 확산 캠페인 · 정보 보호 교육 프로그램 · 위험 관리 절차 · 인적자원 관리 절차	· 암호화 프로그램 · 바이러스 백신 프로그램 · 침입 탐지 시스템(IDS : Intrusion Detection System) · 패스워드 및 생체 인식 프로그램 · 침입 차단 시스템(Firewall System) · 가상 사설망(VPN : Virtual Private Network) · 백업 시스템	· 화재 예방 및 소화 설비 · 전력 보호 설비 · 수해 예방 설비 · 항온, 항습 및 공기 정화 장치 · 잠금장치 · 물리적 복구 대책

Quiz

01 **실용신안에 대한 설명으로 잘못된 것은 무엇인가?**

① 소발명이라 칭한다.
② 특허에 비해 기술적 차별성, 경제적 가치 창출 수준이 미미하다.
③ 저작권에 포함된다.
④ 특허와 마찬가지로 기술적 창작물을 보호한다.

02 **상표권에 대한 설명으로 잘못된 것은 무엇인가?**

① 10년 단위로 존속 기간을 지속적으로 갱신할 수 있다.
② 명칭, 기호, 도형, 상징 등을 보호한다.
③ 기업을 상징하는 CI를 보호한다.
④ 초기 존속 기간은 15년 정도이다.

03 **저작인격권에 대한 설명으로 잘못된 것은 무엇인가?**

① 다른 이에게 양도할 수 있다.
② 공표권, 성명 표시권, 동일성 유지권으로 구성된다.
③ 저작자의 정신적, 인격적 이익과 권리를 보호하는 장치이다.
④ 저작자의 명예를 훼손하지 않도록 하는 역할을 한다.

04 **신지식재산권에 대한 설명으로 잘못된 것은 무엇인가?**

① 컴퓨터 프로그램, 소프트웨어, 앱, 데이터베이스 등에 대한 권리를 보호한다.
② 생명공학, 반도체 설계 등의 신기술은 첨단산업재산권으로 보호한다.
③ 영업 비밀을 보호한다.
④ 방송사의 공연물을 보호한다.

05 **영업 비밀에 대한 설명으로 잘못된 것은 무엇인가?**

① 특허보다 보장 범위가 넓다.
② 특허와 유사한 등록 절차를 따라야 한다.
③ 보호 기간이 무한하다.
④ 해당 지식이 외부로 유출되지 않도록 상당한 노력을 기울였어야 영업 비밀로 인정받는다.

06 **CCL에 대한 설명으로 잘못된 것은 무엇인가?**

① 지식 창작자가 공유 범위를 직접 설정하고, 공유자와 공유 계약을 맺는 방식이다.
② 지식 공유 사이트, 이미지 공유 사이트 등에서 폭넓게 쓰이고 있다.
③ 저작권자는 산업재산권에 따라 권리를 보호받는다.
④ 개별 계약을 통해 사용을 허락하는 구조가 아니다.

Quiz

07 특허출원 절차에서 서식의 필수 사항을 기재했는지, 기간을 준수했는지, 증명서를 첨부했는지, 수수료를 납부했는지 등 절차상의 흠결을 점검하는 과정은 무엇인가?

① 실체심사 ② 출원공개
③ 심사청구 ④ 방식심사

08 특허협력조약에 대한 설명으로 잘못된 것은 무엇인가?

① 국제 출원 과정의 어려움을 경감해주는 제도이다.
② 다른 명칭으로 파리협약이라 부른다.
③ 소속된 국가의 특허 기관에 서류를 제출하고, 다른 국가에 특허를 출원한 효과를 얻는다.
④ 전 세계 148개국이 가입한 제도이다.

09 기술 유출 보호 대책의 목적에 따른 분류 중에서 유출 사고 발생 시 이를 신속하고 정확하게 발견하여 대응하도록 알려주는 요소는 무엇인가?

① 예방 대책 ② 탐지 대책
③ 복구 대책 ④ 수정 대책

10 기술 유출 보호 대책의 유형에 따른 분류 중에서 다음 중 다른 유형의 것은 무엇인가?

① 정보 보호 교육 프로그램 ② 위험 관리 절차
③ 인적자원 관리 절차 ④ 백업 시스템

01 ③ 02 ④ 03 ① 04 ④ 05 ② 06 ③ 07 ④ 08 ② 09 ② 10 ④

자르는 선

팀별과제

팀번호 : ________ 팀명 : ______________ 팀원 : ______________________________

주제 영업 비밀을 지켜라

1 [먼저 생각해봅시다]에서 열거한 정보들은 여러분 조직의 영업 비밀에 해당된다. 팀원들이 열거한 영업 비밀을 보호하기 위해 여러분 조직에서 보유하고 있는 대응 방안을 각 칸의 위쪽에 적어보자. 대응 방안에 대한 개선 아이디어가 있으면 각 칸의 아래쪽에 적어보자.

유형 / 대응 방안	기술적 방안	관리적 방안	물리적 방안
예방 방안 및 개선 아이디어	예 학교 포털에서 패스워드를 사용하고 있다.	예 홈페이지에 보안에 대한 경고 문구를 게시하고 있다.	예 각 건물 입구에서 ID 카드 인식 장치로 출입을 통제하고 있다.
	예 주기적으로 패스워드 변경을 유도한다.	예 매년 1시간 이상 의무적으로 보안 교육을 받도록 한다.	예 건물 입구에 CCTV를 설치하고, 촬영 중임을 공지한다.
탐지 방안 및 개선 아이디어			

자르는 선

팀별과제

팀번호 : ________ 팀명 : ______________ 팀원 : ______________________________

복구 방안 및 개선 아이디어			
수정 방안 및 개선 아이디어			

자르는 선

개별과제

학번 : ______________ 이름 : ______________

주제 키프리스 특허 검색

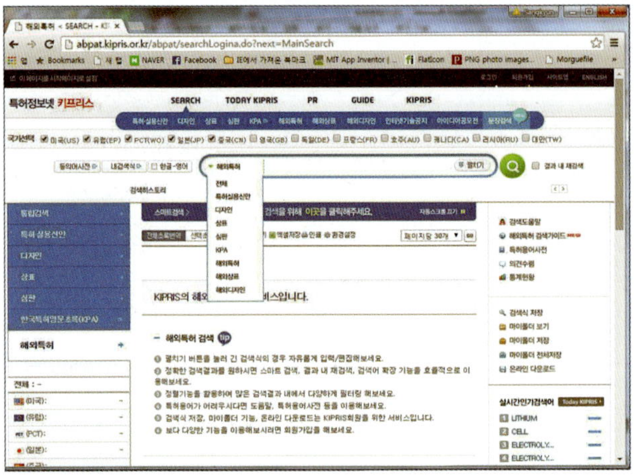

특허정보넷 키프리스 화면

> 한국특허정보원에서는 국내외 지식재산권 데이터베이스를 무상으로 제공하고 있다. 한국특허정보원의 키프리스 시스템은 국내외 특허, 실용신안, 디자인, 상표 등에 대한 검색 기능을 제공한다.

1 키프리스 시스템을 이용하여 당신의 직무 및 전공과 관련된 특허 정보를 찾아보자.
(예 토목공학 전공자의 경우 도로 포장 기술 관련 특허 조회)

2 최근에 출원된 특허를 찾아서 다음 표의 각 질문에 대해 대답해보자.

출원자는 누구인가?	
특허의 주된 내용은 무엇인가?	
이 특허를 사용할 기업, 기관 또는 적용할 제품, 서비스는 무엇인가?	
당신의 직무, 전공과의 관련성은 무엇인가?	

자르는 선

개별과제

학번 : ____________ 이름 : ____________

3 최근에 등록이 거절된 특허를 찾아서 다음 표의 각 질문에 대해 대답해보자.

출원자는 누구인가?	
특허의 주된 내용은 무엇인가?	
등록이 거절된 이유는 무엇인가?	

4 당신이 출원해보고 싶은 특허에 대해 조사해보자.

당신이 출원하고 싶은 특허의 주된 내용은 무엇인가?		
당신의 특허를 사용할 기업, 기관 또는 적용할 제품, 서비스는 무엇인가?		
키프리스를 검색해서, 당신이 출원하려는 특허와 유사하거나 관련된 특허를 찾아보자.	출원자	특허의 주된 내용

PART 4

11장 하이테크 마케팅의 이해

High-Tech Marketing

"좋은 마케팅은 기업을 스마트하게 보이게 해준다.

위대한 마케팅은 고객이 스마트하다고 느끼게 해준다."

- 조 체르노프 -

01 마케팅이란 무엇인가?

02 시장과 소비자를 어떻게 분석할까?

03 마케팅 목표를 어떻게 잡을까?

04 마케팅 전략을 어떻게 수립할까?

05 마케팅믹스란 무엇인가?

06 하이테크 캐즘, 어떻게 넘어설까?

Quiz 팀별과제 개별과제

학습목표

- 기업과 소비자 모두를 만족시키기 위한 마케팅 활동에 대해 살펴보자.
- 마케팅의 가장 기본적인 이론인 목표 수립, 전략 수립, 마케팅믹스 등에 대해 알아보자.
- 하이테크 제품의 마케팅에서 많이 발생하는 캐즘에 대해 알아보자.

먼저 생각해봅시다

이름 : ____________________

◇ 다음 질문을 읽고 본인에 대한 점수를 1~5점 사이로 매겨보자. (1점 : 절대 아님, 2점 : 다소 아닌 편, 3점 : 보통, 4점 : 꽤 동의하는 편, 5점 : 매우 동의)

분류	질문	응답(1~5점)	합계
I	나는 신기술에 미친 듯이 열광한다.		
	나는 도전과 탐험을 좋아하며, 그 과정에서 겪는 불편함은 충분히 감수할 수 있다.		
	나는 신제품에 대한 지출을 아끼지 않는 편이다.		
EA	나는 블로그, SNS 등을 통해 주변의 의견을 선도하는 편이다.		
	나는 급진적인 변화를 좋아한다.		
	나는 좋은 제품이 있으면 주변에 적극적으로 권한다.		
EM	나는 혼자서 튀는 제품을 쓰기보다는 주변에서 많이 사용하는 제품을 선택하는 편이다.		
	가격 대비 기능, 성능을 많이 따져서 구매한다.		
	나는 점진적인 변화를 좋아한다.		
LM	친구들 절반 이상이 신제품을 쓰고 있으면, 나도 구매해야 할 것 같은 압박을 받는다.		
	위험한 것은 최대한 피하는 편이다.		
	신제품이 나오면 가격이 떨어질 때까지 구매를 미룬다.		
L	스마트폰, 태블릿 등의 신제품이 나오면 친구들 중에서 가장 마지막에 구매하는 편이다.		
	새로 등장하는 하이테크 제품들에 대해 거의 무관심하다.		
	신제품을 구매할 때 주변 사람들의 의견은 거의 무시하는 편이다.		

◇ 위의 응답 점수를 분류별로 합산해보자. I, EA, EM, LM, L 중에서 합계가 가장 높은 것은 무엇인가? (동점이 있으면, 질문을 다시 읽어보고 한쪽을 선택하시오.) ______________

◇ I, EA, EM, LM, L의 각 합계는 [그림 11-11]의 5단계 수용자 유형별로 당신이 얼마나 관련되어 있는지를 나타낸다. 예를 들어, EA가 13점으로 가장 높게 나왔다면, 당신은 초기 수용자에 해당된다. 관련 이론을 학습한 후에 당신의 수용자 모델이 무엇인지 다시 생각해보자.

01

마케팅이란 무엇인가?

마케팅Marketing은 학문적 영역이나 기업 경영이 아닌 일상에서도 쉽게 접하는 용어이다. 일상적으로 많이 접하는 개념이지만, 마케팅을 바라보는 관점과 대상 영역이 매우 다양하여, 이를 짧고 명확하게 정의하기는 쉽지 않다. 미국마케팅학회는 마케팅을 다음과 같이 정의했다.

"개인과 조직의 목적을 만족시키는 아이디어, 제품 및 서비스의 개념, 가격 정책, 홍보 및 유통에 대해 계획을 수립하고 실천하는 과정"

이를 좀 더 단순화하면, 기업들이 더 많은 물건이나 서비스를 시장에서 판매하기 위해 추진하는 활동이라고 보면 된다. 마케팅에는 다음과 같은 개념과 목적이 포함된다.

❶ 기업의 이윤을 만들면서 소비자의 욕구를 충족시켜주는 것
❷ 최소한의 교환 활동으로 상대방(소비자)으로부터 바람직한 반응을 이끌어내는 것
❸ 조직과 이해 관계자들에게 이익이 되도록 고객 관계를 관리하는 것

여기서 등장한 키워드인 고객, 욕구, 교환, 이익의 의미를 살펴보자. 고객은 조직이 제공하는 제품 및 서비스의 수요자를 말한다. 고객은 욕구를 충족하기 위해 조직이 가진 제품 및 서비스를 선택한다. 이때 조직은 고객에게 제품이나 서비스를 공급하고 고객은 조직에게 이익을 돌려준다. 이익은 고객이 직접 지불하는 대가 또는 고객이 간접적으로 만들어주는 가치를 통해 얻을 수 있다.

기업의 마케팅 활동은 [그림 11-1]과 같이 크게 상황 분석, 목표 수립, 전략 수립, 마케팅믹스로 구성된다.

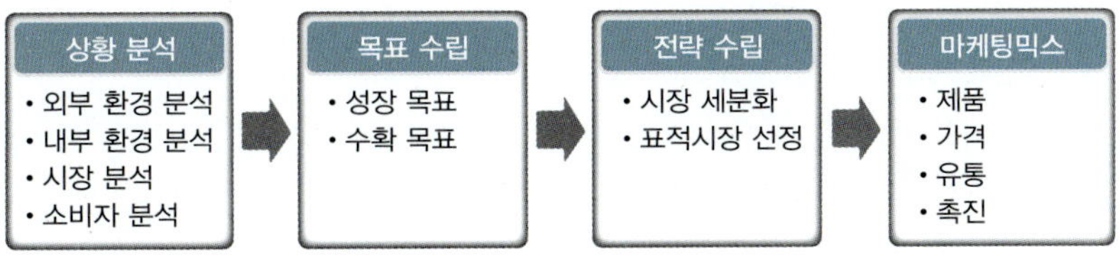

그림 11-1 마케팅 활동의 흐름

마케팅 활동을 구성하는 각 단계별 특징은 다음과 같다.

❶ **상황 분석** : 기업의 외부 환경과 내부 환경을 분석하고, 거시적인 시장과 소비자의 개별적 특성을 분석한다. 이 중에서 기업의 내·외부 환경에 대한 분석은 6장에서 다루었고, 이번 장에서는 시장 분석과 소비자 분석을 다룬다.
❷ **목표 수립** : 상황 분석의 결과, 기업의 목표, 경영진의 의견 등을 고려하여 마케팅 목표를 수립한다. 시장점유율, 매출액, 이익 등의 재무적인 목표와 함께 고객 획득률, 고객 만족도, 고객 유지율 등과 같이 고객과 관련된 목표도 포함된다. 마케팅 목표는 크게 성장 목표와 수확 목표로 나뉜다.
❸ **전략 수립** : 기업의 제품이나 서비스를 소비하는 소비자 집단을 세분화하는 시장 세분화Market Segmentation 단계, 세분화된 시장 중에서 기업이 공략할 시장을 정하는 표적시장Target Market 선정 단계가 포함된다. 소비자 욕구와 제품 및 서비스의 특성을 고려하여 고객 만족과 기업의 이익을 높여서 교환가치를 극대화하기 위한 전략을 수립하는 과정이다.
❹ **마케팅믹스** : 일정 조건 내에서 경영자가 여러 개의 마케팅 수단을 적절히 조합하여 마케팅 효과를 극대화하는 방법을 의미한다. 흔히 4P 마케팅믹스라고 칭한다. 4P에는 제품Product, 가격Price, 촉진Promotion, 유통Place이 포함된다.

이 장에서는 마케팅 활동의 단계인 상황 분석, 목표 수립, 전략 수립, 마케팅믹스의 4단계를 순서대로 설명한다. 여기서 설명하는 4단계는 보편적인 마케팅 이론이다. 이 장의 마지막 부분에서는 하이테크 제품의 마케팅 특성을 소비자 수용 특성과 캐즘Chasm을 중심으로 설명한다. 즉 일반적인 마케팅 4단계에 대해 먼저 이해하고, 여기에 하이테크 제품의 마케팅 특성을 이해하여 이 둘을 조화롭게 적용하면 된다.

02

시장과 소비자를 어떻게 분석할까?

지피지기면 백전백승이라 했다. 기업이 마케팅을 펼치고 기대하는 이익을 달성하기 위해서는 우선 시장의 상황과 소비자들의 특성을 다양한 관점으로 파악해야 한다. 그래야 그에 맞는 마케팅 전략을 세울 수 있다.

2.1 시장 분석

사업을 펼칠 만한 매력적인 시장인지를 판단하기 위해 분석하는 항목으로 현재 시장 규모, 시장 잠재력, 성장률, 상품 수명주기 단계, 현재의 수익성 등이 있다.[196]

현재 시장 규모

해당 산업과 관련된 정부 기관, 산업 협회, 통계청 또는 전문 조사 기관 등에서 발표하는 데이터로 추정할 수 있다. 기업의 규모와 다른 사업 분야의 시장 규모를 고려하여 현재 시장 규모가 적절한지 판단해야 한다. 예를 들어, 온열 매트 시장이 500억 원 규모라고 가정했을 때, 중소기업에는 적절한 규모일 수 있지만 가전 분야 대기업에는 적은 규모일 수 있다.

시장 잠재력

특정 산업군에 속하는 기업들이 시장 상황이 좋다는 가정하에 최대한으로 노력할 경우 달성할 수 있는 최대 매출액 또는 판매량을 의미한다. 일반적으로 시장 잠재력은 현재 시장 규모보다 높게 잡힌다. 특정 산업군의 모든 기업이 항상 최대한으로 노력한다고 볼 수 없고, 시장 상황이 항상 좋지는 않기 때문이다. 예를 들어, 작년의 온열 매트 시장이 500억 원 규모였지만, 올해 경기가 살아나고 기업들이 마케팅 활동을 열심히 해서 매출이 최대 700억 원까지 발생하리라 예상한다면, 시장 잠재력은 700억 원이 된다. 시장 잠재력은 다음의 공식으로 산출한다.

시장 잠재력＝잠재 구매자 수×잠재 구매량 또는 잠재 구매액

성장률

미래의 시장 규모를 예측하여 시장의 성장률을 판단한다. 크게 산업이 바라보는 전체 시장의 성장률에 대한 예측과 우리 회사가 기대하는 판매 성장률을 예측한다. 예측에는 전문가 판단 기법, 고객 반응 조사 기법, 시계열 기법 등이 쓰인다.

- **전문가 판단 기법** : 산업 전문가, 마케팅 전문가, 판매 사원 등의 의견을 종합하여 미래의 성장률을 예측한다.
- **고객 반응 조사 기법** : 잠재적 구매자들의 반응을 조사하여 미래의 시장 규모를 예측한다.
- **시계열 기법** : 과거부터 현재까지의 매출액 데이터를 이용하여 통계적으로 미래의 시장 규모를 예측한다. 최근 몇 년간의 평균을 구하거나, 장기간의 평균을 구하되 최근의 매출에 좀 더 높은 비중을 두고 가중 평균을 구한다.

상품 수명주기 단계

상품이나 서비스가 시장에서 만들어내는 매출액은 시간의 흐름에 따라 일반적으로 [그림 11-2]와 같은 패턴을 보인다. 이를 상품 수명주기[Product Life Cycle]라고 한다.

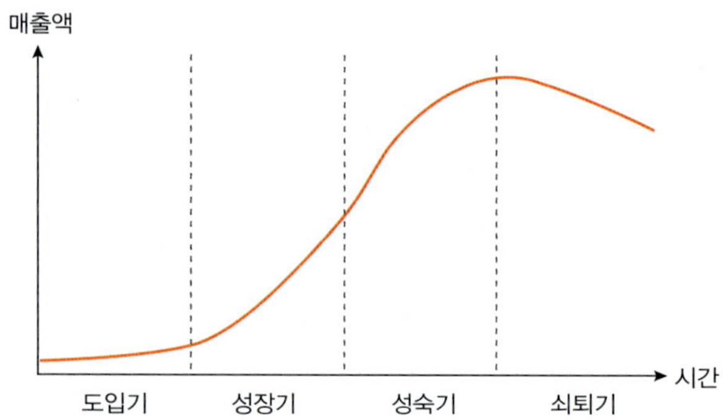

그림 11-2 상품 수명주기

도입기에는 시장 규모와 성장률이 모두 낮아 매력도가 부족하지만, 성장기에는 시장 규모가 급속히 커지고 성장률이 높아서 매력도가 높다. 이후 성숙기에는 시장 규모는 크지만 성장률이 둔화되어 매력도가 낮아지다가 쇠퇴기에 이르면 시장이 마이너스 성장을 보여서 매력도가 낮아진다.

현재의 수익성

판매량 또는 매출액과 대비하여 어느 정도의 수익이 발생하는가를 의미한다. 판매량이 높아도 매출액에 비해 수익의 비율이 낮은 시장은 매력도가 낮다.

2.2 소비자 분석

우리는 모두 거대한 경제 시스템 속에서 다양한 제품이나 서비스를 사용하는 소비자이다. 즉 우리 스스로 소비자의 위치에 있지만, 막상 생산자 입장에서 봤을 때 소비자를 온전히 이해하기는 그리 쉽지 않다. 단순히 소비자는 필요한 상품을 보면 지갑을 연다고 생각하겠지만, 그 과정에서 사회적, 문화적, 정치적, 경제적, 심리적, 개인적 요인들이 서로 복잡하게 작용되면서 합리적 판단과 비이성적 판단이 뒤섞여서 나타나기 때문이다. 즉 소비자 분석을 제대로 하지 않고서는 마케팅의 효과를 얻을 수 없다는 말이다. 여기서는 소비자 프로파일, 소비자 행동 모델, 소비자 니즈Needs 파악 기법에 대해 설명한다.

소비자 프로파일

컨설팅 회사 엑센츄어의 조사에 따르면([그림 11-3]), 신제품 개발을 실패로 이끄는 주요 원인은 소비자에 대한 이해 부족인 것으로 나타났다.[204] 즉 연구 개발 역량보다 소비자에 대한 이해를 훨씬 더 중요한 요소로 보고 있다. 소비자들은 기술적으로 앞선 제품보다 소비자의 경험User Experience을 개선시킨 제품을 더 혁신적인 제품으로 평가한 것이다.

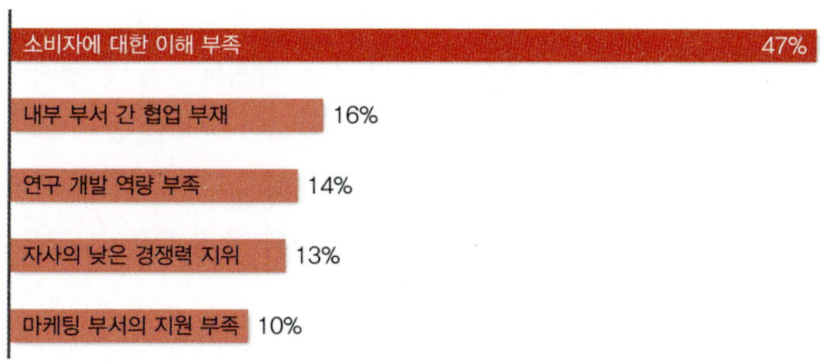

그림 11-3 신제품이 실패하는 이유

제품 및 서비스를 사용하는 최종 사용자의 프로파일은 다음과 같은 항목으로 정리된다.[12] 소비자를 온전히 이해하기 위해 최소한 이 정도는 파악해야 한다는 의미이다.

- ✓ 성별
- ✓ 연령
- ✓ 수입
- ✓ 거주지
- ✓ 욕구, 동기
- ✓ 걱정, 두려움
- ✓ 롤 모델, 영웅
- ✓ 여가를 보내는 스타일
- ✓ 구매 결정 기준
- ✓ 개성
- ✓ 경력
- ✓ 좋아하는 미디어 매체, TV 프로그램

소비자 행동 모델

[그림 11-4]는 소비자의 행동 모델을 보여준다. 기업이 내보내는 마케팅 자극과 기타 자극이 소비자의 의식으로 들어가고 이것이 구매로 이어지기까지 소비자의 의식 내에서 복잡한 과정이 발생한다. 소비자가 지닌 문화적, 사회적, 개인적 특성과 소비자의 심리적 요인인 동기부여, 지각, 학습, 기억이 그 과정에서 큰 영향을 준다. 소비자의 특징과 심리에 따라 구매 의사 결정 과정이 진행되고, 최종적으로 구매 결정을 하게 된다.

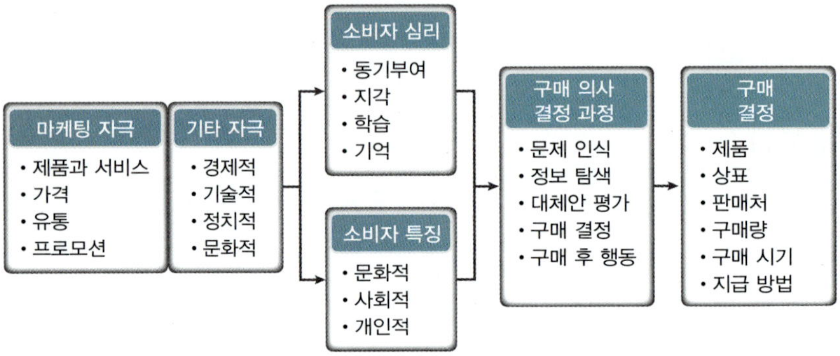

그림 11-4 소비자 행동 모델[71]

소비자의 구매 행동은 관여도Involvement에 따라 몇 가지 패턴으로 나뉜다. 관여도란 구매 행위와 소비자의 관련도 또는 중요도의 수준을 의미한다. 상대적으로 가격이 높거나 중요한 물품 또는 서비스에 해당하는 주택, 고급 승용차, 가전제품 등은 고관여 제품에 해당되고, 상대적으로 가격이나 중요도가 낮은 생필품, 식료품 등은 저관여 제품에 해당된다. 관여도와 함께 제품이나 서비스가 가지는 차별성에 따라 [그림 11-5]와 같이 4개의 패턴이 생긴다.

	고관여	저관여
높은 차별성	• 복잡한 구매 과정 • 브랜드 충성도에 좌우 예 심장 수술, 주택	• 시험적 구입 • 무작위적 구입 • 다양성 만족을 위한 구입 예 음식
낮은 차별성	• 구매 전/후 모두 의사 결정이 어려움 • 특정 제품에 대한 근거 없는 믿음 존재 예 가전제품, 고가의 운동 장비	• 익숙한 브랜드 선호 • 저가격 선호 예 생필품

그림 11-5 관여도 & 차별성의 매트릭스[221]

소비자 니즈 파악

전통적인 마케팅 이론은 소비자가 원한다고 표현하는 것을 만족시키는 데 집중했다. 그러나 현대 마케팅에서는 소비자가 원한다고 표현하는 것을 넘어, 소비자 자신도 미처 몰랐던 필요성을 찾아내어 제시하고 만족시키는 것을 목표로 한다. 이를 원츠Wants와 니즈Needs로 구분하는데, [표 11-1]에 각각의 특징을 제시한다.

표 11-1 원츠와 니즈의 특징[188]

원하는 것(Wants)	필요한 것(Needs)
· 전통적인 마케팅 이론의 대상 영역 · 소비자가 지금 원하는 것 · 소비자에게 직접 물어봐서 파악 · 전체 시장의 10%	· 만들어놓으면 소비자가 좋아할 것 · 만들기 전까지는 소비자가 필요하다고 얘기하지 않는 것 · 소비자에 대한 관찰을 통해 획득 · 전체 시장의 90%

소비자에게 필요한 것을 파악하기 위해 [표 11-2]와 같은 기법을 사용한다.

표 11-2 소비자 니즈 파악 기법

명칭	구체적 방법	조사 목적
거리 관찰(Town Watching)	거리 관찰 및 행인 인터뷰	특정 집단의 트렌드, 동선, 방문 지점 이해
비디오 에스노그라피 (Video Ethnography)	고정식 비디오카메라 촬영 및 분석	제품 활용 형태와 구매 형태를 관찰하여 숨겨진 니즈 파악
구매 시점 관찰 (POP : Point of Purchase)	제품 판매 현장 관찰 및 판매원 인터뷰	매장 환경 및 고객 구매 행태 관찰을 통한 니즈 파악
그림자 추적(Shadow Tracking)	이동 상황의 소비자 관찰 및 인터뷰	이동 상황과 관련하여 제품 활용 행태 이해 및 니즈 파악
가정 방문(Home Visiting)	가정 내에서 소비자 관찰 및 인터뷰	가정 내 상황과 관련한 제품 활용 행태 이해 및 니즈 파악
사진 일기(Photo Diary)	응답자가 일상의 장면을 직접 촬영 및 기록	사용자의 라이프 스타일 및 심리적 태도 이해
TV 시청 조사(TV Audimeter)	TV 시청 행태 분석	미디어 시청, 청취 프로그램, 시청 시간 등 파악

03

마케팅 목표를 어떻게 잡을까?

마케팅의 첫 단계인 시장의 상황과 소비자의 원츠 및 니즈를 파악했다면, 이제 마케팅을 통해 얻고자 하는 목표를 설정해야 한다. 기업의 마케팅 목표는 크게 성장 목표와 수확 목표로 나뉘는데, 어떤 목표를 세우느냐에 따라 전략이 다르게 설정된다.

3.1 성장 목표

성장 목표는 시장점유율 및 매출 증가에 초점을 맞추는 것을 뜻한다. [그림 11-6]은 시장과 상품이라는 두 축을 기준으로 매출을 높이기 위한 4가지 전략을 보여준다. 시장은 기존에 거래한 소비자인지를 따져 기존 시장과 신시장으로 나뉘며, 상품은 기존에 판매하던 상품인지를 따져 기존 상품과 신상품으로 나뉜다.

	기존 상품	신상품
기존 시장	시장 침투 전략	신상품 개발 전략
신시장	시장 개발 전략	다각화 전략

그림 11-6 성장 목표를 위한 4가지 전략[8]

❶ **시장 침투**Market Penetration **전략** : 기존 상품을 기존에 거래하던 소비자 및 시장에 판매하는 전략이다. 기존 제품을 구매하던 소비자들로 하여금 더 많은 제품을 소비하도록 유도하거나, 경쟁 시장 내에서 기존 제품을 아직 구매하지 않은 소비자에게 판매하는 방식이다. IPTV 기업이 고객으로 하여금 더 많은 유료 콘텐츠를 구매하도록 유도하는 것이 이에 해당된다.

❷ **시장 개발**Market Development **전략** : 기존 상품을 새로운 소비자 및 시장에 판매하는 전략이다. 예를 들어, 한국에서만 판매하던 스마트폰을 유럽 시장에 판매하기 위해 공략하는 경우이다. 또는 항공사가 승객 운송 업무를 확장하여 화물 운송까지 사업을 넓히는 경우도 여기에 해당된다.

❸ **신상품 개발**Product Development **전략** : 신상품을 개발해서 기존에 거래하던 소비자나 시장에 판매하는 전략이다. 신상품 또는 일부 기능, 성능, 디자인 등이 개선된 제품을 기존 시장에 판매한다. 자동차 회사, 전자 제품 회사 등이 하나의 브랜드를 지속적으로 업그레이드하여 기존에 구매한 고객을 공략하는 전략이 이에 해당된다.

❹ **다각화**Diversification **전략** : 신상품을 개발해서 새로운 소비자 및 시장에 판매하는 전략이다. 기존 제품이나 기존 시장과 일정 부분 연결된 분야로 다각화하는 경우 또는 기존 제품이나 기존 시장과 관련성이 전혀 없는 분야로 다각화하는 경우로 나뉜다. 예를 들어, 캠핑용 텐트를 판매하던 기업이 캠핑용 의자를 만들어 캠핑 문화를 즐기는 소비자가 가정이나 사무실에서 캠핑용 의자를 쓰도록 판매한다면, 이는 전자에 해당된다.

3.2 수확 목표

수확 목표는 시장점유율보다 수익률 증가에 초점을 맞추는 것을 뜻한다. 이를 위해서는 제품 제조와 판매에 지출되는 고정비(예 임대료나 인건비가 저렴한 지역으로 이전)나 변동비(예 저렴한 재료 사용, 납품받는 부품의 단가를 낮춤)를 낮출 수 있다. 또는 소비자 판매가를 높이거나 수익률이 높은 제품을 판매하는 데 집중하면 된다.

04

마케팅 전략을 어떻게 수립할까?

전략 수립의 근간은 고객의 욕구가 얼마나 다양한지를 이해하는 것이다. 하나의 시장에 포함된 하나의 제품을 구매하는 소비자라 해도 구매 이유나 인구통계학적 특성이 모두 같지는 않다. 하나의 시장에 포함된 세부 시장의 특성을 이해하고, 기업이 추구하는 목표에 적합한 시장을 선택하는 것이 이 단계의 목표이다.

4.1 시장 세분화

기업이 공급하려는 제품 및 서비스 시장을 나누는 단계로, 소비자 집단을 몇 개의 그룹으로 나누는 과정이다. 시장을 세분화하는 과정에서 절대적으로 기준이 되는 변수는 없지만, 관찰과 측정이 가능하고 소비자들의 실제 특성이나 행동과 관련된 변수여야 한다. [표 11-3]은 시장 세분화를 위한 변수의 예를 보여준다.

표 11-3 시장 세분화 변수의 예[221]

1차 기준	2차 기준
지리적 변수	지역, 인구밀도, 도시의 크기, 기후
인구통계학적 변수	나이, 성별, 가족 규모, 소득, 직업, 교육 수준, 종교
정신, 심리적 변수	사회계층, 생활양식, 개성
행태적 변수	추구하는 편익, 사용량, 제품에 대한 태도, 선호 브랜드, 가격에 대한 민감도

[표 11-4]는 [표 11-3]에서 제시한 시장 세분화 변수를 바탕으로, 에이스침대에 대해 시장 세분화를 진행한 결과이다.

표 11-4 에이스침대의 시장세분화[221]

구분	세분 시장 1	세분 시장 2	세분 시장 3
추구하는 편익	정통성, 다양성	기능성, 가격	조화성
인구통계학적 특성	35세 이상의 주부	25~34세의 주부	미혼 여성
선호 브랜드	에이스 및 기타 전문 업체	종합 가구 업체, 중소 가구 업체	종합 가구 업체

4.2 표적시장 선정

여러 개로 세분화된 시장이 있다고 가정하자. 이때 세분화된 시장 전체를 대상으로 마케팅을 추진하는 경우는 드물며, 이들 중 소수의 세분화된 시장을 표적으로 삼아 마케팅을 추진한다. 때로는 동일한 제품이라도 시대의 흐름에 따라 표적시장이 달라지기도 한다. 예를 들어, 국내에서 판매되는 수입 자동차의 경우, 과거에는 주로 소득 수준이 매우 높은 중장년층을 표적시장으로 삼았던 반면, 최근에는 미혼의 젊은 층을 집중적으로 공략하고 있다.

표적시장을 선정하려면 크게 3가지 조건을 고려해야 한다.[196]

❶ 세분 시장 자체가 높은 매력도를 갖고 있어야 한다. 예를 들어, 판매량이나 수익률 면에서 더 매력적인 경우에 해당된다.

❷ 세분 시장에서 경쟁 기업들보다 높은 경쟁 우위를 갖고 있어야 한다.

❸ 세분 시장이 기업의 경영전략이나 조직 및 기존 시장과 높은 적합성을 갖고 있어야 한다. 선정한 표적시장에 대해 이미 다른 제품으로 사업을 추진한 경험이 있거나, 기존에 사업하던 시장과 유사성이 많은 경우 적합성이 높다고 본다.

   예를 들어, 어느 화장품 기업이 새로 출시하려는 제품의 시장을 소득 수준이 높은 젊은 여성층과 외모에 관심이 많은 중장년 남성층으로 구분했다고 가정하자. 이 기업이 기존에 다른 제품을 가지고 젊은 여성층을 대상으로 사업을 추진한 경험은 있지만 중장년 남성층을 상대해본 경험은 없다면, 신제품에 대한 세분 시장 중에서 젊은 여성층 대상의 시장 적합성이 더 높다. 젊은 여성층을 대상으로 한 홍보, 유통, 판매 등의 조직과 전략에 대한 노하우가 더 많기 때문이다.

05

마케팅믹스란 무엇인가?

시장에서 제품의 포지션이 결정되는 단계이다. 흔히 4P 마케팅믹스라고 칭하는데, 표적시장의 소비자 욕구를 경쟁 기업들보다 더 만족시키는 제품[Product], 기업과 소비자에게 합당한 가격[Price], 소비자에게 좋은 브랜드로 널리 알리는 촉진[Promotion], 제품을 소비자에게 전달하는 과정을 다루는 유통[Place]이 이에 포함된다.

5.1 제품

고객의 욕구를 단순한 방식으로 강력하게 만족시켜주는 제품이나 서비스를 개발하는 것이다. 여기서는 제품 편익과 제품 믹스에 대해 설명한다.

제품 편익

소비자 입장에서 제품 편익[Benefit]이 무엇인지는 다음의 인용문이 잘 보여준다.[24]

"사람들은 6mm의 구멍을 뚫어주는 드릴을 구매하는 것이 아니라,
6mm의 구멍을 구매하는 것이다.
단지 드릴이 그 일을 하기에 가장 적당한 제품일 뿐이다."[1]

기업은 제품을 만드는 과정이나 사용한 재료, 다양한 기능과 성능 등을 소비자에게 알려주고 싶지만, 정작 소비자의 관심은 이런 복잡한 것들이 아니라 본인이 얻게 되는 편익에 있다. 즉 소비자가 제품이나 서비스를 구매하는 목적은 그 제품이나 서비스를 통해 얻게 되는 편익이다. 편익은 크게 기능적 편익, 심리적 편익, 사회적 편익으로 나뉜다.[142]

❶ **기능적 편익**[Functional Benefit] : 제품이나 서비스가 직접적으로 제공하는 편익을 뜻한다. 예를 들어, 전화기로 통화를 할 수 있고, 두통약을 먹으면 두통이 사라지는 효과를 얻는 것 따위를 말한다.

---

1 하버드대학교의 Theodore Levitt 교수의 말을 참고문헌에서 인용한 것이다.

❷ **심리적 편익**Psychological Benefit : 제품이나 서비스를 구입하고, 소유하며, 사용하는 과정에서 얻게 되는 심리적 만족감을 뜻한다. 예를 들어, 건강식품을 소비하면서 본인의 건강이 좋아지리라는 심리적 위안을 얻는다.

❸ **사회적 편익**Social Benefit : 제품이나 서비스를 통해 자신의 개성이나 지위를 다른 이들에게 표현하는 것을 뜻한다. 명품 브랜드를 사용하면서 상류층의 이미지를 보여주고 싶은 욕구, 공정 무역Fair Trade[2] 조건을 만족하는 제품을 사용하면서 의식 있는 소비자로 비춰지고 싶은 욕구 등이 이에 해당된다.

제품 믹스

통상 기업들은 하나의 시장을 여러 개의 제품이나 서비스로 공략한다. 기업이 보유한 제품의 구조를 설명할 때는 제품 믹스Product Mix, 제품 라인Product Line이라는 개념이 사용된다. 예를 들어, 전자 제품을 만드는 기업의 경우 수십 종 이상의 제품을 보유하고 있는 경우가 많다. [그림 11-7]은 전자 제품 제조사의 제품 믹스와 제품 라인의 개념을 보여준다.

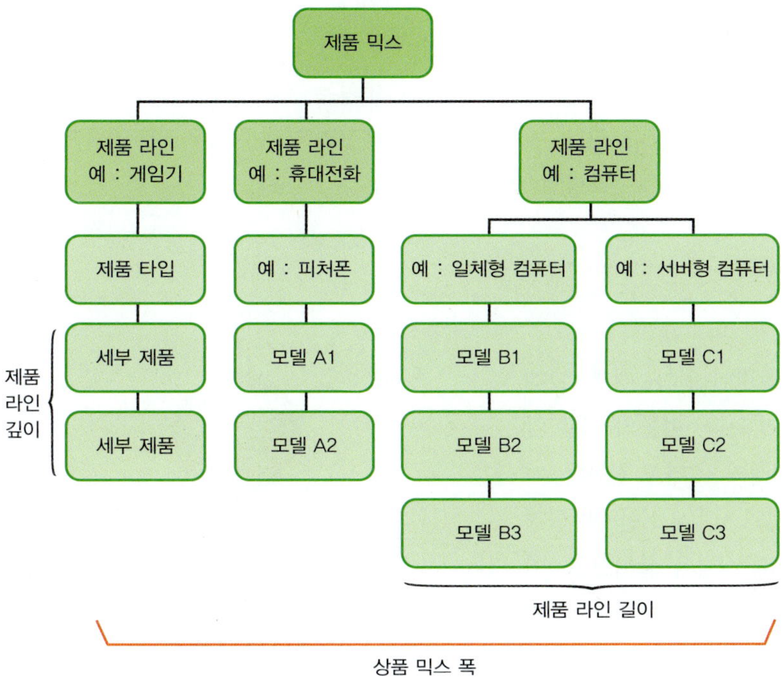

그림 11-7 제품 라인과 제품 믹스의 개념

❶ **제품 믹스** : 기업이 취급하는 전체 제품을 의미한다. 예를 들어, 삼성전자의 경우 스마트폰, 노트북, 태블릿, TV, 냉장고 등의 다양한 제품을 판매하고 있다.

---

2 다양한 제품과 서비스의 생산 및 유통 과정에서 환경 보존, 지역사회의 이익 대변, 공정한 가격 지불 등을 지키는 것을 뜻한다. 주로 개발도상국에서 선진국으로 수출되는 상품들이 많이 포함된다. 대표적인 공정 무역 상품으로 커피, 와인, 수공예품 등이 있다.

❷ **제품 라인** : 기업이 취급하는 전체 제품을 나누는 기준을 뜻한다. 제품 속성이 유사한 것들을 그룹으로 묶어서 전체 제품 믹스를 몇 개의 제품 라인으로 나눈다. 라인을 분류하는 기준으로는 가격, 품질, 표적시장, 제품의 기능 및 성능 등이 사용된다. 예를 들어, 전자 회사의 경우 백색 가전 제품, 영상 및 음향 가전 제품, 통신기기 등으로 제품 라인을 나누면 된다.

❸ **제품 믹스 폭**Product Mix Width : 제품 믹스 내에 존재하는 제품 라인의 수를 의미한다. [그림 11-7]의 예에서 제품 믹스 폭은 게임기, 휴대전화, 컴퓨터의 3개로 구성된다.

❹ **제품 라인 길이**Product Line Length : 하나의 제품 라인 내에 포함된 제품 타입의 수를 의미한다. [그림 11-7]의 예에서 컴퓨터 제품 라인은 총 2개의 제품 타입을 갖고 있다. 즉, 컴퓨터 제품 라인의 제품 라인 길이는 2이다.

❺ **제품 라인 깊이**Product Line Depth : 하나의 제품 타입이 몇 개의 세부 모델을 갖고 있는가를 의미한다. [그림 11-7]의 예에서 피처폰과 일체형 컴퓨터는 각각 2개, 3개의 제품 라인 깊이를 갖고 있다.

기업이 제품 믹스와 제품 라인을 늘리는 이유는 무엇일까? 첫째, 세분화된 소비자들의 욕구를 만족시킬 수 있다. 둘째, 소비자마다 경제력이 다르고, 경제력이 같다고 해도 각자 특정 제품에 지불하려는 비용이 다르기 때문에 다양한 가격대의 제품을 구성하여 소비자들의 가격 욕구를 충족시킬 수 있다. 셋째, 경쟁자는 보통 소비자의 욕구가 충족되지 않는 점을 공략하면서 시장에 진입하므로 이들의 시장 진입을 저지할 수 있다. 넷째, 하나의 카테고리 전체를 아우르는 기술과 서비스 능력을 갖춘 전문 기업 이미지를 구축할 수 있다.

5.2 가격

가격은 [그림 11-8]과 같이 원가, 경쟁, 고객의 세 요인의 영향을 받는다. 이들의 영문 앞글자를 묶어서 가격 결정의 3C라고 칭한다. 가격에 대해서 가격 결정의 3대 요소인 원가, 경쟁, 고객과 관련한 핵심 사항을 살펴보고, 이들을 조합해서 실제 가격을 어떻게 책정하는지 살펴보자.

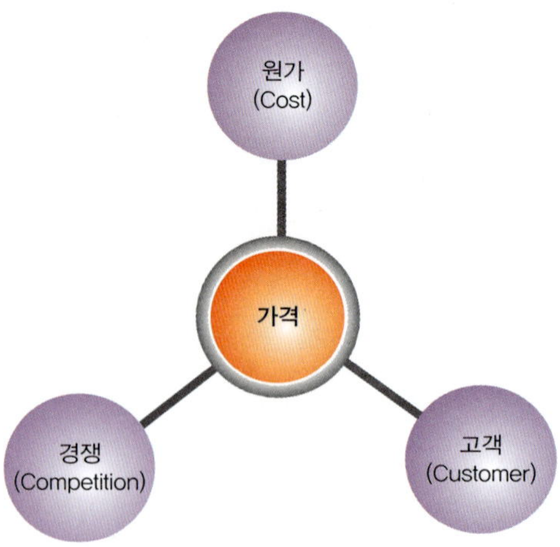

그림 11-8 가격 결정의 3C

원가

기업이 제품이나 서비스를 생산하는 데 필요한 원가를 산출한다. 원가는 원가의 소비 형태, 기능, 원가 행태, 추적 가능성, 측정 시점 등에 따라 다양하게 분석되는데, 여기서는 원가 행태Cost Behavior[3]에 따른 원가를 살펴본다. 원가 행태에 따라 원가는 크게 고정비FC : Fixed Cost와 변동비VC : Variable Cost로 나눠어 산출된다.

고정비는 생산량이나 판매량과 무관하게 고정적으로 발생하는 원가를 의미한다. 대표적인 예로 생산 감독자의 인건비, 공장 임차료, 설비의 감가상각비가 해당된다.[193] 생산량이 적어도 감독자의 인건비와 공장을 임대하는 비용은 지불해야 하기 때문이다. 변동비는 생산량이나 판매량의 변화에 비례하여 발생하는 비용을 뜻한다. 예를 들어, LCD TV를 생산하는 경우, 생산 수량에 비례하여 LCD 패널 비용, TV 프레임 비용, 완제품에 대한 운송비 등이 변한다.

고정비에 전체 변동비를 합산한 금액을 총원가TC : Total Cost라고 하고, 총원가를 생산량으로 나눈 결과를 단위 원가UC : Unit Cost라 한다. 단위당 판매 가격SP : Sales Price에 판매량Q : Quantity을 곱하면 전체 매출액이 된다. 이들 각각의 관계를 함수로 표현하면 다음과 같다.

$$
\begin{aligned}
\text{기업의 이익} &= \text{매출액} - \text{총원가} \\
&= SP \times Q - (VC \times Q + FC) \\
&= (SP - VC) \times Q - FC
\end{aligned}
$$

여기서 기업이 총원가를 감당할 수 있는 판매량, 즉 손해도 없지만 이익도 없는 판매량을 손익분기점BEP : Break-even Point이라 한다. 위의 공식을 놓고 보면 다음과 같다.

$$
\begin{aligned}
&(SP - VC) \times BEP - FC = 0 \\
&BEP = FC/(SP - VC)
\end{aligned}
$$

예를 들어, 지우개를 생산한다고 가정해보자. 생산 기계 및 공장 임차료 등의 고정비가 10,000,000원이고, 지우개 1개당 변동비가 1,000원이며, 판매가가 2,000원이라면, 손익분기점은 다음과 같이 산출된다.

$$BEP = 10{,}000{,}000/(2{,}000 - 1{,}000) = 10{,}000\text{개}$$

판매 가격에서 변동비를 뺀 금액, 즉 (SP−VC)를 공헌이익CM : Contribution Margin이라고 한다. 위의 예에서 공헌이익은 2,000원에서 1,000원을 뺀 1,000원이 된다. 고정비가 일정하다는 전제하에서 공헌이익이 높아지는 것이 기업에 유리하다. 판매 가격 중 공헌이익의 비율을 공헌이익률CMR : Contribution Margin Ratio이라 하는데, 공헌이익률에 따라 기업은 크게 두 가지 전략을 취한다.

---

3 조업도(생산활동의 정도, 제품의 수량, 작업 시간 혹은 기계 운전 시간 등) 수준의 변화에 따른 원가의 변화, 반응을 의미한다.

❶ **공헌이익률이 높을 때는 판매량을 늘린다** : 이 경우 일반적으로 고정비가 높은 편이다. 예를 들어, 생산 설비 구축이나 공장 부지 등에 큰 비용이 발생되는 하이테크 제품들이 이에 해당된다. 이들 제품의 경우 판매량을 늘려서 높게 발생하는 고정비를 감당할 수 있어야 한다.

❷ **공헌이익률이 낮으면 단위당 판매 이익을 높인다** : 일반적으로 고정비가 낮은 편이어서 굳이 판매량을 늘려 고정비를 감당할 필요가 없다. 이 경우는 판매가를 높이거나 생산원가를 낮춰서 단위당 이익을 높여야 한다. 공헌이익률이 낮은 제품들은 일반적으로 판매가를 낮춰도 판매량에 큰 변화가 없다.

경쟁

경쟁 기업의 원가 수준을 이해하고, 이를 바탕으로 경쟁자의 이익률을 유추하는 작업은 자사 제품의 가격을 책정하는 데 중요한 정보를 제공한다. 또한 경쟁 기업의 장기적 가격 전략을 이해하여 경쟁 기업이 미래에 제품 가격을 어떻게 변동시킬지 미리 알고 대처하는 것도 중요하다.

여기서 경쟁 기업이 반드시 유사한 기술을 사용한다고 한정해서는 안 된다. 고객의 수요를 만족시키는 다양한 대안을 놓고 경쟁 기업을 판단해야 한다. 예를 들어, 석유 가격이 올라가면 수소연료 전지의 경쟁력이 높아진다. 즉 석유 회사들이 꼭 그들끼리만 경쟁하지는 않는다. 소비자 입장에서 보면, 석유와 대체 관계에 있는 제품을 생산하는 기업들과도 경쟁 관계가 형성된다. 이러한 현상을 수요의 교차탄력성Cross-price Elasticity of Demand이라고 한다. 한 제품의 가격 변동이 다른 제품의 판매량에 영향을 주는 현상이다. 이는 다음과 같은 공식으로 표현된다.

$$\eta_x = -\frac{\Delta Q_y / Q_y}{\Delta P_x / P_x}$$

- P_x : 재화 x에 대한 가격
- Q_y : 재화 y에 대한 가격

고객

당연한 이야기일 수 있지만, 가격을 결정하려면 소비자들이 가격에 대해 보이는 심리적 반응과 행동을 이해해야 한다. 소비자는 각자의 기준에 따라 적정 가격인지 아닌지를 판단한다. 그러나 한편으로는 매우 다양한 심리적, 사회적 요인에 따라 가격 인식에 영향을 받는다. 먼저 소비자가 인식하는 가격 기준인 유보가격, 준거가격, 최저수용가격, 총소유비용의 개념을 살펴보자.

■ 유보가격(Reservation Price)

특정 제품에 대해 소비자가 지불할 수 있는 최고 금액을 의미한다. 제품이 그 가격 이하면 구매하지만, 그 가격을 넘어서면 구매를 포기한다. 따라서 기업 입장에서는 최대한 유보가격에 가깝게 가격을 책정하여 이익을 극대화하는 전략을 주로 사용한다. 유보가격은 구매자의 과거 경험, 가격에 대한 정보, 주관적인 가치, 경제력 등의 영향을 받아 형성된다.

■ 준거가격(Reference Price)

특정 제품의 가격이 적절한가를 판단하는 기준 가격을 의미한다. 이는 구매자의 과거 경험, 현재 알고 있는 가격 정보 등으로 형성된다. 예를 들어, 스마트폰의 적정 가격을 50만 원 정도로 생각하고 있는 소비자가 80만 원짜리 스마트폰을 보면 비싸다고 생각한다. 그렇다고 해서 준거가격에 제품 가격을 맞춰야 한다는 뜻은 아니다. 기업들은 마케팅 활동을 통해 소비자가 인식하고 있는 준거가격을 움직인다. 80만 원짜리 스마트폰이 비싸다고 생각하다가도 시중에 80만 원짜리 스마트폰이 많이 등장하거나, 더 고가의 제품이 나오거나, 기존 제품과 비교하여 성능이나 기능이 월등한 스마트폰이라고 인식하게 되면 80만 원이라는 가격을 수용하게 된다.

■ 최저수용가격(Lowest Acceptance Price)

소비자가 제품의 품질을 의심하게 되는 가격을 의미한다. 즉 제품 가격이 무조건 낮다고 해서 소비자가 만족하지는 않는다. 본인이 생각하는 최저수용가격보다 더 낮은 가격에 판매되는 제품에 대해서는 그 품질을 의심한다. [그림 11-9]는 유보가격, 준거가격, 최저수용가격의 관계를 보여준다.

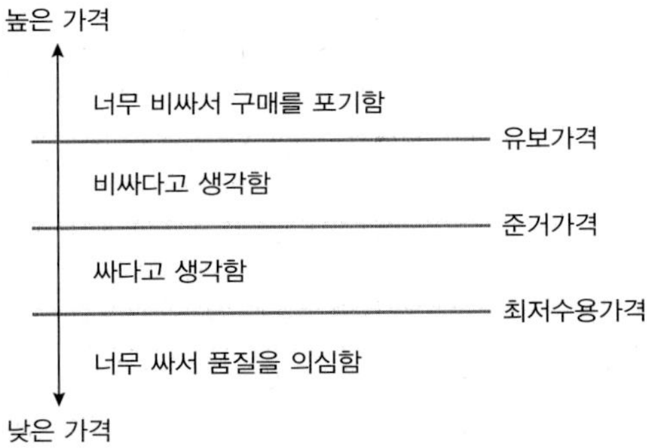

그림 11-9 유보가격, 준거가격, 최저수용가격의 관계

■ 총소유비용(TCO : Total Cost of Ownership)

제품이나 서비스를 사용하는 과정에서 고객이 지출하는 금액의 총합을 의미한다.[99] 제품의 구매에 지출된 금액, 운송비, 설치비, 유지비, 수리비, 소모품비 등이 모두 포함된다. 예를 들어보자. A 프린터는 50만 원에 판매되며, 매월 10만 원의 토너비가 발생한다. B 프린터는 80만 원에 판매되며, 매월 5만 원의 토너비가 발생한다. 두 프린터의 수명을 3년으로 본다면 두 제품의 총소유비용은 각각 다음과 같다.

A 프린터의 TCO=50만 원+10만 원×36개월=410만 원

B 프린터의 TCO=80만 원+5만 원×36개월=260만 원

초기 구매가는 A 프린터가 낮지만, TCO를 고려하면 B 프린터가 유리하다. B 프린터를 판매하는 입장에서는 고객에게 TCO 개념을 바탕으로 B 프린터가 더 유리하다는 것을 알려야 한다.

소비자의 가격 인식은 앞서 설명한 4가지 가격 기준 외에도 다양한 심리적, 사회적 요인에 따라 영향을 받는다. 여기서는 손실회피성향, 가격-품질 효과, 재고 효과, 총지출 효과, 공유비용 효과를 설명한다.

■ 손실회피성향(Loss Aversion)

가격이 올라가면 판매량이 줄어들고, 가격이 내려가면 판매량이 증가하는 게 일반적이다. 그러나 판매량 변화가 가격의 등락과 정확하게 비례하지는 않는다. 예를 들어, 판매가가 10% 낮아지면 판매량이 10% 늘어난다고 할 때, 판매가가 10% 높아지면 판매량이 10%만 감소할 것으로 기대하지만, 실제 소비자의 반응은 이와 다르다. 판매가가 높아지는 경우, 판매가가 낮아지는 경우에 비해 소비자는 더 민감하게 반응한다. 예시의 경우에서 판매가를 10% 높이면 판매량은 30% 정도 감소된다.

이러한 현상을 손실회피성향이라고 한다. 동일한 크기의 이익과 손실에 대해 사람들은 이익에서 얻는 효용(기쁨)보다 손실에서 느끼는 비효용(고통)을 더 크게 느낀다. 따라서 구매를 하지 않음으로써 손실(고통)을 줄이려는 성향을 뜻한다.[160]

1999년, 코카콜라는 이와 관련된 매우 재미난 아이디어를 제시했다.[208] 자판기에 온도 센서를 설치해서 기온이 높은 날에는 콜라 값을 비싸게 받겠다는 계획이었다. 시장의 수요와 공급 법칙에 따라 가격을 바꾸겠다는 생각이다. 경제학적으로는 지극히 합리적인 정책이었지만 소비자의 반응은 싸늘했고, 소비자를 착취하는 행위라는 비난이 쏟아졌다. 결국 코카콜라 측은 단순한 아이디어 제시였다면서 모든 계획을 철회했다. 이는 소비자의 손실회피성향이 작용한 결과이다. 만약 콜라 값을 일제히 인상하고, 기온이 낮은 날에 콜라를 더 싸게 팔겠다고 했다면, 오히려 소비자는 코카콜라의 정책을 반겼을지도 모른다.

■ 가격-품질 효과(Price-Quality Effect)

소비자는 제품을 최초로 접하고 선택을 할지 말지를 고민할 때, 품질을 판단하는 핵심 요소로 가격을 생각한다. 가격이 높으면 품질이 좋을 것으로 인식하는 현상이다. 가격 외에 소비자의 판단에 영향을 주는 요소는 바로 브랜드이다. 소비자는 가격이 낮아도 인지도가 높은 브랜드라면 품질이 더 좋다고 인식한다.

■ 재고 효과(Inventory Effect)

썩지 않고, 보관하기 쉬운 제품은 가격 변동에 민감하다. 주로 생필품에서 발생하는 효과로, 샴푸, 비누 등 늘 소비해야 하면서 유통기한이 긴 상품은 가격이 낮아지면 구매량이 크게 변동된다.

■ 총지출 효과(Total Expenditure Effect)

소비자는 자신이 지출할 항목들 중에서 비용을 가장 크게 차지하는 항목의 가격이 변동되는 것에 민감하게 반응한다. 예를 들어, 자동차를 구매할 경우, 영업 사원이 제시하는 차량의 기본 가격을 가장 중요하게 생각한다. 여기에 부수적으로 발생하는 옵션 추가 비용, 보험료, 취등록세 등은 상대적으로 덜 중요하게 인식한다.

■ 공유비용 효과(Shared Cost Effect)

제품을 선택하는 사람, 비용을 지불하는 사람, 소비하는 사람이 서로 다를 경우 가격 민감도가 낮아지는 현상이다. 예를 들어, 여러분이 소속된 기업이나 학교에서 유럽으로 세미나를 간다고 가정해보자. 기업이나 학교에서 비용을 100% 지불해주는 조건이라면, 여러분은 가장 좋은 항공편과 숙박업소를 이용할 가능성이 높다. 제품을 선택하고 소비하는 이는 여러분 자신이지만, 비용을 지불하는 주체는 기업이나 학교이기 때문이다.

가격 결정

가격을 결정하는 3가지 요소인 원가, 경쟁, 고객에 대해 이해했다면, 이제 실제 가격을 결정해야 한다. 가격을 결정하기 위해서는 여러 가지 방법을 사용하지만, 여기에서는 대표적인 기법인 원가기준법, 경쟁기준법, 지각된 가치기준법을 소개한다.

■ 원가기준법

제품 생산에 지출된 고정비, 변동비를 바탕으로 제품의 단위당 원가를 산정하고, 여기에 일정 비율의 이익을 더해서 가격을 결정한다. 예를 들어, 스마트폰 생산에 투자된 고정비가 단위당 20만 원이고, 변동비가 10만 원이며, 판매가의 20%에 해당하는 이익을 얻고자 할 때, 다음 식을 통해 가격을 결정한다.

단위당 원가=20만 원+10만 원=30만원
이익=판매가×20%
판매가=단위당 원가+이익 = 30만 원+판매가×20%
판매가=30만 원/0.8=37만5천 원

■ 경쟁기준법

경쟁 기업의 가격을 바탕으로 제품 가격을 비슷한 수준으로 결정하는 방식이다. 국내의 경우 소수 기업이 시장을 지배하고 있는 이동통신과 정유 분야에서 두드러지게 나타난다. 이러한 현상은 소규모 지역 상권에서도 빈번하게 나타나는데, 몇몇 음식점이 판매가에 변화를 주면 주변 음식점들도 그와 비슷하게 가격을 바꾼다.

■ 지각된 가치기준법

고객이 제품이나 서비스에 대해 느끼는 가치와 편익을 기준으로 가격을 결정하는 방식이다. 크게 3단계로 진행된다.

❶ 우리 제품과 비교할 만한 준거 제품Reference Product을 찾는다. 예를 들어, 신형 태블릿을 개발했다면, 기존 제품 중에서 우리 제품과 비교할 만한 제품을 찾는다.
❷ 준거 제품과 비교하여 고객이 우리 제품을 택했을 때 얻게 되는 편익의 증가치를 계산한다.
❸ 이를 바탕으로 준거 제품의 가격에 편익 증가치에 대한 가격을 더해 최종 가격을 결정한다.

5.3 촉진

소비자의 욕구를 만족시키는 제품이나 서비스를 만들고, 이를 적절한 가격에 시장에 내놓는다고 해서 소비자가 이를 바로 구매하지는 않는다. 새로운 제품이나 서비스의 존재를 소비자에게 알리고, 구매하도록 이끄는 마케팅의 촉진 활동이 필요하다. [표 11-5]는 마케팅을 촉진하는 요소들을 보여준다.

표 11-5 마케팅 촉진 요소[196]

촉진 요소	정의	대표적 수단
광고	다양한 매체를 통해 소비자에게 제품이나 서비스에 대한 정보를 알리는 활동	방송 광고, 인쇄 광고, 온라인 광고, 옥외 광고
PR (Public Relations)	기업이 관련 집단과 좋은 관계를 유지하며 기업 이미지를 높이는 활동	보도 자료, 홈페이지, 스폰서십, 사회봉사 활동
구전 (Word of Mouth)	소비자들 간의 교류 과정에서 기업의 제품이나 서비스에 대한 정보가 알려지도록 하는 활동	대면 접촉, 소셜 미디어
판매 촉진	제품이나 서비스의 구매를 증가시키기 위해 다양한 단기적 인센티브를 제공하는 활동	할인 쿠폰, 샘플, 사은품, 경품
인적 판매	소비자와 직접 접촉하고 소통하며 제품이나 서비스의 구매를 이끌어내는 활동	프레젠테이션, 고객 초청 세미나

한편, 소비자가 제품이나 서비스를 인지하고 구매하는 과정의 반응 단계는 다음과 같다.[78]

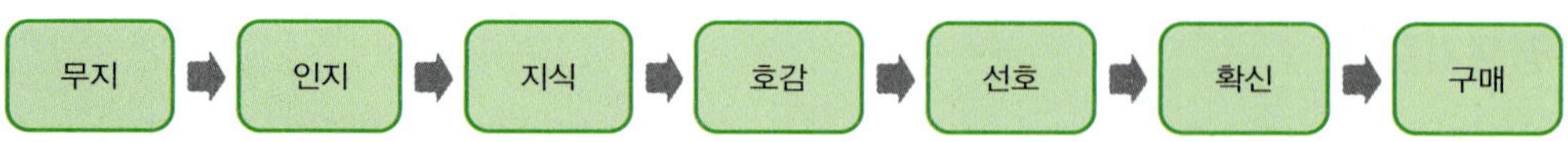

그림 11-10 제품/서비스에 대한 소비자의 반응 단계

❶ **무지** : 제품이나 서비스의 존재 자체를 전혀 모르는 단계
❷ **인지** : 제품이나 서비스의 존재를 알게 되는 단계

❸ **지식** : 제품이나 서비스의 기능과 성능을 이해하는 단계
❹ **호감** : 제품이나 서비스의 특성에 대해 긍정적인 생각을 갖는 단계
❺ **선호** : 특정 제품이나 서비스를 다른 것들에 비해 더 좋아하는 단계
❻ **확신** : 특정 제품이나 서비스를 구매하는 것이 좋다고 판단하는 단계
❼ **구매** : 확신을 실제 구매 행동으로 표현하는 단계

그렇다면, 앞서 살펴본 촉진 요소는 소비자의 반응 단계에 어느 정도 영향을 미칠까? [표 11-6]은 이에 대한 관계를 보여준다.

표 11-6 소비자 반응 단계와 촉진 요소의 관계[196]

촉진 요소 / 반응 단계	광고	PR	구전	판매 촉진	인적 판매
인지	●	●			
지식	●	●	●		
호감	●	●	●		
선호	●	●	●		
확신			●	●	●
구매				●	●

새로운 제품이 시장에 나왔을 때, 우리가 그 제품의 존재를 파악하고 구매하는 과정까지는 이와 같이 매우 다양한 마케팅 촉진 요소가 작용하게 된다. 별 생각 없이 새로운 제품을 구매한 것 같아도 실제로는 인지에서 구매까지 소비자를 유혹하기 위해 기업이 준비한 다양한 촉진 요소를 접한 셈이다.

5.4 유통

우리가 늘 사용하는 휴대전화, 랩톱 등은 어떤 경로를 거쳐 우리 손까지 왔을까? 거리에 있는 대리점, TV 홈쇼핑, 제조사 전자 상거래 사이트, 인터넷 경매 사이트 등 기업에서 만든 제품이 우리에게 전달되는 경로는 매우 다양하다.

때로는 이러한 경로들 간에 충돌이 생기기도 한다. 예를 들어, 제조사가 직영하는 대리점에서 신형 랩톱을 구매했다고 가정하자. 집으로 돌아와 TV 홈쇼핑을 보다보니, 대리점에서 구매한 가격보다 10%나 낮은 가격에 제품을 팔고 있다면, 여러분은 어떻게 하겠는가? 대리점에서 환불을 받고, 홈쇼핑에서 물건을 구매할 것이다. 또는 대리점에서 환불을 받은 후, 집으로 돌아오는 길에 SNS에 올라온 핫딜을 보고 다른 제조사의 제품을 구매할 수도 있다.

이렇듯 유통 경로의 다양성은 기업 입장에서 일부 위험 요소가 있지만, 고객의 특성에 따라 선호하는 유통 경로가 다르기에 다양한 경로를 통해 판매량을 높이는 효과가 있고, 다양한 유통 경로에서 제공하는 판촉 활동들이 서로 상승 작용을 내기도 한다. 예를 들어, TV 홈쇼핑에서 구매하고 싶은 신형 휴대전화를 봤다고 가정하자. 당장은 구매하지 않더라도 TV 홈쇼핑을 통해 인지·지식·호감 등이 발생하면, 거리의 대리점에서 그 휴대전화를 구매할 확률이 높아진다.

기업은 유통 경로를 확충하여 시장 지배력을 높임과 동시에, 다양한 유통 경로 간에 발생하는 충돌을 해결하기 위해 노력한다. 기업에서 유통을 관리하는 활동은 크게 유통 경로 구성과 유통 경로 관리로 나뉜다.[99] 유통 경로 구성은 제품이 생산자에서 소비자에게 전달되는 과정을 설계하는 것이다. 직접 경로를 통한 판매, 간접 경로를 통한 판매, 복수 경로를 통한 판매 등으로 나뉜다. 유통 경로 관리는 유통 과정에서 발생되는 갈등 해소, 협력 촉진 등의 문제를 다룬다. 지배 구조, 법률적 문제, 암거래 시장 문제, 갈등 관리 등이 포함된다. 여기서는 유통 경로 구성에 대해서만 좀 더 살펴본다.

유통 경로 구성

제품이 생산자에서 소비자에게 전달되기까지의 유통 경로는 크게 직접 경로, 간접 경로, 그리고 이들이 혼합된 복수 경로로 나뉜다. 각각의 유통 경로에 따른 특성을 살펴보자.

■ 직접 경로

직접 경로는 크게 직접 판매, 웹 사이트 판매, 기업 소유 매장 판매 등으로 나뉘는데, 각 유형의 특징은 다음과 같다.

❶ **직접 판매** : 회사가 직접 고용한 내부 판매 인력을 이용해 제품을 고객에게 판매하는 방식으로, 판매 절차와 고객에 대한 정보를 직접 관리한다. 하이테크 산업에서는 초기 시장에서 최초 고객을 확보하는 목적으로 많이 사용된다. 또한 제품 자체가 복잡하고 고객의 욕구가 다양하여 중간 판매상을 통한 간접 판매가 어려운 경우에 많이 활용된다.

❷ **웹 사이트 판매** : 유통 비용을 낮추는 효과가 있지만, 모든 제품을 웹 사이트에서 판매할 수 있는 것은 아니다. 판매 인력이 개입하지 않아도 소비자가 제품 정보를 쉽게 파악할 수 있을 정도로 제품이 단순해야 하고, 판매 절차가 명확해야 하며, 제품 설치와 유지가 용이해야 한다. 예를 들어, 자동차의 경우는 이 3가지 요건과 모두 거리가 멀어 웹 사이트에서는 판매되지 않는다.

❸ **기업 소유 매장 판매** : 기업이 소유한 영업소를 통해 판매하는 방식이다. 고객 입장에서는 한 회사의 제품만 보고 구매하는 방식이어서 다양한 제품을 비교할 수 없다는 단점이 있다. 이와 같은 방식으로 판매하려면 기업 브랜드와 제품에 대한 인지도가 높아야 하며, 제품을 판매하는 과정에서 고객에게 다양한 경험을 제공해야 한다.

■ 간접 경로

간접 경로는 중간 판매상을 이용하는 방식으로, 중간 판매상들은 마케팅, 판매, 배송, 설치, 고객 서비스 등의 다양한 역할을 수행하게 된다. 전통적인 제조업에서는 도매업, 소매업으로 중간 판매상을 나눴는데, 하이테크 산업에서는 부가가치 재판매업자[VAR : Value Added Reseller]와 시스템 통합 사업자[SI : System Integrator] 개념이 추가로 등장한다.

❶ **VAR** : 제조사로부터 공급받은 하이테크 제품에 소비자의 욕구를 충족시킬 수 있는 추가 제품이나 서비스를 포함하여 공급하는 중간 판매상을 뜻한다. 예를 들어, 3D 프린터를 판매하면서 연동되는 프로그램이나 소모품을 세트로 구성하여 공급하는 방식이다.

❷ **SI** : 소비자가 규모가 크고 복잡한 형태의 하이테크 제품이나 전산 시스템을 구축할 경우, 이를 프로젝트 형태로 맡아서 대행해주는 사업자를 뜻한다. 소비자가 원하는 기능을 구현하기 위해 여러 기업에서 공급하는 서로 다른 하드웨어와 소프트웨어 등을 구매하고, 이들이 연동되도록 추가적인 하드웨어 수정이나 소프트웨어 개발을 진행한다. 또한 소비자의 요구 사항을 충족하는지 테스트하고, 시스템을 구축한 후의 유지보수 등을 종합적으로 책임진다.

예를 들어, 구성원이 만 명 정도 되는 조직에서 신분 확인 및 출입 통제를 생체 인식 시스템으로 바꾼다고 가정하자. 이 경우 SI 사업자는 생체 인식용 스캐너 구매, 스캐너에 연동되는 소프트웨어 개발, 소프트웨어를 구동시킬 컴퓨터 구매, 생체 인식 정보를 보관할 데이터베이스 구축, 데이터베이스에 포함된 개인 정보에 대한 보안 시스템 구축 등의 복잡한 과정을 모두 맡아서 처리해야 한다.

■ 복수 경로

대기업의 경우, 직접 경로와 간접 경로를 혼합한 복수 경로를 사용하는 경우가 많다. 국내 가전 업체를 생각해보자. 삼성전자와 LG전자는 자사의 제품만 판매하는 직영점(기업 소유 매장 판매 방식)을 지역별로 운영하고 있다. 이와 함께 하이마트와 같이 다양한 전자 제품을 판매하는 매장이나 백화점 등에서는 삼성전자와 LG전자의 제품을 동시에 판매하고 있다. 대표적인 복수 경로에 해당된다. 이와 같은 경우, 본사에서 유통 경로 관리를 철저하게 하지 않으면, 기업 소유 매장 판매 방식인 직영점은 간접 경로 판매에 참여하는 중간 판매상과 갈등을 일으킬 소지가 있다. 간접 경로에 포함된 중간 판매상에 비해 기업이 직영하는 매장이 더 좋은 조건으로 제품을 공급할 수 있기 때문이다.

06

하이테크 캐즘, 어떻게 넘어설까?

여러분 거실의 TV에는 어떤 장치가 연결되어 있는지 생각해보자. IPTV 단말기, 비디오게임기 또는 스틱PC 등이 연결되어 있을 것이다. 그렇다면, 연세가 높은 친척 어르신들의 거실 TV는 어떨까? 비디오테이프 플레이어나 DVD 플레이어 등이 떠오를 것이다. 왜 아직도 친척 어르신들은 IPTV 단말기를 설치하지 않았을까? 여러분이 생각하기에는 비디오테이프 플레이어나 DVD 플레이어보다 여러 면에서 더 좋은데 말이다.

하이테크 제품이 시장에 새롭게 등장한 경우, 그 제품을 선택하는 소비자는 매우 다양한 의사 결정 요소를 고려하게 된다. 따라서 소비자별로 제품을 선택하는 이유와 시기가 달라지기 마련이다. 먼저, 구매 결정에 영향을 주는 요인은 무엇일까? 하이테크 제품을 수용하는 고객은 [표 11-7]과 같이 6가지 요인에 의해 구매 결정에 영향을 받는다.[99]

표 11-7 하이테크 제품의 구매 결정에 영향을 주는 요인

구매 결정 요소	의미
상대적 이점	다른 제품 또는 서비스와의 가격 대비 효익이 우수한가?
호환성	문화적 상황 및 기존 사용 방법과 부합되는가?
복잡성	신제품 사용의 난이도가 낮은가?
시범적 사용성	구매 전에 시범적으로 사용할 수 있는가?
제품 편익 전달 수준	제품 편익이 잠재적 소비자에게 쉽게 설명될 수 있는가?
제품 편익 체감 수준	소비자가 제품을 사용하면 제품 편익을 쉽게 체감할 수 있는가?

❶ **상대적 이점** : 고객이 새로운 제품을 수용하는 과정에서 지불하는 비용 대비 새로운 제품에서 얻는 효익이 기존 제품과 비교하여 높은가의 여부이다. 예를 들어, 월 1만 원을 지불하고 지역 케이블TV에 가입하여 24시간 방송을 시청하던 소비자가 월 2만 원을 지불하고 IPTV에 가입할 경우, 비용이 두 배가 되므로 소비자가 느끼는 가치가 두 배 이상이 되어야 상대적으로 이점이 있다고 느끼게 된다.

❷ **호환성** : 기존에 사용하던 제품이나 기술과 호환되는가의 여부이다. 예를 들어, 새로운 비디오 게임기 두 가지가 출시되었다고 가정하자. A 제품은 기존에 사용하던 구형 조이스틱과 호환되

는 반면, B 제품은 오직 신형 조이스틱만 인식한다면 A 제품의 호환성이 더 우수하다고 할 수 있다. 기존에 사용하던 장치, 시스템들과의 인터페이스 호환성에서 A 제품이 앞선다. 반면, 기존에 출시되었던 게임 소프트웨어들이 A 제품에서는 작동되지 않고, B 제품에서만 작동된다면 이 부분은 B 제품의 호환성이 더 우수하다고 할 수 있다. 기존에 사용하던 보완재[4]와의 호환성 측면에서 B 제품이 앞선다.

❸ **복잡성** : 새로운 제품의 사용이 얼마나 어려운가를 의미한다. 기존 제품의 사용 방식과 유사하고, 직관적으로 사용할 수 있는 경우 복잡성이 낮다. 반대로 기존 제품과 매우 다른 사용자 인터페이스와 기능을 제공하고, 장시간 학습이 필요한 경우 복잡성이 높아진다.

❹ **시범적 사용성** : 제품 구매 이전에 제품을 탐색하는 과정에서 제품을 시범적으로 사용해보는 것을 의미한다. 기업들이 새로운 제품을 체험하는 공간을 제공하거나 일정 기간 내에 구매한 제품을 무료로 환불해주는 전략 등이 이에 해당된다.

❺ **제품 편익 전달 수준** : 제품 구매로 고객이 얻게 되는 효익을 잠재 고객에게 얼마나 효과적으로 전달하는가를 의미한다. 하이테크 제품은 일반적으로 기술, 기능, 성능 등과 관련된 용어와 개념이 고객에게 낯선 편이다. 따라서 기업 내부에서 사용하는 어려운 용어와 개념으로 고객에게 편익을 설명하려고 할 경우, 고객이 이를 온전하게 이해하기 어렵다.

❻ **제품 편익 체감 수준** : 고객이 하이테크 제품을 사용하면서 자기 스스로 편익을 얼마나 쉽게 체감하는가를 뜻한다.

6가지 요인의 영향과 소비자의 개인 특성으로 인해 제품 수용 시기는 소비자마다 다르다. 즉 우수한 하이테크 제품이 시장에 나온다고 해서 모든 소비자가 동시에 이를 수용하지는 않는다. 하이테크 제품을 수용하는 5단계 소비자 모델과 이 과정에서 발생하는 캐즘Chasm의 문제를 살펴보자.

6.1 기술 수용자의 분류

하이테크 기술이나 제품을 수용하는 소비자는 [그림 11-11]과 같이 크게 5단계로 나뉜다.[122]

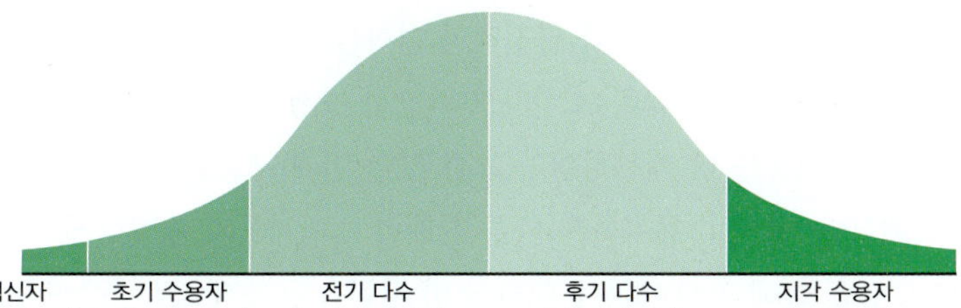

그림 11-11 5단계 수용자 모델

4 Complement Goods. 두 제품을 별도로 사용하는 경우보다 합쳐서 사용하는 경우 효용성이 증가하는 제품을 보완재라고 부른다. 면도기와 면도날, 프린터와 토너, 게임기와 게임 소프트웨어 등에서 이런 관계가 강하게 나타난다.

[표 11-8]은 각 수용자 유형의 특징을 정리한 것이다.

표 11-8 5단계 수용자 유형의 특징

분류	특징
혁신자	· 혁신을 최초로 수용하는 2.5% 정도의 소비자들 · 신기술에 열광하는 집단 · 도전과 탐험을 좋아하며, 호환성과 복잡성에 문제가 있어도 개의치 않음 · 경제력이 높은 경우가 많음
초기 수용자	· 혁신자 다음으로 혁신을 수용하는 13.5%의 소비자들 · 사람들과 관계 형성이 잘되어 있고, 오피니언 리더의 기질을 갖고 있음 · 다른 잠재 고객들에게 가장 많은 영향을 줌 · 기업에 실질적인 수익을 가져다주는 최초의 소비자들
전기 다수	· 초기 수용자 다음으로 혁신을 수용하는 34% 정도의 소비자들 · 새로운 제품이나 기술을 통해 생산성 향상을 추구함 · 점진적 혁신을 선호함
후기 다수	· 전기 다수의 뒤를 잇는 34% 정도의 소비자들 · 혁신에 대해 부정적인 시각을 갖고 있음 · 다른 소비자나 동료로부터 압력을 받아서 혁신을 수용하는 경향 · 가격에 민감하고, 세부적인 요구 사항이 많은 편임
지각 수용자	· 마지막으로 혁신을 수용하는 16% 정도의 소비자들 · 하이테크 제품의 주된 마케팅 대상이라고 할 수 없음 · 과거 경험에 의존하여 의사 결정을 함

수용자 유형별 세부 특성은 다음과 같다.

❶ **혁신자** : 이들은 혁신을 최초로 수용한다. 변화를 좋아하고, 신기술에 열광하는 집단이다. 이들은 초기 제품에 존재하는 결함이나 변화 수용 과정의 불편함에 대해 문제 삼지 않는다. 혁신을 통해 직접적인 효익이나 생산성 향상을 기대하기보다 혁신 자체를 즐기는 집단이다. 기업 입장에서 혁신자들을 통해 많은 수익을 얻기는 어렵다. 다만 이들에게서 다음 집단인 초기 수용자를 움직이는 역할을 기대한다.

❷ **초기 수용자** : 신기술을 수용하여 혁신적인 성과와 급진적인 변화를 얻고 싶어 하는 집단이다. 이들은 혁신 제품의 앞선 기능과 성능으로 다른 소비자보다 앞서 경쟁 우위의 이득을 보고 싶어 하므로 가격 민감도가 낮다. 비용을 더 지불하더라도 한두 달 먼저 제품을 구매할 수 있다면 기다리지 않고 먼저 구매한다. 초기 수용자들은 다른 잠재적 소비자들과 활발하게 의견을 나눈다. 언론, 블로그, SNS 등을 통해 혁신 제품에 대한 소비 경험을 능동적으로 공유한다.

❸ **전기 다수** : 이들은 실용주의적 특성을 보이며, 급진적인 혁신보다는 점진적인 변화를 선호한다. 혼자만 독특한 제품이나 기술을 선택하기보다 다수가 선택하는 것을 사용하고 싶어 한다. 동종 업계 기업이나 전문가의 의견, 사용 패턴에 강하게 영향을 받는 집단이다. 즉 큰 위험 부담 없이 주변의 변화를 따라가면서 안정적으로 생산성 향상을 얻고자 한다.

❹ **후기 다수** : 주변에서 상당수의 기업이나 소비자가 혁신 제품을 사용한다는 것을 인식하고, 이로부터 압박감을 느낄 때 제품을 구매한다. 혁신 제품으로 인한 위험을 극도로 회피하며, 비용에도 매우 민감하다.

❺ **지각 수용자** : 혁신 제품이나 기술에 대해 회의적인 시각을 갖고 있으며, 혁신이나 변화에 반대하는 입장이어서 혁신 제품이 더 많은 효익을 주리라 믿지 않는다. 신제품을 수용하지 않으면 더 이상 버티기 어려운 상황에 이르러서야 신제품을 수용한다. 예를 들어, 주변 사람들 대부분이 스마트폰을 사용해도 이들은 끝까지 스마트폰을 구매하지 않는다. 통신사나 단말기 제조업체에서 더 이상 스마트폰 이외의 휴대전화나 통신 서비스를 제공하지 않아서 매우 불편한 상황에 처했을 때 비로소 스마트폰을 구매하는 양상을 보인다.

5단계 수용자의 시장점유율을 그래프로 그리면 [그림 11-12]와 같다. [그림 11-12(a)]는 혁신자, 초기 수용자, 전기 다수, 후기 다수, 지각 수용자를 시간의 흐름에 따라 누적해서 표현한 그래프이다. 이는 5장에서 설명한 기술혁신의 S커브와 같은 모습이 된다. [그림 11-12(b)]는 혁신자, 초기 수용자, 전기 다수, 후기 다수, 지각 수용자를 수용하는 순서에 따라 누적하지 않고 그린 그래프로, 정규 분포Normal Distribution의 모양이 된다.

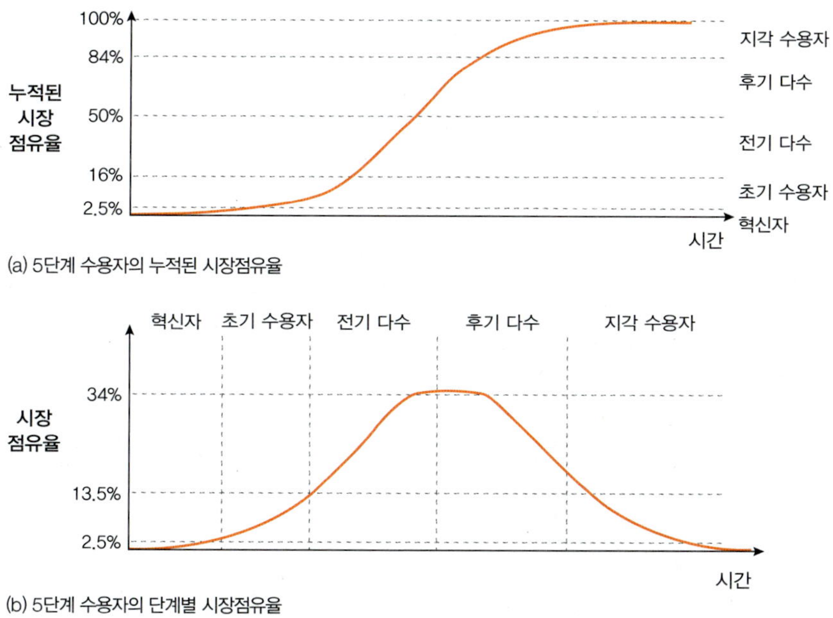

그림 11-12 5단계 수용자의 시장점유율 그래프

[그림 11-13]은 흑백 TV, 컬러 TV, 비디오 플레이어, 케이블TV, ATM[5], 무선전화에 대한 연도별 시장 성장 추세를 보여준다. 이들 제품은 현재 기준에서는 하이테크 제품이 아니지만, 해당 제품이 등장했던 당시에는 하이테크 제품이었다. [그림 11-12(a)]와 같이 S커브 형태의 모습을 보인다.

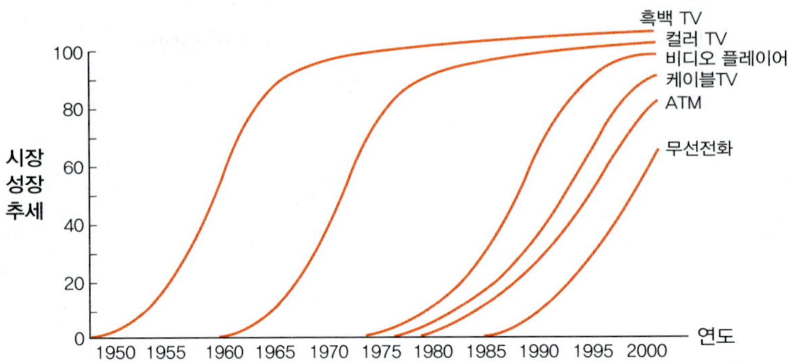

그림 11-13 하이테크 제품의 수용 사례[16]

[그림 11-14]는 미국 시장에서 스마트폰 수용 현황을 나타낸다.[10] 자료에서 제시한 시점을 기준으로 미국 스마트폰 시장은 후기 다수 수용자들이 제품을 수용하는 단계가 되었다.

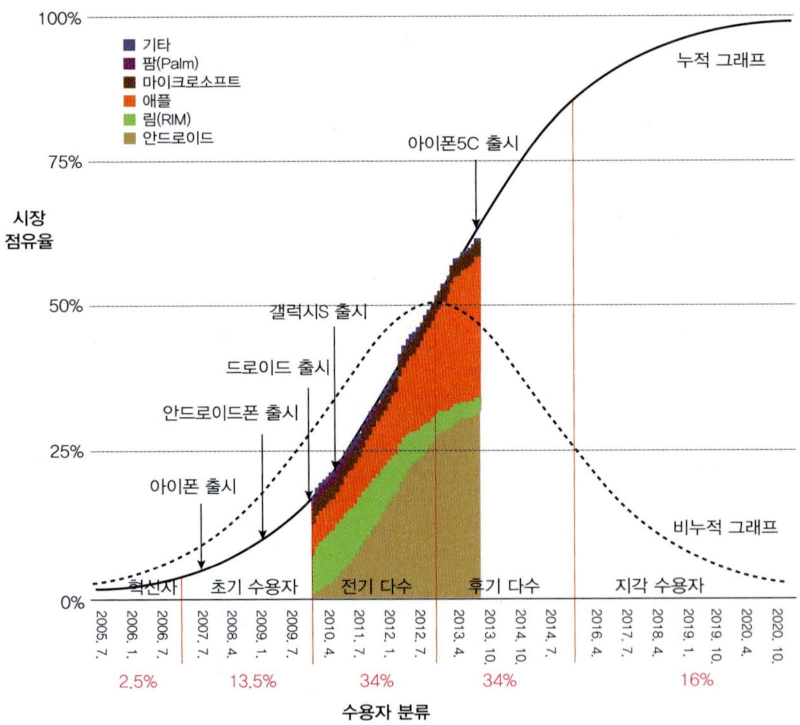

그림 11-14 미국 시장의 스마트폰 수용 현황

5 Automated Teller Machine, 은행에서 제공하는 현금자동인출기를 뜻한다.

6.2 캐즘의 극복

앞서 기술 혁신을 수용하는 5단계 수용자 유형에 대해 살펴보았다. [그림 11-11]에서는 기술 수용 단계별로 수용자 유형이 명확히 나뉘어 있지만, 사실 각 수용자 유형 간에는 틈이 존재한다. [그림 11-15]와 같이 혁신자와 초기 수용자 간, 초기 수용자와 전기 다수 간, 전기 다수와 후기 다수 간 수용 시기에 틈이 발생한다. 이는 혁신자가 수용을 끝낸 후 바로 초기 수용자가 제품을 수용하는 게 아니라, 시간적인 지연이 발생한다는 의미이다. 특히 두 번째 틈인 초기 수용자와 전기 다수 간의 틈이 큰 편이어서 이를 하이테크 마케팅에서 캐즘이라 부른다.[101]

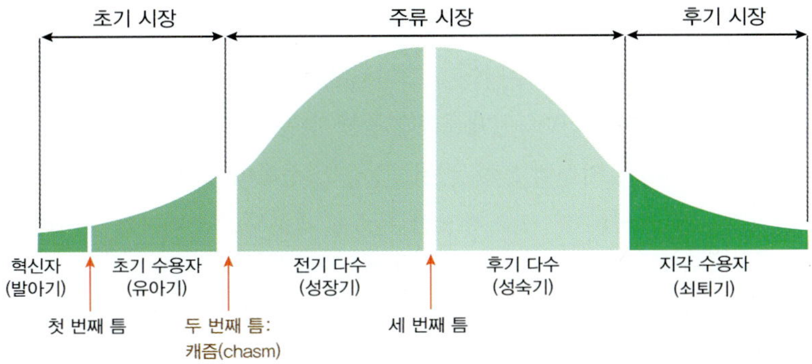

그림 11-15 하이테크 제품 수용 과정에서 나타나는 캐즘

하이테크 마케팅에서 소비자 수용 단계 간에 틈이 발생하는 원인은 각각 다음과 같다.

❶ **첫 번째 틈** : 혁신자와 초기 수용자 사이에 발생한다. 신제품이 실질적으로 혁신적 가치를 제공하지 못할 경우에 발생한다. 혁신자는 실질적인 가치보다는 새로운 제품에 대한 호기심과 탐구로 제품을 수용한다. 그러나 초기 수용자는 신제품이 실질적인 혁신의 도구가 되기를 바란다. 단순히 새로운 제품이라는 이유만으로 수용하지는 않는다.

❷ **두 번째 틈(캐즘)** : 초기 수용자와 전기 다수의 신제품 수용 목적이 다르기 때문에 발생하는 현상이다. 초기 수용자는 급진적인 혁신을 이루기 위해 신제품을 수용한다. 반면, 전기 다수는 점진적인 변화의 도구로 신제품을 수용하므로 급진적인 혁신을 피하는 성향이 있다. 또한 초기 수용자는 가격 민감도가 낮은 반면, 전기 다수는 가격 대비 편익을 따지기 때문에 생산성 향상 측면에서 가격이 적절한 수준이 아니라면 구매를 늦춘다.

❸ **세 번째 틈** : 전기 다수와 후기 다수 사이에 발생한다. 제품을 낮은 가격으로 공급하기 위한 원가절감, 공정 개선, 유통 개선을 이루지 못했을 때 발생한다. 후기 다수는 가격에 민감하다. 따라서 기업이 전기 다수를 지나서 후기 다수의 수용자를 끌어들이기 위해서는 낮은 가격을 구현할 수 있어야 하는데, 이를 적정 시기에 달성하지 못해 후기 다수의 구매가 지연되는 현상이다.

캐즘을 넘어서기 위해 다음과 같은 방법들이 제안된다.[101][153]

- 완전완비제품Whole Product을 제공하여 신제품을 도입하는 과정에서 소비자가 겪게 되는 불편을 최소화한다. 제품 사용에 필요한 보완재, 교육, 서비스 등을 묶어서 공급하여 소비자가 신제품을 편하게 받아들이게 해준다.
- 고객에게 익숙한 공인된 표준, 산업계 표준들을 최대한 준수하여 소비자가 사용 중인 기존 제품이나 기술과의 호환성을 보장하고, 신기술 적용에 대한 소비자의 불안감을 해소해준다.
- 신제품을 통해 소비자가 얻게 되는 생산성 향상과 편익을 적극적으로 알린다. 특히 소비자 입장에서 원하는 것이 무엇인가를 정확하게 파악하여 이 부분을 신제품이 어떻게 만족시켜 주는가를 설명해야 한다. 신제품이 제공하는 편익이 소비자가 원하는 편익과 다른 것이라면, 소비자는 신제품이 자신의 생산성을 높이는 수단이라고 인식하지 않는다.
- 고객이 쉽게 인식하도록 제품을 단순화한다. 신제품의 기능과 성능 및 이를 통해 얻게 되는 편익이 이해하기 어려우면 소비자는 자신이 원하는 생산성을 달성하리라 생각하지 않는다. 하이테크 기업들이 빠지기 쉬운 오류는 더 크고 복잡한 제품을 제공하면 소비자가 좋아하리라 기대하는 것이다. 이해하기 어려운 더 크고 복잡한 제품은 소비자가 선택을 주저하게 만든다.

일본 도요타의 하이브리드 자동차인 프리우스의 미국 시장 진출 사례를 살펴보자.[52] 연도별로 프리우스의 미국 시장 진출 과정에서 발생한 주요 이슈를 살펴보면 다음과 같다.

- **1997년** : 프리우스를 일본에서 팔던 모델 그대로 미국에 출시했다([그림 11-16]). 운전석이 자동차의 우측에 위치한 구조였다.[6] 불편한 핸들 위치, 고급스럽지 않은 내장재, 좁은 트렁크, 접히지 않는 뒷자리 의자로 인해 소비자들의 반응이 좋지 않았다. 미국 자동차의 대부분은 트렁크가 넓은 편이고, 짐을 많이 실을 경우를 대비해 뒷자리 의자가 접히는 구조가 많다.
- **2000년** : 미국 시장의 일반적인 자동차와 비슷한 형태로 운전석을 좌측으로 바꿔서 출시했다. 그러나 트렁크가 좁아서 소비자의 만족도는 여전히 낮은 편이었다. 또한 도요타는 높은 연비의 환경친화적 엔진 기술을 내세웠으나 엔진 파워가 부족하다는 데서 소비자의 불만이 높았다.

그림 11-16 미국에 최초 출시된 프리우스

6 일본은 자동차 핸들이 우측에 있고, 우리나라나 미국은 핸들이 좌측에 있다.

• **2001년** : 전자 브로셔를 제작하여 온라인 마케팅을 실시했다. 2001년, 2002년에 각각 1만5천대, 2만대를 판매했다.

• **2004년** : 하이브리드 자동차의 이미지를 덜 강조하기 시작했다. 자동차 구조를 변경하여 트렁크 적재 용량을 넓혔고, 폴딩 시트를 적용하여 더 많은 짐을 실을 수 있게 했다([그림 11-17]).

그림 11-17 일부 구조가 변경된 프리우스

• **2007년** : 캐즘을 극복한 시기에 해당된다. 하이브리드 자동차인 프리우스의 주 마케팅 대상을 환경친화론자에서 경제적 소비자로 전환하였다. 즉 환경을 지키기 위해 프리우스를 사용하라는 취지에서 연료비 절감을 위해 프리우스를 선택하라는 쪽으로 방향을 바꿨다. 환경친화적인 이미지는 혁신적인 자동차를 원하는 초기 수용자에게는 어필되는 강점이었으나, 생산성 향상을 원하는 전기 다수에게는 매력적이지 않았다. 연료비가 절감된다는 점을 전면으로 내세워 강조하면서 전기 다수 수용자를 끌어들였다. 이를 통해 '경제적 하이브리드차 = 프리우스'라는 대표성을 확립했다.

제이디파워J.D. Power[7]의 2008년 조사를 보면 미국 소비자들은 친환경차 구매를 대부분 원하지만, 추가 지출 의향이 있는 경우는 11%였다. 즉 같은 조건이면 친환경차를 구매하겠지만, 굳이 더 많은 비용을 지출하면서 친환경차를 구매하려는 소비자는 전체의 1/10 남짓이라는 의미이다. 따라서 프리우스의 친환경성만 지속적으로 내세웠으면, 전체 소비자 1/10 이상의 관심을 끌기는 어려웠을 것이다.

• **2010년** : SNS 기반 마케팅으로 더 많은 소비자에게 프리우스의 효율성을 어필하기 시작했다([그림 11-18]).

그림 11-18 SNS 마케팅을 시작한 프리우스

7 1968년에 설립된 미국의 소비자 만족도 전문 조사 기관이다.

[그림 11-19]는 프리우스를 포함하여 도요타 자동차에서 판매하는 주요 차량의 미국 내 판매 실적을 보여준다. 프리우스는 2007년도부터 전기 다수를 끌어들이면서 전년도 대비 80% 정도의 판매 실적 증가를 보였다.

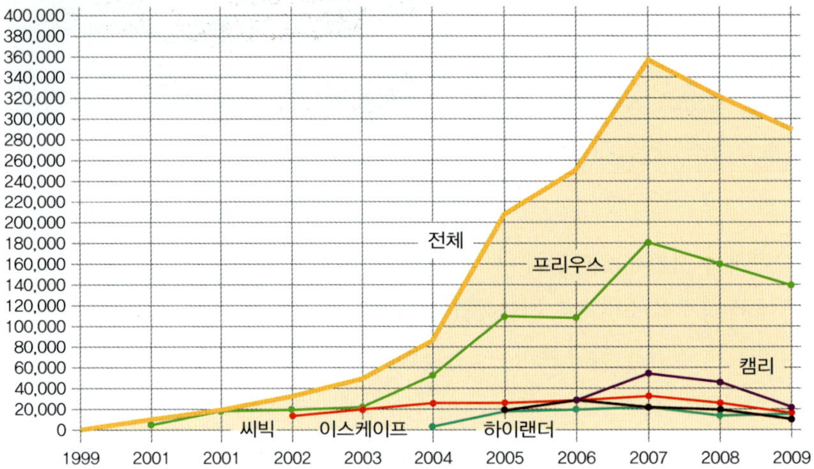

그림 11-19 도요타 자동차의 미국 내 판매 실적

Quiz

01 상품 수명주기가 순서대로 바르게 나열된 것은 무엇인가?

① 도입기, 성장기, 쇠퇴기, 성숙기
② 성장기, 도입기, 성숙기, 쇠퇴기
③ 도입기, 성장기, 성숙기, 쇠퇴기
④ 성장기, 도입기, 쇠퇴기, 성숙기

02 소비자 구매 행동의 관여도와 제품의 차별성을 놓고 볼 때, 다음 중 다른 영역에 속하는 것은 무엇인가?

① 음식
② 심장 수술
③ 주택
④ 고가의 자동차

03 소비자 니즈 파악을 위한 기법 중 이동 상황에서의 제품 활용 행태를 파악하는 기법은 무엇인가?

① 거리 관찰
② 그림자 추적
③ 사진 일기
④ 비디오 에스노그라피

04 마케팅의 목표 중 성장 목표에서 기존 상품을 기존에 거래하던 소비자 및 시장에 판매하는 전략은 무엇인가?

① 다각화 전략
② 신상품 개발 전략
③ 시장 개발 전략
④ 시장 침투 전략

05 제품의 편익 중에서 제품이나 서비스를 통해 자신의 개성이나 지위를 다른 이들에게 표현하는 것은 무엇인가?

① 사회적 편익
② 심리적 편익
③ 기능적 편익
④ 감각적 편익

06 고객이 특정 제품의 가격이 적절한가를 판단하는 기준 가격을 무엇이라 칭하는가?

① 유보가격
② 총소유비용
③ 준거가격
④ 최저수용가격

07 소비자가 자동차를 구매할 경우, 영업 사원이 제시하는 차량 기본 가격을 가장 중요하게 생각하며, 여기에 부수적으로 발생하는 옵션 추가 비용, 보험료 등은 상대적으로 덜 중요하게 인식하는 현상을 무엇이라 칭하는가?

① 가격-품질 효과
② 총지출 효과
③ 공유비용 효과
④ 재고 효과

Quiz

08 촉진 활동에서 기업과 관련이 있는 집단과 좋은 관계를 유지하여 기업 이미지를 높이는 활동을 무엇이라 칭하는가?

① 광고 ② 판매 촉진
③ 인적 판매 ④ PR

09 유통에서 제조사로부터 공급받은 하이테크 제품에 소비자의 욕구를 충족시키기 위한 추가적인 제품이나 서비스를 포함하여 공급하는 중간 판매상을 무엇이라 칭하는가?

① 직접 경로 판매자 ② 유통 경로 관리자
③ VAR ④ SI

10 혁신을 수용하는 소비자의 단계를 순서대로 바르게 나열한 것은 무엇인가?

① 혁신자, 전기 다수, 초기 수용자, 후기 다수, 지각 수용자
② 혁신자, 전기 다수, 후기 다수, 초기 수용자, 지각 수용자
③ 초기 수용자, 혁신자, 전기 다수, 후기 다수, 지각 수용자
④ 혁신자, 초기 수용자, 전기 다수, 후기 다수, 지각 수용자

01 ③ 02 ① 03 ② 04 ④ 05 ① 06 ③ 07 ② 08 ④ 09 ③ 10 ④

자르는 선

팀별과제

팀번호 : ______ 팀명 : ____________ 팀원 : ______________________________

주제 1 스마트폰 가격은 얼마가 적절한가?

1 신형 스마트폰이 출시되었다고 가정하고 각 질문에 대해 각자가 생각하는 금액을 만 원 단위로 적으시오. 스마트폰 이외에 다른 하이테크 제품으로 바꿔서 생각해도 된다.

(예 웨어러블 장치, 휴대용 빔 프로젝터)

일련 번호	성명 (팀원)	[유보가격] 당신이 지불할 수 있는 최고 금액은 얼마인가?	[준거가격] 당신이 생각하는 적정 가격은 얼마인가?	[최저수용가격] 품질에 문제가 있다고 의심되는 가격은 얼마 이하인가?
1				
2				
3				
4				
5				
6				
7				
8				
9				
10				
평균				

2 다음 문항에 대해 팀원들과 의견을 나눠보고 결과를 정리해보자.

- 팀원들이 최근에 구매한 스마트폰 가격의 평균은 얼마인가? ______________
- 유보가격, 준거가격, 최저수용가격 중 무엇에 가장 근접하는가? ______________
- 이와 같은 현상이 나온 이유는 무엇일까?

____

____

____

자르는 선

팀별과제

팀번호 : ______ 팀명 : ____________ 팀원 : ______________________________

주제 2 이 제품을 사용하는 소비자는 어떤 사람일까?

1 컨설팅 회사 엑센츄어의 조사에 따르면, 제품 개발이 실패하게 되는 주 요인은 바로 '소비자에 대한 이해 부족'에 있다고 한다. 최근에 언론에 많이 거론되는 하이테크 신제품을 한 가지 선택하여 소비자 프로파일을 작성해보자.

ㅁ우리 팀에서 선택한 제품: ______________________

ㅁ이 제품의 핵심 사용자층은 누구일지 다음의 표를 채워보자.

성별 (남녀 중 누가 많을까?)		평균 연령대	
평균적 소득 수준 (정량화가 어려우면 상/중/하로 표기)		거주 지역 (예 도심지, 도시 외곽, 농/어촌, 공업 지대 등)	
두려워하거나 싫어하는 요소		닮고 싶은 롤 모델/영웅	
여가를 즐기는 스타일		좋아하는 미디어/TV 프로그램	
제품 선택 시 핵심 고려 요소 (복수로 정리 가능)			
소비자의 모습(소비자의 외형 & 소비자가 해당 제품을 사용하는 모습을 스케치함)			

자르는 선

개별과제

학번 : ____________ 이름 : ____________

주제 혁신을 수용하는 다른 태도

1 [먼저 생각해봅시다]에서는 자신의 수용자 유형을 알아보았다. 자신과 수용자 유형이 다른 동료 3명을 찾아서 다음의 인터뷰를 진행하시오.
(응답자 3명의 수용자 유형은 서로 달라야 한다. 예를 들어, 내가 혁신자이면, 동료 중에서 전기 다수, 후기 다수, 지각 수용자를 한 명씩 찾아서 인터뷰를 진행해야 한다.)

나(질문자)의 수용자 유형 (다섯 유형 중 합계가 가장 높은 것)			
동료(응답자)의 이름	동료(응답자)의 수용자 유형	동료(응답자)는 본인의 수용자 유형이 가진 단점을 무엇이라 생각하는가?	동료(응답자)는 나(질문자)에게 어떤 조언을 해주고 싶은가?

2 3명의 동료를 인터뷰한 결과를 참고하여 소비자 입장에서 본인이 생각하는 이상적인 수용자는 어떤 특성을 갖춰야 하는지 정리해보자.

____

____

____

PART 4

12장

시장 진출과 성장

Commercialization & Growth

"양보다 질이 우선이다. 2루타 두 개보다 홈런 하나가 낫다"

- 스티브 잡스 -

01 최적의 시장 진입 시기는 언제인가?

02 표준의 종류와 기준은 무엇인가?

03 기술 가치는 어떻게 평가할까?

Quiz 팀별과제 개별과제

학습목표

- 기업의 시장 진입 시기에 따른 전략의 차이와 장단점을 알아보자.
- 시장에서 자리를 잡는 지배적 디자인이 어떻게 탄생하는지 살펴보자.
- 위험을 감수하고 자본을 투자하여 개발한 기술과 그 가치를 평가하는 방법에 대해 알아보자.

먼저 생각해봅시다

이름 : ________________

당신이 보유한 재능이나 기술 중 한 가지를 다른 사람에게 전수한다고 가정하고, 그 가치를 산출해보자.

◇ 다른 사람에게 전수할 만한 재능이나 기술에는 어떤 것이 있을까?

(예 기타 연주 실력, 요리 실력, 농구 실력, 파워포인트 작성법)

____

◇ 다음의 3가지 관점으로 해당 재능이나 기술에 대한 전수 가격을 산출해보자.

ㅁ수익 기준

- 그 재능을 상대방에게 전수해주면 상대방은 그 재능으로 어느 정도의 경제적 수익을 얻을 수 있을까? ________만 원
- 위와 같이 산출한 근거는 무엇인가? ______________________

ㅁ시장 기준

- 당신이 전수하려는 재능 및 기술을 가르치는 기관이나 학원이 있을 때, 당신이 전수하려는 수준만큼의 재능 및 기술을 배우려면 어느 정도의 비용을 지불해야 하는가? ________만 원
- 위와 같이 산출한 근거는 무엇인가? ______________________

ㅁ비용 기준

- 당신이 전수하려는 재능이나 기술을 다른 사람이나 학원 등을 통해 배우지 않고, 스스로 익히려면 비용을 어느 정도 투자해야 할까? ________만 원
- 위와 같이 산출한 근거는 무엇인가? ______________________

◇ 수익 · 시장 · 비용 기준 중에서 가장 높은 금액이 산출된 것은 무엇인가? 해당 기준의 산출 금액이 다른 기준들보다 높아진 이유는 무엇일까?

ㅁ가장 높은 금액이 산출된 기준 : ____________

ㅁ다른 기준들보다 산출 금액이 높아진 이유

____

____

____

01

최적의 시장 진입 시기는 언제인가?

여러분이 대학생이라면, 성적 정정을 언제 요청하는 게 가장 효과적일까? 기말고사를 치른 직후, 임시 성적이 발표된 직후, 아니면 최종 성적이 확정되기 직전, 이 셋 중에 언제가 가장 효과적일까? 교수마다 차이가 있겠으나, 일반적으로는 기말고사를 치른 직후가 가장 좋다. 아직 교수가 전체 학생들을 대상으로 평가 결과를 정리하지 않았기 때문이다. 반면에 최종 성적 확정 직전은 가장 좋지 않다. 이미 많은 학생들의 정정 요청이 있었을 테고, 한 명의 성적을 바꾸면 처리할 작업들이 많아져서 교수 입장에서는 가장 방어적으로 나오기 쉽다. 성적을 정정할 때에도 타이밍이 중요하다.

무엇을 할 것인가보다 때로는 언제 할 것인가가 더 중요할 수 있다. 이는 사업 영역에서도 마찬가지이다. 동일한 제품이어도 시장에 진입하는 시기에 따라 기업이 펼치는 전략이 달라지고, 사업 성과도 다르게 나타난다.

시장에 진입하는 시기에 따라 기업은 시장 개척자Pioneer, First Mover 또는 Product Leader, 조기 추종자Fast Follower 또는 Early Follower, 후기 진입자Late Entrant로 나뉜다.[99][130] 어느 방식이 절대적으로 우세하다고 할 수는 없으며, 시장과 기업이 처한 상황에 따라 각자에게 적합한 방식을 선택해야 한다. 소비자 5단계 모델을 놓고 보면, 세 사업자의 시장 진입 시기는 대략 [그림 12-1]과 같다.

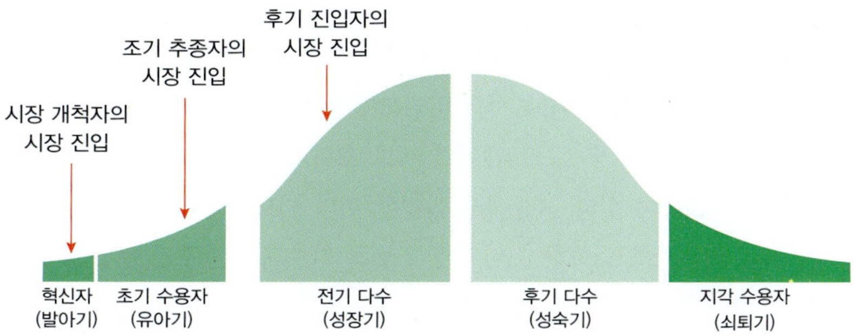

그림 12-1 시장 진입 시기에 따른 사업자 분류

이 절에서는 시장 진입 시기별로 사업자들이 누리는 장점과 단점을 살펴본다. 각 전략의 장단점을 기업이 지닌 특성과 비교하여 어떤 전략이 기업에게 가장 유리할지 생각해보면 된다.

1.1 시장 개척자

시장 개척자는 제품의 도입기나 최초로 서비스 시장에 진입하는 사업자를 의미한다. 앞서 [그림 11-11]의 혁신을 수용하는 소비자 5단계 모델의 혁신자와 초기 수용자를 주 고객으로 삼는다. 많은 위험 부담을 감수하고 시장에 진입하는 대신 고수익을 노리는 전략이다. 그러나 감수해야 할 위험과 기대되는 수익은 상황에 따라 변하고, 정확하게 정량적으로 견줘지는 것이 아니어서 이 전략의 장단점에 대해서는 다양한 의견이 존재한다.

시장 개척자 전략의 장단점은 일반적으로 다음과 같다.

시장 개척자의 장점

❶ **희소 자원의 선점** : 사업 운영에 필요한 물리적 입지, 유통망, 주요 공급 업자와의 관계, 정부 승인 등을 선점한다. 예를 들어, 국내에서 TV 방송 사업을 하려면 독자적인 채널을 확보해야 한다. 그러나 TV 채널의 개수는 한정적이고, 특히 소비자들은 주로 낮은 번호대의 채널을 선호하는 경향이 있다. 물질적인 자원은 아니지만, 먼저 진출한 방송 사업자들이 TV 채널이라는 희소 자원을 선점한 셈이다.

❷ **브랜드 이미지 확보** : 해당 제품이나 기술을 선도하는 기업으로 소비자에게 긍정적으로 인식된다. 이를 이용해 마케팅 측면에서 후발 기업에 비해 우위에 서게 된다.

❸ **기술 리더의 입지 구축** : 시장 개척자는 제품의 기술적 특징, 표준 등에 대해 강력한 영향력을 갖는다. 정부에서 해당 제품과 관련된 표준을 만든다면, 먼저 출시된 제품의 기술 특징을 고려하는 게 보편적이다. 시장 개척자의 제품이 시장에서 긍정적인 반응을 얻었다면, 후발 업체들은 소비자에게 친숙한 시장 개척자 제품의 기술, 기능적 특성을 따르게 된다.

❹ **소비자 전환비용 활용** : 소비자가 A 제품을 사용하다가 B 제품으로 바꿔 쓰게 될 경우 치르는 대가를 소비자 전환비용이라 한다. 예를 들어, A사의 비디오게임기를 사용하다가 B사의 비디오게임기로 바꾸려고 할 때, 두 게임기의 소프트웨어가 서로 호환되지 않으면 소비자는 소프트웨어 교체 비용을 추가로 지불해야 한다. 3장에서 설명한 쿼티 키보드와 드보락 키보드의 예도 여기에 해당된다. 쿼티 키보드에 익숙한 소비자가 드보락 키보드로 바꾸려면 일정 시간 노력을 들여야 하는데, 소비자들은 이런 면을 꺼려서 키보드를 바꾸지 않는다. 이처럼 전환비용이라는 것이 항상 금전적인 것을 의미하는 것은 아니다.

시장 개척자의 단점

❶ **수요의 불확실성** : 해당 제품을 구매하는 시장이 존재하는지 불확실한 상태에서 시장에 뛰어들게 된다. 기업은 소비자에게 해당 제품의 기능이나 성능의 우수성을 알리기 전에 해당 제품이 필요하다는 인식부터 만들어야 한다. 제품 기획 및 디자인 과정에서 다양한 방법으로 고객 수요를 조사하고 예측하지만, 실제 완제품이 시장에 나왔을 때 이에 대한 실제 수요가 어느 정도인지는 누구도 알 수 없다.

동원그룹은 1982년 국내에서 처음으로 참치 통조림 캔을 출시했다.[172] 참치 캔은 국민소득이 높은 나라에서만 팔리던 제품인데다 국내에서는 참치 자체에 대한 인지도가 낮아서 출시 초기의 시장 반응은 매우 냉랭했다. 동원그룹은 백화점, 거리, 등산로 등 다양한 장소에서 시식회를 열고 공격적인 마케팅을 펼쳐서 새로운 수요를 창출했다.[1] 결과적으로 보면 참치 캔은 사람들이 원했던 것Wants은 아니지만 필요했던 것Needs이었다.[2] 참치 캔 시장의 수요가 증가하고 불확실성이 없어지면서 후발 업체들이 시장에 뛰어들었다. 동원기업의 사례는 수용의 불확실성을 공격적인 마케팅으로 극복한 경우이다.

❷ **파트너의 부족** : 필요한 원자재나 부품을 공급해줄 파트너와 완성된 제품을 유통할 파트너가 부족한 경우가 많다. 그래서 때로는 직접 부품을 만들거나 유통망을 개척해야 한다.

❸ **불완전한 보완재** : 제품과 함께 소비해야 하는 제품이나 서비스가 불완전한 경우가 있다.

MP3 플레이어는 세계 최초로 국내 기업이 상용화에 성공했다.[212] 1998년에 디지털캐스트와 새한정보시스템이 출시한 엠피멘이 최초의 제품이다([그림 12-2]). 이후 여러 기업에서 경쟁적으로 다양한 디자인의 MP3 플레이어를 시장에 선보였다.

그림 12-2 엠피멘(출처 : 프랭크타임)

MP3 플레이어는 카세트 플레이어와 CD 플레이어를 잇는 새로운 음악 재생 장치의 시대를 열었다. 기기의 휴대성과 기능은 우수했다. 문제는 MP3 플레이어에 담을 음원 파일이 부족하다는 점이었다. 소비자 스스로 카세트나 CD에 녹음된 음악을 MP3 파일로 변환하여 들어야 했다. 2000년에 MP3 파일 공유 서비스인 소리바다가 등장했다. 사용자 간에 무료로 MP3 파일을 공유하는 방식으로 선풍적인 인기를 끌었다. 소리바다 서비스는 오픈 4년 만에 2천만 가입자를 확보했으나, 음원에 대한 저작권 침해 문제에서 자유롭지 못했다. 서비스를 개시한 다음 해인 2001년부터 각종 소송에 휘말렸다. 결국 초창기 국내 MP3 플레이어 시장은 MP3 플레이어의 보완재인 MP3 음원 파일의 유통이 원활하지 못하여 성장이 둔화되었다.

1 동원그룹의 매출은 2011년에 1조 원을 넘었고, 2014년에 50억 캔 판매를 달성했다.

2 Wants와 Needs의 차이점은 '11장. 하이테크 마케팅의 이해'를 참조하기 바란다.

미국의 경우 애플이 2001년 1월에 MP3 플레이어 겸 음원 마켓인 아이튠즈를 오픈하고, 같은 해 10월에 MP3 플레이어인 아이팟을 시장에 내놓으면서 급속도로 시장점유율을 높였다. 이후 출시 3년 만에 80%를 넘는 시장점유율을 기록했다. 아이팟이 성공한 데에는 애플의 브랜드 가치와 유통망의 역할도 중요했지만, 아이튠즈가 아이팟의 보완재로 아이팟 확산에 큰 기여를 했다는 점도 부인하기는 어렵다([그림 12-3]).

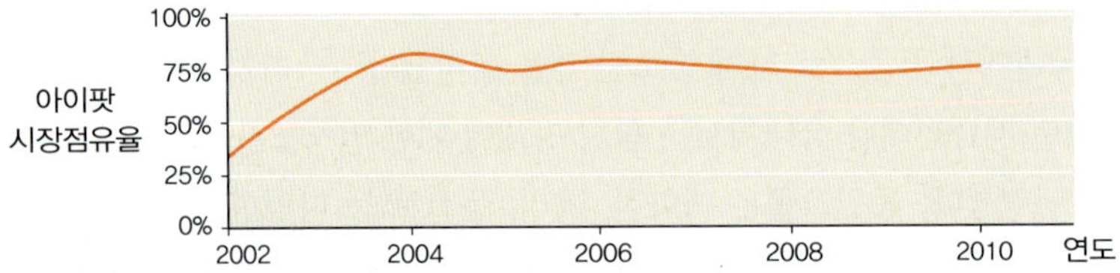

그림 12-3 아이팟의 시장점유율(출처 : Stratechery)

❹ **연구, 개발 비용의 과다 투자** : 시장 개척자는 참고할 만한 성공 사례가 없기 때문에 기술 개발 과정에서 어려움을 겪는다. 예를 들어, 10개의 신기술이 필요하다고 가정하면, 10개 기술 각각에 대해 참고할 기술이 부족하므로 개별 기술을 개발하기 위해 자원이 많이 들어간다. 또한 개발한 10개 기술 중 시장 상황이 변하거나 다른 기술이 대두되면서 일부 기술을 사용하지 못하게 되는 위험도 있다.

참고할 만한 선행 기술이 있으면 기업은 많은 시행착오를 줄일 수 있다. 현대자동차는 메르세데스벤츠, 테슬라, 닛산 등에서 나오는 신차종을 분해하여 제품 개발에 참고한다. 1년에 평균 30여 대를 분해하고, 190여 개 부품을 현대자동차의 협력사에 무상으로 제공하고 있다.[190] 특정 기술, 부품 개발을 먼저 진행한 시장 개척자들이 시행착오를 통해 완성시킨 결과를 참고하여 자사 제품 개발에 투자되는 비용을 절감하는 셈이다.

1.2 조기 추종자

조기 추종자는 시장 개척자의 제품, 마케팅, 유통망 등을 참고하여 비슷한 수준 또는 더 개선된 수준의 제품과 서비스를 시장에 빠르게 내놓는 전략을 사용한다. 조기 추종자는 초기 수용자와 전기 다수를 주고객으로 삼으며 시장 개척자에 비해 35% 이상 낮은 비용으로 비슷한 제품을 개발할 수 있다. 조기 추종자는 시장을 선도하는 기업의 이미지는 부족하지만, 시장이 지닌 불확실성의 위험을 피하고, 더 낮은 원가로 제품을 생산하는 특징이 있다.

고성능 비디오게임기 시장을 예로 들면, 마이크로소프트의 엑스박스는 소니의 플레이스테이션2를 참고하여 따라간 경우에 해당된다. 소니는 2000년 3월에 플레이스테이션2를 출시했고, 1년 뒤 마이크로소프트는 더 높은 성능의 엑스박스를 시장에 내놓았다. 현재까지 엑스박스와 플레이스테이션은 시장점유율을 놓고 치열하게 경쟁을 벌이고 있다([그림 12-4]).

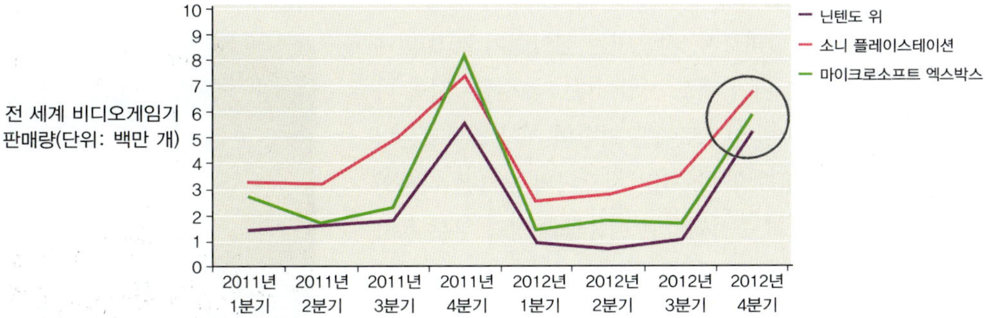

그림 12-4 전 세계 비디오게임기 시장점유율 (출처 : Geekwire)

조기 추종자의 등장이 시장 개척자에게 꼭 나쁜 영향만 주는 것은 아니다. 경쟁자가 등장하면 시장의 전체 규모가 확대되며, 협력과 경쟁을 통해 성장 속도가 빨라진다. 이와 관련하여 밀도의존 이론Density Dependence Theory을 살펴보자. 이는 일정 수준까지는 경쟁자가 있어야 기업의 생존 기회가 높아진다는 이론이다.[200] 이 단계를 정당화 단계라 칭한다.

노래방이 국내에 처음 들어선 건 1980년대이다. 초기에는 폐쇄된 공간이 주는 불건전한 이미지로 인해, 영업에 큰 어려움을 겪었다. 그러다가 노래방 수가 늘어나고 주변에 흔해지면서 친구, 가족이 즐기는 건전한 공간으로 인식되기 시작했다. 현재는 노래방 수가 많아져서 정당화 단계를 넘어 극심한 경쟁 단계에 진입한 상태이다.

1.3 후기 진입자

후기 진입자는 시장 성장기에 후발 주자로서 시장에 뛰어든다. 시장에 늦게 뛰어든 만큼 성숙기를 거쳐, 쇠퇴기까지 시장에 남는 경우가 많다. 주로 대기업들이 많이 사용하는 전략이다. 전기 다수와 후기 다수의 소비자를 주고객으로 삼는다. 경쟁 대기업 또는 규모가 작은 기업들이 도입기 시장에서 생존한 과정을 참고하여 대규모의 자금 투자를 통해 단기간에 제품 출시, 홍보, 유통망 확보 등을 끝내는 전략이다. 이런 방법으로 대기업들이 중소기업의 시장을 잠식하는 경우가 흔하다. 후기 진입자의 장단점은 일반적으로 다음과 같다.

후기 진입자의 장점

❶ **시장의 불확실성이 낮음** : 이미 시장에서 수요가 증명되었기 때문에 시장 규모의 불확실성은 낮아진 상태이다.

❷ **참고할 선행 사례가 많음** : 기술 개발, 소비자 대응 등에 대해 시장 개척자와 조기 추종자의 성공과 실패 사례를 참고하여 시행착오를 줄일 수 있다.

샤오미의 사례를 살펴보자. 샤오미는 레이쥔이 2010년에 설립한 중국의 IT 기기 제조 기업이다. 샤오미는 설립 다음 해인 2011년 9월 안드로이드 기반의 저가 스마트폰인 MI1을 출시했다([그림 12-5]). 샤오미의 MI1은 디자인과 기능면에서 먼저 출시되었던 제품들과 상당 부분 유사한 점이 많았다.

그림 12-5 샤오미의 MI1(출처 : 샤오미)

선행 사례를 참고하는 후기 진입자의 전략은 선발 주자로부터 강력한 견제를 받는다. 샤오미는 현재 여러 기업과 특허 분쟁 관계에 놓여 있다. 일례로, 샤오미는 2014년에 인도의 통신 장비 업체인 에릭슨으로부터 특허침해로 고소당하여 판매가 중지되었다가 다시 풀린 상태이다. 시장 개척자, 조기 추종자와 후기 진입자 간의 특허 분쟁은 다양한 산업에서 발생하고 있다. 분야별 선발 주자 입장에서는 후기 진입자를 견제하거나, 특허에 대한 로열티를 받기 위해 지속적으로 분쟁을 만든다. 스마트폰 산업에서는 [그림 12-6]과 같이 삼성전자와 애플을 중심으로 여러 기업이 복잡하게 특허 분쟁에 얽혀 있다.

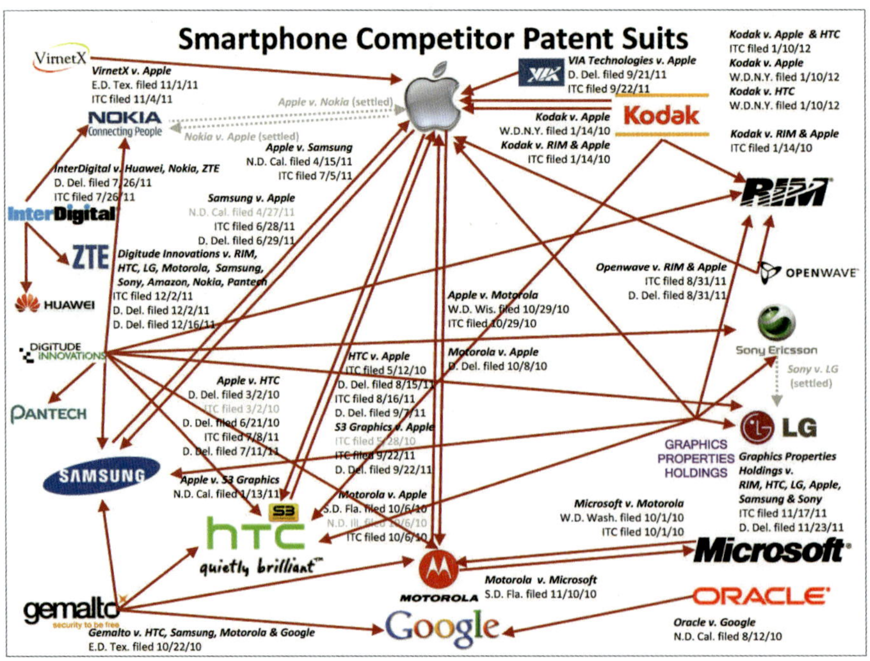

그림 12-6 스마트폰 경쟁 기업들 간의 소송 현황(출처 : 포브스)

❸ 해당 제품과 서비스에 대한 소비자의 이해도가 높음 : 후기 진입자는 제품에 대한 기본적 특성이나 용도를 소비자들이 잘 이해하고 있는 상황에서 시장에 진출한다. 즉 시장 개척자와 조기 추종자들이 마케팅 과정에서 소비자들에게 이 부분을 미리 학습시킨 셈이다. 따라서 후기 진입자들은 제품을 이해시키기 위해 소비자를 설득하고 교육하는 데 드는 부담이 적다.

2011년 9월에 첫 스마트폰인 MI1을 출시한 샤오미의 시장점유율은 2013년 3%, 2014년 11%로 가파르게 성장했다. 샤오미는 저가 전략을 핵심으로 내세웠다. 다양한 요소에서 원가를 절감할 수 있었겠지만, 특히 스마트폰을 고객에게 이해시키는 부분에 대한 비용은 이미 선발 기업들이 다 지불한 셈이어서 이 부분에서 원가가 크게 절감되었을 것이다.

후기 진입자의 단점

❶ 선도 기업의 이미지 확보가 어려움 : 제품을 먼저 선보였던 기업이 갖고 있는 선도 기업의 이미지를 후기 진입자가 단기간에 뺏기는 어렵다. 선도 기업을 절대 넘어서지 못하리라는 시장의 예측, 소비자의 냉대 속에 사업을 시작했던 후기 진입자들이 많다.

현재 전 세계 인터넷 검색 시장을 선도하는 구글은 1998년에 래리 페이지와 세르게이 브린이 설립한 인터넷 검색 서비스 기업이다. 1998년 당시 인터넷 검색 서비스를 지배하던 기업은 야후였고, 구글은 인터넷 검색 서비스 산업에서 후기 진입자로 시장에 뛰어들었다. 인터넷 검색 서비스 산업에 새로 뛰어든 구글의 성공을 예상하는 사람들은 매우 적었고, 기술·서비스·브랜드 인지도 등에서 야후를 넘어서지 못하리란 예측이 지배적이었다. 그러나 구글은 새로운 검색 기술을 개발하여 검색 품질을 꾸준히 높였으며, 그 결과 현재는 선도 기업의 자리를 차지하고 있다.

시장조사기관인 닐슨온라인에 따르면 2015년 말 기준으로 구글, 야후, MSN, AOL은 검색 서비스 분야에서 각각 64.2%, 15.8%, 10.3%, 2.1%의 점유율을 기록하고 있다. 구글은 사업 초기에 야후라는 선도 기업의 이미지에 눌려서 어려움을 겪었지만, 이를 극복하고 시장 지배권을 확보했다.

❷ 희소 자원 확보의 어려움 : 시장 개척자와 조기 추종자들이 한정된 희소 자원을 대부분 확보한 경우 후기 진입자는 더 많은 비용을 지불해야 하거나 열등한 자원만 확보할 수 있다. 이런 현상은 앞서 예를 들었던 TV 채널과 더불어 인터넷 주소에서도 흔하게 나타난다.

국내의 대표적 오픈마켓 사이트 중 하나인 옥션(www.auction.co.kr)[3]은 1998년에 설립되었다. 동일한 주소가 존재하지 않는 인터넷 공간에서 옥션이라는 대표어를 사이트 주소로 확보하여 희소 자원을 선점한 셈이다. 후발 업체들의 경우 대표어를 뺏긴 상태여서 다른 명칭으로 인터넷 주소를 확보하고 홍보하는 과정에 더 많은 공을 들여야 했다.

---

3 우리나라 최초의 인터넷 경매 사이트이다. 미국 이베이가 2001년 인수하여, ㈜이베이옥션이 되었고 현재는 ㈜이베이코리아로 변경되었다.

02

표준의 종류와 기준은 무엇인가?

여러분이 갖고 있는 휴대폰의 충전 단자는 어떻게 생겼는가? 대부분의 경우 마이크로 USB 형태일 것이다. 이는 2009년에 제정된 국제표준인데, 그 전까지만 해도 제조사마다 서로 다른 충전 단자를 내놓았다. 그러다보니 휴대폰을 바꾸면 멀쩡한 충전기도 버려야 하는 문제가 지속되었다. 또 여행을 갈 때는 자신의 충전기를 반드시 소지해야 했다. 휴대폰 충전 단자가 마이크로 USB로 표준화되면서 연간 폐기되던 충전기의 양이 수만 톤 감소되었다. 표준이 보여준 놀라운 힘이다. 개인의 삶을 편리하게 해주고, 환경 문제 개선에도 일조한 셈이다.

표준은 크게 공적 표준Formal Standards과 사실상의 표준De Facto Standard으로 나뉜다. 이 절에서는 공적 표준과 시장의 흐름을 주도하여 사실상의 표준이 되는 지배적 디자인을 살펴본다. 또한 소비자가 제품의 가치를 판단하는 기준이 무엇인지 분석하여 어떤 제품이 시장을 지배하는 힘을 갖는지 살펴보기로 하자.

2.1 공적 표준

공적 표준은 자국 내 또는 국제기구에서 강제적으로 정하는 표준을 뜻한다. 우리나라의 경우는 국가기술표준원에서 국내외 표준 정책 업무를 총괄하고 있다.[4] 즉, 국가기술표준원이 우리나라의 표준 정책을 추진하고 있으며 국제표준화기구ISO에 정부 대표 기관으로 참여하고 있다.

국제표준 기구로는 1947년에 출범한 국제표준화기구ISO : International Organization for Standardization가 있다. ISO는 여러 국가의 표준 제정 기관들의 연합으로 구성된 국제적인 표준화 기구이며, 2013년 기준으로 164개국이 가입되어 있다. [그림 12-7]은 전 세계 ISO 가입 현황이다. ISO 외의 표준 기구로는 국제기술위원회IEC와 국제전기통신연합ITU이 있다.

---

4 국가기술표준원은 고종 20년인 1883년 '전환국 내 분석시험소'에서 출발하여 현재까지 130여 년의 역사를 이어오고 있다. (출처 : 국가기술표준원)

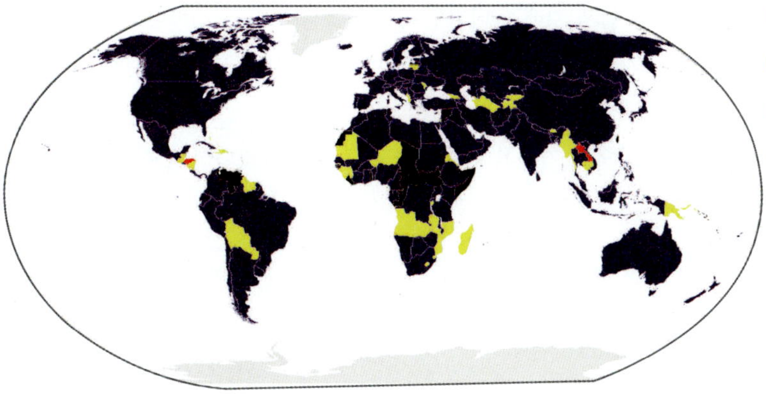

그림 12-7 전 세계 ISO 가입 현황

기업은 국제표준과 국가표준을 준수하여 제품을 만든다. 이때 국가표준이나 국제표준으로 제정된 타 기업의 특허를 사용하는 경우에는 그에 대한 사용료royalty를 지불해야 한다. 그래서 기업들은 자사가 보유한 기술특허가 국가표준 또는 국제표준으로 등록되도록 많은 노력을 기울인다. [표 12-1]은 국제표준으로 등록된 국가별 특허 건수를 보여준다.

표 12-1 국제표준으로 등록된 국가별 특허 건수[218]

순위	국가	건수	순위	국가	건수
1	미국	3,220	6	한국	365
2	일본	1,796	7	네덜란드	230
3	핀란드	1,211	8	호주	213
4	프랑스	954	9	영국	195
5	독일	440	10	중국	133

이처럼 특정 기업의 특허가 국가표준이나 국제표준으로 제정되면 해당 기업에 큰 이익이 된다. 그러나 국제표준이나 국가표준만이 시장의 흐름을 주도하는 요소는 아니다. 이제부터는 실제 시장의 흐름을 주도하는 사실상의 표준에 대해 살펴보기로 하자.

2.2 지배적 디자인

공적표준은 아니지만 특정 산업에서 대부분의 기업이 사용하고, 대부분의 소비자가 이를 수용하는 표준을 사실상의 표준이라 한다. 사실상의 표준을 산업에서는 지배적 디자인이라고 칭한다.

기업들은 자사의 기술과 제품이 시장에서 지배적 디자인이 되도록 많은 노력을 기울이는데, 다음과 같은 경우에 지배적 디자인이 되는 경우를 볼 수 있다.

- 경쟁자가 없는 초기 시장에서는 쉽게 지배적 디자인의 지위를 확보하기도 한다.
- 하나의 지배적 디자인을 가진 기업은 이를 확장하거나 이와 연동되는 다른 기술과 제품에서도 경쟁 우위를 만들기 쉽다.
- 경쟁자에 비해 공적 표준을 중심으로 기능을 단순화하고 성능을 최적화하여 경쟁 우위를 확보할 수 있다.

지금부터 인터넷 브라우저 간의 시장 경쟁 사례를 통해 각각의 기술이 시장에서 지배적 디자인으로 떠오르는 과정을 살펴보자.

■ 사례 : 인터넷 브라우저의 지배적 디자인 흐름

대중이 보편적으로 사용한 최초의 인터넷 브라우저는 넷스케이프에서 1994년에 출시한 내비게이터였다.[166] 당시 출시된 내비게이터의 모습은 [그림 12-8]과 같았는데, 출시 직후 엄청난 속도로 사용자층을 넓혀갔다.

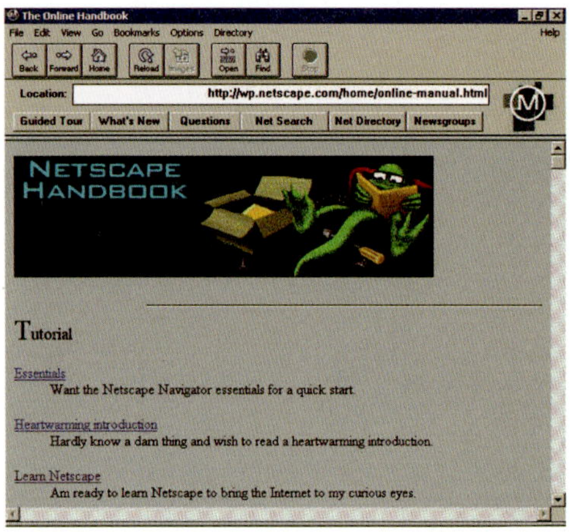

그림 12-8 넷스케이프의 인터넷 브라우저인 내비게이터(출처 : 위키피디아)

마이크로소프트의 회장이었던 빌 게이츠의 전기를 집필한 제임스 윌러스에 따르면, 마이크로소프트에는 1993년 초까지 인터넷 서버조차 없었다고 한다. 마이크로소프트는 내비게이터가 출시된 다음 해인 1995년부터 브라우저 사업에 착수했다. 넷스케이프 출시와 시기적으로 큰 차이는 없었지만, 이미 넷스케이프 내비게이터의 시장점유율은 80%를 넘어선 상황이었다.

마이크로소프트는 인터넷 브라우저인 익스플로러를 출시하며, 이를 자사의 윈도우즈 운영체제에 기본으로 탑재하여 소비자들에게 공급했다. PC 운영체제를 지배하는 윈도우즈의 힘은 막강했다.[5] 인터넷이 대중화되면서 마이크로소프트의 익스플로러는 시장에서 내비게이터를 급속도로 몰아내며 기록적인 시장점유율을 달성했다([그림 12-9]).

---

5 마이크로소프트의 윈도우즈 운영체제는 전 세계 PC 시장에서 줄곧 90% 내외의 점유율을 보이고 있다.

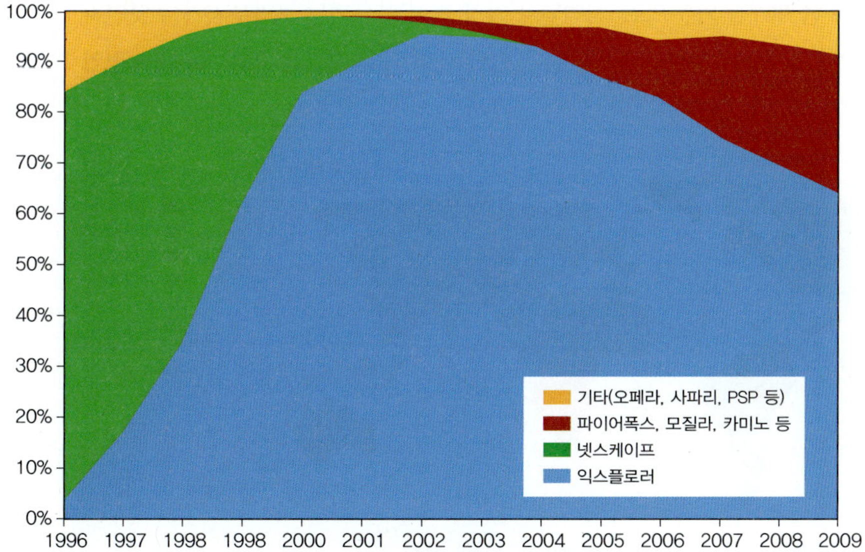

그림 12-9 1996년~2009년, 인터넷 브라우저별 시장점유율(출처 : StatCounter)

그러나 익스플로러의 시장 지배는 2008년부터 조금씩 흔들리기 시작했다. 익스플로러의 아성에 도전장을 낸 것은 구글의 브라우저인 크롬이었다. 크롬은 2008년에 출시된 후부터 시장점유율이 급속도로 높아지기 시작했다([그림 12-10]).

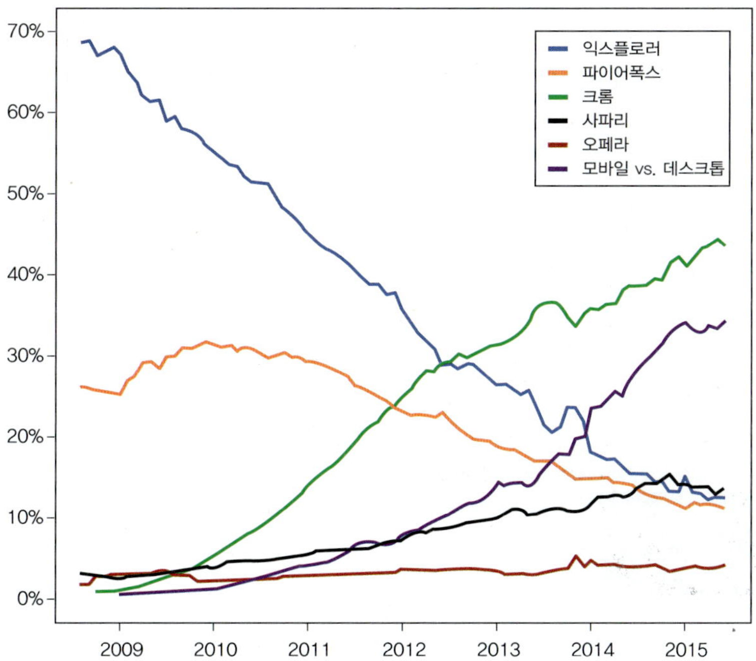

그림 12-10 2009~2015년, 인터넷 브라우저별 시장점유율(출처 : StatCounter)

[그림 12-11]은 전 세계를 기준으로, 지역별로 가장 많이 사용되는 브라우저가 무엇인지 보여준다. 2016년 현재, 크롬은 우리나라와 일본을 포함한 극히 일부 지역을 제외하고 압도적인 차이로 전 세계 브라우저 시장을 점유하고 있다.

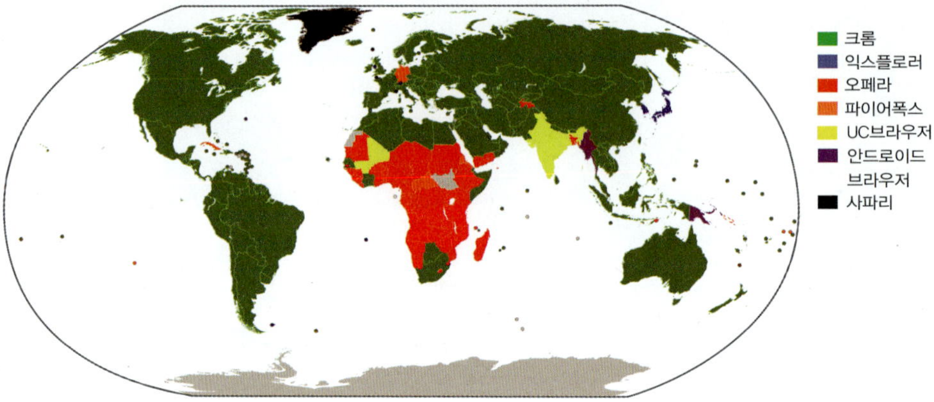

그림 12-11 전 세계 지역별 최고 시장점유율을 보이는 브라우저(출처 : StatCounter)

이와 같은 인터넷 브라우저의 시장 경쟁 사례를 통해 지배적 디자인의 특성을 몇 가지로 정리해 보면 다음과 같다.

- **넷스케이프(내비게이터)** : 경쟁자가 없는 초기 시장에 진출하여 지배적 디자인의 지위를 확보했다.
- **마이크로소프트(익스플로러)** : 당시 PC 운영체제를 지배하던 윈도우즈의 힘을 빌려 익스플로러를 지배적 디자인으로 만들었다.
- **구글(크롬)** : 표준을 지키지 않는 기존의 지배적 디자인에 대항하여 표준을 준수하는 브라우저를 만들었다. 기능을 단순화하고, 구글의 지배적 디자인인 검색엔진과 부가 서비스를 바탕으로 크롬을 지배적 디자인으로 만들었다. [그림 12-12]와 같이 익스플로러로 구글 검색 서비스에 접근하면 크롬 설치를 권장하는 메뉴가 나타나게 하고, 구글드라이브·구글어스·구글독스 등의 부가 서비스들을 크롬에 최적화하였다.

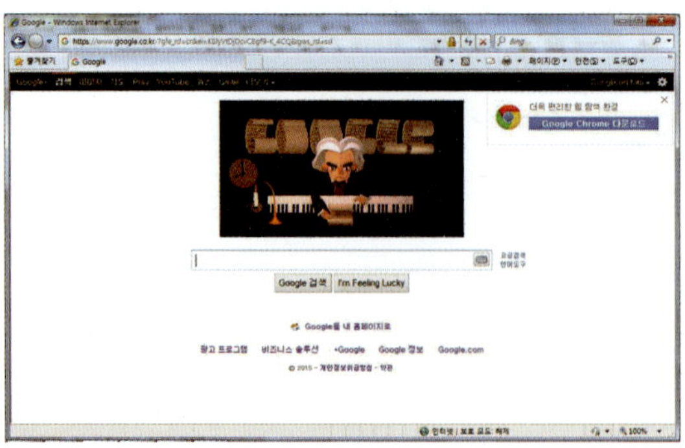

그림 12-12 구글 크롬 설치를 권하는 메뉴

내비게이터, 익스플로러, 크롬 등의 브라우저는 모두 공적 표준이 아니다. 즉 특정 브라우저를 사용하도록 표준화되지는 않았다. 그러나 앞서 설명했듯이 2016년 현재를 기준으로 시장을 지배하는 브라우저는 크롬이고, 따라서 인터넷 서비스 사업자들은 구글의 크롬에서 최적의 기능과 성능을 구현하도록 인터넷 서비스를 만들고 있다. 크롬이 공적 표준은 아니지만, 지배적 디자인으로 사실상의 표준이 된 셈이다.

2.3 시장 지배력의 요인

기업들은 지배적 디자인의 자리를 차지하기 위해 소비자가 느끼는 가치를 더 높이려고 노력한다. 경쟁사에 비해 자사가 제공하는 기술과 제품의 가치를 소비자가 더 높게 평가하면 자사의 기술이 시장에서 선택되리라 생각한다.

소비자는 크게 기술의 독립적 가치, 고객 기반의 가치, 보완재의 가치라는 세 요소의 총합을 해당 제품의 가치로 받아들인다. 각 요소의 의미는 다음과 같다.

- **기술의 독립적 가치** : 다른 소비자와의 관계나 보완재 등을 제외하고, 해당 기술 자체가 지닌 가치를 의미한다.
- **고객 기반의 가치** : 사용자 간의 연결성을 뜻한다. 제품을 사용하는 전체 소비자 수에 따라서 영향을 받는 가치이다.
- **보완재의 가치** : 제품과 함께 사용되는 보조 제품, 소모품, 서비스에서 얻는 가치를 의미한다.

[그림 12-13]은 상황별로 소비자가 느끼는 가치의 구조를 나타낸 것이다.

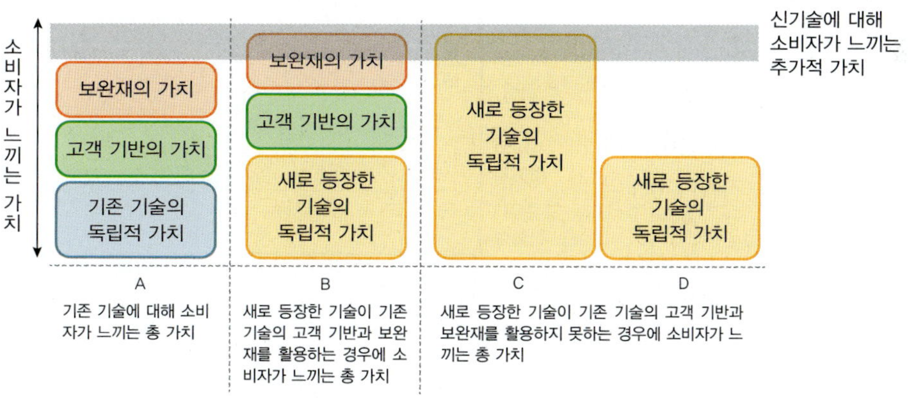

그림 12-13 상황별로 소비자가 느끼는 총 가치

❶ **상황 A** : 기존 제품에 대해 소비자는 해당 제품이 주는 기술의 독립적 가치와 함께 해당 제품을 사용하는 전체 사용자 수와 시장에서 제공되는 보완재를 총 가치로 인식한다.

❷ **상황 B** : 신제품이 등장한 경우이다. 신제품이 주는 기술의 독립적 가치가 기존 제품보다 크고, 신제품이 기존 제품의 고객 기반과 보완재를 그대로 활용하는 경우에 소비자는 신제품의 총 가치가 기존 제품보다 증가했다고 인식한다.

❸ **상황 C** : 신제품이 등장한 경우이다. 신제품이 기존 제품의 고객 기반과 보완재를 전혀 활용하지 못한다. 그러나 신제품이 주는 기술의 독립적 가치가 월등하여 기존 제품의 고객 기반의 가치, 보완재의 가치, 기존 기술의 독립적 가치의 총합을 넘어선다. 이 경우 소비자는 신제품의 기술적 가치만으로 해당 제품을 선택하게 된다.

❹ **상황 D** : 신제품이 등장한 경우이다. 신제품이 기존 제품의 고객 기반과 보완재를 전혀 활용하지 못한다. 신제품이 주는 기술의 독립적 가치가 기존 제품보다 크지만, 고객 기반과 보완재를 활용하지 못하여 소비자가 느끼는 총 가치가 기존 제품보다 낮게 인식된다. 이 경우 소비자는 신제품을 수용하지 않으려 한다.

지금부터는 기술의 독립적 가치, 고객 기반의 가치, 보완재의 가치의 세부 특성과 각각의 사례를 살펴보자.

기술의 독립적 가치

소비자가 느끼는 기술의 독립적 가치를 [그림 12-14]와 같이 총 36개의 영역으로 나눠서 분석하는 구매자 효용지도Buyer Utility Map를 살펴보자.[67] X 축은 소비자가 제품을 구매, 사용, 처분하는 6단계의 사용주기를 의미하고, Y 축은 제품이 주는 6개의 효용성을 의미한다. 즉 제품 사용주기마다 6개의 효용이 존재할 수 있다는 의미이다.

그림 12-14 구매자 효용지도

한 유형의 제품에서 신제품이 등장하면 일부 영역에 변화가 생긴다. 소비자는 그 변화에 따라서 신제품의 기술적 가치가 더 높거나 낮다고 평가하게 된다. [그림 12-15]는 전통 산업이 블루오션[6]으로 전환하기 위해 구매자 효용지도의 어느 영역에 집중해야 할지를 보여

---

6 블루오션 전략(Blue Ocean Strategy)은 기존 시장에서 치열하게 경쟁하기보다는 경쟁이 없는 새로운 시장을 개척해야 한다는 이론이다. 여러 기업이 유사한 제품과 전략으로 경쟁하는 시장을 레드오션(Red Ocean)으로 칭하고, 경쟁자가 없는 시장을 블루오션(Blue Ocean)으로 정의했다. Kim & Mauborgne가 『블루오션 전략(Blue Ocean Strategy)』이라는 논문과 책을 발간함으로써 전 세계적으로 유명해진 이론이다.

준다.[66] 전통 산업이 사용 단계에서의 생산성 향상에 중점을 뒀다면, 블루오션에서는 구매 단계의 재미, 사용 단계의 단순성, 보충 단계의 편리성에 좀 더 집중해야 한다는 의미이다.

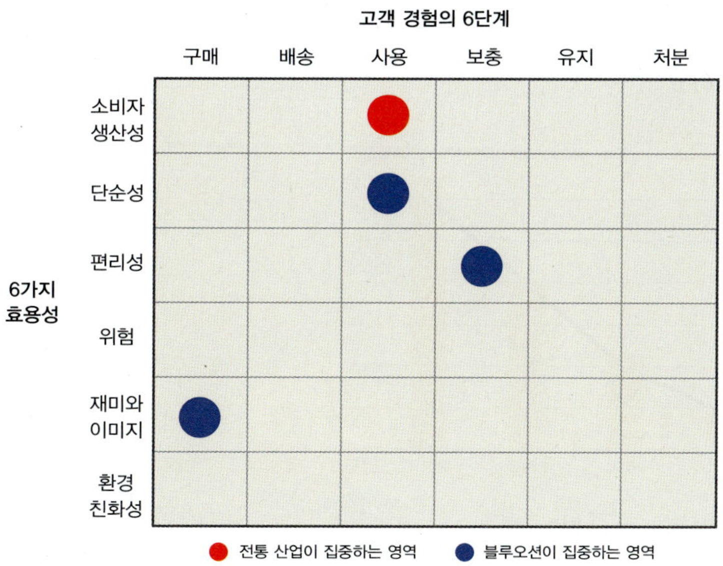

그림 12-15 블루오션 시장을 위한 구매자 효용지도

인터넷 클라우드 기반의 파일 백업 및 공유 서비스인 드롭박스를 예로 들어보자. 드롭박스는 2007년 드류 휴스턴과 아라시 페르도시가 만든 서비스로, 구매자 효용지도는 [그림 12-16]과 같다.[143]

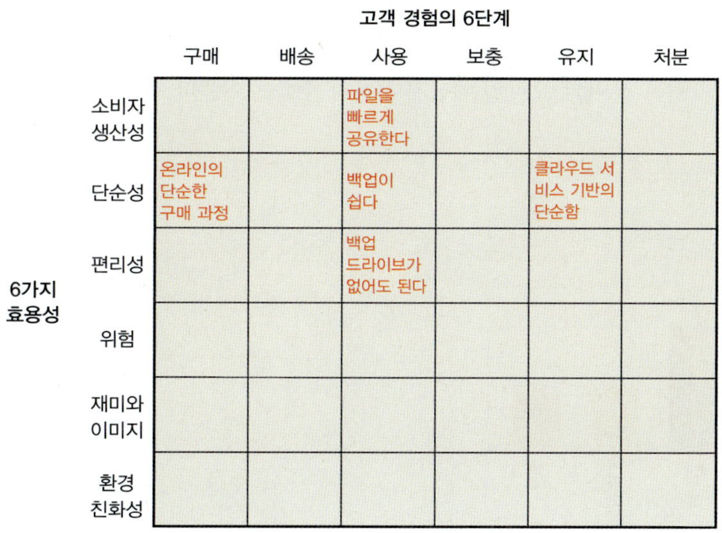

그림 12-16 드롭박스의 구매자 효용지도

현재 드롭박스는 무료/유료 서비스 두 가지를 제공하고 있으며, 경쟁 업체에 비해 매우 다양한 기기와 운영체제를 지원한다(예 윈도우즈, 맥 OS X, 리눅스, iOS, 안드로이드, 윈도우즈 모바일, 블랙베리 OS). 드롭박스는 네트워크의 가치와 보완재의 가치에 의존성이 없어서 서비스 자체만으로 다른 소비자나 보완재 없이 독립적으로 사용할 수 있다. 드롭박스의 시장점유율은 [그림 12-17]과 같이 꾸준히 성장하고 있다.[123]

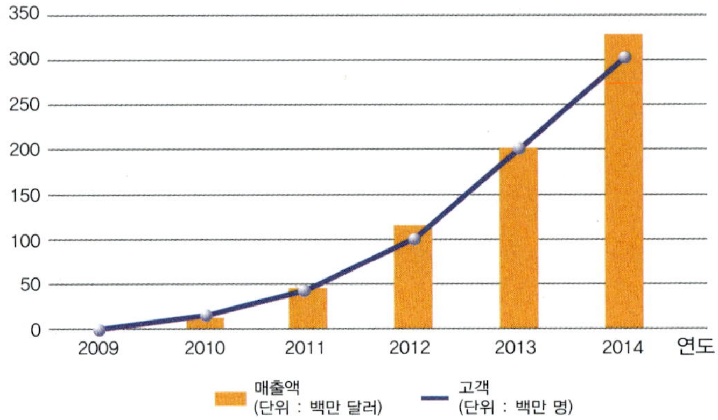

그림 12-17 드롭박스의 시장점유율 성장세

고객 기반의 가치

제품의 가치는 동일하거나 호환되는 제품을 사용하는 소비자의 규모에 영향을 받는다. 그 예로, 모바일 메신저 시장을 살펴보자. 모바일 메신저는 스마트폰, 태블릿 또는 PC에 설치하여 문자 메시지, 파일 등을 주고받는 서비스이다. 국내에서는 카카오톡과 라인이 높은 시장점유율을 보이고 있다. 각 메신저 간에는 서로 호환성이 없으므로[7] 사용자들은 같은 메신저를 사용하는 사용자 수에 영향을 받는다. [그림 12-18]은 전 세계 모바일 메신저 사용자 수를 보여준다.

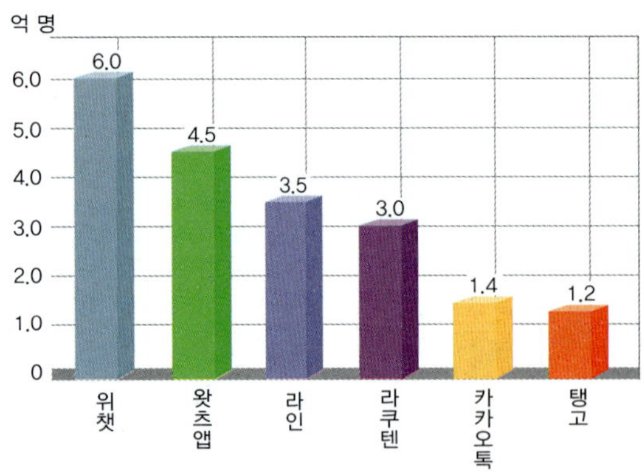

그림 12-18 전 세계 모바일 메신저 사용자 수

7 사용자 편의성을 높이기 위해 호환성에 대한 요구가 증가하고 있으나, 2016년 현재까지 메신저 간 호환은 불가능한 상태이다.

국내의 경우는 전 세계 모바일 메신저 사용자 현황과 차이를 보인다. 국내는 [그림 12-19]와 같이 카카오톡이 전체 사용자층의 절반 이상을 차지하고 있다. 이러한 상황은 모바일 메신저를 새롭게 선택하는 소비자들에게 강력한 영향을 준다. 국내에서는 신규 소비자가 기존 사용자층이 많은 카카오톡을 선택할 확률이 높아진다.

고객 기반이 서로 호환되지 않는 시장에서 소비자들은 복수의 제품을 사용하기도 한다. [그림 12-20]은 국내 모바일 메신저 시장에서 한 명의 소비자가 여러 개의 메신저를 중복해서 사용하고 있는 현황이다.

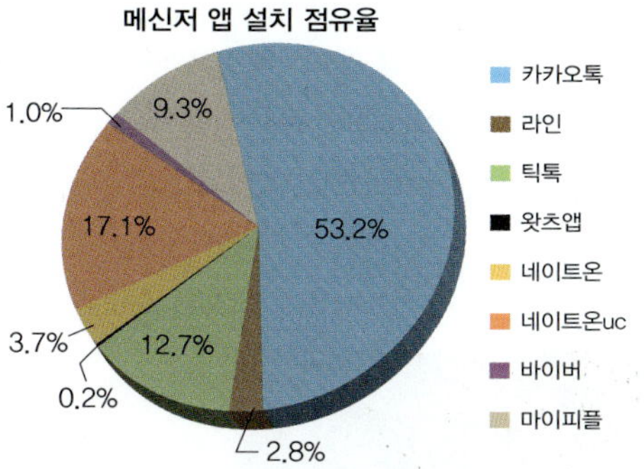

그림 12-19 국내 모바일 메신저 시장점유율(출처 : 전자신문)

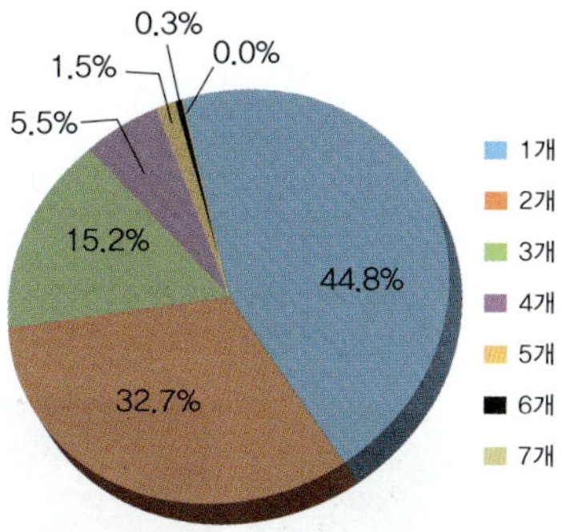

그림 12-20 국내 모바일 메신저 중복 설치 비율(출처 : 전자신문)

제품 사용 과정에서 사용자 간에 강력한 연계 작용이 발생하는 시장에서 고객 기반은 큰 영향력을 발휘한다. 기업 입장에서는 거대한 고객 기반을 확보하면 이를 바탕으로 새로운 제품과 서비스를 출시하기 쉽다. 국내 모바일 메신저 시장에서 가장 큰 고객 기반을 확보한 카카오톡의 경우가 그렇다. 카카오톡은 기존 고객 기반을 대상으로 동영상 스트리밍, 쇼핑, 게임 등의 서비스를 지속적으로 추가하고 있다([그림 12-21]).

그림 12-21 기존 고객 기반을 이용하는 카카오톡의 서비스들

보완재의 가치

두 제품을 별도로 사용하는 경우보다 합쳐서 사용하는 경우 효용성이 증가하는 제품을 보완재라고 부른다. 면도기와 면도날, 프린터와 토너, 게임기와 게임 소프트웨어 등과 같이 보완재가 없으면 기능상의 치명적인 문제가 발생하는 경우도 있고, 보완재가 제품의 기능과 성능을 더 높여주는 경우도 있다.

비디오게임기를 선택하는 소비자는 어떤 비디오게임기가 더 많은 게임 소프트웨어를 담고 있는지, 본인이 선호하는 유형의 게임 소프트웨어를 누가 더 많이 공급하는지를 매우 중요하게 생각한다. 비디오게임기의 보완재인 게임 소프트웨어가 비디오게임기 선택에 매우 중요한 요소로 작용하는 것이다. 마이크로소프트와 소니는 자사의 게임기인 엑스박스와 플레이스테이션4에 배타적으로 작동되는 게임 소프트웨어를 갖고 있다.[69] 히트작을 중심으로 보면, 헤일로, 기어즈오브워 등의 게임 소프트웨어는 엑스박스에서만 작동된다([그림 12-22]). 반면 갓오브워, 언차티드 등의 게임 소프트웨어는 플레이스테이션4에서만 작동된다([그림 12-23]).

그림 12-22 엑스박스의 히트작인 헤일로

그림 12-23 플레이스테이션4의 히트작인 언차티드

마이크로소프트와 소니는 자사의 인기 게임 소프트웨어가 경쟁사의 기기에서 작동되지 않기를 바라고 있고, 저마다 더 많은 인기 게임 소프트웨어를 배타적으로 공급하기 위해 노력하고 있다. 이는 보완재의 힘으로 소비자를 잡으려는 전략이다.

보완재의 규모는 제품의 전파 속도에 큰 영향을 미치지만, 그 영향이 무한하지는 않다. 스마트폰의 보완재 시장을 살펴보자. 스마트폰과 관련된 액세서리 제품들은 스마트폰의 보완재에 해당된다. 2016년 현재, 중국 인터넷 쇼핑몰인 알리익스프레스에는 애플 아이폰6의 케이스가 177만 개 이상, LG전자 G4의 케이스가 4만 개 정도 올라와 있었다. 중복되는 제품이 있겠으나, 아이폰6의 액세서리 수가 압도적으로 많다. 보완재의 규모가 크다는 점에서 아이폰6가 G4에 비해 우위에 있다. 그러나 G4의 케이스 등록 건수인 4만 개도 결코 적은 수는 아니다. 아이폰6의 케이스가 177만 건이라고 해도 소비자가 이를 모두 살펴보지는 않는다. 즉, 보완재 규모가 어느 정도를 넘어서면 규모의 차이가 시장에서 소비자의 선택에 크게 영향을 미치지 않게 된다. 이는 앞서 설명한 고객 기반의 가치에도 동일하게 적용된다.

보완재의 가치와 고객 기반의 가치를 합쳐서 네트워크 외부성이라고 칭하는데, 네트워크 외부성은 일정 수준에서 수렴되는 경향이 있다.[130] [그림 12-24]와 같이 기술의 독립적 가치가 일정한 상황에서 소비자가 느끼는 총 가치는 네트워크 외부성과 함께 점차 증가한다. 그러나 일정 수준이 되면 네트워크 외부성은 더 이상 증가하지 않게 되고, 소비자가 느끼는 총 가치가 일정 수준에서 머물게 된다. 이때 네트워크 외부성이 수렴된다는 것은 보완재의 숫자나 고객 기반의 숫자가 더 이상 증가하지 않는다는 의미는 아니다. 보완재나 고객 기반의 수가 증가해도 소비자 입장에서 더 이상 차별성을 느끼지 못하는 수준이 있다는 뜻이다. 스마트폰 액세서리의 시장 규모가 작을 때는 좀 더 많은 액세서리를 가진 제품이 네트워크 외부성 측면에서 우위에 있지만, 시간이 지나 시장 규모가 일정 수준을 넘어서게 되면 소비자 입장에서 그 차이를 중요하게 인식하지 않는다는 뜻이다.

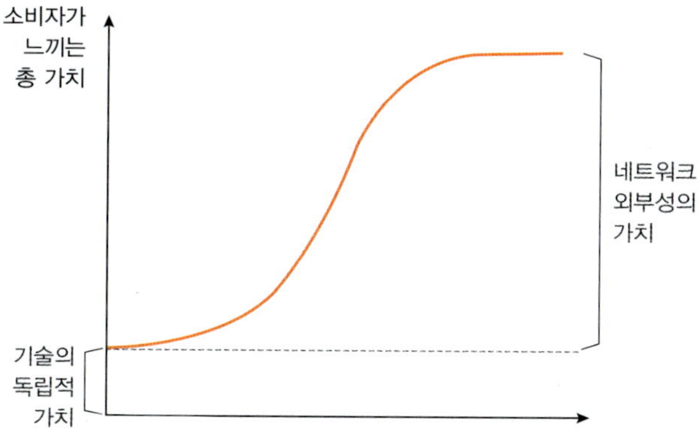

그림 12-24 네트워크 외부성의 수렴

이와 같이 네트워크 외부성이 수렴되는 특성 때문에 후발 업체는 선도 기업을 따라잡을 수 있게 된다. [그림 12-25]를 살펴보자. 기술의 독립적 가치가 동일한 A, B 두 제품이 있다. 시장에 먼저 진입한 A 제품은 네트워크 외부성 효과로 인해 초반에 B 제품에 비해 우위를 차지한다. 그러나 B 제품이 점차 네트워크 외부성을 늘려서 A 제품과 동일한 수준의 네트워크 외부성을 확보하면 소비자가 느끼는 총 가치는 동일해진다. 이를 통해 후발 업체가 선도 기업을 따라잡게 된다.

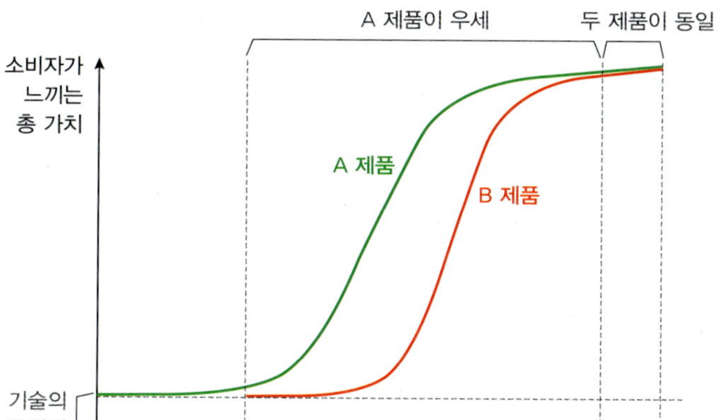

그림 12-25 네트워크 외부성의 수렴으로 인한 후발 업체의 추격

총 가치의 왜곡

제품의 총 가치가 소비자에게 정확하게 전달되는 경우는 매우 드물다. 앞서 설명한 대로 소비자가 판단하는 총 가치는 기술의 독립적 가치, 고객 기반의 가치, 보완재의 가치이다. 그러나 소비자는 이 3가지를 모두 정확하게 판단하기 어렵다.

[그림 12-26]을 살펴보자. 왼쪽은 제품이 지닌 실제 가치의 크기이다. 그러나 기업은 이를 중간에 있는 이미지처럼 소비자에게 인식시키려 한다. 실제보다 더 많은 소비자가 이미 선택한 것처럼 홍보하고, 더 많은 보완재가 존재하는 것처럼 보이도록 한다. 이는 소비자가 판단하는 총 가치가 커보이게 만들려는 의도이다. [그림 12-26]의 오른쪽은 소비자가 기대하는 미래의 총 가치이다. 소비자는 제품을 구매할 때 현재의 가치와 미래의 가치를 함께 생각한다. 기업은 미래에 더 많은 소비자가 해당 제품을 선택할 것이며, 더 많은 보완재가 나올 것이라고 홍보한다. 소비자가 생각하는 미래가치를 높이려는 의도이다.

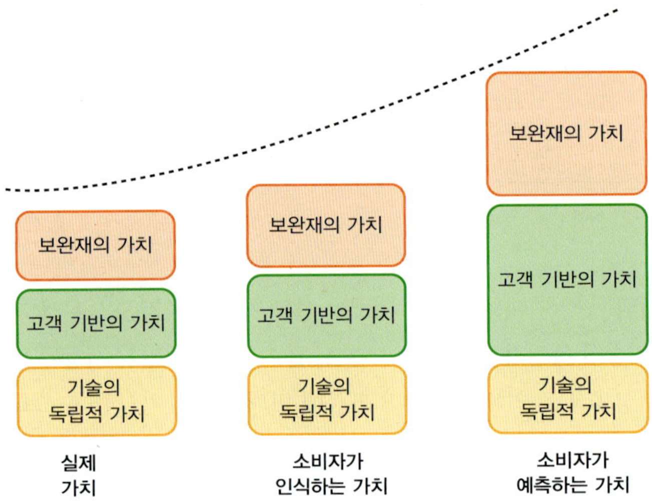

그림 12-26 총 가치의 왜곡

전기차를 공급하는 테슬라모터스가 사업을 확장하는 과정에서 가장 큰 걸림돌이 되는 것은 자동차 충전소의 규모이다. 소비자들은 테슬라모터스의 전기차를 구매할 때 충전소가 부족하다는 것을 가장 큰 문제점으로 생각하고 있다. 이는 네트워크 외부성의 문제이다. 테슬라모터스는 네트워크 외부성에 대한 소비자의 미래가치를 높이기 위해 홈페이지를 통해 북미, 유럽, 아시아 지역의 연도별 충전소 확충 계획을 제공하고 있다.

[그림 12-27]은 2015년 12월 기준 미국 내 충전소 현황이고, [그림 12-28]은 2016년의 확충 계획이다. 이렇게 충전소 확충 계획을 제공함으로써, 당장은 총 가치가 좀 낮겠지만 조만간 총 가치가 매우 높아질 것이라는 기대를 소비자에게 심어주고자 한다.

그림 12-27 2015년 12월 기준, 테슬라모터스의 미국 충전소 현황

그림 12-28 테슬라모터스의 2016년 미국 충전소 확충 계획

03

기술 가치는 어떻게 평가할까?

시중에서 판매하는 5천 조각의 퍼즐을 여러분이 한 달 동안 고생해서 완성했다고 가정하자. 화목한 남녀의 모습을 담고 있는 퍼즐이다. 내일이 부모님 결혼기념일인 친구가 완성된 퍼즐을 자기에게 팔라고 한다. 자기가 완성했다는 하얀 거짓말과 함께 부모님께 선물하고 싶은 것이다. 여러분이라면 얼마에 완성된 퍼즐을 팔겠는가? 어떤 요소들을 고려해서 판매가를 산정하겠는가? 퍼즐을 처음에 구매한 비용, 당신이 한 달 동안 들인 노력, 시중에서 판매되는 완성된 퍼즐의 가격, 친구 부모님이 느끼실 기쁨의 수준 등 매우 다양한 요소를 고려할 만하다. 단순한 퍼즐 하나의 가격도 이렇듯 복잡하게 정해진다.

기업의 경우는 어떨까? 오랜 기간 동안 수많은 인력과 막대한 자본을 투자하여 완성된 기술의 가치를 평가하는 작업은 비교할 수 없을 만큼 복잡하다. 이 절에서는 완성된 기술 가치를 평가하는 것이 왜 중요하고, 어떤 방법으로 그 작업을 진행할 수 있는지 알아보자.

기업은 여러 가지 불확실성과 위험을 감수하고, 자본과 시간을 투자하여 기술을 개발한다. 이를 통해 특정 기술의 개발을 마쳤다면 이제 해당 기술의 가치를 평가하는 과정을 거쳐야 한다. 기업이 보유한 기술의 가치를 평가하는 목적은 크게 4가지로 나뉜다.[163]

- **기술 이전** : 기업이 보유한 기술을 다른 기업에 전체 또는 부분적으로 판매하기 위해서이다.
- **기술 금융** : 경영에 필요한 자금을 융통하기 위해 기업이 보유한 기술의 가치를 객관적으로 증명하기 위함이다.
- **법적 대응** : 특허침해, 기술 분쟁 등이 발생할 경우, 피해 규모를 산정하기 위함이다.
- **경영전략** : 기업의 장기적 전략을 수립하기 위해 보유한 기술의 가치를 가늠하기 위함이다.

기술 가치를 평가하는 요소는 크게 3가지이다. 첫째는 기술성이다. 이는 적용되는 제품에 대한 기술의 기여도와 국내외 기술 동향, 기술 개발 환경 및 기술 수준 등을 고려하는 것이다. 둘째는 사업성이다. 기술을 적용하여 생산하는 제품의 매출 전망과 가격, 품질 경쟁력 및 수익률 등을 고려하는 것이다. 셋째는 시장성이다. 기술을 적용하여 생산하는 제품의 시장 규모, 시장 수요 전망 등을 고려하는 것이다.[135] 무형의 기술이 지닌 기술 가치는 기술성, 사업성, 시장성의 세 요소를 분석하여 화폐가치 또는 점수 및 등급 등으로 나타낸다.

기술 가치를 화폐가치로 평가할 때는 수익접근법, 시장접근법, 비용접근법을 많이 사용한다. 각 방법의 특징은 다음과 같다.[163]

❶ **수익접근법**Income Approach : 해당 기술이 제품 및 서비스에 적용되어 앞으로 시장에서 벌어들일 가치의 총합을 현재가치로 환산하는 방법이다.
❷ **시장접근법**Market Approach : 해당 기술이 시장에서 판매될 경우의 거래 금액을 의미하며, 유사한 거래를 기준으로 산정한다.
❸ **비용접근법**Cost Approach : 해당 기술을 개발하거나 획득하는 데 소요된 총 원가를 바탕으로 가치를 산정하는 방법이다.

기술 가치를 점수 또는 등급으로 나타내기 위해서는 7장에서 설명한 상대적 순위 평가 모형을 그대로 적용하면 된다. 즉 7장에서 소개한 상대적 순위평가 모형은 기술 프로젝트를 계획하는 단계와 완료한 단계에서 모두 활용된다. 따라서 여기에서는 화폐가치로 평가하는 3가지 방법을 좀 더 살펴본다.

3.1 수익접근법

기술의 수명주기 동안 만들어내는 총 경제적 이익을 현재가치로 환산하는 방법이다. 이는 기술이 가진 수익 창출력에 초점을 맞춘 것으로, 7장에서 설명한 순현재가치법, 내부수익률법의 공식을 사용한다. [표 12-2]는 기술 가치를 산출하는 절차를 단계별로 소개한다.

표 12-2 수익접근법에 의한 기술 가치 산출 절차[218]8

단계	과정	내용
1	대상 기술 분석	· 평가 대상 기술의 범위 산정 · 여러 기술이 복합적으로 사용되는 경우, 적용되는 개별 기술의 범위를 명확하게 정의
2	시장 규모 및 매출 예측	· 대상 기술이 적용되는 전체 시장 규모 파악 · 시장 상황을 고려한 매출액 예측
3	기술 수명 예측	· 제품 수명주기, 기술의 발전 속도, 경쟁 기술 등장 가능성 등을 고려하여 기술의 수명 예측
4	현금 흐름 산정	· 기술 수명주기 동안 발생되는 매출에서 원가, 세금 등을 제외하고 연도별로 기업이 얻게 되는 순이익 예측
5	기술 기여도 산정	· 전체 사업 가치 중 분석 대상 기술이 차지하는 비중 파악 · 기술 기여도는 해당 기술의 유용성과 경쟁성을 기준으로 산정

8 참고문헌의 자료를 일부 변경하고 단순화했다.

예를 들어, A라는 기술이 개발되어 B 제품에 사용된다고 가정하자. B 제품의 전체 시장 규모가 500억 원이고, 예상되는 연간 매출액이 100억 원이다. 이 기술이 사용되는 기간은 5년으로 예측되며, 매출액 중에서 원가와 세금이 차지하는 비율이 50%라고 가정하자. 그리고 B 제품에 적용되는 A 기술의 기여도는 30%로 잡는다. 이 예에서 연간 가치를 구하면 다음과 같다.

$$\text{A 기술의 연간 가치}=100\text{억 원}\times 50\% \times 30\%=15\text{억 원}$$

[표 12-3]은 7장에서 설명한 순현재가치를 계산하기 위해 현금흐름표를 작성한 것이다.

표 12-3 현금흐름표로 나타낸 A 기술의 가치

사용 연수	A 기술의 가치
1	15억 원
2	15억 원
3	15억 원
4	15억 원
5	15억 원

연 5%의 할인율을 가정하고, 이를 5년간 적용하여 순현재가치를 산출해보자. 연 할인율은 기업이 수립한 목표 수익률, 시장의 이자율 등을 바탕으로 기업이 임의로 정한다.

$$\text{A 기술의 } NPV=\frac{15\text{억 원}}{(1+0.05)^1}+\frac{15\text{억 원}}{(1+0.05)^2}+\frac{15\text{억 원}}{(1+0.05)^3}+\frac{15\text{억 원}}{(1+0.05)^4}+\frac{15\text{억원}}{(1+0.05)^5}$$

$$=64\text{억}9\text{천}4\text{백만 원}$$

수익접근법으로 볼 때, A 기술은 수명주기 동안 총 64억9천4백만 원의 가치로 산출되었다. 수익접근법은 예측한 매출액, 수명주기, 원가 비율에 차이가 생길 경우 결과치가 달라진다. 또한 기술 기여도를 어떻게 보느냐에 따라서 기술 가치에 차이가 커진다. 앞의 예에서 A 기술의 기여도를 30%가 아닌 40%로 본다면, 총 가치는 86억5천9백만 원으로 크게 증가한다. 수익접근법은 실제 기술 개발에 소요된 비용과 무관하게 기술 가치를 평가하는데, 예를 들어 50억 원을 투자하여 완성된 기술이 100억 원으로 평가되기도 하고, 30억 원으로 평가되기도 한다.

3.2 시장접근법

기술이 거래되는 기존 시장의 정보에 기반하여 기술 가치를 판단하는 방법이다. 평가 대상 기술과 같거나 유사한 기술의 거래 사례를 조사하여, 해당 기술이 거래된 금액을 놓고 평가 대상 기술의 적정 가치를 산출한다. 기본적으로 다음의 접근을 따른다.

시장접근법에 의한 기술 가치=기술 매매 사례의 금액×변동 요인

이 방법은 유사한 기술이 거래된 사례가 드물거나 거래 금액이 공개되지 않은 경우에는 사용하기 어렵다. 또한 참고할 사례가 되는 기술이 평가하려는 기술과 이질적인 경우에도 적용하기 어렵다.

기존 기술의 매매 사례와 함께 고려해야 하는 변동 요인으로는 과거와 현재의 시장 환경 변화, 거래 대상 기술의 잔여 수명주기, 대체 기술의 등장 가능성 등이 있다. 예를 들어, A라는 기술이 2년 전에 100억 원에 거래되었는데, 현재 이와 유사한 B 기술을 거래하려고 한다고 하자. A와 B 기술 모두 수명주기를 5년으로 잡고, 다른 요인에 큰 변화가 없다고 할 때, 현재 시점에서 B 기술의 가치는 잔여 수명주기를 고려하여 다음과 같이 산출된다.

시장접근법에 의한 B 기술의 가치=100억 원×3/5=60억 원

시장접근법에 의해 산출된 기술 가치가 해당 기술이 만들어낼 수익을 정확하게 대변하지는 못한다. 앞의 예에서 시장접근법에 의해 B 기술의 가치를 60억 원으로 산정했으나, 이 기술이 제품에 적용되어 실제 시장에서 어느 정도 수익을 낼지는 알 수 없다.

3.3 비용접근법

비용접근법은 평가 대상 기술과 유사한 수준의 기술을 독자적으로 새롭게 개발할 경우에 소요되는 비용을 산출하는 방식으로, 이렇게 산출된 비용을 해당 기술의 가치로 보는 논리이다. 이렇게 산출된 비용은 해당 기술을 소유한 자가 기존에 지출한 총 비용과 다를 수 있다.

관련 기술을 많이 개발해본 기업의 경우에는 원가 정보를 확보하고 있기 때문에 비교적 비용을 쉽게 산출할 수 있다. 반면 해당 기술을 적용한 제품이 출시되었을 때 발생되는 수익과는 무관하다는 단점이 있다.

Quiz

01 시장 개척자의 장점이 아닌 것은 무엇인가?

① 희소 자원을 선점하기가 쉽다.
② 소비자 전환비용을 활용한다.
③ 보완재가 충분하다.
④ 기술 리더의 입지를 쉽게 구축한다.

02 조기 추종자에 대한 설명으로 잘못된 것은 무엇인가?

① 조기 추종자의 등장은 시장 규모 확대에 긍정적으로 작용한다.
② 조기 추종자는 전기 다수와 후기 다수 소비자를 주 고객으로 삼는다.
③ 시장 개척자에 비해 35% 이상 낮은 비용으로 비슷한 제품을 개발할 수 있다.
④ 시장이 가진 불확실성의 위험을 피하고, 더 낮은 원가로 제품을 생산할 수 있다.

03 소비자가 느끼는 총 가치를 구성하는 주요 3요소가 아닌 것은 무엇인가?

① 기술의 독립적 가치
② 심리적 기능의 가치
③ 보완재의 가치
④ 고객 기반의 가치

04 네트워크 외부성에 대한 설명으로 잘못된 것은 무엇인가?

① 시간이 흐를수록 발산하는 경향이 많다.
② 보완재의 가치와 고객 기반의 가치를 합친 개념이다.
③ 후발 업체 입장에서 시장 진입 초기에 불리한 요소이다.
④ 기술의 독립적 가치가 월등하면 네트워크 외부성을 극복할 수 있다.

05 기술 가치 평가의 수익접근법에 대한 설명으로 잘못된 것은 무엇인가?

① 순현재가치법, 내부수익률법의 공식이 사용된다.
② 예측한 매출액, 수명주기, 원가 비율에 차이가 생길 경우 결과치가 달라진다.
③ 앞으로 시장에서 벌어들일 가치의 총합을 현재가치로 환산하는 방법이다.
④ 기술 기여도에 대한 정확한 예측은 중요하지 않다.

06 기술 가치 평가의 시장접근법에서 변동 요인에 해당되지 않는 것은 무엇인가?

① 과거와 현재의 시장 환경 변화
② 거래 대상 기술의 잔여 수명주기
③ 경영진의 의지
④ 대체 기술의 등장 가능성

Quiz

07 전기차 업체 테슬라모터스가 전기차 충전소 확충 계획을 지속적으로 공개하는 것은 어떤 부분을 높이기 위함인가?

① 소비자가 얻는 실제 총 가치의 크기
② 소비자가 인식하는 총 가치의 크기
③ 소비자가 경험하는 총 가치의 크기
④ 소비자가 예측하는 총 가치의 크기

08 소비자가 느끼는 기술의 독립적 가치를 6단계의 사용주기와 6개의 효용성을 바탕으로 하여 총 36개의 영역으로 제시하는 모델은 무엇인가?

09 표준 중에서 국가나 국제기구에서 강제적으로 정하는 공적 표준과 대칭되는 개념으로, 국가나 국제기구에서 공식적으로 인정하는 표준은 아니지만, 특정 산업에 공통적으로 적용되는 특성을 무엇이라 칭하는가?

10 기술 가치를 화폐가치로 평가하는 방법 중에서 기업이 관련 기술을 개발한 경험이 많고, 기술 개발에 소요되는 원가 정보를 확보한 경우에 사용하기에 적합한 방법은 무엇인가?

01 ③ **02** ② **03** ② **04** ① **05** ④ **06** ③ **07** ④ **08** 구매자 효용지도 **09** 사실상의 표준 **10** 비용접근법

자르는 선

팀별과제

팀번호 : ________ 팀명 : ______________ 팀원 : ______________________________

주제 시장 진입 시기의 차이가 만든 결과

하나의 제품에 대해 시장 진입 시기가 달랐던 3개의 기업을 찾고, 각 기업이 겪었던 일들을 정리해보자.

1 어떤 제품에 대해 조사할 것인가? ______________________ (예 하이브리드 자동차)

2 인터넷이나 서적을 통해 3개의 기업에 대한 자료를 조사하여 다음의 표를 채워보자.

진입 시기별 기업 / 조사 항목	시장 개척자 역할을 한 기업	조기 추종자 역할을 한 기업	후기 진입자 역할을 한 기업
기업명			
시장에 진입한 시기			
진입 당시의 시장 반응과 성과			
시간이 경과하면서 발생한 시장의 변화			
현 상황			

3 이 사례에서는 결과적으로 어떤 진입자의 전략이 가장 효과적이었나?

____

4 위와 같은 결과가 나온 이유는 무엇일까?

____

____

자르는 선

개별과제

학번 : ____________ 이름 : ____________

주제 네트워크 외부성을 넘어서거나 활용하기

네트워크 외부성이 존재하는 시장에서 시장을 선도하는 제품이나 서비스 한 가지를 선택하여, 네트워크 외부성을 넘어서거나 활용하는 방법을 생각해보자.

1 네트워크 외부성이 존재하는 제품 중 당신이 분석하려는 제품은 무엇인가? (예 카카오톡)

2 이 제품의 고객 기반은 무엇인가? (예 카카오톡의 사용자들)

3 이 제품의 보완재는 무엇인가? (예 카카오톡의 다양한 게임, 쇼핑, 이모티콘 등의 부가 서비스)

4 [그림 12-13]의 상황 C를 참고하여 이 제품의 고객 기반과 보완재를 전혀 활용하지 못한다는 가정하에, 어떤 기술과 제품을 제시하면 같은 시장 내에서 이 제품에 맞설 만한 경쟁 제품이 될까?
(예 모바일 메시지를 보낼 때 광고를 붙여 전송하여 이 수익을 사용자에게 나눠주는 서비스를 만든다. 소비자가 문자 메시지를 많이 사용할수록 소비자의 수익이 증가하는 방식이다.)

5 이 제품의 고객 기반과 보완재를 그대로 활용할 수 있다면, 어떤 제품이나 서비스를 추가할 수 있을까?
(예 카카오톡 사용자 간에 물건과 재능을 거래하는 오픈마켓을 만든다.)

참고문헌

[1] Adams, K., The Sources of Innovation and Creativity, National Center on Education and the Economy, 2005.
[2] Alter, K., Social Enterprise Typology, Virtue Ventures, 2004.
[3] Amabile, T., Growing up Creative: Nuturing A Lifetime of Creativity, The Creative Education Foundation, 1989.
[4] Amabile, T., Kramer, S., Talent, Passion, and the Creativity Maze, Harvard Business Review, February 27, 2012.
[5] Amoroso, E. G., Fundamentals of Computer Security Technology, Prentice Hall, 1994.
[6] Amos, S. J., Skills & Knowledge of Cost Engineering, AACE International, 2004.
[7] Anderson, P., Tushman, M.L., Technological Discontinuities and Dominant Designs: A Cyclical Model of Technological Change, Administrative Science Quarterly, Vol.35, 1990.
[8] Ansoff, I., Strategies for Diversification, Harvard Business Review, Vol. 35, Issue 5, 1957.
[9] AppleInsider, Steve Jobs Unveils Apple's Environmental Policy, AppleInsider, 2007. 5. 2.
[10] Asymco, The Diffusion of iPhones as A Learning Process, Asymco, 2013.
[11] AT&T, 1946: First Mobile Telephone Call, Access on June 14, 2015.(http://www.corp.att.com/attlabs/reputation/timeline/46mobile.html)
[12] Aulet, B., Disciplined Entrepreneurship: 24 Steps to a Successful Startup, Wiley, 2013.
[13] Aulet, B., Murray, F., A Tale of Two Entrepreneurs: Understanding Differences in the Types of Entrepreneurship in the Economy, Martin Trust Center for MIT Entrepreneurship, 2013.
[14] Bachman, F. P., Great Inventors and Their Inventions, Yesterday's Classics, 2006.
[15] Bells, M., Stitches - The History of Sewing Machines, Accessed on May 18, 2015. (http://inventors.about.com/od/sstartinventors/a/sewing_machine.htm)
[16] Best, R., Market-Based Management, Prentice Hall, 2012.
[17] Bott, Ed., Did The Browser Wars Finally End in 2014?, ZDNet, 2014.
[18] Bower, J.L., Christensen, C.M., Disruptive Technologies: Catching the Wave, Harvard Business Review, January-February Issue, 1995.
[19] Brown, T., Design Thinking, Harvard Busiiness Review, June 2008.
[20] Buzan, T., The Mind Map Book: How to Use Radiant Thinking to Maximize Your Brain's Untapped Potential, Plume, 1996.
[21] Caldicott, S. M., Edison's Notebook: Adapter or Innovator: Which Are You?, 2009. 3.
[22] Carroll, A. B., The Four Faces of Corporate Citizenship, in Richardson, J. E., Business Ethics, Dushkin/McGraw-Hill, 2000.
[23] Christensen, C. M., Exploring The Limits of The Technology S-Curve, Part I: Component Technologies, Production and Operations Management, Vol.1, 1992.
[24] Christensen, C. M., Raynor, M. E., The Innovator's Solution: Creating and Sustaining Successful Growth, Harvard Business School Press, 2003.
[25] Christensen, C. M., The Innovator's Dilemma, Collins Business Essentials, 2002.
[26] Clinton, H. R., Obama, B., Making Patient Safety the Centerpiece of Medical Liability Reform, Perspective, 2006.
[27] Collier, A., Style Matters: How Cognitive Diversity Affects Your Work, Law Practice Today, 2014. 8. 15.
[28] Cook, L., SCAMPER: Improving Products and Services, MindTools, Accessed on July 15, 2015. (http://www.mindtools.com/pages/article/newCT_02.htm)
[29] Csikszentmihalyi, M., Good Business: Leadership, Flow, and the Making of Meaning, Penguin Books, 2004.
[30] Deng, W. J., Zheng, J. S., Bi, X. H., Fu, J. M., Wong, M. H., Distribution of PBDEs in Air Particles from an Electronic Waste Recycling Site Compared with Guangzhou and Hong Kong, South China, EnBowervironment International, Vol.33, 2007.
[31] Dmaidi, N., Factors that Determine Variatoin in Estimates, Najah National University, 1996.
[32] Doz, Y., Hamel, G., The Use of Alliances in Implementing Technology Strategies, Working Paper, INSEAD, 1995.
[33] Dudovskiy, J., Starbucks McKinsey 7S' Framework, Research Methodology, 2012.

[34] Duncan, W. R., A Guide to The Project Management Body of Knowledge, Project Management Institute, 1996.
[35] EIRMA, Technology Roadmapping: Delivering Business Vision, Working Group Report, European Industrial Research Management Association, No.52, 1997.
[36] Evans, B., Types of Conflict – Four Classifications, Throne, 2013.
[37] Fenn, J., Raskino, M., Mastering the Hype Cycle: How to Choose the Right Innovation at the Right Time, Harvard Business Review Press, 2008.
[38] Fine, L.H., Computer Security – A Handbook for Management, William Heinemann, 1983.
[39] Forbes, Google's Best New Innovation: Rules Around '20% Time', Forbes, August 21, 2013.
[40] Forrest, C., Diversity stats: 10 tech companies that have come clean, TechRepublic, 2014. 8. 28.
[41] Foster, R.N., Innovation: The Attacker's Advantage, Summit Books, 1986.
[42] Franklin, C., Why Innovation Fails: Hard-won Lessons for Business, Spiro Press, 2003.
[43] Frick, E., Tardini, S., Cantoni, L., White Paper on Lego Serious Play, S-Play Project Team, 2013.
[44] Garcia, M. L., Bray, O. H., Fundamentals of Technology Roadmapping, Sandia National Laboratories, 1997.
[45] Gaynor, G. H., Handbook of Technology Management, McGraw-Hill Professional, 1996.
[46] Goetz, K., How 3M Gave Everyone Days Off and Created an Innovation Dynamo, FastCompany, 2011. 2. 1.
[47] Goffee, R., Jones, G., Leading Clever People, Harvard Business Review, 2007.
[48] Goodrich, R., SWOT Analysis: Examples, Templates & Definition, Business News Daily, 2015.
[49] Goutham, L., Cola Wars: Five Force Analysis, Goutham's Thought, 2007.
[50] Grove, A. S., Managing Segment Zero, Leader to Leader, No. 11 Winter 1999.
[51] Grove, J., Gamification: How Competition is Reinventing Business, Marketing & Everyday Life, Mashable INC., 2011.
[52] Halbright, R., Dunn, M., Case Study: The Toyota Prius – Lessons in Marketing Eco-friendly Products, Managerial Marketing, 2010.
[53] Hall, J., Donnell, S. M., Managerial Achievement: The Personal Side of Behavioral Theory, Human Relations January, Vol.32, 1979.
[54] Harvard Business Press, The Innovator's Toolkit, Harvard Business Press, 2009.
[55] Hellriegel, D., Slocum, J.W., Organizational Behavior, South-Western College Pub, 2010.
[56] Henderson, R., Developing and Managing a Successful Technology & Product Strategy, MIT Sloan School of Management, 2005.
[57] Hendrickson, C., Project Management for Construction: Fundamental Concepts for Owners, Engineers, Architects and Builders, Prentice Hall, 1989.
[58] Hewitt, A., 2012 Trends in Global Employee Engagement, Aon, 2012.
[59] Hodgetts, R. M., Kuratko, D.F., Management, Harcourt Brace Jovanovich, 1991.
[60] Horowitz, S., Calling All Developers: $10M Android Challenge, Google Official Blog, 2007. 11. 12.
[61] Humphreys, K. K., Wellman, P., Basic Cost Engineering, CRC Press, 1995.
[62] Iyengar, S. S., Lepper, M. R., When Choice is Demotivating: Can One Desire Too Much of a Good Thing?, Journal of Personality and Social Psychology, Vol.79, 2000.
[63] Jurevicius, O., BCG Growth-Share Matrix, Strategic Management, 2013.
[64] Kahneman, D., Tversky, A., Prospect Theory: An Analysis of Decision under Risk, Econometrica, Vol.47, 1979.
[65] Kessler, D., Google Chromebit Packs An Entire Chrome OS Computer into An HDMI Stick, AndroidCentral, 2015. 5. 31.
[66] Kim, C., Mauborgne, R., How to Build a Sustainable Blue Ocean, Insead Knowledge, 2015.
[67] Kim, C., Mauborgne, R., Knowing a Winning Business Idea When You See One, Harvard Business Review, September-October Issue, 2000.
[68] Kirton, M., Adaptors and Innovators: A Description and Measure, Journal of Applied Psychology, Vol.61, 1976.
[69] Koch, C., PlayStation 4 vs. Xbox One: Which Console Has The Best Exclusive Games?, TechTimes, 2015.
[70] Kootanaee, A. J., Babu, K. N., Talari, H. F., Just-in-Time Manufacturing System: From Introduction to Implement, International Journal of Economics, Business and Finance, Vol.1, No.2, 2013.
[71] Kotler, P., Keller, K. L.(윤훈현 역), 마케팅관리론, 피어슨에듀케이션코리아, 2009.

[72] Kramer, M. R., Kingsbury, T., Mundle, D., Voute, J., Creating Shared Value in Action, FSG, 2011.
[73] Kristiansen, P., Rasmussen, R., Building a Better Business Using the Lego Serious Play Method, Wiley, 2014.
[74] Krutz, R. L., Vines, R. D., The CISSP Prep Guide: Mastering the Ten Domains of Computer Security, John Wiley & Sons, 2001.
[75] Kurkovsky, S., Teaching Software Engineering with LEGO Serious Play, Proceedings of the 2015 ACM Conference on Innovation and Technology in Computer Science Education, 2015.
[76] Kushnir, K., Mirmulstein, M. L., Ramalho, R., Micro, Small, and Medium Enterprises Around the World: How Many Are There, and What Affects the Count?, World Bank, 2010.
[77] Kwoh, L., Rank and Yank Retains Vocal Fans, The Wall Street Journal, 2012.1.31.
[78] Lavidge, R. J., Steiner, G. A., A Model for Predictive Measurements of Advertising Effectiveness, Journal of Marketing, Vol.25, 1961.
[79] Li, D. H., Controls in a Computer Environment: Objectives, Guidelines, and Audit Procedures, EDP Auditors Foundation, 1983.
[80] LSP, The Science of Lego Serious Play, LSP, 2002.
[81] Lumsdaine, M., Shelnutt, J. W., Dieter, G. E., Lumsdaine, E., Creative Problem Solving and Engineering Design, McGraw-Hill, 2005.
[82] Lussier, R. N., Achua, C. F., Leadership: Theory, Application, & Skill Development, South-Western College Pub, 2012.
[83] Lussier, R. N., Effective Leadership, Thomson South-Western, 2012.
[84] Madnick, S. E., Management Policies and Procedures Needed for Effective Computer Security, Sloan Management Review, Vol.19, 1978.
[85] Makos, J., Examples of PESTLE Analysis, Pestanalysis, 2011.
[86] Makos, J., What is STEEP Analysis?, Pestanalysis, 2015.
[87] Marshall, D., There's A Critical Difference Between Creativity And Innovation, Business Insider, 2013. 4. 10.
[88] Maslow, A. H., A Theory of Human Motivation. Psychological Review, Vol.50, 1943.
[89] Maurya, A., Running Lean: Iterate from Plan A to a Plan That Works, O'Reilly Media, 2012.
[90] Mausner, B., Snyderman, B. B., Motivation to Work, Transaction Publishers, 1993.
[91] MBA-Lectures, Porter's Five Forces Model of Coca Cola, MBA-Lectures, 2010.
[92] McGonigal, J., Reality Is Broken: Why Games Make Us Better and How They Can Change the World, Penguin, 2011.
[93] McIntyre, D. A., The 10 Biggest Tech Failures of the Last Decade, Time, 2009. 5. 14.
[94] Metcalf, C., How to Run a Hackathon, Socrata, 2013.
[95] Michalko, M., Thinkertoys, 2nd ed., Ten Speed Press, 2005.
[96] Michalski, A., The McKinsey 7-S Framework: Invented in the 1980s and Still a Possibility for Success Today, GRIN Verlag GmbH, 2011.
[97] Mission Statement vs. Vision Statement, Diffen.com, Accessed on April 22, 2015.(http://www.diffen.com/difference/Mission_Statement_vs_Vision_Statement)
[98] Mission vs. Vision: What's the Difference?, The Growth Coach, Accessed on April 22, 2015.(http://www.thegrowthcoachhouston.com/mission-vs-vision-whats-the-difference)
[99] Mohr, J. J., Sengupta, S., Slater, S. F., Marketing of High-technology Products and Innovations, Pearson Prentice Hall, 2009.
[100] Moore, C., Corporate Social Responsibility and Creating Shared Value: What's the Difference?, Heifer International, 2014A.
[101] Moore, G. A., Crossing the Chasm: Marketing and Selling Disruptive Products to Mainstream Customers, HarperBusiness, 2014B.
[102] Murray, R., Dyson in A Spin as Washer Fails, Telegraph, 2005. 4. 16.
[103] Nieto, M., Lopez, F., Cruz, F., Performance Analysis of Technology Using The S Curve Model: the Case of Digital Signal Processing (DSP) Technologies, Technovation, Vol.18, 1998.
[104] Nikkila, S., Linn, S., Sundaram, H., Kelliher, A., Playing in Taskville: Designing a Social Game for the Workplace,

Proceeding of CHI 2011 Workshop Gamification: Using Game Design Elements in Non-Game Contexts, 2011.
[105] NRL, A Timeline of NRL's Autonomous Systems Research, NRL Review, 2011.
[106] Nunes, P. F., Breene, T., Jumping the S-Curve: How to Beat the Growth Cycle, Get on Top, and Stay There, Harvard Business Review Press, 2011.
[107] Ong, J., Apple's Aluminum Strategy Aids Shift to Greener Products, AppleInsider, 2011. 3. 25.
[108] Patil, A., BCG Matrix, Slideshare, 2012.
[109] Peltier, T. R., Information Security Risk Analysis, Auerbach, 2001.
[110] Perez, S., Airbnb CFO Andrew Swain Has Left The Company, Techcrunch, Accessed on June 22, 2015.(http://techcrunch.com/2014/09/18/airbnb-cfo-andrew-swain-has-left-the-company)
[111] Phaal, R., Foresight Vehicle Technology Roadmap: Technology and Research Directions for Future Road Vehicles, UK Department of Trade and Industry, 2002.
[112] Pinto, J. K., Project Management: Achieving Competitive Advantage, Prentice Hall, 2010.
[113] Plattner, H., An Introduction to Design Thinking Process Guide, Institute of Design at Stanford, 2010.
[114] Porter, M., Competitive Strategy: Techniques for Analyzing Industries and Competitors, Free Press, 1998A.
[115] Porter, M., Competitive Advantage: Creating and Sustaining Superior Performance, Free Press, 1998B.
[116] Porter, M. E., Kramer, M.R., Creating Shared Value, Harvard Business Review, January-February Issue, 2011.
[117] Ralph, N., Intel Compute Stick Review, CNet, 2015. 5. 5.
[118] Reeves, B., Read, J. L., Total Engagement: Using Games and Virtual Worlds to Change the Way People Work and Businesses Compete, Harvard Business School Press, 2009.
[119] Rigby, D. K., Management Tools 2013- An Executive's Guide, Bain & Company, 2013.
[120] Roberts, E. B., Managing Invention and Innovation, Research Technology Management, Jan/Feb, 1988.
[121] Robertson, S., Finding the Hidden Innovators in Your Company, Ideastogo, 2012.10.
[122] Rogers, E. M., Diffusion of Innovations, Free Press, 1983.
[123] Ronen, L., Dropbox: Steep Valuation Could Complicate The IPO, Amigobulls, 2014.
[124] Rosenberg, M., Silvert, D., Taking Flight!: Master the DISC Styles to Transform Your Career, Your Relationships, Your Life, FT Press, 2012.
[125] Rosenthal, R., Jacobson, L., Teachers' Expectancies: Determinants of Pupils' IQ Gains. Psychological Reports, Vol.19, 1966.
[126] Russell, J.A., Core Affect and the Psychological Construction of Emotion, Psychological Review, Vol.110, 2003.
[127] Ryan, R., Deci, E. L., Intrinsic and Extrinsic Motivations: Classic Definitions and New Directions, Contemporary Educational Psychology, Vol.25, No.1, 2000.
[128] Saaty, T. L. (조근태, 홍순욱, 권철신 역), 리더를 위한 의사결정, 동현출판사, 2003.
[129] Schaufeli, W. B., Work Engagement: What do we know ?, Utrecht University, 2011.
[130] Schilling, M. A., Strategic Management of Technology Innovation, McGraw-Hill, 2006.
[131] Shah, A., Poverty Facts and Stats, Global Issues, 2013.
[132] Shah, S. T. H., Khalid, S., Vision and Mission of Companies, Slideshare, 2013.
[133] Shunski, D., MOOCs by The Numbers: How Do EdX, Coursera and Udacity Stack Up?, EducationDive, 2013. 8. 15.
[134] Silverstein, D., Samuel, P., DeCarlo, N., The Innovator's Toolkit, Wiley, 2009.
[135] Smith, G. V., Parr, R. L., Valuation of Intellectual Property and Intangible Assets, John Wiley & Sons, 1994.
[136] Smith, N. C., Ansett, S., Erez, L., How Gap Inc. Engaged With its Stakeholders, MIT Sloan Management Review, June 22, 2011.
[137] Spinfold, History of First Touchscreen Phone, Accessed on June 15, 2015.(http://www.spinfold.com/first-touchscreen-phone)
[138] Stacey, 108 Ideas in 30 Minutes, The 6-3-5 method of brainwriting, Blogsession, 2014. 3. 25.
[139] Stern, C. W., Deimler, M. S., The Boston Consulting Group on Strategy: Classic Concepts and New Perspectives, Wiley, 2006.
[140] Straw, B., A Tricycle built for H2O, Lehigh Alumni Bulletin, Winter 2009 issue, 2009.

[141] Stum, J., Kirton's Adaption-Innovation Theory: Managing Cognitive Styles in Times of Diversity and Change, Emerging Leadership Journeys, Vol.2, 2009.
[142] Sweeney, J. C., Webb, D. A., How Functional, Psychological, and Social Relationship Benefits Influence Individual and Firm Commitment to the Relationship, Journal of Business & Industrial Marketing, Vol.22 Issue 7, 2007.
[143] Technical Entrepreneurship, Creating a Value Proposition For Your Business, Technical Entrepreneurship, 2013.
[144] Thaler, R. H., Sunstein, C. R., Nudge: Improving Decisions About Health, Wealth, and Happiness, Penguin Books, 2009.
[145] Thamhain, H. J., Management of Technology: Managing Effectively in Technology-Intensive Organizations, Wiley, 2005.
[146] Thor, LifeStraw: Sucking Up Safer Water Around the World, The Water Cycle, Weather and Climate, 2006.
[147] Tokarski, I., Segway Inc: Analysis of An Innovation That Failed to Commercialize, WordPress, 2011.
[148] Tushman, M. L., Rosenkopf, L., Organizational Determinants of Technological Change: Towards a Sociology of Technological Evolution, Research in Organizational Behavior, Vol.14, 1992.
[149] Vallabhaneni, R., CISSP Examination Textbooks, SRV Professional Publications, 2000.
[150] Vazquez, P. M., Innovation Models: 3M's 15 Percent Program, PSFK, 2011. 2. 2.
[151] West, L. J., The Standard and Dvorak Keyboards Revisited: Direct Measures of Speed, Santa Fe Institute, 1998.
[152] Wheelwright, S. C., Clark, K. B., Revolutionizing Product Development: Quantum Leaps in Speed, Efficiency and Quality, Free Press, 1992.
[153] Wiefels, P., The Chasm Companion, Harper Business, 2002.
[154] Willyard, C. H., McClees, C. W., Motorola's Technology Roadmap Process, Research Management, Sept.-Oct., 1987.
[155] Wired UK Staff, What I've Learned: James Dyson, founder of Dyson, Wired, 2012. 3. 9.
[156] Woolfolk, A., Educational Psychology, Allyn & Bacon, 2006.
[157] Yeung, K. With 8.5m Guests, Airbnb Seeks to Build a More Uniform Customer Experience via Its Hospitality Lab, TNW News, 2013. 9. 17.
[158] Maslach, C., Leiter, M. P., The Truth About Burnout: How Organizations Cause Personal Stress and What to Do About. Jossey-Bass, 1997.
[159] 강경모, 기술경영, 두남, 2014.
[160] 곽준식, 프로스펙트 이론: 이익은 나누고 손실은 합하라, 동아비즈니스리뷰, Vol.99, 2012.
[161] 권정혁, Lean Analytics with 레진코믹스, 슬라이드쉐어, 2014.
[162] 권춘오, 범용화 피할 수 없다면 지렛대로 써라, 동아비즈니스리뷰, Vol.67, 2010.
[163] 기술보증기금, 기술가치평가 실무요령, 지식경제부, 2008.
[164] 김기홍, 조인환, 경영학개론, 한올출판사, 2009.
[165] 김남국, 240만원짜리 국민차 한국기업엔 정녕 꿈일까?, 동아비즈니스리뷰, Vol.4, 2008.
[166] 김남희, 박형민, 인터넷 익스플로러에 밀려난 넷스케이프 파이어폭스로 역전, 조선비즈, 2015. 3. 25.
[167] 김동철, 서영우, 경영전략 수립 방법론, 시그마인사이트, 2008.
[168] 김상균, AHP 기법을 이용한 EIM 시스템의 체계적 도입지원 방법론에 대한 연구, Telecommunications Review, Vol.18, 2008.
[169] 김상훈, 비즈트렌드연구회, 상식파괴의 경영트렌드, 원앤원북스, 2011.
[170] 김상훈, 비즈트렌드연구회, 상식파괴의 경영트렌드, 원앤원북스, 2011.
[171] 김성희, 정병호, 김재경, 의사결정분석 및 응용, 영지문화사, 1999.
[172] 김순신, 한국인 식단 바꾼 김재철의 참치캔: 없던 시장 만든 기업가 정신 산물, 한국경제, 2015. 10. 18.
[173] 김아름, 공대출신 재계 주름잡네, CEO스코어데일리, 2013.7.25.
[174] 김영수, 이미순, 엄수지, 서옥산, 2013 벤처기업정밀실태조사, 중소기업청 & 벤처기업협회, 2013.
[175] 김영학, 레고는 더 이상 장난감 회사가 아니다?, e-Journal, 2014. 8. 29.
[176] 김은경, 창의적 공학설계, 한빛아카데미, 2015.
[177] 김인수, 악질직원 1~2명 있다고 별일 있을까요?, 매일경제, 2010. 9. 3
[178] 김진성, 사람들이 TED에 열광하는 이유, 동아비즈니스리뷰, Vol.76, 2011.
[179] 김진수, 최종인, 임충재, 고혁진, 이유종, 기술창업론, 탑북스, 2015.
[180] 김진욱, 위기의 CEO 철학에서 길을 찾다, 책이있는풍경, 2011.

[181] 김태영, 도현명, 한결레 팔면 한결레 기부 탐스슈즈는 CSR기업 or CSV기업?, 동아비즈니스리뷰, Vol.137, 2013.
[182] 김태완, 전자쓰레기 범람, 질식하는 지구, 온케이웨더, 2012. 4. 2.
[183] 김호, 노출의 기술을 익혀라, 동아비즈니스리뷰, Vol.37, 2009.
[184] 김흥수, 기술가치평가 체제와 발전 방향, 기술혁신연구, Vol.11, 2003.
[185] 다케우치 가즈마사(이수형 역), 엘론 머스크 대담한 도전, 비즈니스북스, 2014.
[186] 도모노 노리오(이명희 역), 행동 경제학, 지형, 2007.
[187] 도우진, 김영수, 게임 잼 운영과 게이미피케이션. NDC12, 2012.
[188] 동아일보 미래전략연구소, Innovation Story, 동아일보 미래전략연구소, 2010.
[189] 문정원, 배달의민족 밖에서 사 먹던 음식이 집으로 배민라이더스 개시, 한국경제TV, 2015. 6. 19.
[190] 박수진, 현대차 연구용 차량 어떻게 처리할까, 한국경제, 2014. 10. 15.
[191] 박용태, 공학도를 위한 기술과 경영, 생능출판사, 2011.
[192] 박용태, 기술과 경영, 생능출판사, 2012.
[193] 박정대, 이정연, 이성욱, 원가회계I, 탐진, 2008.
[194] 박지원, 보통의 인재(B-Player)를 관리하라, 국방품질, 제26호, 2004.
[195] 박찬석, 김규태, 최성호, 공학경제, 영지문화사, 2004.
[196] 박찬수, 마케팅 원리, 법문사, 2014.
[197] 박태희, 대선 뛰어든 칼리 피오리나 전 HP 최고경영자, 중앙일보, 2015. 4. 26.
[198] 박평호, 개인사업 & 법인창업 쉽게 배우기, 한스미디어, 2013.
[199] 배기홍, 이강석, 스타트업바이블, 파이카, 2013.
[200] 신동엽, 경쟁? 일희일비 말고 큰 틀을 통찰하라, 동아비즈니스리뷰, Vol.48, 2011.
[201] 신동엽, 한 우물만 파다 물이 나오지 않으면?, 동아비즈니스리뷰, Vol.45, 2009.
[202] 심민아, 창의연구소 루미나: 디자인 사고(Design Thinking) 교육 레퍼런스, 루미나, 2015.
[203] 안서원, 박용, 하정민, 한국의 리더 의사결정의 덫에 빠지다, 동아비즈니스리뷰, No.41, 2009.
[204] 엑센츄어, R&D 혁신의 기술, 에이콘, 2011.
[205] 윤재홍, 기술경영론, 두양사, 2009.
[206] 윤주석, 조준희, 창업과 사업계획서, 두남, 2008.
[207] 이동우, 과유불급 오버슈팅은 파멸 부른다, 동아비즈니스리뷰, Vol.39, 2009.
[208] 이방실, 코카콜라와 가격공정성, 동아비즈니스리뷰, Vol.61, 2010.
[209] 이범희, 고객지향적인 기술경영, 학현사, 2014.
[210] 이영덕, 조석홍, 기술경영, 두남, 2013.
[211] 이재연, 사회적 책임경영의 3가지 덫, 동아비즈니스리뷰, Vol.37, 2009.
[212] 이정일, 세계 최초 MP3 플레이어 그 기적의 기록, 오마이뉴스, 2005. 10. 5.
[213] 이정진, 직원 26명의 제니퍼소프트, 초호화 복지 어떻게 가능한가?, 더팩트, 2015. 1. 27.
[214] 이혜운, 고장난 너트 풀면서 엔지니어 꿈 시작됐다, 조선일보, 2015. 4. 1.
[215] 정진욱, 삼성전자, 글로벌 사회공헌으로 건강한 사회, 건강한 기업 만든다, 동아일보, 2012. 5. 21.
[216] 정한울, 선진국은 CSV, 신흥국은 CSR, 국제표준보다 다양성에 주목하라, 동아비즈니스리뷰, Vol.144, 2014.
[217] 조소영, 조영남 동갑 최고령 과자 지금도 판매량이 무려, 데일리안, 2014. 9. 9.
[218] 조형래, 유정상, 안연식, 기술경영, 학현사, 2013.
[219] 테루야 하나코(김영철 역), 로지컬 씽킹, 일빛, 2002.
[220] 하동만, 영업비밀보호 가이드북, 특허청, 2004.
[221] 한관순, 현대마케팅원론, 두남, 2010.

INDEX

INDEX

INDEX